Fischer/Fetzer

Fälle zum Europarecht

Kristian Fischer/Thomas Fetzer

Fälle zum Europarecht

9., neu bearbeitete Auflage

C.F. Müller

Prof. Dr. Thomas Fetzer, LL.M. (Vanderbilt), Jahrgang 1974, 2010–2012 Inhaber des Lehrstuhls für Steuerrecht und Wirtschaftsrecht an der Juristischen Fakultät der TU Dresden; seit 2012 Inhaber des Lehrstuhls für Öffentliches Recht, Regulierungsrecht und Steuerrecht an der Universität Mannheim; Co-Direktor des Mannheim Science Campus Taxation (MaTax), des Wissenschaftscampus Mannheim Centre for Competition and Innovation MaCCI sowie des Instituts für Unternehmensrecht an der Universität Mannheim (IURUM).

Prof. Dr. Kristian Fischer, Jahrgang 1966, Studium an der Universität Mannheim, Promotion 1993, Habilitation 2000, seit 2005 außerplanmäßiger Professor an der Fakultät für Rechtswissenschaft und Volkswirtschaftslehre der Universität Mannheim und seit 2007 Rechtsanwalt in der Anwaltssozietät Schilling, Zutt & Anschütz, Mannheim.

Bibliografische Information der Deutschen Nationalbibliothek

Die Deutsche Nationalbibliothek verzeichnet diese Publikation in der Deutschen Nationalbibliografie; detaillierte bibliografische Daten sind im Internet über <http://dnb.d-nb.de> abrufbar.

ISBN 978-3-8114-4747-9

E-Mail: kundenservice@cfmueller.de

Telefon: +49 89 2183 7923
Telefax: +49 89 2183 7620

www.cfmueller.de
www.cfmueller-campus.de

© 2019 C.F. Müller GmbH, Waldhofer Straße 100, 69123 Heidelberg

Satz: Gottemeyer, Rot
Druck: CPI Clausen & Bosse, Leck

Vorwort

Die Neuauflage des Fallbuchs stellt eine Zäsur dar: Der Begründer, *Prof. Dr. Hans-Wolfgang Arndt*, hat sich aus dem Autorenkreis zurückgezogen. Ihm gilt unser besonderer Dank nicht nur für die hervorragende Zusammenarbeit in den vergangenen Jahren und das Vertrauen, das er uns entgegenbringt, indem er sein Werk in unsere Hände legt, sondern auch dafür, dass er mit seinem Lehrbuch und dem dazugehörenden Fallbuch ein Werk geschaffen hat, das sich speziell an Examenskandidatinnen und -kandidaten richtet. Wir werden dieses Konzept beibehalten und dies bedeutet insbesondere:

1. Die Lösungsvorschläge dienen nicht der Einschüchterung, sondern der Überprüfung vorhandener Fähigkeiten. Wissenschaftliches „Beiwerk" wurde ebenso weggelassen wie eine Auseinandersetzung mit Detailfragen. Stattdessen dienen die in jedem Fall beigefügten weiteren Hinweise einer eventuellen Vertiefung. Leitschnur unserer Lösung ist eine „Spitzenklausur", wie sie im besten – aber zugegebenermaßen seltenen – Fall auch von einem Examenskandidaten hätte erstellt werden können.

2. Um die Auswirkungen des Europarechts auf die gesamte Rechtsordnung herauszustellen, haben wir verstärkt Sachverhalte mit (den unterschiedlichsten) wirtschaftsrechtlichen Bezügen gewählt. Falls diese Schwerpunktbildung mitunter zu Lasten der fallmäßigen Aufbereitung des institutionellen Teils des EU-Rechts gegangen sein sollte, haben wir dies bewusst in Kauf genommen.

3. Vielfach lehnen sich die Fälle an Leitentscheidungen des Gerichtshofs der Europäischen Union an.

Besonderen Dank schulden die Autoren Frau ass. iur. *Bianka Dinger* für die sorgsame Betreuung dieser Neuauflage sowie Herrn ref. iur. *Florian Ferrenberg* für seine wertvolle Unterstützung.

Mannheim, im Juli 2019

Thomas Fetzer
Kristian Fischer

Inhaltsverzeichnis

Vorwort V

Abkürzungsverzeichnis XI

Erster Teil
Fälle

1. Bananensplit 1

2. Italienisch für Anfänger 2

3. Starker Tobak 3

4. Chocolat 5

5. Altautoverwertung 6

6. Ausländerklauseln im Profisport 7

7. Grenzenlose Ausbildung 8

8. Gleichstellung auf europäisch 9

9. Zwangsmitgliedschaft IHK. 12

10. Ballermanns Leiden. 13

11. Grundstückskauf mit Hindernissen 15

12. Reise mit Hindernissen 17

13. Cold calling. 18

14. Laserdrome. 19

15. Phil Collins 20

16. Unternehmenssubventionierung 21

17. Rückforderung von Subventionen 22

18. Arbeitsvermittlung durch staatliche Monopole. 23

19. Spanisches Schaffleisch und nationale Gesundheitsvorsorge. 24

20. Dienstleistungsfreiheit und föderale Rundfunkordnung 25

21. Maut und Mindestlohn bei Transitfahrten. 26

22. Außenwirtschaftsrecht und Außenpolitik 27

Zweiter Teil
Lösungen

1. Bananensplit 31
(Europäischer und nationaler Grundrechtsschutz gegenüber sekundärem
Unionsrecht – Nichtigkeitsklage – Bezüge zum Verfassungsprozessrecht)

2. Italienisch für Anfänger 41
(Unmittelbare Wirkung und Umsetzung von Richtlinien – richtlinien-
konforme Auslegung und Rechtsfortbildung – Staatshaftung bei der
Nichtumsetzung von Richtlinien)

3. Starker Tobak 49
(Warenverkehrsfreiheit – Geltung nationaler Grundrechte bei der
Umsetzung von Richtlinien – Vorwirkung von Richtlinien – richtlinien-
konforme Auslegung – Umsetzung von Richtlinien – Binnenmarkt)

4. Chocolat 58
(Warenverkehrsfreiheit und Verbraucherschutz – Inländerdiskriminierung –
Mitgliedstaatliche Schutzpflichten aus den Grundfreiheiten – Zölle und
zollgleiche Abgaben – Verbot der Abgabendiskriminierung)

5. Altautoverwertung 67
(Freier Warenverkehr und Umweltschutz – Rechtsetzung in der Union:
Umweltschutz und Rechtsangleichung – mitgliedstaatliche Schutzver-
stärkungen)

6. Ausländerklauseln im Profisport 74
(Arbeitnehmerfreizügigkeit und Sport – Kartellrecht – europäischer
Grundrechtsschutz: Unverletzlichkeit der Wohnung – Amtshaftungsklage
– Abkommen mit Drittstaaten)

7. Grenzenlose Ausbildung 82
(Arbeitnehmerfreizügigkeit und öffentliche Verwaltung – Berufsausbildung –
Dienstleistungsfreiheit – allgemeines Diskriminierungsverbot – Unions-
bürgerschaft)

8. Gleichstellung auf europäisch 89
(Gleichbehandlung und Gleichstellung von Männern und Frauen –
konkrete Normenkontrolle)

9. Zwangsmitgliedschaft IHK 95

(Niederlassungsfreiheit – Auslegungsmethoden und -prinzipien des
Unionsrechts – Vorabentscheidungsverfahren – Vollzug des Unionsrechts
durch die Mitgliedstaaten)

10. Ballermanns Leiden 102

(Niederlassungsfreiheit und Berufszugangsschranken – Niederlassungsrichtlinie für Rechtsanwälte – Rechtmäßigkeit der Niederlassungsrichtlinie)

11. Grundstückskauf mit Hindernissen 111

(Kapitalverkehrsfreiheit – Vorabentscheidungsverfahren – Inländerdiskriminierung)

12. Reise mit Hindernissen 118

(Dienstleistungsfreiheit – Vertragsverletzungsverfahren – Untätigkeitsklage –
Vorabentscheidungsverfahren)

13. Cold calling 125

(Dienstleistungsfreiheit – Rechte der Europäischen Parlaments –
sekundäres Unionsrecht und nationaler Rechtsschutz)

14. Laserdrome 130

(Vorabentscheidungsverfahren – Abgrenzung Waren- und Dienstleistungsfreiheit – Öffentliche Ordnung – Vollzug des Unionsrechts durch die
Mitgliedstaaten)

15. Phil Collins 137

(Allgemeines Diskriminierungsverbot – Vorabentscheidungsverfahren und
Verfassungsbeschwerde – Rechtsangleichung)

16. Unternehmenssubventionierung 141

(Beihilfenrecht – Nichtigkeitsklage)

17. Rückforderung von Subventionen 148

(Rückforderung staatlicher Beihilfen – Vollzug von Unionsrecht durch die
Mitgliedstaaten – Vertrauensschutz- und Fristenproblematik)

18. Arbeitsvermittlung durch staatliche Monopole 154

(Kartellrecht: Missbrauch einer marktbeherrschenden Stellung – öffentliche
Unternehmen – Dienstleistungsfreiheit – Vorabentscheidungsverfahren –
vertragsfremde Einrichtungen – Vertragsabrundungskompetenz)

19. Spanisches Schaffleisch und nationale Gesundheitsvorsorge 160

(Subsidiaritätsprinzip – Durchführung von Unionsrecht im Bundesstaat – Vertragsverletzungsverfahren – Warenverkehrsfreiheit)

20. Dienstleistungsfreiheit und föderale Rundfunkordnung 167

(Kompetenzen der EU für den Rundfunk – Subsidiaritätsprinzip – Nichtig- keitsklage – Bund-Länder-Streit – Bundesstaatprinzip und die EU)

21. Maut und Mindestlohn bei Transitfahrten 173

(Vertragsverletzungsverfahren – Warenverkehrsfreiheit – Dienstleistungs- freiheit – Allgemeines Diskriminierungsverbot – Art. 92 AEUV)

22. Außenwirtschaftsrecht und Außenpolitik 181

(Rechtsetzung in der Union: gemeinsame Handelspolitik – Verhältnis von nationalem Recht und Unionsrecht zum WTO-Recht – Außenbeziehungen der Union – Abkommen mit Drittstaaten)

Stichwortverzeichnis 189

Abkürzungsverzeichnis

ABl. EG	Amtsblatt der Europäischen Gemeinschaften
ABl. EU	Amtsblatt der Europäischen Union
Abs.	Absatz
AEUV	Vertrag über die Arbeitsweise der Europäischen Union
APZ	Abkommen über Partnerschaft und Zusammenarbeit zur Gründung einer Partnerschaft zwischen den Europäischen Gemeinschaften und ihren Mitgliedstaaten einerseits und Russland andererseits
Art.	Artikel
AWG	Außenwirtschaftsgesetz
BAG	Bundesarbeitsgericht
BB	Der Betriebs-Berater
BGB	Bürgerliches Gesetzbuch
BGBl.	Bundesgesetzblatt
BGH	Bundesgerichtshof
BRAO	Bundesrechtsanwaltsordnung
BVerfG	Bundesverfassungsgericht
BVerfGE	Entscheidungen des Bundesverfassungsgerichts
BVerfGG	Bundesverfassungsgerichtsgesetz
BVerwG	Bundesverwaltungsgericht
BVerwGE	Entscheidungen des Bundesverwaltungsgerichts
DÖV	Die Öffentliche Verwaltung
DRiZ	Deutsche Richterzeitung
DVBl.	Deutsche Verwaltungsblätter
EuG	Gericht erster Instanz der Europäischen Gemeinschaften
EGMR	Europäischer Gerichtshof für Menschenrechte
EG	Europäische Gemeinschaft, Vertrag zur Gründung der Europäischen Gemeinschaft
EMRK	Europäische Konvention zum Schutz der Menschenrechte und Grundfreiheiten
EU	Europäische Union
EuGH	Europäischer Gerichtshof
EuGH Slg.	Sammlung der Rechtsprechung des Gerichtshofes und des Gerichts erster Instanz
EuR	Europarecht
EUV	Vertrag über die Europäische Union
EuZW	Europäische Zeitschrift für Wirtschaftsrecht
EWG	Europäische Wirtschaftsgemeinschaft
EWS	Europäisches Wirtschafts- und Steuerrecht
GATT	Allgemeines Zoll- und Handelsabkommen (General Agreement on Tariffs and Trade)
GG	Grundgesetz

GRCh	Grundrechte-Charta
h.M.	herrschende Meinung
IHKG	Gesetz zur vorläufigen Regelung des Rechts der Industrie- und Handelskammern
i.S.d.	im Sinne des / im Sinne der
i.V.m.	in Verbindung mit
JA	Juristische Arbeitsblätter
Jura	Juristische Ausbildung
JuS	Juristische Schulung
JZ	Juristenzeitung
LGG	Landesgleichstellungsgesetz
LHO	Landeshaushaltsordnung
NJW	Neue Juristische Wochenschrift
NVwZ	Neue Zeitschrift für Verwaltungsrecht
OECD	Organisation für wirtschaftliche Zusammenarbeit und Entwicklung (Organization for Economic Co-operation and Development)
OLG	Oberlandesgericht
OVG	Oberverwaltungsgericht
RL	Richtlinie
TRIPS	Abkommen über handelsbezogene Aspekte des geistigen Eigentums (Trade-related Aspects of Intellectual Property Rights)
UAbs.	Unterabsatz
VG	Verwaltungsgericht
VO	Verordnung
VwVfG	Verwaltungsverfahrensgesetz
WRP	Wettbewerb in Recht und Praxis
WTO	Welthandelsorganisation (World Trade Organization)
WuV	Wirtschaft und Verwaltung
WuW	Wirtschaft und Wettbewerb
ZEUBLG	Gesetz über die Zusammenarbeit in Angelegenheiten der Europäischen Union zwischen Bund und Ländern
ZPO	Zivilprozessordnung
ZUR	Zeitschrift für Umweltrecht

Erster Teil
Fälle

Fall 1
Bananensplit

Um in der EU eine einheitliche Regelung für den Import von Drittlandsbananen (d.h. Bananen aus nicht der EU angehörigen und nicht mit ihr assoziierten Staaten) herzustellen, erlässt die Union im ordentlichen Gesetzgebungsverfahren nach Art. 289 Abs. 1 AEUV eine Bananenmarktordnung. Wesentlicher Inhalt dieser Verordnung (i.S.d. Art. 288 UAbs. 2 AEUV) ist die mengenmäßige Beschränkung der Einfuhr von Drittlandsbananen und die Schaffung einheitlicher Importregeln für die Mitgliedstaaten. In den Mitgliedstaaten wird die EU-Regelung so umgesetzt, dass jeder Bananenimporteur eine Einfuhrlizenz für Bananen nur bis zu einer bestimmten Höchstmenge erhält. In Deutschland werden diese Einfuhrlizenzen durch die Bundesanstalt für Landwirtschaft und Ernährung erteilt. Der deutsche Importeur I ist entsetzt. Nach dem bislang in Deutschland geltenden „offenen" System, das eine mengenmäßige Beschränkung der Einfuhr nicht vorsah, konnte er so viele Drittlandsbananen nach Deutschland importieren wie er wollte. Nach Inkrafttreten der Bananenmarktordnung darf er nach der ihm erteilten Einfuhrlizenz – im Vergleich zu früher – nur noch halb so viele Bananen aus Drittländern einführen. I ist der Ansicht, dass die Bananenmarktordnung gegen die europäischen und nationalen Grundrechte verstoße.

Aufgabe 1: Verletzt die Bananenmarktordnung der EU den I in seinem europäischen Eigentumsgrundrecht bzw. in seinem europäischen Grundrecht auf freie Berufsausübung? Wäre eine Klage des I vor dem Gerichtshof der Europäischen Union zulässig und welcher Spruchkörper (Gerichtshof oder Gericht) ist zur Entscheidung über die Rechtmäßigkeit der Bananenmarktordnung berufen?

Aufgabe 2: Verletzt die Bananenmarktordnung der EU die deutschen Grundrechte des I aus Art. 12, 14 GG? Wäre – nach Erschöpfung des Rechtsweges – eine Verfassungsbeschwerde des I vor dem BVerfG gegen die Ablehnung der Erteilung einer unbeschränkten Einfuhrlizenz zulässig? Könnte I mit seiner Verfassungsbeschwerde auch unmittelbar gegen die Bananenmarktordnung vorgehen?

Aufgabe 3: Wäre die Vorlage der Bananenmarktordnung an das BVerfG durch ein nationales Gericht, welches von einer Verletzung von Grundrechten des GG durch die Verordnung überzeugt ist, nach Art. 100 Abs. 1 Satz 1 GG statthaft? Hätte das nationale Gericht in diesem Fall zunächst ein Vorabentscheidungsverfahren nach Art. 267 AEUV einzuleiten?

Aufgabe 4: I begehrt im Wege des vorläufigen Rechtsschutzes Einfuhrlizenzen in einem über die Bananenmarktordnung hinausgehenden Umfang. Das mit dem Rechtsstreit befasste VG Freiburg zweifelt an der Rechtmäßigkeit der Bananenmarktordnung und überlegt, unter welchen Voraussetzungen es dem I – entgegen den Vorgaben der Bananenmarktordnung – im Wege einer einstweiligen Anordnung weitere Einfuhrlizenzen erteilen darf.

Fall 2
Italienisch für Anfänger

Der dänische Staatsangehörige C wird auf dem Kopenhagener Hauptbahnhof von einem Vertreter der Firma X angesprochen. Der Vertreter überzeugt C, an einem Italienischkurs im Fernunterricht teilzunehmen, sodass C einen entsprechenden Vertrag unterzeichnet. Schon kurze Zeit später bereut C den Vertragsabschluss und widerruft nach 3 Tagen seine Bestellung gegenüber der Firma X. Diese antwortet ihm, dass sie den Widerruf nicht akzeptiere, da das dänische Zivilgesetzbuch – was zutrifft – keinen Fall kenne, in dem eine Willenserklärung nach Abschluss des Vertrages noch widerrufen werden könne. C beruft sich daraufhin auf die Richtlinie 2011/83/EU, deren fristgemäße Umsetzung Dänemark versäumt hat. Die Richtlinie, die inhaltlich unbedingt und hinreichend genau ist, sollte ursprünglich – wie die Vorgängerrichtlinie (85/577/EWG) zeigt – einen Mindestschutz der Verbraucher gewährleisten. Nunmehr wird in Art. 4 eine Vollharmonisierung angestrebt. Deshalb ist bei Verträgen, die auf Initiative von einem Gewerbetreibenden außerhalb seiner Geschäftsräume abgeschlossen wurden, dem jeweiligen Vertragspartner ein Widerrufsrecht innerhalb einer Frist von 14 Tagen einzuräumen.

Aufgabe 1: Steht C mit Rücksicht auf die Richtlinie 2011/83/EU ein Widerrufsrecht gegenüber der Firma X zu? Hat C – wenn man ein Widerrufsrecht verneint – gegen Dänemark einen unionsrechtlich begründeten Anspruch auf Ersatz des ihm entstandenen Schadens?

Aufgabe 2: Angenommen, der Fall hätte sich in der Bundesrepublik Deutschland zugetragen: In welcher Weise ließe sich der Schadensersatzanspruch über das nationale Haftungsrecht realisieren? Wiederum ist davon auszugehen, dass dem C kein Widerrufsrecht zusteht.

Aufgabe 3: Da der dänische Staat in einer politischen Krise steckt, sieht sich das dänische Parlament nicht in der Lage, die Regelungen der Richtlinie 2011/83/EU in das dänische Zivilgesetzbuch zu übernehmen. Daher verfasst die dänische Regierung kurzerhand ein Rundschreiben, in welchem sie die nationalen Gerichte anweist, auch die Richtlinie bei Gerichtsentscheidungen als Rechtsquelle heranzuziehen; und zwar mit der Maßgabe, dass die Frist für das Widerrufsrecht der Verbraucher 21 Tage beträgt. Hat Dänemark mit dem Erlass des Rundschreibens seine Pflicht zur Umsetzung der Richtlinie ordnungsgemäß erfüllt?

Aufgabe 4: Gehen Sie davon aus, dass im dänischen Zivilgesetzbuch eine Regelung enthalten ist, nach der ein Verbraucher einen Vertrag, den er mit einem Unternehmer abgeschlossen hat, nachdem er von diesem auf einer öffentlichen Straße angesprochen wurde, innerhalb von 3 Tagen schriftlich widerrufen kann. Kann C sich dann unter Berufung auf die Richtlinie 2011/83/EU nach 10 Tagen durch einen Widerruf von dem Fernunterrichtsvertrag lösen?

Fall 3

Starker Tobak

Nach einem Bericht der Europäischen Kommission ist in allen EU-Mitgliedstaaten ein starkes Ansteigen des Zigarettenkonsums zu verzeichnen. Diese „Renaissance des Rauchens" betrachtet nicht nur die Kommission mit Sorge, sondern auch die Mitgliedstaaten sehen Handlungsbedarf. Als erster EU-Mitgliedstaat reagiert Frankreich und novelliert seine nationale Tabakverordnung. Kernpunkt der Novelle ist die Statuierung eines Werbeverbotes, welches allen in Frankreich tätig werdenden Herstellern, Importeuren und Händlern untersagt, ihre Tabakwaren mittels Plakaten, Werbespots oder Ähnlichem anzupreisen. Verstöße gegen das Werbeverbot werden mit einem Bußgeld belegt.

Die Kommission sieht in der Vorgehensweise Frankreichs einen übertriebenen Verbraucherschutz. Sie entwirft daher ein eigenes Konzept und schlägt eine Tabaketikettierungs-Richtlinie vor, die auch vom Rat in einem ordnungsgemäß durchgeführten Rechtsetzungsverfahren beschlossen wird. In der Richtlinie wird den Mitgliedstaaten die Einführung einer Kennzeichnungspflicht für Tabakerzeugnisse vorgeschrieben. Hiernach müssen alle Verpackungen von Tabakerzeugnissen den allgemeinen Warnhinweis „Rauchen gefährdet die Gesundheit" enthalten. Auf Tabakwaren zum „Selbstdrehen" muss zusätzlich zumindest einer der besonderen Warnhinweise

1. „Rauchen verursacht Krebs"
2. „Rauchen führt zu tödlichen Krankheiten"
3. „Rauchen gefährdet die Gesundheit Ihrer Mitmenschen"
4. „Rauchen verursacht Herz- und Gefäßkrankheiten"

angebracht sein. Die Frist zur Umsetzung der Tabaketikettierungs-Richtlinie in nationales Recht läuft am 1.1.2023 ab.

Aufgabe 1: Der portugiesische Tabakwarenimporteur Gauloises (G) importiert eine neue Zigarettensorte nach Frankreich. Um dem französischen Verbraucher sein Produkt bekannt zu machen, führt G in mehreren Großstädten Frankreichs Werbeveranstaltungen durch, bei denen er u.a. eine vier Meter große Nachbildung einer Zigarettenpackung aufstellt. Die französischen Behörden sehen hierin einen Verstoß gegen die französische Tabakverordnung und belegen den G mit einem Bußgeld. Gegen den Bußgeldbescheid legt G Einspruch ein, den er im Wesentlichen damit begründet, dass die französische Tabakverordnung gegen die Warenverkehrsfreiheit in der EU verstoße.

Das mit dem Rechtsstreit befasste Gericht bittet Sie um Rechtsauskunft, ob die Ansicht des G zutreffend ist.

Aufgabe 2: In der Bundesrepublik Deutschland wurde die Tabaketikettierungs-Richtlinie bereits 2018 in nationales Recht umgesetzt. Die Richtlinienvorgaben für besondere Warnhinweise wurden bei der Neufassung des § 7 TabakproduktVO beachtet, wobei als Kennzeichnungsformen die Nummern 2 und 4 ausgewählt wurden. Der Hersteller H, der Tabakwaren zum „Selbstdrehen" produziert, sieht sich hierdurch in seinen Grundrechten aus Art. 5 Abs. 1 GG und Art. 12 Abs. 1 GG verletzt. Sind die nationalen Grundrechte der Art. 5 GG und Art. 12 GG im vorliegenden Fall überhaupt anwendbar?

Aufgabe 3: Luxemburg hat bislang noch keine Maßnahme zur Transformation der Richtlinie erlassen und plant, eine bis zum 31.12.2022 geltende Übergangsregelung einzuführen, nach der auch auf den Verpackungen von Tabakwaren zum „Selbstdrehen" nur der allgemeine Warnhinweis „Rauchen gefährdet die Gesundheit" angebracht werden muss; einen besonderen Warnhinweis muss die Verpackung nicht enthalten. Wäre Luxemburg zum Erlass der Übergangsregelung berechtigt, wenn man davon ausgeht, dass das luxemburgische Recht gegenwärtig eine besondere Kennzeichnungspflicht für Tabakwaren zum „Selbstdrehen" kennt, wonach der Warnhinweis „Rauchen gefährdet Ihre Gesundheit und die Gesundheit Ihrer Mitmenschen" anzubringen ist?

Aufgabe 4: Auch Schweden hat noch keine Maßnahme zur Umsetzung der Richtlinie erlassen. Die schwedische Regierung vertritt jedoch die Ansicht, dass Schweden keine konkreten Umsetzungsmaßnahmen vornehmen müsse; denn das schwedische Tabakgesetz von 1969 kenne eine Verpflichtung, dass alle Verpackungen von Tabakerzeugnissen „in geeigneter und wahrheitsgetreuer Weise" auf die Gefahren des Rauchens hinweisen müssen. Im Rahmen des Tabakgesetzes könnten die Richtlinienbestimmungen problemlos Berücksichtigung finden. Wie ist die Rechtslage?

Aufgabe 5: Zusätzlich zur Tabaketikettierungs-Richtlinie will die EU eine Tabakprodukt-Richtlinie erlassen, in der – wegen einer besonderen Gesundheitsschädlichkeit – ein Verbot des Inverkehrbringens von Tabakerzeugnissen zum oralen Gebrauch (also von gemahlenem oder geschnittenem Tabak, der lose oder in kleinen Beuteln verkauft und zum Konsum zwischen Zahnfleisch und Lippe geschoben wird) normiert werden soll. Andere Bestimmungen der Richtlinie betreffen den Teer-, den Nikotin- und den Kohlenmonoxidhöchstgehalt von Zigaretten. Auf diese Weise soll eine Angleichung der Rechtsvorschriften im Binnenmarkt erfolgen, um eine Harmonisierung der bislang unterschiedlichen nationalen Regelungen herbeizuführen. Ist die Union zum Erlass der Tabakprodukt-Richtlinie berechtigt?

Fall 4
Chocolat

Nach einer deutschen Lebensmittel-VO dürfen in der Bundesrepublik Schokoladen-erzeugnisse nicht unter der Bezeichnung „Schokolade" in den Verkehr gebracht werden, wenn sie andere pflanzliche Fette als Kakaobutter enthalten, sondern nur unter der Bezeichnung „Schokoladenersatz" vermarktet werden. Die Bundesrepublik beruft sich bei dieser Regelung auf den Verbraucherschutz: Die Verbraucher würden und dürften darauf vertrauen, dass alles, was sie in Deutschland unter der Bezeichnung „Schoko-lade" kaufen, nur Kakaobutter als pflanzliches Fett enthält. Auch sprächen Gründe des Gesundheitsschutzes für diese Regelung. Einen Beweis für die Gesundheitsgefährlich-keit anderer pflanzlicher Fette kann die Bundesrepublik aber nicht erbringen.

Der französische Schokoladenfabrikant Chocolat (C) stellt einen in Frankreich äußerst beliebten Schokoladenriegel her, zu dessen Herstellung C in geringem Umfang auch Palmfett in die Schokomasse mischt. Nach dem erfolgreichen Absatz im eigenen Land möchte C expandieren und sein Produkt unter der Bezeichnung „Schokolade" auch in anderen europäischen Ländern verkaufen. In Deutschland wird ihm der Verkauf jedoch mit dem Hinweis auf die Lebensmittel-VO untersagt.

Aufgabe 1:   C ist der Meinung, dass die deutsche Lebensmittel-VO gegen die Waren-verkehrsfreiheit des Art. 34 AEUV verstößt. Hat C Recht?

Aufgabe 2:   Der deutsche Schokoladenhersteller M, der seine Schokolade nur in Deutschland vertreibt, hat seine Erzeugnisse in der Vergangenheit stets gemäß dem „Reinheitsgebot" produziert. Er möchte wissen, welche Rechtsfolgen ein − im Fall des C festgestellter − Verstoß der Lebensmittel-VO gegen die Warenverkehrsfreiheit des AEUV nach sich zieht und ob er sich ebenfalls auf die Grundfreiheiten berufen kann.

Aufgabe 3:   Nachdem der Gerichtshof die Lebensmittel-VO für mit dem AEUV unver-einbar erklärt hat, drängen zunehmend ausländische Schokoladenerzeugnisse auf den deutschen Markt. Die deutschen Schokoladenhersteller „gehen auf die Barrikaden", um das deutsche „Reinheitsgebot" für Schokolade zu verteidigen: Sie halten die Last-wagen ausländischer Schokoladenfabrikanten an der Grenze an und vernichten ihre Ladung. Sie bedrohen überdies Supermärkte, die ausländische Schokolade vertreiben, und beschädigen die Bestände in den Supermärkten. Nachdem die deutschen Behör-den − vor allem aus Angst vor gewaltsamen Auseinandersetzungen − untätig bleiben, bittet die französische Regierung die Europäische Kommission, gegen Deutschland vorzugehen. Frankreich ist der Ansicht, der Bundesrepublik obliege − abgeleitet aus den Grundfreiheiten des AEUV und aus dem Effektivitätsgrundsatz des Art. 4 Abs. 3 EUV − eine Schutzpflicht, im eigenen Hoheitsgebiet für eine Verwirklichung des Bin-nenmarktes Sorge zu tragen. Welche Mittel stehen der Kommission hierfür zur Ver-fügung? Hätte das Einschreiten seitens der Kommission Aussicht auf Erfolg?

Aufgabe 4:   C transportiert seine für den Export nach Italien bestimmten Schokola-denriegel von der Produktionsstätte in Lille über Deutschland und Österreich nach

Italien. Kurz vor dem Grenzübertritt nach Italien kommt es auf der österreichischen Brennerautobahn zu einem ungewollten Stopp: Tiroler Umweltschützer blockieren für ca. 30 Stunden die Autobahn, um auf die Bedrohung der Bergwelt durch den Schwerlastverkehr hinzuweisen. Wegen der Verzögerung und des ihm dadurch entstandenen Verdienstausfalls verlangt C 10 000 € Schadensersatz von der Republik Österreich, die er – wegen Duldung der Versammlung – für die Blockade des Brenners verantwortlich macht. Zur Begründung der Haftung trägt C vor, dass Österreich die Grundsätze des AEUV über den freien Warenverkehr verletzt habe. Ist diese Auffassung zutreffend, wenn man berücksichtigt, dass die Brennerblockade ein einmaliges Ereignis war und ihre Duldung durch die österreichischen Behörden aus dem Grund erfolgte, die Meinungsäußerungs- und Versammlungsfreiheit der Blockierer zu gewährleisten?

Aufgabe 5: Als C seine Schokoladenriegel zum Verkauf nach Italien einführen will, wird seine Ware an der italienischen Grenze dahingehend kontrolliert, ob die Verpackungen ordnungsgemäß gekennzeichnet sind. Denn die italienischen Bestimmungen verlangen, dass die Inhaltsstoffe der Schokoladenerzeugnisse auf der Verkaufsverpackung in italienischer Sprache abgefasst sein müssen. Für diese Kontrolle wird eine Gebühr von 30 € erhoben. Da davon ausgegangen wird, dass die in Italien hergestellten Schokoladenerzeugnisse auf Italienisch gekennzeichnet sind, besteht für diese keine vergleichbare innerstaatliche Kontrolle. Während die Zollbeamten in ihrem Büro die notwendigen Papiere ausfüllen, die die erfolgte Kontrolle bestätigen – was wegen einer personellen Unterbesetzung etwas länger dauert –, parkt C den Lastwagen auf einem in der Nähe gelegenen öffentlichen Parkplatz der Grenzgemeinde, wofür er eine Parkgebühr zu entrichten hat. Wie sind diese beiden Gebühren europarechtlich zu beurteilen?

Fall 5

Altautoverwertung

Um die abfallrechtliche Verantwortung der Automobilindustrie zu betonen, sieht die deutsche Altfahrzeug-Verordnung (Altfahrzeug-VO) vor, dass alle Hersteller und Importeure von Kraftfahrzeugen markeneigene Altfahrzeuge vom Letzthalter zurückzunehmen und zu verwerten haben. Dies soll durch den Aufbau flächendeckender Rücknahmesysteme sichergestellt werden, wobei sich Hersteller und Importeure dem von einem Dritten betriebenen Rücknahme- und Verwertungssystem anschließen dürfen. Für die Verwertung wird vorgeschrieben, dass jedes Altauto – bezogen auf das Fahrzeuggewicht – zu mindestens 75 % stofflich oder thermisch zu verwerten ist. Daneben besteht, um den Rücklauf der Altautos abzusichern, auch eine Rückgabepflicht der Altfahrzeuge durch den Letzthalter.

Aufgabe 1: Sind die in der nationalen Altfahrzeug-VO niedergelegten Rücknahme- und Verwertungspflichten mit Art. 34 AEUV vereinbar? Dabei ist davon auszugehen, dass die EU ihrerseits noch keine Regelung der Altautoentsorgung vorgenommen hat.

Aufgabe 2: Die EU will die Altautoentsorgung ebenfalls regeln und eine – der deutschen Altfahrzeug-VO ähnliche – Altfahrzeug-Richtlinie (Altfahrzeug-RL) erlassen. Auf welcher Rechtsgrundlage kann die EU-Altfahrzeug-RL erlassen werden? Könnten dabei auch Straftatbestände zur Sanktionierung von schweren Verstößen gegen die Altfahrzeug-RL geschaffen werden?

Aufgabe 3: Zwischen der deutschen Altfahrzeug-VO und der (später erlassenen) EU-Altfahrzeug-RL bestehen zwei Unterschiede: Zum einen sieht die EU-Altfahrzeug-RL vor, dass die Mitgliedstaaten eine Verwertungsquote von 65 % einzuführen haben. Zum anderen werden nach der EU-Altfahrzeug-RL nur die Hersteller, nicht aber die Importeure von Kraftfahrzeugen in die Pflicht genommen. Ist die deutsche Altfahrzeug-VO mit dem Unionsrecht zu vereinbaren?

Fall 6
Ausländerklauseln im Profisport

Der italienische Basketballverein Avanti Verona, der in der italienischen Profiliga spielt, steht nach der Hälfte der laufenden Saison auf einem Abstiegsplatz. Verona will sich daher verstärken und den spanischen Spieler S verpflichten. Das Problem ist jedoch, dass nach den Statuten des italienischen Basketballverbandes ein Verein nicht mehr als drei Ausländer in einem Spiel einsetzen darf und Verona bereits drei Spieler aus Frankreich unter Vertrag hat, die der Verein unter keinen Umständen abgeben will und die in jedem Spiel eingesetzt werden.

Aufgabe 1: Der Manager von Avanti Verona ist der Ansicht, dass die Ausländerklausel des italienischen Basketballverbandes eine unzulässige Beschränkung der nach EU-Recht gewährleisteten Arbeitnehmerfreizügigkeit darstellt. Der italienische Basketballverband vertritt dagegen die Meinung, dass das Unionsrecht im Bereich des Sports gar keine Anwendung finde oder dass zumindest für den Bereich des Sports besondere Regeln gelten müssten. Wer hat Recht?

Aufgabe 2: Der spanische Basketballverband hebt seine Ausländerklausel – die ebenfalls den Einsatz von ausländischen Spielern auf drei pro Begegnung begrenzte – auf, nachdem ihm im Hinblick auf eine unionsrechtliche Zulässigkeit Bedenken gekommen sind. Daraufhin treffen die Vereine der spanischen Profiliga eine Absprache, dass sie auch weiterhin auf einen Einsatz von mehr als drei Ausländern pro Spiel verzichten wollen. Ist die Absprache der Vereine mit Art. 101 AEUV vereinbar?

Aufgabe 3: Die Kommission ist der Ansicht, dass die Vereinbarung der spanischen Vereine gegen Europäisches Unionsrecht verstößt; sie will daher gegen die Vereine vorgehen. Um schriftliche Unterlagen über die Vereinbarung der Vereine als Beweisstücke zu sichern, durchsucht die Kommission die Vereinsräume einiger Basketballclubs. Die Kommission stützt ihre Maßnahme auf Art. 20 Verordnung Nr. 1/2003 (Kartellverfahrens-VO). Diese Norm räumt den Bediensteten der Kommission u.a. die Befugnis ein, bei der Vornahme von Nachprüfungen „alle Räumlichkeiten, Grundstücke und Transportmittel von Unternehmen und Unternehmensvereinigungen zu betreten", „die Bücher und sonstigen Geschäftsunterlagen, unabhängig davon, in welcher Form sie vorliegen, zu prüfen" sowie „Kopien oder Auszüge gleich welcher Art aus diesen Büchern und Unterlagen anzufertigen oder zu erlangen". Die Vereine sind der Ansicht, dass die Durchsuchungsmaßnahmen der Kommission – auch wenn die in Art. 20 Kartellverfahrens-VO genannten Voraussetzungen erfüllt seien – wegen Verstoßes gegen die europäischen Grundrechte rechtswidrig sind. Ist diese Ansicht zutreffend?

Aufgabe 4: Noch vor der Durchsuchung der Vereinsräume der spanischen Mannschaften und einer näheren rechtlichen Begutachtung des Falles hatte sich der in der Kommission für den Bereich des Wettbewerbs zuständige Kommissar K mit der folgenden Aussage zu Wort gemeldet: „Ich habe noch nie einen Fall mit so vielen Verstößen gegen das EU-Kartellrecht gesehen, und ich habe schon sehr viele Fälle gesehen". Die Vereine der spanischen Profiliga sehen hierin eine unzulässige „Vorverurteilung" und verklagen die Kommission vor dem Gerichtshof der Europäischen Union – genauer: vor dem Gericht – auf Schadensersatz. Ihren Schaden sehen die Vereine in Einnahmeverlusten, die auf einen drastischen Zuschauerrückgang infolge der Erklärung des K zurückzuführen seien. Hat die Klage Aussicht auf Erfolg?

Aufgabe 5: Der russische Basketballprofi B, der eine gültige staatliche Aufenthalts- und Arbeitserlaubnis sowie einen Arbeitsvertrag mit dem spanischen Club Barcelona Basket vorweisen kann, wendet sich gegen eine Ausländerklausel des spanischen Basketballverbandes, nach der die Zahl der Spieler aus Drittstaaten, die in nationalen Wettbewerben aufgestellt werden können, auf drei begrenzt wird. Zu seinem Schutz beruft er sich auf Art. 23 Abs. 1 des Abkommens über Partnerschaft und Zusammenarbeit zur Gründung einer Partnerschaft zwischen den Europäischen Gemeinschaften und ihren Mitgliedstaaten einerseits und Russland andererseits (APZ), der wie folgt lautet:

> „Vorbehaltlich der in den Mitgliedstaaten geltenden Rechtsvorschriften, Bedingungen und Verfahren stellen die Gemeinschaft und ihre Mitgliedstaaten sicher, dass den Staatsangehörigen Russlands, die im Gebiet eines Mitgliedstaats rechtmäßig beschäftigt sind, eine Behandlung gewährt wird, die hinsichtlich der Arbeitsbedingungen, der Entlohnung oder der Entlassung keine auf der Staatsangehörigkeit beruhende Benachteiligung gegenüber den eigenen Staatsangehörigen bewirkt".

Mit Erfolg?

Fall 7

Grenzenlose Ausbildung

Das britische Ehepaar Windsor möchte seine drei Söhne zur Ausbildung in das europäische Ausland schicken: Der 25-jährige Adam (A), der in London Lehramt studierte, hat dort bereits für kurze Zeit an einer Privatschule unterrichtet und soll nun seinen Vorbereitungsdienst als Studienreferendar für die Fächer Chemie und Mathematik in

Österreich ableisten. Der 19-jährige Benjamin (B) will an der staatlichen belgischen Hochschule, der Académie Royale des Beaux Arts, die aus öffentlichen Mitteln finanziert wird, Musik studieren. Der 22-jährige Cecil (C) hat in Paris drei Jahre als Koch gearbeitet und will nun im italienischen Bozen Medizin studieren, da ihm der Beruf des Kochs keinen Spaß mehr macht. Alle drei Söhne stoßen jedoch auf Schwierigkeiten: A wird in Österreich nicht zum Vorbereitungsdienst für ein Lehramt zugelassen, da dies in Österreich eine Verbeamtung voraussetzt und nur Österreicher Beamte werden können. Für B stellt sich das Problem, dass die Akademie für ausländische Studenten eine höhere Einschreibegebühr verlangt als für belgische Studenten. C schließlich hat kein Geld und beantragt daher eine Studienförderung für seinen Lebensunterhalt. Nach italienischem Recht kann eine Studienförderung des Lebensunterhaltes nur Italienern, nicht aber Ausländern gewährt werden.

Aufgabe: Das Ehepaar Windsor ist erstaunt, dass die Ausbildung ihrer Söhne in einem „Europa ohne Grenzen" auf so viele Schwierigkeiten stößt. Es fragt, ob die Behandlung seiner Söhne mit dem Unionsrecht vereinbar ist.

Bei der Lösung des Falles ist Art. 7 Abs. 1 bis 3 der Verordnung (EU) Nr. 492/2011 zu beachten.

Art. 7 VO 492/2011

(1) Ein Arbeitnehmer, der Staatsangehöriger eines Mitgliedstaats ist, darf auf Grund seiner Staatsangehörigkeit im Hoheitsgebiet der anderen Mitgliedstaaten hinsichtlich der Beschäftigungs- und Arbeitsbedingungen, insbesondere im Hinblick auf Entlohnung, Kündigung und, falls er arbeitslos geworden ist, im Hinblick auf berufliche Wiedereingliederung oder Wiedereinstellung, nicht anders behandelt werden als die inländischen Arbeitnehmer.

(2) Er genießt dort die gleichen sozialen und steuerlichen Vergünstigungen wie die inländischen Arbeitnehmer.

(3) Er kann mit dem gleichen Recht und unter den gleichen Bedingungen wie die inländischen Arbeitnehmer Berufsschulen und Umschulungszentren in Anspruch nehmen.

Fall 8

Gleichstellung auf europäisch

Aufgabe 1: Frau A ist Oberregierungsrätin an der Universität in M im Bundesland B. Als dort die Stelle eines/er Regierungsdirektors/-direktorin neu zu besetzen ist – der Amtsvorgänger trat aus Altersgründen in den Ruhestand –, bewirbt sich A auf diese Stelle. Auch ihr Kollege K, der ebenfalls Oberregierungsrat an der Universität in M ist, bewirbt sich um die frei gewordene Position. Das Landesgleichstellungsgesetz (LGG) des Bundeslandes B sieht in § 2 bei gleicher Qualifikation männlicher und weiblicher Bewerber eine zwingende Bevorzugung weiblicher Bewerber vor, solange Frauen in neu zu besetzenden Arbeitsbereichen quotenmäßig unterrepräsentiert sind. Gestützt auf § 2 LGG soll A zur Regierungsdirektorin befördert werden. Der gleichermaßen qualifizierte K sieht hierin einen Verstoß gegen primäres und sekundäres EU-Recht, insbesondere gegen Art. 157 AEUV und die Richtlinie 2006/54/EG zur Verwirklichung des Grundsatzes der Chancengleichheit und Gleichbehandlung von Männern und Frauen in Arbeits- und Beschäftigungsfragen. Ist die Auffassung des K zutreffend?

Aufgabe 2: Noch vor der Ernennung der A klagt K vor dem zuständigen Verwaltungsgericht wegen der anstehenden Beförderung der A. Nach Ansicht des Verwaltungsgerichts bewirkt die Regelung des § 2 LGG eine geschlechtsspezifische Diskriminierung und verstößt damit gegen Art. 3 Abs. 3 GG. Aus diesem Grund leitet das Gericht gemäß Art. 100 Abs. 1 GG ein konkretes Normenkontrollverfahren ein. Ist die Vorlage des § 2 LGG an das BVerfG zulässig, wenn man davon ausgeht, dass der Gerichtshof eine mit § 2 LGG identische Vorschrift des französischen Rechts bereits für unionsrechtswidrig erklärt hat?

Aufgabe 3: Die finnische Staatsangehörige F, die als Elektronikerin ausgebildet ist, bewarb sich für den freiwilligen Dienst in der finnischen Armee mit dem Verwendungsbereich „Instandsetzung von Panzern". Ihr Antrag wurde jedoch mit der Begründung abgelehnt, nach dem finnischen Soldatengesetz sei es ausgeschlossen, dass Frauen Dienst mit der Waffe leisten. In der Armee dürften Frauen allein zum Einsatz im Sanitäts- und Militärmusikdienst eingestellt werden. F ist der Auffassung, die Vorschriften des finnischen Soldatengesetzes seien mit der europäischen Gleichbehandlungsrichtlinie nicht zu vereinbaren. Ist die Ansicht von F zutreffend?

Aufgabe 4: Nach zahlreichen sicherheitspolitischen Debatten und um den Zusammenhalt in der Gesellschaft zu fördern und extremistischen Strömungen entgegenzuwirken, wird in Deutschland ein neues Gesetz erlassen, das die Wehrpflicht für Männer wieder einführt. Gemäß diesem Wehrpflichtgesetz unterliegt auch Herr W in Deutschland der Wehrpflicht. Da in Deutschland mittlerweile auch Frauen in der Bundeswehr Dienst an der Waffe leisten dürfen, dazu aber im Gegensatz zu Männern nicht verpflichtet sind, ist W der Auffassung, dass die auf Männer begrenzte Wehrpflicht gegen die Richtlinie 2006/54/EG verstößt. Das für W zuständige Kreiswehrersatzamt lehnt den Antrag des W auf Befreiung von der Wehrpflicht ab. Das von W (nach einem von der Wehrbereichsverwaltung abschlägig beschiedenen Widerspruch) angerufene Verwaltungsgericht hegt Zweifel an der Europarechtskonformität des Wehrpflichtgesetzes, da dieses den Berufseintritt für Männer verzögere und diese damit gegenüber den Frauen benachteilige. Sind die Zweifel begründet?

Bearbeiterhinweis

Richtlinie 2006/54/EG:

Erwägungsgrund (14)

Auch wenn sich der Begriff des Entgelts im Sinne des Artikels 141 des Vertrags nicht auf Sozialversicherungsleistungen erstreckt, steht nunmehr fest, dass ein Rentensystem für Beschäftigte im öffentlichen Dienst unter den Grundsatz des gleichen Entgelts fällt, wenn die aus einem solchen System zu zahlenden Leistungen dem Arbeitnehmer aufgrund seines Beschäftigungsverhältnisses mit dem öffentlichen Arbeitgeber gezahlt werden, ungeachtet der Tatsache, dass ein solches System Teil eines allgemeinen, durch Gesetz geregelten Systems ist. Nach den Urteilen des Gerichtshofs vom 28. August 1984 in der Rechtssache C-7/93 und vom 12. August in der Rechtssache C-351/00 ist diese Bedingung erfüllt, wenn das Rentensystem eine bestimmte Gruppe von Arbeitnehmern betrifft und die Leistungen unmittelbar von der abgeleisteten Dienstzeit abhängig sind und ihre Höhe aufgrund der letzten Bezüge des Beamten berechnet wird. Um der Klarheit willen ist es daher angebracht, entsprechende spezifische Bestimmungen zu erlassen.

Art. 1

Ziel der vorliegenden Richtlinie ist es, die Verwirklichung des Grundsatzes der Chancengleichheit und Gleichbehandlung von Männern und Frauen in Arbeits- und Beschäftigungsfragen sicherzustellen.

Zu diesem Zweck enthält sie Bestimmungen zur Verwirklichung des Grundsatzes der Gleichbehandlung in Bezug auf

a) den Zugang zur Beschäftigung einschließlich des beruflichen Aufstiegs und zur Berufsbildung, [...]

Art. 2

(1) Im Sinne dieser Richtlinie bezeichnet der Ausdruck

a) „unmittelbare Diskriminierung" eine Situation, in der eine Person aufgrund ihres Geschlechts eine weniger günstige Behandlung erfährt, als eine andere Person in einer vergleichbaren Situation erfährt, erfahren hat oder erfahren würde;

b) „mittelbare Diskriminierung" eine Situation, in der dem Anschein nach neutrale Vorschriften, Kriterien oder Verfahren Personen des einen Geschlechts in besonderer Weise gegenüber Personen des anderen Geschlechts benachteiligen können, es sei denn, die betreffenden Vorschriften, Kriterien oder Verfahren sind durch ein rechtmäßiges Ziel sachlich gerechtfertigt und die Mittel sind zur Erreichung dieses Ziels angemessen und erforderlich; [...]

Art. 3

Die Mitgliedstaaten können im Hinblick auf die Gewährleistung der vollen Gleichstellung von Männern und Frauen im Arbeitsleben Maßnahmen im Sinne von Artikel 141 [nunmehr Art. 157] Absatz 4 des Vertrags beibehalten oder beschließen.

Art. 7

(2) Dieses Kapitel findet auch Anwendung auf Rentensysteme für eine besondere Gruppe von Arbeitnehmern wie beispielsweise Beamte, wenn die aus dem System zu zahlenden Leistungen aufgrund des Beschäftigungsverhältnisses mit dem öffentlichen Arbeitgeber gezahlt werden. Die Tatsache, dass ein solches System Teil eines allgemeinen durch Gesetz geregelten Systems ist, steht dem nicht entgegen.

Art. 14

(1) Im öffentlichen und privaten Sektor einschließlich öffentlicher Stellen darf es in Bezug auf folgende Punkte keinerlei unmittelbare oder mittelbare Diskriminierung aufgrund des Geschlechts geben:

a) die Bedingungen – einschließlich Auswahlkriterien und Einstellungsbedingungen – für den Zugang zur Beschäftigung oder zu abhängiger oder selbständiger Erwerbstätigkeit, unabhängig von Tätigkeitsfeld und beruflicher Position einschließlich des beruflichen Aufstiegs;

b) den Zugang zu allen Formen und allen Ebenen der Berufsberatung, der Berufsausbildung, der beruflichen Weiterbildung und der Umschulung einschließlich der praktischen Berufserfahrung;

[...]

(2) Die Mitgliedstaaten können im Hinblick auf den Zugang zur Beschäftigung einschließlich der zu diesem Zweck erfolgenden Berufsbildung vorsehen, dass eine Ungleichbehandlung wegen eines geschlechtsbezogenen Merkmals keine Diskriminierung darstellt, wenn das betreffende Merkmal aufgrund der Art einer bestimmten beruflichen Tätigkeit oder der Bedingungen ihrer Ausübung eine wesentliche und entscheidende berufliche Anforderung darstellt, sofern es sich um einen rechtmäßigen Zweck und eine angemessene Anforderung handelt.

Art. 28

(1) Diese Richtlinie steht Vorschriften zum Schutz der Frau, insbesondere bei Schwangerschaft und Mutterschaft, nicht entgegen.

Fall 9
Zwangsmitgliedschaft IHK

Ein Industrieunternehmen hat seine Hauptniederlassung in Belgien und errichtet nunmehr auch eine Zweigniederlassung in Deutschland. Da das Unternehmen die nach § 2 IHKG erforderlichen Voraussetzungen für eine Kammerzugehörigkeit erfüllt, teilt die örtliche Industrie- und Handelskammer (IHK) dem Unternehmen mit, dass es Mitglied in ihrer Kammer sei. Des Weiteren wird das Unternehmen – neben der Entrichtung des normalen Kammerbeitrags – auch zur Zahlung eines Sonderbeitrags herangezogen. Dieser wurde kurz vorher in das IHK-Gesetz in § 3a IHKG eingefügt und wird von der IHK allein von ausländischen Unternehmen erhoben – und zwar mit der Begründung, dass die Betreuung ausländischer Unternehmen aufwändiger sei als die Betreuung deutscher Unternehmen. Das belgische Unternehmen B ist der Ansicht, dass sowohl die Zwangsmitgliedschaft als auch die Sonderbeitragspflicht nicht mit Unionsrecht vereinbar ist.

Aufgabe 1:   Trifft diese Ansicht zu?

Aufgabe 2:   In einem beim Bundesverwaltungsgericht anhängigen Rechtsstreit stellt sich die Frage, ob die Sonderbeitragspflicht und die Zwangsmitgliedschaft des IHKG mit dem Unionsrecht vereinbar sind. Ist das BVerwG berechtigt, den Rechtsstreit auch unter unionsrechtlichen Gesichtspunkten selbst zu entscheiden, oder ist es zu einer Vorlage an den Gerichtshof verpflichtet? Dabei ist davon auszugehen, dass es im Hinblick auf die unionsrechtliche Problematik bereits eine gesicherte Rechtsprechung des Gerichtshofs gibt, da der Gerichtshof für das griechische Recht bereits über eine gleich gelagerte Problematik zu entscheiden hatte.

Aufgabe 3:   In dem von B betriebenen Verfahren gegen den Bescheid, mit dem das Unternehmen zur Zahlung der Sonderbeitragspflicht herangezogen wurde, geht das BVerwG von einer Vereinbarkeit mit EU-Recht aus und lehnt eine Aufhebung des Bescheids ab. Nachdem B ein halbes Jahr später von einer neuen Entscheidung des Gerichtshofs hört, durch die eine vergleichbare Sonderbeitragspflicht im polnischen Handelskammer-Gesetz für unionsrechtswidrig erklärt wurde, begehrt B sogleich von der IHK eine rechtliche Überprüfung seines Sonderbeitragsbescheids. Hat B einen Anspruch auf Aufhebung des unionsrechtswidrigen Bescheids? Dabei ist davon auszugehen, dass bis zur Entscheidung des Gerichtshofs zum polnischen Handelskammer-Gesetz keine einschlägige Rechtsprechung des Gerichtshofes vorlag.

Bearbeiterhinweis

Nach § 2 IHKG sind alle natürlichen Personen, Handelsgesellschaften, andere nichtrechtsfähige Personenmehrheiten und juristische Personen des privaten und des öffentlichen Rechts, welche im Bezirk der Industrie- und Handelskammer entweder eine gewerbliche Niederlassung, eine Betriebsstätte oder eine Verkaufsstelle unterhalten und welche zur Gewerbesteuer veranlagt sind, Zugehörige der örtlichen Industrie- und Handelskammer. Aus der zwangsweisen Kammerzugehörigkeit folgt gemäß § 3 Abs. 2 IHKG i.V.m. der Beitragsordnung der jeweiligen Industrie- und Handelskammer die Pflicht zur Entrichtung von Beiträgen. Die Sonderbeitragspflicht der ausländischen Unternehmen folgt aus dem neu eingeführten § 3a IHKG. Aus § 1 Abs. 1 IHKG folgt, dass die Zwangsmitgliedschaft in der Industrie- und Handelskammer als Ziele die Wahrnehmung des Gesamtinteresses der ihr zugehörigen Gewerbetreibenden und die Förderung der gewerblichen Wirtschaft in ihrem Bezirk verfolgt.

Fall 10
Ballermanns Leiden

Der deutsche Staatsangehörige Ballermann (B) hat in Bremen das Erste und Zweite juristische Staatsexamen abgelegt und anschließend einen einjährigen Studienaufenthalt an der juristischen Fakultät der Universität von Granada verbracht, wo er auch im spanischen Zivilrecht promovierte. Anschließend wurde B in Bremen als Rechtsanwalt zugelassen. Jedoch ist B auf der Suche nach einem sonnigeren Arbeitsumfeld, sodass er so schnell wie möglich nach Spanien zurückkehren will. Seine Wahl fällt auf Mallorca, wo er einen erheblichen anwaltlichen Beratungsbedarf sieht.

B möchte möglichst ganz nach Spanien übersiedeln, in Palma de Mallorca eine Kanzlei eröffnen und dort als Rechtsanwalt zugelassen werden. Nach spanischem Recht setzt die Zulassung als *Abogado*, die zu einer Rechtsberatung im spanischen Recht berechtigt, ein abgeschlossenes juristisches Hochschulstudium an einer spanischen Universität voraus, – was B freilich nicht vorweisen kann. Er ist aber der Ansicht, dass ihm nach der vom EU-Recht geforderten Niederlassungsfreiheit ein Anspruch auf Zulassung als *Abogado* ohne weitere Prüfung zustehe; zumal er während seines Studienaufenthalts in Granada eine Promotion im spanischen Recht abgeschlossen habe.

Auch für den Fall, dass ihm der Anspruch auf Zulassung als *Abogado* abgesprochen wird, will B seinen Plan, in Palma de Mallorca eine Kanzlei zu eröffnen, nicht aufgeben. Hierfür will er dort – zusätzlich zu seiner Bremer Kanzlei – eine Zweigstelle errichten, wo er etwa 60 % seiner Rechtsanwaltstätigkeit erbringen will. Dabei will er in Palma unter seiner deutschen Berufsbezeichnung „Rechtsanwalt" tätig werden, sowohl spanische als auch deutsche Mandanten im spanischen und deutschen Recht beraten sowie – falls erforderlich – selbst vor den spanischen Gerichten auftreten. Zudem will er in Palma auch eine Wohnung unterhalten.

Aufgabe 1: Lässt sich aus dem AEUV ein Anspruch auf Zulassung als *Abogado* oder auf Niederlassung mit der deutschen Berufsbezeichnung „Rechtsanwalt" ableiten? Dabei sieht das spanische Recht vor, dass lediglich der *Abogado* zu einer Beratung im spanischen und auch im ausländischen Recht befugt ist.

Aufgabe 2: Als B erfährt, dass die EU eine Niederlassungsrichtlinie für Rechtsanwälte erlassen hat, überlegt er, ob sich sein Begehren unmittelbar aus dem sekundären EU-Recht ableiten lässt, ohne dass er weitere Prüfungen ablegen oder weitere Nachweise über seine Rechtskenntnisse erbringen muss. Wie ist die Rechtslage? Dabei ist davon auszugehen, dass Spanien die Richtlinie bislang – obwohl die Umsetzungsfrist abgelaufen ist – noch nicht in nationales Recht umgesetzt hat.

Aufgabe 3: Spanien ist der Ansicht, die Richtlinie 98/5/EG verstoße gegen Art. 49 ff. AEUV, da die Richtlinie den im Allgemeininteresse liegenden Belangen des Verbraucherschutzes und einer geordneten Rechtspflege nicht genügend Rechnung trage. Da die Richtlinie gemäß Art. 2 Satz 1 i.V.m. Art. 4, 5 einem Rechtsanwalt auch ohne Ausbildung im Recht des Aufnahmestaats erlaube, in diesem Recht eine Beratung vorzunehmen, werde für die Rechtsuchenden ein nicht vertretbares Risiko hervorgerufen und das Funktionieren der Rechtspflege in Frage gestellt. Ist die Rechtsauffassung Spaniens zutreffend?

Aufgabe 4: Auch die beiden deutschen Brüder von B haben die juristische Laufbahn eingeschlagen und in Bremen zwar das Erste, aber nicht das Zweite juristische Staatsexamen abgelegt: A hat nach seinem Examen zwei Jahre in einer Mailänder Anwaltskanzlei „gejobbt" und will sich nun in Italien als *Practicante* (Rechtsanwaltsanwärter) eintragen lassen. Dieses Vorgehen wird jedoch von der zuständigen Rechtsanwaltskammer nicht anerkannt, da A für diesen – für die Zulassung zum Beruf des *Avvocato* erforderlichen, mit einer Vergütung einhergehenden – praktischen Ausbildungsabschnitt kein in Italien anerkanntes Diplom vorweisen könne. C hat nach seinem Ersten Staatsexamen einen „Master of Laws" an einer US-amerikanischen Universität erworben und wurde im Staate New York als *Attorney-at-Law* zugelassen. Nun will er – wie sein Bruder B – in Palma de Mallorca eine Kanzlei eröffnen und begehrt dort die Zulassung als *Abogado*. Können sich A und C mit Erfolg auf Europäisches Unionsrecht berufen?

Bearbeiterhinweis

Richtlinie 98/5/EG zur Erleichterung der ständigen Ausübung des Rechtsanwaltsberufs in einem anderen Mitgliedstaat als dem, in dem die Qualifikation erworben wurde

Art. 2

Jeder Rechtsanwalt hat das Recht, die in Art. 5 genannten Anwaltstätigkeiten auf Dauer in jedem anderen Mitgliedstaat unter seiner ursprünglichen Berufsbezeichnung auszuüben. Die Eingliederung in den Berufsstand des Aufnahmestaates wird in Art. 10 geregelt.

Art. 4

(1) Der im Aufnahmestaat unter seiner ursprünglichen Berufsbezeichnung tätige Rechtsanwalt hat diese Berufsbezeichnung in der Amtssprache oder in einer der Amtssprachen des Herkunftsstaats zu führen; die Bezeichnung muss verständlich und so formuliert sein, dass keine Verwechslung mit der Berufsbezeichnung des Aufnahmestaats möglich ist.

(2) [...]

Art. 5

(1) Vorbehaltlich der Abs. 2 und 3 übt der unter seiner ursprünglichen Berufsbezeichnung tätige Rechtsanwalt die gleichen beruflichen Tätigkeiten wie der unter der jeweiligen Berufsbezeichnung des Aufnahmestaats niedergelassene Rechtsanwalt aus und kann insbesondere Rechtsberatung im Recht seines Herkunftsstaats, im Gemeinschaftsrecht, im internationalen Recht und im Recht des Aufnahmestaats erteilen. Er hat in jedem Fall die vor den nationalen Gerichten geltenden Verfahren einzuhalten.

(2) Mitgliedstaaten, die in ihrem Gebiet einer bestimmten Gruppe von Rechtsanwälten die Abfassung von Urkunden gestatten, mit denen das Recht auf Verwaltung des Vermögens verstorbener Personen verliehen oder Rechte an Grundstücken begründet oder übertragen werden und die in anderen Mitgliedstaaten anderen Berufen als dem des Rechtsanwalts vorbehalten sind, können den unter seiner ursprünglichen Berufsbezeichnung tätigen Rechtsanwalt aus einem dieser anderen Mitgliedstaaten von diesen Tätigkeiten ausschließen.

(3) Für die Ausübung der Tätigkeiten, die mit der Vertretung und der Verteidigung von Mandanten vor Gerichten verbunden sind, kann der Aufnahmestaat, soweit er diese Tätigkeiten den unter der Berufsbezeichnung des Aufnahmestaats tätigen Rechtsanwälten vorbehält, den unter ihrer ursprünglichen Berufsbezeichnung tätigen Rechtsanwälten als Bedingung auferlegen, dass sie im Einvernehmen mit einem bei dem angerufenen Gericht zugelassenen Rechtsanwalt, der gegebenenfalls diesem gegenüber die Verantwortung trägt, oder mit einem bei diesem Gericht tätigen „avoué" handeln.

Um das ordnungsgemäße Funktionieren der Rechtspflege sicherzustellen, können die Mitgliedstaaten jedoch besondere Regeln für den Zugang zu den höchsten Gerichten vorsehen und zum Beispiel nur spezialisierte Rechtsanwälte zulassen.

Art. 6

(1) Der unter seiner ursprünglichen Berufsbezeichnung tätige Rechtsanwalt unterliegt neben den im Herkunftsstaat geltenden Berufs- und Standesregeln hinsichtlich aller Tätigkeiten, die er im Aufnahmestaat ausübt, den gleichen Berufs- und Standesregeln wie die Rechtsanwälte, die unter der jeweiligen Berufsbezeichnung des Aufnahmestaats praktizieren.

(2) [...]

(3) Der Aufnahmestaat kann dem unter seiner ursprünglichen Berufsbezeichnung tätigen Rechtsanwalt zur Auflage machen, nach den Regeln, die er für die in seinem Gebiet ausgeübten Berufstätigkeiten festlegt, entweder eine Berufshaftpflichtversicherung abzuschließen oder einer Berufsgarantiekasse beizutreten. [...]

Art. 10

(1) Der Rechtsanwalt, der unter seiner ursprünglichen Berufsbezeichnung tätig ist und eine mindestens dreijährige effektive und regelmäßige Tätigkeit im Aufnahmestaat im Recht dieses Mitgliedstaats, einschließlich des Gemeinschaftsrechts, nachweist, wird für den Zugang zum Rechtsanwaltsberuf im Aufnahmestaat von den in Art. 4 Abs. 1 lit. b) Richtlinie 89/48/EWG vorgesehenen Voraussetzungen freigestellt. [...]

(2) Der in einem Aufnahmestaat unter seiner ursprünglichen Berufsbezeichnung tätige Rechtsanwalt kann jederzeit die Anerkennung seines Diploms nach der Richtlinie 89/48/EWG beantragen, um zum Rechtsanwaltsberuf im Aufnahmestaat zugelassen zu werden und ihn unter der entsprechenden Berufsbezeichnung dieses Mitgliedstaates auszuüben.

(3) Der unter seiner ursprünglichen Berufsbezeichnung tätige Rechtsanwalt, der den Nachweis einer mindestens dreijährigen effektiven und regelmäßigen Tätigkeit im Aufnahmestaat erbringt, im Recht des Aufnahmestaats jedoch nur während eines kürzeren Zeitraums tätig war, kann bei der zuständigen Stelle dieses Mitgliedstaats die Zulassung zum Rechtsanwaltsberuf im Aufnahmestaat und das Recht erlangen, diesen unter der entsprechenden Berufsbezeichnung dieses Mitgliedstaats auszuüben, ohne dass die Voraussetzungen der Richtlinie 89/48/EWG Art. 4 Abs. 1 lit. b) auf ihn Anwendung finden. Dafür gilt folgendes:
a) Die zuständige Stelle des Aufnahmestaats berücksichtigt die effektive und regelmäßige Tätigkeit während des genannten Zeitraums sowie sämtliche Kenntnisse und Berufserfahrungen im Recht des Aufnahmestaats, ferner die Teilnahme an Kursen und Seminaren über das Recht des Aufnahmestaats einschließlich des Berufs- und Standesrechts.
b) [...]

Fall 11

Grundstückskauf mit Hindernissen

Aufgabe 1: Der US-Amerikaner U, der in den Vereinigten Staaten ein großes Vermögen geerbt hat, will ein Grundstück auf der griechischen Insel Mykonos erwerben, die von Griechenland als Gebiet von militärischer Bedeutung erklärt worden ist. Nach griechischem Recht können Ausländer in Landesteilen, die als Gebiet von militärischer Bedeutung ausgewiesen sind, nur dann als Eigentümer eines Grundstücks eingetragen werden, wenn ihnen zuvor eine Ausnahmegenehmigung bewilligt wurde, deren Erteilung im Ermessen der zuständigen griechischen Behörde liegt. U sieht hierin eine Verletzung der – auch ihm als US-Amerikaner zustehenden – Grundfreiheiten der Art. 63 und 49 AEUV. Ist die Ansicht von U, der sich auf Mykonos auch kaufmännisch betätigen will, zutreffend?

Aufgabe 2:   Auch der deutsche Staatsangehörige D hat eine größere Geldsumme geerbt, sodass er sich entschließt, eine Zweitwohnung zu erwerben. Nachdem er verschiedene Objekte im In- und Ausland in Augenschein genommen hat, fällt seine Wahl auf einen alten Bauernhof im Allgäu. Schnell wird er mit dem Verkäufer handelseinig und schließt mit diesem einen notariellen Kaufvertrag über das Grundstück ab. Das zuständige Grundbuchamt lehnt jedoch die Eintragung von D als Eigentümer ab, da dieser nicht die – nach bayerischem Recht erforderliche – Zweitwohnungsgenehmigung vorgelegt habe. Das bayerische Zweitwohnungsgesetz sieht vor, dass eine Erteilung der Genehmigung von der Abgabe einer Erklärung des Erwerbers abhängig ist, dass er Staatsangehöriger eines EU-Mitgliedstaates sei und das Grundeigentum als Hauptwohnsitz nutzen wolle. Handelt ein Erwerber seiner Erklärung zuwider und nutzt das Grundstück doch als Zweitwohnung, dann sieht das Zweitwohnungsgesetz als Sanktionen die Rückabwicklung des Grundstückskaufs oder die Zwangsversteigerung des Grundstücks vor. Mit dieser Regelung verfolgt Bayern raumplanerische Ziele zur Erhaltung einer dauerhaft ansässigen Bevölkerung in Bayern und einer vom Tourismus unabhängigen Wirtschaftstätigkeit.

D setzt sich gegen die Ablehnung der Eintragung gerichtlich zur Wehr. Das mit dem Fall befasste OLG München hat jedoch Bedenken, ob das bayerische Zweitwohnungsgesetz mit dem Unionsrecht vereinbar ist, und legt dem Gerichtshof die folgende Frage vor: „Sind die Bestimmungen der Art. 63 ff. AEUV so auszulegen, dass sie der Anwendung einer bayerischen Regelung, wonach jemand, der in Bayern ein Grundstück erwerben will, den Grundstückserwerb einem Genehmigungsverfahren zu unterziehen hat, entgegenstehen und dadurch im vorliegenden Fall der Rechtserwerber in einer durch den AEUV garantierten Grundfreiheit verletzt ist?"

Frage a) Kann sich D zu seinem Schutz auf Art. 63 AEUV berufen?

Frage b) Wie wird der Gerichtshof über die Vorlage des OLG München entscheiden?

Frage c) Angenommen, der Gerichtshof sieht in der bayerischen Regelung einen Widerspruch zu Art. 63 AEUV. Gleichwohl will das zuständige Grundbuchamt im Fall des D an dem Genehmigungserfordernis festhalten: Kann sich D, der hierin eine Diskriminierung gegenüber EU-Ausländern sieht, auf den europäischen und/oder den nationalen Gleichheitssatz berufen?

Fall 12
Reise mit Hindernissen

In Spanien wird der Zugang zu staatlichen Museen durch das königliche Dekret Nr. 620/1987 vom 10. April 1987 geregelt, das in Art. 22 die folgenden Regelungen enthält:

Abs. 1: Spanische Staatsbürger können die staatlichen Museen unter den vom Ministerrat festgelegten Voraussetzungen und in jedem Fall an vier Tagen im Monat, an je einem Tag pro Woche kostenlos besuchen.

Abs. 2: Die Regierung kann die in Abs. 1 niedergelegten Voraussetzungen für den öffentlichen Zugang durch Beschluss des Ministerrates auf die Staatsangehörigen anderer Staaten erstrecken.

Durch Beschluss hat der Ministerrat festgelegt, dass nicht nur spanische Staatsbürger, sondern auch Staatsangehörige aus anderen Mitgliedstaaten der EU, die jünger als 21 Jahre sind, in gleichem Maße wie Spanier zum kostenlosen Eintritt in die spanischen Museen berechtigt sind.

Aufgabe 1: Die Kommission ist der Ansicht, dass dieses Verhalten Spaniens gegen Art. 56, Art. 18 und Art. 21 AEUV verstoße, da die Staatsangehörigen der anderen Mitgliedstaaten, die älter als 21 Jahre sind, benachteiligt werden. Dies teilt die Kommission Spanien mit. Spanien wendet hiergegen ein, dass Art. 22 Abs. 2 des Dekretes ausdrücklich zu einer Erstreckung der den spanischen Staatsangehörigen eingeräumten Privilegien auf ausländische Staatsangehörige ermächtige und eine Benachteiligung daher ausgeschlossen sei. Zudem könne man eventuell bestehende Vorteile für spanische Staatsangehörige als Gegenleistung für die Zahlung von Steuern verstehen, mit denen die Einheimischen die Finanzierung der spanischen Museen übernehmen würden. Ein Verstoß gegen Unionsrecht liege daher nicht vor. Nachdem die Kommission Spanien unter Wiederholung ihrer Rechtsauffassung und unter Fristsetzung erfolglos zu einer Änderung der Rechtslage aufgefordert hat, erhebt sie Klage vor dem Gerichtshof. Hat diese Klage Aussicht auf Erfolg? Würde sich die rechtliche Beurteilung des Falles dann ändern, wenn das königliche Dekret den kostenlosen Eintritt allein daran geknüpft hätte, dass eine Person ihren Wohnsitz in der spanischen Gemeinde hat, in der sich das Museum befindet?

Aufgabe 2: Ein deutsches Touristenehepaar besucht eine Ausstellung im Prado in Madrid. Das Ehepaar ist empört, dass es Eintritt zahlen muss, während die spanischen Besucher kostenlosen Eintritt erhalten. Welche prozessualen Möglichkeiten hat das Ehepaar, um den Gerichtshof mit dem Sachverhalt zu befassen?

Aufgabe 3: Die deutschen Eheleute wollen von Spanien nach Portugal weiterreisen, um dort ihren Urlaub fortzusetzen. An der Grenze wird ihnen jedoch die Einreise verweigert, weil sie ein Jahr zuvor in Portugal wegen des Besitzes verbotener Betäubungsmittel für schuldig befunden wurden. Neben einer Freiheitsstrafe verhängte das Strafgericht, wie im portugiesischen Betäubungsmittelrecht zwingend vorgesehen, die lebenslange Ausweisung der beiden Angeklagten. Ist die portugiesische Regelung mit Art. 56 AEUV zu vereinbaren, wenn man davon ausgeht, dass eine lebenslange Ausweisung nur gegenüber Ausländern ausgesprochen werden kann?

Aufgabe 4: Für das deutsche Ehepaar kommt es noch schlimmer: Als sie ihre Reise nun statt in Portugal in den Niederlanden fortsetzen und in Maastricht einen Coffeeshop betreten wollen, wird ihnen auch hier der Zutritt versagt. Der Coffeeshop-Inhaber begründet dies mit der von der Gemeinde Maastricht erlassenen „Coffeeshop-Verordnung", nach der nur noch Personen, die ihren tatsächlichen Wohnsitz in den Niederlanden haben, Zutritt zu den in Maastricht zugelassenen Coffeeshops gestattet ist. Nichtansässigen, also Personen aus dem Ausland, muss der Zutritt verwehrt werden. Er erklärt den beiden, dass Maastricht durch die grenznahe Lage immer wieder Ziel von sog. Drogentouristen wurde, da der Handel mit Cannabis zwar in allen Mitgliedstaaten der Union verboten ist, der Konsum von weichen Drogen wie Cannabis aber in den Niederlanden im Gegensatz zu den übrigen Mitgliedstaaten geduldet wird. Die Touristen, die sich in der Stadt eine „legale Dröhnung" verpassen, würden aber anschließend zumeist sehr negativ mit ihrem Verhalten in der Stadt in Erscheinung treten, weshalb Maastricht dem Drogentourismus Einhalt gebieten möchte.

Das Touristenpaar ist entsetzt. Die Maastrichter Coffeeshop-Verordnung müsse doch gegen die Waren- und Dienstleistungsfreiheit des AEUV sowie gegen die Diskriminierungsverbote aus Art. 18 und Art. 21 AEUV verstoßen. Schließlich werde ihnen mit dem Zutrittsverbot auch die Möglichkeit genommen, in den Coffeeshops Speisen und Getränke zu sich zu nehmen.

Ist die Coffeeshop-Verordnung mit dem Unionsrecht vereinbar? Gehen Sie dabei davon aus, dass der Konsum von Speisen und Getränken 10 % des Gesamtumsatzes in einem Coffeeshop ausmacht.

Fall 13

Cold calling

Die Wall Street Unlimited ist eine nach niederländischem Recht gegründete Gesellschaft mit Sitz in den Niederlanden, die sich auf die Vermittlung von Anlagegeschäften (wie z.B. den Kauf von Aktien) spezialisiert hat. Eine beliebte Praxis der Kundenwerbung der Gesellschaft besteht darin, Privatleute ohne vorherige Ankündigung anzurufen und diese am Telefon von dem Abschluss eines Anlagegeschäfts zu überzeugen (sog. cold calling). Um die im Bereich der Kapitalanlage unerfahrenen Personen vor vorschnellen Geschäftsabschlüssen zu schützen und den guten Ruf des Finanzmarktes Niederlande im Ausland aufrechtzuerhalten, erlässt das niederländische Finanzministerium ein Verbot des cold calling für Anlagegeschäfte, wenn nicht bereits ein Kontakt mit dem Kunden besteht. Das Verbot gilt sowohl für niederländische als auch für ausländische Firmen.

Aufgabe 1: Die Wall Street Unlimited ist der Ansicht, dass dieses Verbot gegen die durch den AEUV gewährleistete Dienstleistungsfreiheit verstoße, soweit sie – was tatsächlich der Fall ist – mit potenziellen Kunden in den übrigen EU-Mitgliedstaaten Kontakt aufnimmt. Trifft die Ansicht der Wall Street Unlimited zu?

Aufgabe 2: Der Rat hat auf der Grundlage von Art. 62 i.V.m. Art. 53 Abs. 1 AEUV eine Richtlinie erlassen, in der die Dienstleistungstätigkeit von Anlageberatern umfassend geregelt wird. In einem Rechtsstreit vor einem niederländischen Gericht, dessen Entscheidung noch mit Mitteln des innerstaatlichen Rechts angefochten werden kann, wird die Richtlinie relevant. Das Gericht bezweifelt jedoch die Rechtmäßigkeit der Richtlinie, weil das Europäische Parlament am Rechtsetzungsverfahren nicht beteiligt wurde. Das Gericht hält die Richtlinie daher für nichtig und will sie für die Entscheidung des Rechtsstreits nicht berücksichtigen. Beurteilen Sie die Rechtsauffassung des niederländischen Gerichts.

Fall 14
Laserdrome

Die L-GmbH betreibt in Mannheim ein sog. Laserdrome. Hierbei handelt es sich um eine Spielidee, bei der Spieler mit Laserpistolen ausgestattet gegeneinander antreten und versuchen, die Gegner möglichst häufig mit den Laserpistolen „abzuschießen". Dazu wird in einer großen Halle mithilfe von Leichtbauwänden ein Labyrinth aufgebaut. Die einzelnen Spieler werden einerseits mit maschinenpistolenähnlichen Laserzielgeräten ausgestattet und tragen andererseits Stoffwesten mit angebrachten Sensorempfängern an Brust und Rücken, mit denen Treffer aufgezeichnet werden. Für jeden Treffer werden dem Schützen Punkte gutgeschrieben, dem Getroffenen werden Punkte abgezogen. Sieger ist, wer nach Ablauf der Spielzeit die meisten Punkte erzielt hat. Die Ausrüstung für die Anlage bezieht die L-GmbH von einem französischen Unternehmen, der B Sàrl mit Sitz in Paris, mit der ein Franchisevertrag über die veranstalteten Spiele geschlossen wurde.

Als die zuständige Ordnungsbehörde von dem Angebot der L-GmbH hört, untersagt sie der L-GmbH unter Androhung eines hohen Zwangsgeldes die Abhaltung von Spielabläufen, die ein simuliertes Töten beinhalten. Zur Begründung bringt die Behörde vor, dass solche Spiele eine Gefahr für die öffentliche Ordnung darstellen. Die simulierten Tötungshandlungen und die damit einhergehende Verharmlosung von Gewalt würden die in Art. 1 Abs. 1 Satz 1 GG verankerte Menschenwürde verletzen. Gegen die Untersagungsverfügung legte die L-GmbH zunächst erfolglos Widerspruch ein und erhob dann Klage beim zuständigen VG Karlsruhe. Sie sieht sich durch die Untersagungsverfügung in ihren unionsrechtlichen Grundfreiheiten verletzt. Nationale Wertentscheidungen, selbst solche des Grundgesetzes, müssten hinter den Vorschriften des Unionsrechts zurücktreten. Schließlich vermarkte die B Sàrl das Spiel auch in anderen Mitgliedstaaten der Union, ohne dass es dort bislang Schwierigkeiten gegeben habe. Insbesondere die Behörden in Frankreich hätten – was zutrifft – ausdrücklich die Vereinbarkeit des Angebots mit nationalen Vorschriften erklärt.

Aufgabe 1: Das mit der Sache befasste VG Karlsruhe ist der Ansicht, dass die Klage der L-GmbH nach den nationalen Vorschriften abzuweisen ist. Es fragt sich aber, ob dieses Ergebnis mit dem Unionsrecht in Einklang steht und legt den Fall daher dem Gerichtshof vor. Wie wird der Gerichtshof über die Vorlage des Verwaltungsgerichts entscheiden?

Aufgabe 2:   A betrieb ebenfalls aufgrund eines Franchisevertrags mit der B Sàrl ein Laserdrome in Köln, in dem in gleicher Weise die Spielidee des simulierten Tötens genutzt wurde. Die zuständige Ordnungsbehörde in Köln untersagt dem A unter Androhung eines Zwangsgeldes in Höhe von 10.000 Euro pro gespieltes Spiel für den Fall der Zuwiderhandlung den Betrieb des Laserdrome. Die von A gegen die Verfügung erhobene Klage wurde vom Bundesverwaltungsgericht in letzter Instanz abgewiesen, ohne dass der Gerichtshof angerufen worden war. Der EuGH entscheidet nun im Vorabentscheidungsverfahren bzgl. der Vorlage im Fall der L-GmbH, dass die Untersagungsverfügung nicht mit dem Unionsrecht vereinbar ist. Unter Hinweis auf diese EuGH-Entscheidung beantragt A die Aufhebung der (bestandskräftig gewordenen) Untersagungsverfügung bei der zuständigen Verwaltungsbehörde. Dieser Antrag wird mit Hinweis auf die Bestandskraft der Untersagungsverfügung abgelehnt. Das gegen die Ablehnung angerufene Gericht fragt nun den Gerichtshof, ob sich aus dem Unionsrecht eine Verpflichtung zur Rücknahme der ursprünglichen Untersagungsverfügung ergeben könnte. Wie wird der Gerichtshof insoweit in der Sache entscheiden?

Aufgabe 3:   Wie wird das in Aufgabe 2 von A angerufene nationale Gericht entscheiden, wenn die Sachentscheidung des Gerichtshofs zugunsten einer Aufhebungspflicht von bestandskräftigen Verwaltungsentscheidungen für einen Fall wie den vorliegenden ausfallen würde?

Fall 15

Phil Collins

Ein Konzert des britischen Musikers Phil Collins in den Vereinigten Staaten von Amerika wurde ohne dessen Einwilligung aufgezeichnet und von der Firma Genesis als Compact Disc auf den Markt gebracht. Phil Collins will den Vertrieb der CD in Deutschland verbieten lassen und erhebt daher vor dem zuständigen deutschen Landgericht Klage. Für das Landgericht stellt sich die Situation nach dem deutschen Urheberrecht wie folgt dar: Nach dem Urhebergesetz genießen deutsche Staatsangehörige einen umfassenden urheberrechtlichen Schutz. Deutsche Künstler können die Verbreitung derjenigen Darbietungen verbieten, die ohne ihre Einwilligung vervielfältigt wurden; und zwar unabhängig davon, wo die Darbietungen stattgefunden haben. Dagegen greift der urheberrechtliche Schutz ausländischer Künstler grundsätzlich nur ein, wenn die jeweilige Darbietung im Geltungsbereich des Urhebergesetzes – d.h. in Deutschland – stattgefunden hat. Phil Collins ist empört darüber, dass ihm – obwohl er EU-Bürger ist – weniger Rechte als einem Deutschen zustehen sollen.

Aufgabe 1:   Verstößt die angesprochene Regelung des deutschen Urheberrechts – und ggf. mit welcher Rechtsfolge – gegen den AEUV?

Aufgabe 2: Nachdem die Klage von Phil Collins vor dem Landgericht und dem Oberlandesgericht keinen Erfolg hatte, legt er Revision beim BGH ein. Der BGH weist jedoch die Klage – gestützt auf das deutsche Urheberrecht – ab, ohne auf einen eventuellen Verstoß gegen das Unionsrecht einzugehen. Daraufhin erhebt Phil Collins in zulässiger Weise Verfassungsbeschwerde vor dem Bundesverfassungsgericht. Als Begründung trägt er vor, durch die unterlassene Vorlage der unionsrechtlichen Frage an den Gerichtshof sei ihm der „gesetzliche Richter" entzogen worden. Hat die Verfassungsbeschwerde Aussicht auf Erfolg?

Aufgabe 3: Um die in den Mitgliedstaaten der EU bestehenden Unterschiede in den Rechtsvorschriften für urheberrechtlich geschützte Werke abzubauen, erlässt der Rat der EU – gestützt auf Art. 114 AEUV – eine Richtlinie zum Vermietrecht und Verleihrecht sowie zu bestimmten dem Urheberrecht verwandten Schutzrechten im Bereich des geistigen Eigentums. Griechenland plant die Umsetzung der Richtlinie in nationales Recht und erwägt, den Urheber in größerem Umfang zu schützen als dies von der Richtlinie vorgesehen ist. Lässt sich eine entsprechende Befugnis Griechenlands aus dem AEUV ableiten?

> **Bearbeiterhinweis:** Neben den Angaben des Sachverhalts zum deutschen Urheberrecht ist das deutsche Urhebergesetz zur Lösung des Falles nicht heranzuziehen.

Fall 16

Unternehmenssubventionierung

Die Goethe-GmbH ist eine Gesellschaft mit Sitz in Stuttgart, die deutsche Literaturklassiker in die englische, französische und spanische Sprache übersetzt und dann das Ausland (Frankreich, Großbritannien, Irland, Spanien und Luxemburg) mit diesen Büchern beliefert. In den letzten Jahren war die Nachfrage nach deutschen Literaturklassikern im Ausland stark zurückgegangen, sodass die Goethe-GmbH aufgrund finanzieller Probleme gezwungen war, ihre Betriebsräume in Stuttgart zu veräußern. Der baden-württembergische Kultusminister beobachtet diese Entwicklung mit Sorge und gewährt der Goethe-GmbH eine „schnelle und unbürokratische Hilfe": Er überlässt der Goethe-GmbH unentgeltlich einen Gebäudekomplex des Kultusministeriums, damit diese von dort aus ihren Betrieb fortführen kann; darüber hinaus erhält die Goethe-GmbH einen Zuschuss von 250 000 € und ein zinsloses Darlehen in Höhe von 500 000 €.

Als die Europäische Kommission dies aus der Presse erfährt, ist sie empört darüber, dass sie vor Gewährung der Unterstützung nicht informiert wurde. Die Kommission hält das Vorgehen des Landes Baden-Württemberg für rechtswidrig; insbesondere seien die Maßnahmen Baden-Württembergs – was zutreffend ist – nicht mit ihren „Leitlinien für die Beurteilung von staatlichen Beihilfen zur Rettung und Umstrukturierung von Unternehmen in Schwierigkeiten" in Einklang zu bringen. Daraufhin erlässt die Kommission – nachdem sie allen Beteiligten Gelegenheit zur Stellungnahme gegeben hat –

am 1.9.2019 einen an die Bundesrepublik gerichteten begründeten Rechtsakt, in dem sie die Unterstützungsmaßnahmen des Landes Baden-Württemberg für unzulässig erklärt und anordnet, dass die Maßnahmen rückgängig zu machen sind. Die Entscheidung wird der Bundesrepublik Deutschland noch am gleichen Tag bekannt gegeben. Die Goethe-GmbH wendet hiergegen ein, dass sie auf die Unterstützung des Landes Baden-Württemberg angewiesen ist und auf deren Fortbestand vertraut. Am 1.10.2019 erheben die Goethe-GmbH und das Land Baden-Württemberg vor dem Gerichtshof der Europäischen Union Klage gegen die Entscheidung der Kommission.

Aufgabe 1:   Hat die Klage der Goethe-GmbH Aussicht auf Erfolg?

Aufgabe 2:   Hat die Klage des Landes Baden-Württemberg Aussicht auf Erfolg?

Aufgabe 3:   Um die Verbreitung deutscher Literatur nachhaltig zu fördern, verabschiedet die Bundesrepublik Deutschland ein Gesetz, welches alle in Deutschland ansässigen Buchhändler verpflichtet, von den deutschen Verlagen hergestellte Literaturklassiker zu – deutlich über dem Marktniveau liegenden – Mindestpreisen abzunehmen. Beinhaltet das Gesetz eine dem Unionsrecht unterfallende Beihilfe?

Fall 17
Rückforderung von Subventionen

Die Goethe-GmbH übersetzt deutsche Literaturklassiker in die englische, französische und spanische Sprache und vertreibt die übersetzten Werke im europäischen Ausland (Frankreich, Großbritannien, Irland, Spanien und Luxemburg). Das Kultusministerium von Baden-Württemberg hatte der Goethe-GmbH, die in finanzielle Schwierigkeiten geraten war, mittels eines Verwaltungsaktes am 1.7.2018 einen Zuschuss von 250 000 € und auf der Grundlage eines mit dem Kultusministerium von Baden-Württemberg abgeschlossenen zivilrechtlichen Vertrages ein Darlehen in Höhe von 500 000 € gewährt, ohne dass die Europäische Kommission hiervon vorher informiert wurde. Nachdem die Kommission von diesem Vorgang Kenntnis erlangt hatte, hat sie – nachdem sie den Beteiligten Gelegenheit zur Stellungnahme gegeben hat – am 1.9.2018 einen begründeten Beschluss erlassen und am gleichen Tag den Betroffenen auch bekanntgegeben, dass der vom Land Baden-Württemberg der Goethe-GmbH gewährte Zuschuss und auch das Darlehen unzulässig seien, da ein Verstoß gegen Art. 107, 108 AEUV vorliege. Weder die Bundesrepublik Deutschland noch das Land Baden-Württemberg noch die Goethe-GmbH haben rechtliche Schritte gegen die Entscheidung der Kommission unternommen.

Aufgabe 1:   Am 1.10.2019 erlässt das Kultusministerium des Landes Baden-Württemberg – nach Anhörung der Goethe-GmbH – einen mit einer Begründung versehenen Bescheid an die Goethe-GmbH, in dem es den Zuwendungsbescheid vom 1.7.2018 zurücknimmt und das ausgezahlte Geld in Höhe von 250 000 € zurückfordert. Die Goethe-GmbH wendet hiergegen ein, dass das Unionsrecht keine Vorschriften über die Rückforderung von staatlichen Zuschüssen enthalte und die Entscheidung der Kommission nicht rechtmäßig gewesen sei. Ferner beruft sich die Goethe-GmbH auf Vertrauensschutz, da der gesamte Zuschuss inzwischen verbraucht worden sei. Ist der Bescheid des Kultusministeriums vom 1.10.2019 rechtmäßig?

Aufgabe 2: Anfang Dezember 2019 fordert das Kultusministerium des Landes Baden-Württemberg die Rückabwicklung des Darlehens. Hierauf erwidert die Goethe-GmbH, sie habe mittlerweile private Investoren gefunden und das Darlehen vollständig zurückbezahlt; zudem beruft sich die GmbH auf Vertrauensschutz. Das Ministerium beansprucht jedoch die Zahlung eines marktüblichen Zinses für die Zeit der Gewährung bis zur Rückzahlung des Darlehens und stützt sich dabei auf Bereicherungsrecht, da der Darlehensvertrag wegen Verstoßes gegen Art. 108 Abs. 3 Satz 3 AEUV nichtig sei. Steht dem Ministerium der Zinsanspruch zu?

Fall 18
Arbeitsvermittlung durch staatliche Monopole

In einem italienischen Gesetz ist festgelegt, dass die Arbeitsvermittlung innerhalb Italiens und von Italien aus in andere Staaten allein durch eine öffentlich-rechtliche Anstalt – die RAI – betrieben werden darf. Dabei erfolgt die Arbeitsvermittlung durch die RAI unentgeltlich; finanziert wird die Anstalt von Arbeitgebern und Arbeitnehmern über Zwangsbeiträge. Eine Arbeitsvermittlung durch Private ist hingegen vollständig verboten. Zuwiderhandlungen werden mit einer Geldstrafe belegt. Das Job-Center Verona (V) will eine private Gesellschaft zur Vermittlung von Führungskräften gegen Entgelt innerhalb Italiens und der EU gründen, weil V festgestellt hat, dass die RAI die Nachfrage des Marktes nach Führungskräften nicht befriedigen kann.

Aufgabe 1: V ist der Ansicht, dass Italien durch das System der allein öffentlich-rechtlich betriebenen Arbeitsvermittlung gegen die Wettbewerbsvorschriften des Unionsrechts verstoße. Hat V Recht?

Aufgabe 2: V möchte einen italienischen Manager von Fiat aus Turin nach Neapel vermitteln. Kann sich V insoweit auf die Dienstleistungsfreiheit des AEUV berufen?

Aufgabe 3: V will sich seine Satzung genehmigen lassen und stellt einen Antrag beim zuständigen Gericht, dem Tribunale Civile e Penale Verona. Über den Antrag auf Genehmigung der Satzung einer Gesellschaft wird in Italien im Verfahren der freiwilligen Gerichtsbarkeit entschieden. Das Tribunale Civile e Penale Verona zieht es in Betracht, dass das italienische System der Arbeitsvermittlung gegen den AEUV verstößt und legt daher dem Gerichtshof die Frage vor, ob das „italienische Gesetz mit dem Unionsrecht vereinbar ist". Wie wird der Gerichtshof entscheiden?

Aufgabe 4: Um die Beschäftigungspolitik der Mitgliedstaaten besser zu koordinieren, will der Rat mittels einer Verordnung eine Europäische Agentur für Beschäftigungsstrategien errichten, die die nationalen Stellen durch Empfehlungen unterstützen soll. Wäre die Schaffung einer entsprechenden Agentur auf der Grundlage des AEUV rechtlich zulässig?

Fall 19

Spanisches Schaffleisch und nationale Gesundheitsvorsorge

Seit ca. 12 Jahren werden in Spanien Schafe plötzlich von Zuckungen befallen, magern zusehends ab und verenden kurze Zeit danach. In den letzten 2 Jahren sind auch bei Menschen ähnliche Krankheitssymptome mit erhöhter Häufigkeit aufgetreten. Dies nährt unter den Wissenschaftlern den dringenden Verdacht, dass die tödliche Schafskrankheit auch auf den Menschen übertragen werden kann. Beweise für diese Theorie gibt es jedoch nicht. Sollte eine Übertragung auf den Menschen möglich sein, muss man mit einer Inkubationszeit von etwa 10 Jahren rechnen.

Die Kommission reagiert auf diese Vorfälle mit einem an die Mitgliedstaaten gerichteten Beschluss, wonach Schaffleisch nur dann aus Spanien exportiert oder in andere Mitgliedstaaten eingeführt werden darf, wenn die Tiere nachweislich aus Betrieben stammen, in denen noch keine Fälle der Schafskrankheit aufgetreten sind, oder wenn das Fleisch aus Tierteilen stammt, in denen keine tödlichen Erreger vermutet werden. Letzteres betrifft frisches, entbeintes Muskelfleisch, von dem die angrenzenden Gewebe, einschließlich der erkennbaren Nerven- und Lymphgewebe, entfernt wurden. Der Beschluss der Kommission basiert auf einer Richtlinie des Rates, die sich mit der Veterinärkontrolle im unionsinternen Handel befasst und in diesem Zusammenhang der Kommission die Aufgabe übertragen hat, Maßnahmen gegen Seuchen, insbesondere zur Vermeidung von Risiken für die menschliche Gesundheit, zu ergreifen.

Aufgabe 1:   Spanien zweifelt daran, dass die Kommission zum Erlass des Beschlusses befugt war. Jeder Staat sollte selbst entscheiden können, ob er spanisches Schaffleisch importieren möchte. Die Kommission könne sich nicht einfach eine derartige Kompetenz anmaßen. Hinzu komme, dass die Kommission als europäisches Organ schon gar nicht dafür zuständig sei, eine Ausfuhrbeschränkung für spanisches Schaffleisch zu erlassen, das auch den Export in Drittstaaten betreffe. Trifft die Auffassung Spaniens zu?

Aufgabe 2:   Die Bundesrepublik Deutschland hat den Beschluss der Kommission durch eine Rechtsverordnung, die auf dem Fleischhygienegesetz basiert, in innerstaatliches Recht umgesetzt. Das Land Baden-Württemberg empfindet diese Maßnahmen angesichts der potenziellen Gesundheitsgefahren für die Bevölkerung als unzureichend und beschließt daher, spanisches Schaffleisch im „Ländle" nicht zum Verkauf zuzulassen. Dementsprechend erlässt Baden-Württemberg ein Gesetz, das die Einfuhr von spanischem Schaffleisch nach Baden-Württemberg vollständig verbietet. Das Land sieht sich zu diesem Schritt berechtigt, da Baden-Württemberg nicht förmliche Vertragspartei der Verträge (EUV und AEUV) und damit auch nicht an diese gebunden sei.

In welchem Verhältnis steht das Landesgesetz zum Unionsrecht? Hat Baden-Württemberg durch Erlass des Gesetzes europarechtswidrig gehandelt?

Aufgabe 3: Spanien will gegen das Landesgesetz von Baden-Württemberg vorgehen. Steht hierfür ein Rechtsschutz vor dem Gerichtshof zur Verfügung?

Aufgabe 4: Die Kommission hebt ihren Beschluss auf, da nach ihrer Ansicht von dem Genuss von spanischem Schaffleisch in Zukunft keine größeren Gefahren mehr ausgehen. Die Bundesregierung hält die Exportfreigabe für spanisches Schaffleisch für einen groben Verstoß gegen die Grundsätze eines nachhaltigen Gesundheits- und Verbraucherschutzes. Sie verschärft daher ihre nach dem Fleischhygienegesetz erlassene Rechtsverordnung in der Weise, dass der Import von spanischem Schaffleisch nach Deutschland vollständig verboten wird, da verseuchtes Fleisch nach wie vor trotz aller Gesundheitskontrollen in Spanien nicht ausgeschlossen werden könne. Die Kommission sieht in der Maßnahme der Bundesregierung eine Verletzung der Warenverkehrsfreiheit. Zu Recht?

Dabei ist davon auszugehen, dass die Bundesregierung keinen naturwissenschaftlich fundierten Beweis führen kann, dass tatsächlich die Gefahr einer Infektion mit der Schafskrankheit besteht. Auf der anderen Seite kann auch die Kommission nicht mit Gewissheit nachweisen, dass eine Übertragung der Krankheit von spanischem Schaffleisch auf den Menschen ausgeschlossen ist.

Fall 20
Dienstleistungsfreiheit und föderale Rundfunkordnung

Das Europäische Parlament und der Rat haben eine Fernsehrichtlinie zur Harmonisierung und Förderung der europäischen Filmwirtschaft erlassen. Durch die Richtlinie sollen die die Fernsehausstrahlung betreffenden Rechtsvorschriften der Mitgliedstaaten vereinheitlicht werden. Schwerpunktmäßig befasst sich die Richtlinie mit den Ausstrahlungsanteilen europäischer Fernsehproduktionen. Daneben enthält sie Regelungen über die grenzüberschreitende Verbreitung von Rundfunksendungen, über Art, Inhalt und Dauer der Werbung sowie über den Minderjährigenschutz und das Urheberrecht. Weder die deutschen Bundesländer noch der Bundesrat (als Vertreter der Länderinteressen) wurden an dem Entscheidungsprozess auf nationaler Ebene und den auf europäischer Ebene ablaufenden Verhandlungen und Abstimmungen über die Fernsehrichtlinie beteiligt. Das Bundesland B ist der Meinung, dass der EU überhaupt keine Kompetenz zum Erlass von Regelungen in dem Bereich des Rundfunks zustehe, da es sich zum einen um kulturelle Angelegenheiten handele und zum anderen das Subsidiaritätsprinzip eingreife. Der Rat und das Europäische Parlament berufen sich dagegen auf ihre Kompetenzen nach Art. 53 Abs. 1 i.V.m. Art. 62 AEUV, die die Koordinierung des Dienstleistungsverkehrs in den einzelnen Mitgliedstaaten betreffen.

Aufgabe 1: War die EU befugt, die Fernsehrichtlinie zu erlassen?

Aufgabe 2:   Das Bundesland B erwägt eine Klage gegen die Richtlinie. Welche Rechtsschutzmöglichkeiten – auf europäischer wie auf nationaler Ebene – stehen dem Land hierfür zur Verfügung?

Aufgabe 3:   Könnte das Land B vor dem Bundesverfassungsgericht gegen das Verhalten der Bundesregierung vor und bei Erlass der Richtlinie mit Erfolg klagen?

> **Bearbeiterhinweis:** Auf das Gesetz über die Zusammenarbeit von Bund und Ländern in Angelegenheiten der Europäischen Union (EUZBLG) braucht nicht eingegangen zu werden.

Fall 21
Maut und Mindestlohn bei Transitfahrten

In Deutschland wurde am 27.6.2018 das Gesetz über die Erhebung einer zeitbezogenen Infrastrukturabgabe für die Benutzung von Bundesfernstraßen (Infrastrukturabgabengesetz – InfrAG) erlassen. Nach §§ 1 bis 3 InfrAG sind Halter von Kfz mit einem zulässigen Gesamtgewicht von bis zu 3,5 t für die Benutzung der deutschen Bundesfernstraßen verpflichtet, eine elektronische Vignette gegen Entgelt zu erwerben. Für in Deutschland steuerpflichtige, d.h. inländische Kfz, sind Jahresvignetten zu erwerben, für ausländische Kfz kann zwischen einer Vignette für zehn Tage, zwei Monate oder einem Jahr gewählt werden.

Der Mitgliedstaat Österreich will gegen das deutsche InfrAG vorgehen. Er beantragt daher bei der Europäischen Kommission eine Stellungnahme zu einem etwaigen Verstoß der Bundesrepublik Deutschland gegen die Eurovignetten-Richtlinie sowie gegen die Art. 18, 34, 56 und 92 AEUV. Österreich begründet sein Anliegen damit, dass – was zutrifft – Haltern inländischer Kfz zeitgleich zur Erhebung der Infrastrukturabgabe eine Steuerentlastung in Form eines Freibetrages auf die deutsche Kfz-Steuer eingeräumt wird. Damit würden letztlich nur Halter ausländischer Kfz mit der Gebühr belastet, während die Infrastrukturabgabe von Haltern inländischer Kfz über die Steuerentlastung vollständig kompensiert werde. Die Bundesrepublik Deutschland wies das Vorbringen der Republik Österreich zurück und begründet die streitigen Maßnahmen mit Umwelterwägungen, der Steuerhoheit im Bereich der Kraftfahrzeugbesteuerung, der Berechtigung der Mitgliedstaaten zu einem Systemwechsel von der Steuer- zur Nutzerfinanzierung im Bereich der Verkehrsinfrastruktur sowie mit der Zulässigkeit von Ausgleichsmaßnahmen aufgrund von Art. 7 Abs. 3 und Art. 7k der Eurovignetten-Richtlinie.

Auch sechs Monate nach Erhalt des Schreibens der Republik Österreich gibt die Kommission noch keine mit Gründen versehene Stellungnahme ab.

Aufgabe 1:   Kann Österreich erfolgreich vor dem Gerichtshof gegen Deutschland klagen?

Aufgabe 2:   Nach dem deutschen Mindestlohngesetz sind Arbeitgeber mit Sitz im In- oder Ausland verpflichtet, ihren im Inland Beschäftigten ein Arbeitsentgelt mindestens in Höhe des Mindestlohns zu zahlen. T, der in Österreich ein Transportunternehmen betreibt, das auch regelmäßig Transportfahrten durch Deutschland durchführt, war bereits durch die Einführung der deutschen Infrastrukturabgabe sehr verärgert. Das ihn Deutschland nun aber auch verpflichten können soll, dass er die bei ihm beschäftigten Arbeitnehmer, die mit der Durchführung der Fahrten durch Deutschland (sog. Transitfahrten) betraut werden und damit den Tatbestand des Mindestlohngesetzes erfüllen, mit dem deutschen Mindestlohn zu bezahlen hat, geht ihm zu weit. T ist der Ansicht, dass das deutsche Mindestlohngesetz insoweit unionsrechtswidrig ist. Er empfindet es als unzumutbare Härte, wenn er sich nun in jedem Mitgliedstaat der Union über bestehende Mindestlöhne erkundigen und seine Arbeitsverträge entsprechend anpassen müsste. Verstößt die deutsche Mindestlohnregelung für den reinen Transitverkehr gegen Grundfreiheiten des T? Sekundärrecht und Art. 92 AEUV sind bei der Bearbeitung außer Betracht zu lassen.

Bearbeiterhinweis

Richtlinie 1999/62/EG über die Erhebung von Gebühren für die Benutzung bestimmter Verkehrswege durch schwere Nutzfahrzeuge in der durch die Richtlinie 2011/76/EG geänderten Fassung (Eurovignetten-Richtlinie)

Art. 1

Diese Richtlinie gilt für Kraftfahrzeugsteuern und für Maut- und Benutzungsgebühren, die von den in Artikel 2 definierten Fahrzeugen erhoben werden. […]

Art. 2

Im Sinne dieser Richtlinie bezeichnet der Ausdruck
d) „Fahrzeug" Kraftfahrzeuge oder Fahrzeugkombinationen, die für den Güterkraftverkehr bestimmt sind oder verwendet werden und deren zulässiges Gesamtgewicht mehr als 3,5 t beträgt;

Art. 7

(3) Maut- und Benutzungsgebühren dürfen weder mittelbar noch unmittelbar zu einer unterschiedlichen Behandlung aufgrund der Staatsangehörigkeit des Verkehrsunternehmers, des Mitgliedstaats oder Drittlandes der Niederlassung des Verkehrsunternehmers oder der Zulassung des Fahrzeugs oder des Ausgangs- oder Zeitpunktes der Fahrt führen.

Art. 7k

Diese Richtlinie berührt nicht die Freiheit der Mitgliedstaaten, die ein System von Maut- und/ oder Benutzungsgebühren für Verkehrswege einführen, unbeschadet der Artikel 107 und 108 des Vertrags über die Arbeitsweise der Europäischen Union einen angemessenen Ausgleich für diese Gebühren vorzusehen.

Fall 22

Außenwirtschaftsrecht und Außenpolitik

Der Rat will eine Verordnung zur Festlegung einer gemeinsamen Ausfuhrregelung für Waren erlassen. Dabei schlägt die Kommission u.a. folgende Regelung vor:

Art. 1:

Die Ausfuhren der Europäischen Union nach dritten Ländern sind frei, d.h. keinen mengenmäßigen Beschränkungen oder Maßnahmen gleicher Wirkung unterworfen, mit Ausnahme derjenigen, die in Übereinstimmung mit den Vorschriften dieser Verordnung Anwendung finden.

Art. 11:

Diese Verordnung steht der Anwendung mengenmäßiger Ausfuhrbeschränkungen oder Maßnahmen gleicher Wirkung durch die Mitgliedstaaten nicht entgegen, die aus Gründen der öffentlichen Sittlichkeit, Ordnung und Sicherheit, zum Schutz der Gesundheit und des Lebens von Menschen, Tieren oder Pflanzen, des nationalen Kulturguts von künstlerischem, geschichtlichem oder archäologischem Wert oder des gewerblichen und kommerziellen Eigentums gerechtfertigt sind.

Frankreich, dem diese Ausfuhrregelung zu liberal ist, stimmt gegen den Verordnungsentwurf; die übrigen Mitgliedstaaten stimmen für den Verordnungsentwurf. Im Übrigen wurden die Vorgaben des ordentlichen Gesetzgebungsverfahrens eingehalten. Insbesondere hat das Europäische Parlament der Verordnung zugestimmt.

Aufgabe 1: Ist die Verordnung rechtmäßig zustande gekommen? Würde sich etwas ändern, wenn der Rat bei der Beschlussfassung von dem Kommissionsentwurf abgewichen wäre und Frankreich sich der Stimme enthalten hätte?

Aufgabe 2: Nach § 4 Außenwirtschaftsgesetz (AWG) kann die Bundesregierung durch Rechtsverordnung bestimmte Rechtsgeschäfte und Handlungen im Außenwirtschaftsrecht beschränken bzw. verbieten, um die Sicherheit der Bundesrepublik Deutschland zu gewährleisten, eine Störung des friedlichen Zusammenlebens der Völker zu verhüten, oder um zu verhindern, dass die auswärtigen Beziehungen der Bundesrepublik Deutschland erheblich gestört werden. Auf der Grundlage dieser Normen hat die Bundesregierung eine Verordnung erlassen, nach der die Ausfuhr von Chemieanlagen, die sowohl zivil als auch militärisch nutzbar sind (Dual-Use-Güter), in Staaten, die nicht Mitglied der OECD sind, genehmigungspflichtig ist. Ist die deutsche Regelung – insbesondere im Hinblick auf Art. 206 AEUV und Art. 1, 11 der EU-Verordnung – zulässig?

Aufgabe 3: Ein deutscher Hersteller von Chemieanlagen will eine solche Anlage in einen nicht der OECD angehörigen Staat S liefern, was ihm mit Verweis auf die Regelung des deutschen Außenwirtschaftsrechts i.V.m. der EU-Verordnung untersagt wird. Der Hersteller ist der Ansicht, dass die Beschränkung bzw. Verhinderung der Ausfuhr von Waren in den Staat S gegen die Meistbegünstigungsklausel des GATT (General Agreement on Tariffs and Trade) verstoße, nach der Handelsvorteile gegenüber allen Vertragsparteien des GATT (zu denen auch der Staat S gehört) gleichermaßen zu gewähren sind. Als Vertragsparteien des GATT seien die Europäische Union – die Rechtsnachfolgerin der EG ist – und die Bundesrepublik an die Vorgaben des GATT gebunden. Wird der (mit dem Fall befasste) Gerichtshof über die Vereinbarkeit der EU-Verordnung und der deutschen Regelung mit dem GATT entscheiden?

Aufgabe 4: Die EU plant mit den USA den Abschluss eines Abkommens, in dem umfassend gemeinsame Regeln für den Export von Dual-Use-Gütern und bestimmten Waffen in Krisengebiete festgelegt werden sollen. Frankreich ist der Ansicht, dass die Kompetenz für den Abschluss eines solchen Abkommens allein bei den Mitgliedstaaten liege, da – was zutrifft – die Waffentypen, für die das Abkommen gelten soll, unter die Ausnahmevorschrift des Art. 346 Abs. 1 lit. b), Abs. 2 AEUV fallen. Wer ist für den Abschluss eines solchen Abkommens zuständig?

Im November 2018 beantragt Portugal beim Gerichtshof die Einholung eines Gutachtens über die Frage, ob das Abkommen mit den USA gegen das Primärrecht – insbesondere gegen den AEUV – verstößt. Kurze Zeit später schließt die EU mit den USA ein entsprechendes Abkommen ab, sodass dieses noch im Februar 2019 in Kraft treten kann. Wie wird der Gerichtshof im April 2019 über den Antrag Portugals entscheiden?

Zweiter Teil
Lösungen

Lösung Fall 1
Bananensplit

(Europäischer und nationaler Grundrechtsschutz gegenüber sekundärem Unionsrecht – Nichtigkeitsklage – Bezüge zum Verfassungsprozessrecht)

Aufgabe 1

I. Fraglich ist, ob die Bananenmarktordnung gegen die europäischen Grundrechte der Eigentumsfreiheit sowie der Freiheit der Berufsausübung verstößt. Gerade weil die EU durch ihre Rechtsetzungskompetenz auch die Möglichkeit hat, erhebliche Eingriffe in die Rechtspositionen der Unionsbürger vorzunehmen, besteht die Notwendigkeit eines grundrechtlichen Schutzes der Unionsbürger gegen Rechtsakte der Union. Art. 6 EUV bestimmt daher, dass die EU und ihre Organe an Grundrechte gebunden sind. Dabei wird auf drei verschiedene Ansatzpunkte zurückgegriffen. Erstens folgt aus Art. 6 Abs. 1 EUV die Rechtsverbindlichkeit der Charta der Grundrechte der EU. Diese Grundrechte-Charta (GRCh) steht im gleichen Rang wie die Verträge. Noch nicht endgültig geklärt ist jedoch, welche Folgen die durch den Lissabon-Vertrag eingeführte Anerkennung der Rechtsverbindlichkeit der GRCh hat. Die eingeführte „Gleichrangigkeit" spricht jedoch dafür, dass die in der Charta genannten Grundrechte dem primären Unionsrecht nicht vorgehen. Jedoch intendieren die in der Charta festgeschriebenen Grundrechte eine Wertentscheidung der EU, die jedenfalls im Hinblick auf sekundäres Unionsrecht zu berücksichtigen ist. Zweitens ordnet Art. 6 Abs. 3 EUV die Geltung der in der Europäischen Konvention für Menschenrechte genannten Grundrechte für die EU an. Als allgemeine Grundsätze des Unionsrechts beeinflussen diese Grundrechte das Rechtsetzungsrecht der EU. Schließlich hat der Gerichtshof in seiner früheren Rechtsprechung stets auf die in den Mitgliedstaaten als „common sense" bestehenden Grundrechte zurückgegriffen. Diese Grundrechte sind auch Teil des Wertekanons der EU und müssen bei der Normgebung berücksichtigt werden. Somit ist auch die EU an Grundrechte gebunden. Aus dieser Grundrechtsbindung folgt weiterhin, dass die Sekundärrechtsakte, wenn sie gegen die Grundrechte verstoßen, gegen höherrangiges Unionsrecht – und sei es Gewohnheitsrecht – verstoßen und damit nichtig sind. Daher muss sich die Bananenmarktordnung als Rechtsakt der EU grundsätzlich an den europäischen Grundrechten messen lassen.

1. Zunächst kommt ein Verstoß gegen die **Eigentumsfreiheit** in Betracht. Die Eigentumsfreiheit ist nach der ständigen Rechtsprechung des Gerichtshofs ein auf Unionsebene geschütztes Grundrecht, das sich aus den gemeinsamen Verfassungstraditionen der Mitgliedstaaten sowie aus Art. 1 des Ersten Zusatzprotokolls zur Europäischen

Menschenrechtskonvention ableiten lässt. In der GRCh ist das Eigentumsrecht durch Art. 17 garantiert.

Fraglich ist jedoch, ob der Schutzbereich des Eigentumsgrundrechts durch die Einführung des EU-einheitlichen Kontingents überhaupt berührt wird. Nach der Rechtsprechung des Gerichtshofs kann ein Wirtschaftsteilnehmer kein Eigentumsrecht an einem – auf einer unbeschränkten Einfuhrlizenz beruhenden – Marktanteil geltend machen, den er zu einem Zeitpunkt **vor** der Einführung einer gemeinsamen Marktorganisation besessen hat. Ein solcher Marktanteil stellt nach Ansicht des Gerichtshofs nur eine augenblickliche wirtschaftliche Position dar, die den mit einer Änderung der Umstände verbundenen Risiken ausgesetzt ist. Es fehlt daher an einer schutzwürdigen Rechtsposition. Ein Verstoß gegen das Eigentumsgrundrecht ist abzulehnen.

2.   Zu prüfen bleibt daher ein Verstoß gegen das **Grundrecht auf freie Berufsausübung**. Die freie Berufsausübung gehört zu den allgemeinen Grundsätzen des Unionsrechts und ist daher vom Gerichtshof ebenfalls als Grundrecht anerkannt worden. Zudem schreiben Art. 15 und 16 GRCh die Berufsfreiheit bzw. die Freiheit auf unternehmerische Betätigung als Grundwerte der Union fest. Geschützt wird die gesamte berufliche Betätigung. Diese Freiheit wird durch die Kontingentierung der Bananenmarktordnung beschnitten, da die Importeure nicht mehr unbegrenzt Bananen aus Drittländern nach Deutschland einführen dürfen. Damit wird die Berufsausübung der deutschen Importeure spürbar beschränkt.

Es stellt sich daher die Frage, ob diese Beschränkung **gerechtfertigt** werden kann (vgl. Art. 52 GRCh). Nach der Rechtsprechung des Gerichtshofs kann die Berufsausübung Beschränkungen unterworfen werden, sofern die Schranken legitimen Zielen der Union dienen und nicht einen im Hinblick auf den verfolgten Zweck unverhältnismäßigen, nicht tragbaren Eingriff darstellen, der die so gewährleisteten Rechte in ihrem Wesensgehalt antastet. Zugleich ist jedoch zu beachten, dass der Gerichtshof in seinem Bananenmarkt-Urteil die Prüftiefe beim Verhältnismäßigkeitsgrundsatz offensichtlich weiter zurücknimmt, als dies aus dem nationalen Verfassungsrecht bekannt ist. Hiernach soll der EU-Normgeber auf dem Gebiet der gemeinsamen Agrarpolitik – insbesondere bei Beurteilung der Frage, ob die gewählte Maßnahme mehr oder weniger angemessen ist – über ein weites Ermessen verfügen; darüber hinaus verneint der Gerichtshof die Rechtmäßigkeit einer Maßnahme nur dann, wenn die Maßnahme zur Erreichung des verfolgten Zieles offensichtlich ungeeignet ist.

Die Bananenmarktordnung dient zunächst dem Zweck, zur Förderung der Wettbewerbsgleichheit Unterschiede in den nationalen Rechtsordnungen abzuschaffen und stattdessen in der EU **einheitliche Regelungen für den Import von Drittlandsbananen** zu schaffen. Dies ist ein legitimes Ziel der Union, zu dessen Erreichung eine einheitliche Regelung in Form einer gemeinsamen Marktorganisation ein geeignetes und erforderliches Mittel darstellt. Auch die Angemessenheit der EU-Maßnahme wird man – nicht zuletzt mit Blick auf den weiten Gestaltungsspielraum des Rates – zu bejahen haben. Das Ziel der Union, eine die Wettbewerbsgleichheit zwischen den Mitgliedstaaten fördernde Maßnahme zu treffen, wird man höher zu bewerten haben als die Wirtschaftsinteressen der Importeure auf den Fortbestand einer günstigen Marktsituation. An der Angemessenheit (und einer ausreichenden Berücksichtigung des Wesensgehaltes des Grundrechts) könnte man allenfalls dann zweifeln, wenn die

Importeure durch die Verordnung gezwungen wären, ihren Beruf aufzugeben. Eine solche Belastung der Importeure durch die Bananenmarktordnung ist aber nicht ersichtlich.

Zweitens dient die mengenmäßige Beschränkung des Imports von Drittlandsbananen auch der **wirtschaftlichen Förderung von EU-Bananen**, – d.h. Bananen aus der EU angehörigen oder mit der EU assoziierten Staaten. Die Bevorzugung „einheimischer" Erzeugnisse ist eine im Rahmen der Union legitime Vorgehensweise. Zur Erreichung dieses Ziels ist eine Kontingentierung von Drittlandsbananen geeignet; sie ist auch – da kein milderes und gleichermaßen geeignetes Mittel ersichtlich ist – erforderlich und im Hinblick auf die Wirtschaftsinteressen der Importeure angemessen. Folglich liegt auch kein Verstoß gegen das Grundrecht auf freie Berufsausübung vor.

3. Ein Verstoß der EU-Bananenmarktordnung gegen das europäische Eigentumsgrundrecht und das europäische Grundrecht auf freie Berufsausübung kann damit nicht festgestellt werden.

II. Als Klage kommt allein eine **Nichtigkeitsklage** gemäß **Art. 263 AEUV** in Betracht.

1. Nach Art. 263 UAbs. 4 AEUV ist I als natürliche Person zur Erhebung einer Nichtigkeitsklage **antragsberechtigt**. Der Rat ist gemäß Art. 263 UAbs. 1 AEUV ein zulässiger **Antragsgegner**.

2. Die **sachliche Zuständigkeit** der verschiedenen Spruchkörper des Gerichtshofs der Europäischen Union im Rahmen einer Nichtigkeitsklage bemisst sich nach Art. 256 Abs. 1 AEUV. Hiernach ist das Gericht – und nicht der Gerichtshof – u.a. für Klagen nach Art. 263 AEUV zuständig. Zwar findet sich gemäß Art. 256 Abs. 1 AEUV i.V.m. Art. 51 Satzung des Gerichtshofs ein Vorbehalt zugunsten des Gerichtshofes, wenn Nichtigkeitsklagen von den Mitgliedstaaten oder den Organen der Union erhoben werden. Für die gemäß Art. 263 UAbs. 4 AEUV von juristischen oder natürlichen Personen erhobenen Nichtigkeitsklagen und damit auch für die Klage des I ist aber das Gericht und nicht der Gerichtshof erstinstanzlich zuständig.

3. **Antragsgegenstand** und **Antragsbefugnis** bestimmen sich – da die Nichtigkeitsklage von einer natürlichen Person erhoben wird – nicht nach Art. 263 UAbs. 1 AEUV, sondern nach Art. 263 UAbs. 4 AEUV. Da I mit seiner Nichtigkeitsklage die Nichtigerklärung der Bananenmarktordnung begehrt, kommt hier nicht die erste Alternative des Art. 263 UAbs. 4 AEUV (Nichtigerklärung einer an den Kläger gerichteten Handlung) in Betracht. Ebenfalls nicht anwendbar ist Art. 263 UAbs. 4 3. Alt. AEUV, da es sich bei der Bananenmarktordnung nicht um einen „Rechtsakt mit Verordnungscharakter" handelt. Zwar ist bisher nicht geklärt, welche Bedeutung das Tatbestandsmerkmal „Rechtsakt mit Verordnungscharakter" hat. Unabhängig davon allerdings, ob man darunter nur solche Rechtsakte fasst, die zwar in der Rechtsform einer Verordnung ergehen, aber die Wirkungen eines Beschlusses haben, weil sie eine konkret-individuelle Regelung treffen (sog. Scheinverordnung) oder hierunter in Abgrenzung zu Art. 289 Abs. 3 AEUV solche Rechtsakte versteht, die nicht in einem Gesetzgebungsverfahren angenommen worden sind, erfüllt die Bananenmarktordnung die Voraussetzungen des Art. 263 UAbs. 4 3. Alt. AEUV nicht: Sie enthält generell-abstrakte Regelungen, ersetzt also nicht nur einen an einen bestimmten Produzenten gerichteten Beschluss, und ist in einem Gesetzgebungsverfahren zustande gekommen, ist also ein Rechtsakt mit Gesetzescharakter i.S.d. Art. 289 Abs. 3 AEUV. In Betracht kommt daher nur die zweite Alternative des Art. 263 UAbs. 4 AEUV. Voraussetzung ist, dass eine Verordnung den Kläger unmittelbar betrifft und keine Durchführungsmaßnahmen nach sich zieht. Fraglich ist, ob eine solche unmittelbare oder individuelle Betroffenheit des I zu bejahen ist.

Problematisch ist insbesondere die **individuelle Betroffenheit**, für die es nach der Rechtsprechung des Gerichtshofs nicht genügt, dass sich diejenigen Personen, auf die eine Maßnahme anwendbar ist, mehr oder weniger genau der Zahl nach oder sogar namentlich bestimmen lassen. Vielmehr sei erforderlich, dass Personen in ihrer Rechtsposition aufgrund von Umständen betroffen sind, die sie aus dem Kreis aller übrigen Personen herausheben und sie in **ähnlicher Weise individualisieren wie einen Adressaten**. Das Gericht hingegen fordert – mit Blick auf Art. 6 und 13 EMRK und Art. 47 GRCh – eine weite Auslegung des Begriffs der individuell betroffenen Person: Um einen wirksamen gerichtlichen Rechtsschutz des Einzelnen zu gewährleisten, müsse es für eine Antragsbefugnis i.S.v. Art. 263 UAbs. 4 AEUV genügen, dass eine Unionsvorschrift die Rechtsposition einer natürlichen oder juristischen Person unzweifelhaft und gegenwärtig beeinträchtigt, indem sie deren Rechte einschränkt oder ihr Pflichten auferlegt. Der Gerichtshof hat den Ansatz des Gerichts zur Erweiterung des europäischen Rechtsschutzsystems jedoch verworfen. Nur wenn die Anzahl und die Identität der betroffenen Personen zum Zeitpunkt des Verordnungserlasses sicher feststehen, bejaht der Gerichtshof eine individuelle Betroffenheit i.S.d. Art. 263 UAbs. 4 AEUV.

Damit ist für den vorliegenden Fall auf der Grundlage der weiterhin maßgeblichen Grundsätze des Gerichtshofs zu entscheiden: Mit der angefochtenen Bananenmarktordnung wird eine Regelung über den Bananenhandel mit Drittländern und über eine – nach objektiven Merkmalen erfolgende – Aufteilung der Einfuhrlizenzen zwischen den Importeuren getroffen. Demnach sind die Bestimmungen der Bananenmarktordnung in **abstrakter** und **genereller** Weise gefasst. Die angefochtene Maßnahme betrifft den I somit nur in seiner Eigenschaft als Wirtschaftsteilnehmer im Sektor der Vermarktung von Bananen aus Drittländern und damit nicht anders als alle anderen Wirtschaftsteilnehmer, die sich in derselben Lage befinden. Da es daher an einer individuellen Betroffenheit fehlt, wäre eine von I erhobene Nichtigkeitsklage unzulässig.

Aufgabe 2

I.   Die Bananenmarktordnung und die Anwendbarkeit der Grundrechte des Grundgesetzes

Zu prüfen ist, ob die Bananenmarktordnung der EU den I in seinen Grundrechten aus Art. 12, 14 GG verletzt. Dies setzt voraus, dass die Grundrechte des Grundgesetzes **überhaupt als Prüfungsmaßstab** für sekundäres Unionsrecht **in Betracht kommen** können.

1.   Für das Verhältnis von nationalem Recht zu supranationalem Europäischem Recht (Unionsrecht) hat der Gerichtshof bereits im Jahre 1964 den Grundsatz vom **Vorrang des Unionsrechts** aufgestellt: Das EU-Recht sei höherrangig als das innerstaatliche Recht. Begründet hat der Gerichtshof den Vorrang des Unionsrechts vornehmlich mit der Sicherung der Funktionsfähigkeit und Effizienz der EU: Könnte jeder Mitgliedstaat ungehindert durch innerstaatliche Gesetze von den Vorgaben des EU-Rechts abweichen, so wäre die Rechtsordnung der Union in ihrer Wirksamkeit stark eingeschränkt; die Verwirklichung der vertraglichen Ziele wäre in Frage gestellt. Dies widerspricht dem Rechtsgedanken des effet utile, der nach den Änderungen des Lissabon-Vertrages in Art. 4 Abs. 3 EUV seinen ausdrücklichen Niederschlag gefunden hat. Die Frage ist nun, ob dieser Vorrang des Unionsrechts auch gegenüber dem **nationalen Verfassungsrecht** – hier den Grundrechten des Grundgesetzes – gilt. Das BVerfG hat schon mehrfach hierzu Stellung nehmen müssen und in diesem Zusammenhang untersucht, ob Rechtsakte der Union bzw. die zum Vollzug erlassenen nationalen Rechtsakte an den Grundrechten des Grundgesetzes überprüft werden können.

2. Obwohl auch das BVerfG den Vorrang des Unionsrechts grundsätzlich akzeptiert, hielt es sich in seinem **„Solange I"-Beschluss** dennoch für berechtigt, eine Grundrechtskontrolle für sekundäres Unionsrecht durchzuführen: Dieses dürfe auf seine Vereinbarkeit mit den Grundrechten des GG überprüft werden, solange auf EU-Ebene noch kein dem Grundgesetz adäquater Grundrechtsschutz bestehe. Auf der Grundlage dieser Auffassung könnte im Fall des I die Bananenmarktordnung der EU grundsätzlich an den Grundrechten der Art. 12, 14 GG gemessen werden.

3. Die „Solange I"-Rechtsprechung revidierte das BVerfG dann aber in seinem **„Solange II"-Beschluss** von 1986, der auch eine mittelbare Kontrolle von europäischen Rechtsakten an den Grundrechten des GG nahezu ausschloss. Das BVerfG stellte fest, dass der generell gewährleistete Grundrechtsschutz gegenüber der Hoheitsgewalt der EU dem vom Grundgesetz als unabdingbar gebotenen Grundrechtsschutz im Wesentlichen gleichzuachten sei. Solange sich dies nicht ändert, werde „das BVerfG seine Gerichtsbarkeit über die Anwendbarkeit von abgeleitetem Unionsrecht, das als Rechtsgrundlage für ein Verhalten deutscher Gerichte oder Behörden im Hoheitsbereich der Bundesrepublik Deutschland in Anspruch genommen wird, nicht mehr ausüben und dieses Recht mithin nicht mehr am Maßstab der Grundrechte des GG überprüfen". Damit erklärte das BVerfG, es werde die Jurisdiktion über die Vereinbarkeit von abgeleitetem sekundärem EU-Recht mit den Grundrechten des GG im Grundsatz nicht mehr wahrnehmen. Hiernach wäre im vorliegenden Fall auch eine Überprüfung der Bananenmarktordnung an den Grundrechten der Art. 12, 14 GG ausgeschlossen.

4. In seinem **„Maastricht"-Urteil** hat das BVerfG zu der Überprüfbarkeit von sekundärem Unionsrecht an den Grundrechten des GG erneut Stellung nehmen müssen. Dabei hat das Gericht erklärt, dass grundsätzlich auch Rechtsakte der EU die Grundrechtsträger in Deutschland betreffen können und auch durch diese der Grundrechtsschutz in der Bundesrepublik berührt werde. Daher hat sich das BVerfG im „Maastricht"-Urteil prinzipiell für zuständig erklärt, auch den nationalen Grundrechtsschutz gegenüber Rechtsakten der damaligen EG sicherzustellen. Diesen weiten Zuständigkeitsbereich schränkt das BVerfG dann aber wieder ein, indem es ausführt, dass es seine Gerichtsbarkeit nur in einem Kooperationsverhältnis zum Gerichtshof ausübe: Der Gerichtshof garantiere den Grundrechtsschutz in jedem Einzelfall, während sich das BVerfG auf die generelle Gewährleistung des unabdingbar gebotenen Grundrechtsstandards des GG beschränke. In der Literatur wurde das „Maastricht"-Urteil als Korrektur des „Solange II"-Beschlusses begriffen: Während das BVerfG in seinem „Solange II"-Beschluss auf die Ausübung seiner Jurisdiktion verzichtet habe, gehe das Gericht im „Maastricht"-Urteil von einer permanenten Jurisdiktionskompetenz aus, wenn auch nur in einem Kooperationsverhältnis zum Gerichtshof.

5.   Diese Deutung der Literatur hat das BVerfG in seinem **„Bananenmarkt"-Beschluss** vom 7.6.2000 verworfen und seine Rechtsprechung unter Zusammenführung der Grundsätze des „Solange II"-Beschlusses und des „Maastricht"-Urteils präzisiert: Das BVerfG werde erst und nur dann im Rahmen seiner Gerichtsbarkeit tätig, wenn der Gerichtshof den Grundrechtsstandard verlassen sollte, wie ihn das BVerfG im „Solange II"-Beschluss festgestellt hat. Insofern beschränkt das BVerfG seine Grundrechtskontrolle auf eine Reservekompetenz, die dann zum Tragen kommt, wenn der europäische Grundrechtsstandard insgesamt unter das im Jahre 1986 erreichte Schutzniveau absinken sollte. Hieraus folgt auch, dass bei der Prüfung der „generellen Gewährleistung des unabdingbar gebotenen Grundrechtsstandards" ein abstrakter, alle Grundrechtstatbestände des GG und der EU umfassender Vergleich und keine – lediglich auf die konkret betroffenen Grundrechte abstellende – Einzelfallprüfung und -kontrolle vorzunehmen ist. Diese Grundsätze hat das BVerfG in seinem **Urteil zum Vertrag von Lissabon** vom 30.6.2009 bestätigt. Jedenfalls in der Theorie nimmt das BVerfG für sich die Zuständigkeit in Anspruch, auch Rechtsakte des EU-Sekundärrechts auf seine Vereinbarkeit mit den deutschen Grundrechten zu prüfen. Da das BVerfG jedoch zugleich das hohe Niveau des Grundrechtsschutzes in der EU durch den Gerichtshof anerkennt, findet praktisch keine Ausübung der Prüfungskompetenz des BVerfG statt.

6.   Auf der Grundlage dieser Grundsätze, die den gegenwärtigen Meinungsstand in der Rechtsprechung des BVerfG widerspiegeln, ist nun zu prüfen, ob die Bananenmarktordnung der EU, die eine Verordnung i.S.d. Art. 288 UAbs. 2 AEUV darstellt, an den Grundrechten der Art. 12, 14 GG überprüft werden kann. Dies setzt voraus, dass der unabdingbar gebotene Grundrechtsstandard des Grundgesetzes durch die europäischen Grundrechte nicht bzw. nicht mehr gewährleistet wird. Dies ist aber nicht ersichtlich, vielmehr ist der Grundrechtsschutz in der EU gegenüber dem vom Grundgesetz vorgesehenen Grundrechtsschutz im Wesentlichen gleich zu achten. Gerade mit der Neufassung des Art. 6 EUV hat das Schutzniveau sogar eher noch zugenommen: Die Rechtsprechung des Gerichtshofs hat – z.B. mit der Anerkennung des Gleichheitssatzes, der Meinungsfreiheit, der Unverletzlichkeit der Wohnung und Privatsphäre, der Achtung des Familienlebens oder der Religionsfreiheit – auf Unionsebene einen Grundrechtsstandard entwickelt, der durchaus an den Standard des GG heranreicht. Zwar wird in der Literatur verschiedentlich der zu weite Ermessensspielraum des Unionsgesetzgebers und die zu geringe grundrechtliche Prüfungsdichte seitens des Gerichtshofs kritisiert. Dies allein – wie auch der Umstand, dass in Einzelbereichen der europäische hinter dem nationalen Grundrechtsschutz zurückbleiben mag – hat aber kein Eingreifen der nationalen Grundrechtskontrolle zur Folge. Denn das BVerfG fordert keinen deckungsgleichen, sondern lediglich einen im Wesentlichen gleichen Grundrechtsschutz. Damit kann im vorliegenden Fall nicht auf die Grundrechte des Grundgesetzes zurückgegriffen werden. Eine Verletzung der Grundrechte des I aus Art. 12, 14 GG durch die Bananenmarktordnung der EU scheidet damit aus.

II. Zulässigkeit der Verfassungsbeschwerde in Bezug auf die Importlizenz

1. Im Rahmen der Zulässigkeit der Verfassungsbeschwerde des I ist zu problematisieren, ob es sich um einen **zulässigen Beschwerdegegenstand** einer Verfassungsbeschwerde handelt (vgl. Art. 93 Abs. 1 Nr. 4a GG, §§ 13 Nr. 8a, 90 ff. BVerfGG). Dies setzt einen Akt der öffentlichen Gewalt voraus. An diesem Merkmal könnte man zweifeln, wenn man an die Bananenmarktordnung anknüpft, da es sich hierbei um einen **Rechtsakt der EU** und nicht um einen Akt der deutschen öffentlichen Gewalt handelt. I wendet sich jedoch **nicht gegen die Bananenmarktordnung** als solche, sondern **gegen die Ablehnung der Erteilung einer unbeschränkten Importlizenz** durch die Bundesanstalt für Landwirtschaft und Ernährung. Dabei handelt es sich um eine Maßnahme der deutschen Hoheitsgewalt, die zulässiger Beschwerdegegenstand einer Verfassungsbeschwerde ist.

2. Fraglich ist aber, ob auch die **Beschwerdebefugnis** zu bejahen ist. Insoweit ist zu prüfen, ob es möglich erscheint, dass der Beschwerdeführer – hier der I – in einem seiner Grundrechte verletzt ist. Dies wird man aber nach den Aussagen des „Bananenmarkt"-Beschlusses abzulehnen haben, in dem das BVerfG festgestellt hat, dass Verfassungsbeschwerden von vornherein unzulässig sind, wenn ihre Begründung nicht darlegt, dass die Entwicklung des europäischen Grundrechtsschutzes unter den unabdingbar gebotenen Grundrechtsstandard des Grundgesetzes abgesunken ist. Da aber – wie dargelegt – eine relevante Unterschreitung des nationalen Grundrechtsstandards nicht ersichtlich ist, wäre die Verfassungsbeschwerde des I unzulässig.

III. Zulässigkeit der Verfassungsbeschwerde in Bezug auf die Bananenmarktordnung

1. Im Unterschied zu der Verfassungsbeschwerde in Bezug auf die Importlizenz stellt sich bei der unmittelbar gegen die Bananenmarktordnung gerichteten Verfassungsbeschwerde das Problem, ob es sich bei einer EU-Verordnung um einen **zulässigen Beschwerdegegenstand** handelt. Dies wäre zu verneinen, wenn man zwingend einen Akt der **deutschen öffentlichen Gewalt** fordert. Wie bereits angesprochen hat das BVerfG bereits im „Maastricht"-Urteil erklärt, dass grundsätzlich auch Rechtsakte der EU die Grundrechtsträger in Deutschland betreffen können und durch diese der Grundrechtsschutz in der Bundesrepublik und die Aufgaben des Bundesverfassungsgerichts berührt werde. Bereits im Anschluss an das „Maastricht"-Urteil wurde vielfach angenommen, dass nicht nur der mitgliedstaatliche Vollzug von Unionsrecht, sondern auch Hoheitsakte der Europäischen Union selbst unmittelbar Prüfungsgegenstand einer verfassungsrechtlichen Kontrolle sein können. Diese Sichtweise wird durch die „Europäisches Patentamt"-Entscheidung des BVerfG untermauert, in der das Gericht von einem **funktionalen Verständnis der öffentlichen** Gewalt ausgeht: Unter „öffentlicher Gewalt" (i.S.v. § 90 BVerfGG) sei nicht allein die deutsche Staatsgewalt zu verstehen, sondern auch Akte einer besonderen, von der Staatsgewalt der einzelnen Staaten unterschiedlichen öffentlichen Gewalt einer supranationalen Organisation; und zwar, wenn diese in die nationale Rechtsordnung hineinwirken und dadurch Rechte von Grundrechtsberechtigten in Deutschland betreffen. Im **Urteil zum Lissabon-Vertrag** wird dieses weite Verständnis des Begriffes „Akt der öffentlichen Gewalt" ebenfalls angedeutet. Mit dem vom BVerfG geforderten funktionalen Verständnis der öffentlichen Gewalt kommt man für den vorliegenden Fall zum Ergebnis, dass es sich bei einer EU-Bananenmarktordnung im Grundsatz um einen tauglichen Beschwerdegegenstand einer Verfassungsbeschwerde handelt.

2. Aber selbst wenn man einen zulässigen Beschwerdegegenstand bejaht, ist die gegen die Bananenmarktordnung gerichtete Verfassungsbeschwerde des I unzulässig: Wiederum ist die **Beschwerdebefugnis** zu verneinen, da hierfür ein „Absinken" des europäischen Grundrechtsschutzes unter den unabdingbar gebotenen Grundrechtsstandard des Grundgesetzes nachzuweisen wäre. Weiter fehlt es an der **unmittelbaren Betroffenheit** des I durch die Bananenmarktordnung.

Aufgabe 3

I.   Zulässigkeit der konkreten Normenkontrolle

Art. 100 Abs. 1 Satz 1 GG ermächtigt bzw. verpflichtet ein **nationales Gericht**, welches von der Verfassungswidrigkeit eines formellen nachkonstitutionellen Gesetzes überzeugt ist, zu einer Vorlage dieses Gesetzes an das BVerfG. Das nationale Gericht kann die Verfassungswidrigkeit eines Parlamentsgesetzes nicht selbstständig feststellen. Es besteht vielmehr eine Normverwerfungskompetenz der BVerfG. Unmittelbar einschlägig ist Art. 100 Abs. 1 Satz 1 GG im vorliegenden Fall damit nicht, da es um die **Vorlage einer Verordnung der EU** geht. Art. 100 Abs. 1 Satz 1 GG könnte jedoch **analog anwendbar** sein, wozu es einer planwidrigen Regelungslücke und einer Vergleichbarkeit der Interessenlagen bedarf.

Das BVerfG übt – wie bereits dargelegt – die Grundrechtskontrolle von sekundärem Unionsrecht in einem Kooperationsverhältnis zum Gerichtshof aus, – wobei sich das BVerfG auf eine generelle Gewährleistung des unabdingbar gebotenen Grundrechtsstandards beschränkt. Aus dieser – wenn auch eingeschränkten – Prüfungsbefugnis des BVerfG folgt notwendigerweise, dass Richtervorlagen an das BVerfG jedenfalls dann statthaft sein müssen, wenn Akte der Union in die durch das Grundgesetz geschützten Grundrechte eines Bürgers der Bundesrepublik Deutschland eingreifen und der vom Grundgesetz gewährte unabdingbare Grundrechtsstandard seitens des Gerichtshofs unterschritten wird. Da Grundgesetz und Bundesverfassungsgerichtsgesetz hierfür kein spezielles Verfahren zur Anrufung des BVerfG vorsehen, existiert eine planwidrige Regelungslücke.

Weiterhin müssten die Interessenlagen vergleichbar sein. Aus Art. 100 Abs. 1 Satz 1 GG folgt, dass das Monopol zur Verwerfung formeller, nachkonstitutioneller Gesetze allein beim BVerfG, nicht aber bei den Instanzgerichten liegt. Die gleiche Interessenlage besteht bei Beurteilung der Frage, ob eine EU-Verordnung wegen Missachtung des vom Grundgesetz unabdingbar gebotenen Grundrechtsstandards im Geltungsbereich des Grundgesetzes nicht zur Anwendung kommen darf. Denn wie bei der nationalen Gesetzgebung wird man es allein dem BVerfG zubilligen können, sich über den Willen des „Unionsgesetzgebers" hinwegzusetzen. Die Vorlage einer EU-Verordnung durch ein nationales Gericht nach Art. 100 Abs. 1 Satz 1 GG analog ist damit möglich, aber auch nur dann, wenn – wie hier – das vorlegende Gericht von der Unterschreitung des unabdingbar gebotenen Grundrechtsstandards des GG überzeugt und die Voraussetzung der Entscheidungserheblichkeit zu bejahen ist. Damit sind die Analogievoraussetzungen erfüllt.

Eine Vorlage der EU-Verordnung nach Art. 100 Abs. 1 Satz 1 GG analog ist demnach grundsätzlich möglich. Jedoch fordert das BVerfG als besondere Zulässigkeitsvoraussetzung auch eine Begründung der Richtervorlage dergestalt, dass das Gericht darlegt, dass die Entwicklung des europäischen Grundrechtsschutzes mittlerweile so weit hinter dem nationalen Grundrechtsstandard zurückbleibe, dass der unabdingbar gebotene Grundrechtsschutz nicht mehr generell gewährleistet sei. Nur unter diesen engen Voraussetzungen, die eine vollständige Gegenüberstellung und Bewertung des Grundrechtsschutzes auf nationaler und Unionsebene erfordern, ist eine konkrete Normenkontrolle nach Art. 100 Abs. 1 Satz 1 GG an das BVerfG zulässig.

II. Verpflichtung zur Durchführung eines Vorabentscheidungsverfahrens

Fraglich ist, ob das nationale Gericht verpflichtet ist, die EU-Verordnung nach Art. 267 AEUV an den Gerichtshof vorzulegen, **bevor** es ein Verfahren nach Art. 100 Abs. 1 Satz 1 GG analog einleitet. Eine solche Vorlagepflicht an den Gerichtshof ist aus den folgenden Gründen zu bejahen:

Erstens gebieten es Sinn und Zweck des Art. 267 AEUV, eine einheitliche Anwendung des Unionsrechts durch den Gerichtshof sicherzustellen. Das aus dieser Funktion fließende Verwerfungsmonopol des Gerichtshofs für das Unionsrecht würde ausgehöhlt, wenn das Instanzgericht ohne vorherige Einschaltung des Gerichtshofs direkt das BVerfG anrufen könnte.

Für eine solche Vorgehensweise lässt sich zweitens die Teleologie des Merkmals der „Entscheidungserheblichkeit" im Rahmen des Art. 100 Abs. 1 Satz 1 GG anführen. Das Kriterium bringt zum Ausdruck, dass eine konkrete Normenkontrolle nur dann zulässig sein soll, wenn die Entscheidung einer verfassungsrechtlichen Frage zur abschließenden gerichtlichen Beurteilung des konkreten gerichtlichen Verfahrens unerlässlich ist. Hieraus folgt, dass auch nationale Gerichte erst dann zu einer Vorlage an das BVerfG berechtigt sind, wenn sie zuvor alle anderen Möglichkeiten – eingeschlossen ein Vorabentscheidungsverfahren beim Gerichtshof – ausgeschöpft haben. Das Merkmal der Entscheidungserheblichkeit wäre sinnentleert, wenn ein Instanzgericht ohne vorherige Einbeziehung des Gerichtshofs sofort den „Gang nach Karlsruhe" antreten dürfte.

Drittens ist die Überprüfung von sekundärem EU-Recht an den Grundrechten des GG durch das BVerfG nur der letzte „Notanker", um Rechtsschutz gegen „grob verfassungswidriges" EU-Recht zu erlangen. Solange das nationale Gericht den Gerichtshof nicht um eine Entscheidung nach Art. 267 AEUV ersucht hat, um das EU-Sekundärrecht anhand des EU-Primärrechts überprüfen zu lassen, passt auch der „ultima ratio"-Gedanke der „Maastricht"-Entscheidung des BVerfG nicht.

Aus dem Verhältnis zwischen dem EuGH, dessen Aufgabe darin liegt, Unionsrecht verbindlich auszulegen, und dem BVerfG, das seine verfassungsrechtliche Kontrolle europarechtsfreundlich ausübt, ergibt sich viertens, dass grundsätzlich zunächst die verbindliche Vertragsauslegung und die Entscheidung über die Gültigkeit und Auslegung des Rechtsaktes durch die europäischen Gerichte erfolgen muss. Erst wenn auf diese Weise die letztendliche Normaussage feststeht, darf das BVerfG über die Anwendbarkeit dieses Rechtsakts entscheiden.

Aus dem Vorstehenden folgt: Eine Richtervorlage an das BVerfG nach Art. 100 Abs. 1 Satz 1 GG analog ist unzulässig, solange das nationale Gericht nicht zuvor den Gerichtshof nach Art. 267 AEUV eingeschaltet hat.

Aufgabe 4

Ausgangspunkt zur Beantwortung der Frage ist zunächst der Gesichtspunkt, dass prinzipiell nur der **Gerichtshof** berechtigt ist, einen Rechtsakt der Union für **ungültig** zu erklären. Diese Feststellung kann im Rahmen einer Nichtigkeitsklage (Art. 263 AEUV) oder eines Vorabentscheidungsverfahrens (Art. 267 Abs. 1 lit. b) AEUV) erfolgen. Allerdings lässt der Gerichthof, soweit es um den **vorläufigen Rechtsschutz** auf nationaler Ebene geht, in engen Grenzen Abweichungen von diesem Grundsatz zu. So darf ein nationales Gericht gemäß Art. 279 AEUV analog einstweilige Anordnungen – wie im vorliegenden Fall die vorläufige Erteilung weiterer Einfuhrlizenzen – nur erlassen,

– wenn es erhebliche Zweifel an der Gültigkeit der Handlung der Union hat und diese Gültigkeitsfrage, sofern der Gerichtshof mit ihr noch nicht befasst ist, diesem selbst vorlegt;
– wenn die Entscheidung dringlich in dem Sinne ist, dass die einstweiligen Anordnungen erforderlich sind, um zu vermeiden, dass die sie beantragende Partei einen schweren und nicht wiedergutzumachenden Schaden erleidet;
– wenn es das Interesse der Union angemessen berücksichtigt; und
– wenn es bei der Prüfung aller dieser Voraussetzungen die Entscheidungen des Gerichtshofs bzw. des Gerichts über die Rechtmäßigkeit der Verordnung oder einen Beschluss im Verfahren des vorläufigen Rechtsschutzes betreffend gleichartige einstweilige Anordnungen auf Unionsebene beachtet.

Das VG Freiburg dürfte daher eine einstweilige Anordnung nur bei Beachtung der zuvor aufgezeigten strengen Voraussetzungen erlassen. Sind diese erfüllt – was eine Frage des Einzelfalles ist und hier nicht geprüft werden kann –, kann sich ein nationales Gericht bei der Gewährung vorläufigen Rechtsschutzes auch über sekundäres Unionsrecht hinwegsetzen.
Mit seinem Urteil vom 9.11.1995 in der Rechtssache „Atlanta" hat der Gerichtshof dann auch die Befugnis nationaler Gerichte bejaht, durch einstweilige Anordnung neue, über die Vorgaben der Bananenmarktordnung hinausgehende Importlizenzen **vorläufig** zuzusprechen. Die Grenzen der Kompetenz der nationalen Gerichte hat der Gerichtshof dann jedoch in seinem Urteil vom 26.11.1996 in der Rechtssache „T. Port" aufgezeigt. Hiernach dürfen die nationalen Gerichte dann keinen vorläufigen Rechtsschutz zur Vermeidung von Härtefällen gewähren, wenn eine EU-Verordnung die Kommission zum Erlass von Härtefallregelungen ermächtigt. In dieser – auch in der Bananenmarktordnung – anzutreffenden Fallkonstellation können einstweilige Anordnungen nur von den Gerichten der Union erlassen werden. In Aufgabe 4 geht es jedoch nicht um die „Ersetzung" eines von der Kommission noch nicht erlassenen Rechtsaktes, sondern um den Erlass vorläufiger Maßnahmen im Rahmen des Vollzugs einer als rechtswidrig angefochtenen EU-Verordnung. Damit kommt die Gewährung vorläufigen Rechtsschutzes durch das VG Freiburg durchaus in Betracht.

Weiterführende Hinweise:
Fischer/Fetzer, Europarecht, 12. Auflage 2019, Rn. 342 ff. (zum Verhältnis des Unionsrechts zum nationalen Recht); *EuGH,* ECLI:EU:C:1994:367 – Deutschland/Rat (zur möglichen Verletzung europäischer Grundrechte durch die Bananenmarktordnung); *EuGH,* EuZW 1993, 486 – Atlanta (zur Nichtigkeitsklage eines Einzelnen gegen die Bananenmarktordnung); *EuGH,* ECLI:EU:C:1995:369 – Atlanta, *EuGH,* ECLI:EU:C:1996:452 – T. Port (jeweils zu den Einwirkungen des Unionsrechts auf den vorläufigen Rechtsschutz); *BVerfGE* 37, 271 – Solange I; *BVerfGE* 73, 339 – Solange II; *BVerfG,* NJW 1993, 3047 – Maastricht; *BVerfG,* NJW 2000, 3124 – Bananenmarktordnung (jeweils zum Verhältnis des Unionsrechts zu den Grundrechten des GG); *BVerfGE* 123, 267 – Lissabon-Vertrag; *BVerfGE* 126, 286 – Honeywell; *BVerfGE 134, 366* – OMT-Beschluss; *Dederer,* Die Grenzen des Vorrangs des Unionsrechts – Zur Vereinheitlichung von Grundrechts-, Ultra-vires- und Identitätskontrolle, JZ 2014, 313; *Busch,* Europäischer Grundrechtsschutz im Privatrecht nach Lissabon, DRiZ 2010, 63; *Böhm,* Rechtsschutz im Europarecht, JA 2009, 679; *Ehlers,* Die Nichtigkeitsklage des Europäischen Gemeinschaftsrechts, Jura 2009, 31; *Oster,* Grundrechtsschutz in Deutschland im Lichte des Europarechts, JA 2007, 96.

Lösung Fall 2

Italienisch für Anfänger

(Unmittelbare Wirkung und Umsetzung von Richtlinien – richtlinienkonforme Auslegung und Rechtsfortbildung – Staatshaftung bei der Nichtumsetzung von Richtlinien)

Aufgabe 1

I. Widerrufsrecht des C gegenüber der Firma X
Unmittelbar aus dem dänischen Recht steht C kein Widerrufsrecht zu, denn ein solches ist im dänischen Zivilgesetzbuch nicht geregelt. Ein Widerrufsrecht könnte C daher nur zustehen, wenn die Regelungen der Richtlinie 2011/83/EU herangezogen werden können.

1. Insoweit kommt zunächst eine **unmittelbare Wirkung der Richtlinie** im innerstaatlichen Recht in Betracht. Würde die Richtlinie unmittelbar im nationalen Recht gelten, dann wäre sie auch für den Rechtsstreit zwischen C und der Firma X anzuwenden, mit der Folge, dass C ein Widerrufsrecht zustünde.
Nach Art. 288 UAbs. 3 AEUV werden Richtlinien an die Mitgliedstaaten gerichtet, die diese dann in nationales Recht umsetzen. Das bedeutet, dass nach der Konzeption des AEUV Richtlinien nur Rechtswirkungen gegenüber den Mitgliedstaaten, nicht aber gegenüber dem Einzelnen entfalten sollen. Sie gelten daher nicht unmittelbar im innerstaatlichen Bereich.
Jedoch hat der Gerichtshof bereits in den 70er Jahren eine unmittelbare Wirkung von Richtlinien im innerstaatlichen Recht unter bestimmten Voraussetzungen anerkannt. Diese sind im vorliegenden Fall zu prüfen. Hierfür muss zunächst eine nicht fristgemäße oder inhaltlich nicht ordnungsgemäße Umsetzung einer Richtlinie vorliegen. Dies war hier der Fall: Dänemark hat laut dem Sachverhalt die Richtlinie 2011/83/EU nicht

fristgerecht umgesetzt. Des Weiteren muss die Richtlinie inhaltlich unbedingt und hinreichend genau sein. Dies war hier laut Sachverhalt ebenfalls gegeben.

Die Frage ist nun, ob eine unmittelbare Wirkung der Richtlinie 2011/83/EU auch im Verhältnis zwischen C und der Firma X möglich ist, d.h. eine unmittelbare Wirkung von Richtlinien auch zwischen Privaten denkbar ist (sog. **horizontale Direktwirkung** von Richtlinien). Dies könnte insofern problematisch sein, als in dieser Konstellation ein Privater – und nicht ein Mitgliedstaat, wie es in den frühen Entscheidungen des Gerichtshofs stets der Fall war – von der unmittelbaren Wirkung der Richtlinie belastet würde.

Zur Beantwortung der Frage, ob eine horizontale Direktwirkung einer Richtlinie möglich ist, ist zu überlegen, aus welchem Grund der Gerichtshof die Rechtsfigur der unmittelbaren Wirkung von Richtlinien entwickelt hat. Insoweit hat der Gerichtshof insbesondere den Gedanken des „venire contra factum proprium" angeführt: Ein Mitgliedstaat soll sich dem Bürger gegenüber nicht auf die unterbliebene Umsetzung einer Richtlinie berufen können, wenn er selbst der Pflicht zur Umsetzung nicht nachgekommen ist. Die Verletzung der Umsetzungspflicht wird also mit der unmittelbaren Wirkung der Richtlinie sanktioniert. Ein Mitgliedstaat soll aus einer Nichtbeachtung des Unionsrechts keinen Nutzen ziehen können. Des Weiteren ist der Effektivitätsgrundsatz des Art. 4 Abs. 3 EUV zu berücksichtigen: Jeder Mitgliedstaat ist gehalten, die unionsrechtlichen Vorgaben – und hierzu zählt gerade auch die Umsetzungspflicht des Art. 288 UAbs. 3 AEUV – bestmöglich umzusetzen.

Diese Argumente greifen aber bei der hier zu beurteilenden Fallkonstellation nicht: Es würde nicht der Staat zur Verantwortung gezogen, weil er seine Verpflichtungen nicht erfüllt hat, sondern eine Direktwirkung würde zu Lasten einer Privatpartei – hier der Firma X – gehen. Einer Privatpartei kann aber die Nichtumsetzung der Richtlinie 2011/83/EU nicht angelastet werden. Des Weiteren würde – wenn man eine horizontale Direktwirkung von Richtlinien annimmt – die Abgrenzung zu dem Rechtsakt der Verordnung (Art. 288 UAbs. 2 AEUV) verwischt werden: Nach der Systematik des AEUV sollen von den abstrakt-generellen Regelungen lediglich die Verordnungen i.S.d. Art. 288 UAbs. 2 AEUV Belastungen des Einzelnen hervorrufen können. Wollte man dies auch für Richtlinien annehmen, wären die Unterschiede zwischen beiden Rechtsakten eingeebnet. Daher wird man mit dem Gerichtshof eine unmittelbare Wirkung von Richtlinien zwischen Privaten abzulehnen haben. Unter Berufung auf eine unmittelbare Wirkung der Richtlinie 2011/83/EU kann C einen Widerruf seiner Bestellung gegenüber der Firma X daher nicht begründen.

2.   Zu überlegen ist aber, ob ein Widerrufsrecht des C nicht mittels des Grundsatzes der **richtlinienkonformen Auslegung** des nationalen Rechts begründet werden kann. Nach diesem Grundsatz muss ein nationales Gericht die Auslegung des nationalen Rechts – gleichgültig, ob es sich um vor oder nach der Richtlinie erlassene Vorschriften handelt – soweit wie möglich an Wortlaut und Zweck der Richtlinie ausrichten.

Begründet wird das Prinzip der richtlinienkonformen Auslegung des nationalen Rechts mit Art. 4 Abs. 3 EUV i.V.m. Art. 288 UAbs. 3 AEUV, nach dem es die Pflicht jedes Mitgliedstaates ist, alle Maßnahmen zur Erfüllung der Verpflichtungen zu treffen, die sich aus den Verträgen oder aus Handlungen der Unionsorgane ergeben. Dies gilt auch für die nationalen Gerichte, da diese ebenfalls Träger öffentlicher Gewalt in den Mitgliedstaaten sind. Es ist daher auch die Pflicht eines nationalen Gerichts, den Inhalt einer Richtlinie im nationalen Recht möglichst umfassend zu verwirklichen. Auf diese Weise kann einer Richtlinie in möglichst großem Umfang Wirksamkeit eingeräumt werden (Gedanke des **effet utile**).

Nach Ansicht des Gerichtshofs steht einer richtlinienkonformen Auslegung nicht entgegen, dass sich diese in einem Privatrechtsverhältnis zu Lasten eines Einzelnen auswirkt. Man mag gegen die Rechtsprechung einwenden, dass sie Friktionen zum Rechtsinstitut der unmittelbaren Wirkung aufwirft, bei dem der Schritt zur horizontalen Direktwirkung vom Gerichtshof bislang noch nicht vollzogen wurde. Andererseits ist aber zu beachten, dass im Fall der richtlinienkonformen Auslegung bereits ein rechtliches Fundament im nationalen Recht vorhanden ist, auf das dann – unter Heranziehung der Richtlinie – aufgebaut wird. Die Verpflichtungen des Privaten folgen hier also nicht direkt aus der Richtlinie, sondern aus dem nationalen Recht, dessen Inhalt von der zugrundeliegenden Richtlinie geprägt wird.

Zu prüfen ist nun, ob durch eine richtlinienkonforme Auslegung des dänischen Rechts ein Widerrufsrecht des C begründet werden kann; denn die Richtlinie 2011/83/EU sieht ein Widerrufsrecht vor. Inwieweit eine richtlinienkonforme Auslegung möglich ist, bestimmt sich nach dem jeweiligen nationalen Recht: Das nationale Recht muss eine der Richtlinie entsprechende Auslegung zulassen. Geht die Richtlinie aber über mögliche Auslegungsvarianten des nationalen Rechts hinaus, ist eine richtlinienkonforme Auslegung ausgeschlossen. Jedoch muss ein nationales Gericht – nach der Rechtsprechung des Gerichtshofs – alles tun, was in seiner Zuständigkeit liegt, um das von der Richtlinie verfolgte Ziel im innerstaatlichen Recht zu verwirklichen. Dies kann im Einzelfall auch eine über den Wortlaut der nationalen Bestimmung hinausgehende Rechtsfortbildung erfordern, wenn die entsprechende Norm zur Umsetzung einer Richtlinie erlassen wurde.

Im vorliegenden Fall sieht das dänische Zivilgesetzbuch aber keine Möglichkeit vor, dass sich eine der Vertragsparteien durch einen Widerruf von einem bereits abgeschlossenen Vertrag löst. Daher ist auch kein Raum für eine richtlinienkonforme Auslegung des dänischen Zivilrechts. Etwas Anderes würde dann gelten, wenn das dänische Recht im Grundsatz ein Widerrufsrecht vorsehen und lediglich in Bezug auf die Länge der Widerrufsfrist von der Richtlinie abweichen würde. Insoweit wäre eine rechtsfortbildende Korrektur des nationalen Rechts durchaus denkbar. Hier fehlt aber bereits ein Widerrufsrecht als solches, so dass sich ein entsprechendes Recht des C auch nicht mit Hilfe einer richtlinienkonformen Auslegung begründen lässt.

II. Schadensersatzanspruch des C gegen Dänemark

Da dem C gegenüber der Firma X kein Widerrufsrecht zusteht, stellt sich die Frage, ob er gegen den dänischen Staat einen unionsrechtlich begründeten Anspruch auf Ersatz des ihm entstandenen Schadens hat. Der EUV und der AEUV sehen für einen solchen Fall keine Anspruchsgrundlage vor. Der Anspruch des Art. 340 UAbs. 2 AEUV betrifft lediglich die außervertragliche Haftung der Organe der Union, nicht aber die Haftung der Mitgliedstaaten.

Der Gerichtshof hat jedoch – ausgehend von seiner „Francovich"-Entscheidung – als allgemeinen Grundsatz des EU-Rechts anerkannt, dass ein Schadensersatzanspruch eines Einzelnen gegen einen Mitgliedstaat möglich ist, wenn der Staat gegen Europäisches Recht verstößt. Zur Begründung führt der Gerichtshof an, dass auf diese Weise dem Unionsrecht in möglichst großem Umfang Wirksamkeit verschafft werde (Gedanke des effet utile). Zudem verweist der Gerichtshof auch auf Art. 340 UAbs. 2 AEUV (außervertragliche Haftung der Union), auf das Prinzip der Unionstreue (Art. 4 Abs. 3 EUV) und insbesondere den Gedanken, dass die durch das Unionsrecht begründeten Individualrechte des Marktbürgers effektiv zu schützen seien.

Die Haftung eines Mitgliedstaates wegen einer Verletzung des Unionsrechts macht der Gerichtshof von den Voraussetzungen abhängig, dass die verletzte EU-Vorschrift bezweckt, dem Einzelnen Rechte zu verleihen (1.), dass der Verstoß hinreichend qualifiziert ist (2.) und dass zwischen dem Verstoß und dem Schaden, der dem Einzelnen entstanden ist, ein unmittelbarer Kausalzusammenhang besteht (3.). Diese vom Gerichtshof aufgestellten Voraussetzungen sind im vorliegenden Fall erfüllt:

1.   Die verletzte unionsrechtliche Vorschrift ist hier die Richtlinie 2011/83/EU bzw. die aus Art. 288 UAbs. 3 AEUV folgende Umsetzungspflicht. Die Richtlinie, die Dänemark nicht rechtzeitig umgesetzt hat, dient dem Verbraucherschutz: Sie ist also eine Vorschrift, die dem Einzelnen ein Recht verleiht.

2.   Des Weiteren ist zu untersuchen, ob der Sachverhalt auch einen hinreichend qualifizierten Verstoß gegen das EU-Recht erkennen lässt. Dies soll nach der Rechtsprechung des Gerichtshofs dann der Fall sein, wenn ein Mitgliedstaat bei der Ausübung seiner Rechtsetzungsbefugnisse deren Grenzen offenkundig und erheblich überschritten hat. Als Anhaltspunkte dienen insoweit u.a. das Maß an Klarheit und Genauigkeit der verletzten EU-Vorschrift, die Frage, ob der Verstoß gegen das Unionsrecht vorsätzlich oder nicht vorsätzlich begangen wurde, sowie die Entschuldbarkeit eines etwaigen Rechtsirrtums.

Im vorliegenden Fall wird man an einem hinreichend qualifizierten Verstoß Dänemarks gegen das Unionsrecht nicht zweifeln können: Dänemark ist seiner aus Art. 288 Abs. 3 AEUV folgenden Pflicht zur Umsetzung der Richtlinie 2011/83/EU nicht nachgekommen, ohne dass entschuldigende Umstände erkennbar wären. Man wird daher von einem vorsätzlichen Verstoß gegen das EU-Recht ausgehen müssen. Auch war die Richtlinie 2011/83/EU inhaltlich so genau, dass Dänemark erkennen konnte, dass es seine Rechtsordnung hätte anpassen müssen. Dänemark hat daher in offenkundiger Weise seine Verpflichtung zur Umsetzung der Richtlinie 2011/83/EU verletzt. Es liegt ein hinreichend qualifizierter Verstoß vor.

3.   Schließlich ist dem C – laut Sachverhalt – auch ein Schaden entstanden, der auf den Verstoß Dänemarks gegen seine Umsetzungspflicht zurückzuführen ist: Wäre Dänemark einer fristgemäßen Umsetzung der Richtlinie nachgekommen, hätte C den Vertrag gegenüber der Firma X widerrufen können. Der Schaden wäre dann vermieden worden.

Da somit alle Voraussetzungen des unionsrechtlich begründeten Schadensersatzanspruchs erfüllt sind, kann festgestellt werden, dass C ein solcher Anspruch gegen Dänemark zusteht.

Aufgabe 2

In der Fallvariante wird unterstellt, dass sich der Sachverhalt in Deutschland zugetragen hat. Die Frage ist dann, wie sich der unionsrechtlich begründete Staatshaftungsanspruch vor einem deutschen Gericht durchsetzen lässt. Insofern ist das Verhältnis zwischen dem unionsrechtlichen und dem nationalen Haftungsrecht zu klären.

I. Der Gerichtshof geht davon aus, dass der (oben beschriebene) Staatshaftungsanspruch zwar seine Grundlage unmittelbar im EU-Recht findet, dass aber der Mitgliedstaat die Folgen des verursachten Schadens im Rahmen des nationalen Haftungsrechts zu beheben habe. Dabei dürfe das nationale Haftungsrecht keine strengeren Voraussetzungen festlegen als bei entsprechenden innerstaatlichen Ansprüchen (sog. Diskriminierungsverbot); und die Voraussetzungen des nationalen Haftungsrechts dürften nicht so ausgestaltet sein, dass die Erlangung des Schadensersatzes praktisch unmöglich gemacht oder übermäßig erschwert werde (sog. Effektivitätsgebot).

Für den Fallaufbau gilt damit Folgendes: Da ein Staatshaftungsanspruch im Grundsatz bereits beim Vorliegen der unionsrechtlichen Haftungsvoraussetzungen begründet ist, sind zunächst diese Voraussetzungen zu prüfen. Anschließend sind – mangels einer EU-Regelung – zusätzlich die nationalen Haftungsvoraussetzungen zu prüfen, die den unionsrechtlichen Anspruch – unter Beachtung des Diskriminierungsverbotes und des Effektivitätsgebotes – verwirklichen und ausgestalten. Dabei ist also die unionsrechtliche Haftung wegen einer Verletzung des EU-Rechts eine eigenständige Anspruchsgrundlage, die einen Schadenersatzanspruch begründet, wenn die aufgestellten Kriterien des Gerichtshofs erfüllt sind. Lediglich die Frage nach dem Haftungsumfang bzw. der Geltendmachung ist entsprechend der nationalrechtlichen Vorgaben zu prüfen.

II. Wie dargelegt, sind die **unionsrechtlichen Haftungsvoraussetzungen** erfüllt. Der Umstand, dass der Fall nicht in Dänemark, sondern in Deutschland spielt, erfordert keine abweichende rechtliche Würdigung. In der Nichtumsetzung der verbraucherschützenden Richtlinie liegt ein Verstoß gegen unionsrechtliche Regelungen, die dem betroffenen C ein subjektives Recht verleihen. Dieser Verstoß ist hinreichend qualifiziert, da die Pflicht zur rechtzeitigen Umsetzung von Richtlinien unmittelbar aus dem Primärrecht folgt. Auch ist dem C durch diese Nichtumsetzung ein Schaden entstanden.

III. Art und Umfang des Schadensersatzanspruchs richten sich nach dem nationalen Recht, vorliegend also dem **BGB**. Die Anwendung der nationalen Normen darf einen dem Grunde nach bestehenden Schadensersatzanspruch jedoch nicht praktisch ausschließen.

Insbesondere die Einschränkungen, die das deutsche Staatshaftungsrecht in Art. 34 GG i.V.m. § 839 BGB für die Haftung für legislatives Unrecht vorsieht, können vorliegend nicht angewendet werden. Im deutschen Recht scheitert eine Haftung für legislatives Unrecht (d.h. rechtswidrige Handlungen von Gesetzgebungsorganen) grundsätzlich daran, dass die Aufgaben der Legislative nur im öffentlichen Interesse wahrgenommen werden und daher keine drittbezogene Amtspflicht vorliegt, deren Verletzung Voraussetzung eines Amtshaftungsanspruchs nach Art. 34 GG i.V.m. § 839 BGB ist. Diese Einschränkung, dass nur die Verletzung einer drittbezogenen Amtspflicht eine Staatshaftung begründet, kann im Falle unionsrechtlicher Haftungsansprüche nicht angewendet werden. Die Anwendung dieses Kriteriums stünde im Widerspruch zum Effektivitätsgebot, würde es doch einen Amtshaftungsanspruch wegen der Nichtumsetzung einer Richtlinie grundsätzlich ausschließen.

Ebenso wenig kann der unionsrechtliche Haftungsanspruch – wie in § 839 BGB – von einem **Verschulden** abhängig gemacht werden. Denn der Gerichtshof folgert aus dem Effektivitätsgebot: Das nationale Haftungsrecht darf den Schadensersatzanspruch nicht davon abhängig machen, dass den Amtsträger, dem der Verstoß zuzurechnen ist, ein Verschulden (Vorsatz oder Fahrlässigkeit) trifft, das über den hinreichend qualifizierten Verstoß gegen das Unionsrecht hinausgeht.

Dagegen kann ein Schadensersatzanspruch durchaus dann ausgeschlossen bzw. eingeschränkt sein, wenn der Schaden dadurch verursacht wurde, dass sich der Betroffene nicht gegen die Verletzung des EU-Rechts gewehrt hat (vgl. §§ 839 Abs. 3, 254 BGB). Es ist auch möglich, den Verletzten zunächst auf eine anderweitige Möglichkeit, seinen Schaden ersetzt zu verlangen, zu verweisen. Diese Ausschlusskriterien greifen hier jedoch nicht. Es ist ein Schadensersatzanspruch des C gegen die Bundesrepublik Deutschland gegeben.

Aufgabe 3

Wie ein Mitgliedstaat seine Verpflichtung zur Umsetzung einer Richtlinie zu erfüllen hat, richtet sich nach Art. 288 Abs. 3 AEUV. Hiernach ist zwischen den inhaltlichen Vorgaben der Richtlinie auf der einen Seite und der Art und Weise der Umsetzung der Richtlinie durch die Mitgliedstaaten auf der anderen Seite zu differenzieren.

I.   Nach Art. 288 UAbs. 3 AEUV ist eine Richtlinie für jeden Mitgliedstaat, an den sie gerichtet wird, **hinsichtlich des zu erreichenden Ziels** verbindlich. Dies bedeutet, dass die Mitgliedstaaten in inhaltlicher Hinsicht die Bestimmungen einer Richtlinie vollständig und genau einzuhalten haben. Es könnte daher insofern ein Verstoß gegen Art. 288 UAbs. 3 AEUV vorliegen, als die Richtlinie eine 14-tägige Widerrufsfrist vorsieht, während die dänische Regierung in ihrem Rundschreiben diese Frist für Dänemark auf 21 Tage verlängert hat. Damit weicht die dänische Regelung von der Richtlinie 2011/83 EU ab. Ein inhaltliches Abweichen von den Vorgaben einer EU-Richtlinie ist einem Mitgliedstaat aber nur unter bestimmten Voraussetzungen gestattet.

Erstens verbleibt den Mitgliedstaaten ein inhaltlicher Gestaltungsspielraum, wenn die Richtlinie eine Rahmenregelung enthält. Dann besteht innerhalb des von der Richtlinie vorgezeichneten Rahmens ein mitgliedstaatlicher Gestaltungsspielraum. Enthält eine Richtlinie aber eine bis ins Detail gehende Regelung, so muss der Mitgliedstaat diese Vorgaben direkt übernehmen. Die Umsetzungspflicht erschöpft sich dann in einem „Abschreiben" der Richtlinie. Im vorliegenden Fall ist die Richtlinie 2011/83/EU mit der Festlegung der Widerrufsfrist von 14 Tagen so konkret gefasst, dass sich aus der Richtlinie kein mitgliedstaatlicher Gestaltungsspielraum herauslesen lässt.

Zweitens besteht ein Abweichungsrecht von der Richtlinie auch dann, wenn die der Richtlinie zugrunde liegende Ermächtigungsnorm hierzu berechtigt. Nimmt man hier als Ermächtigungsnorm Art. 114 Abs. 1 AEUV an, folgt ein nationales Abweichungsrecht aus Art. 114 Abs. 4 bis 9 AEUV. Die Inanspruchnahme dieses Rechts zur Schutzverstärkung unterliegt materiellen und formellen Voraussetzungen. In formeller Hinsicht hat der abweichungswillige Mitgliedstaat der Kommission die Inanspruchnahme des Schutzverstärkungsrechts mitzuteilen. Da es bereits hieran fehlt, scheidet im vorliegenden Fall ein Vorgehen Dänemarks nach Art. 114 Abs. 4 bis 9 AEUV aus.

Drittens ist anerkannt, dass ein Mitgliedstaat bei der Umsetzung einer Richtlinie zum Erlass von strengeren nationalen Vorschriften berechtigt ist, wenn die Richtlinie lediglich einen Mindeststandard stellen will und damit ein höheres nationales Schutzniveau zulässt. Ob eine Richtlinie lediglich Mindestanforderungen festlegt, bemisst sich nach ihrem Ziel und Zweck. Zu prüfen ist daher, ob die Richtlinie 2011/83/EU für den Verbraucherschutz lediglich einen Mindest- und nicht auch einen Höchststandard festschreiben will. Laut Sachverhalt war es das Ziel der Richtlinie 85/577/EWG, in den nationalen Rechtsordnungen der Mitgliedstaaten einen Mindeststandard an Verbraucherschutz zu gewährleisten. Ursprünglich war es daher unionsrechtlich zulässig, wenn das nationale – hier das dänische – Recht strengere Anforderungen stellt als die Richtlinie und damit deren Schutzniveau übertrifft. Mittlerweile ist jedoch die Richtlinie 2011/83/EU in Kraft getreten, welche in Art. 4 eine Vollharmonisierung vorsieht. Das Verhalten der dänischen Regierung verstößt deshalb gegen die Verpflichtung aus Art. 288 UAbs. 3 AEUV, dass eine Richtlinie hinsichtlich des zu erreichenden Ziels verbindlich ist.

II. Darüber hinaus könnte auch die **Art und Weise der Umsetzung** der Richtlinie 2011/83/EU in das dänische Recht gegen Art. 288 UAbs. 3 AEUV verstoßen. Die dänische Regierung hat als Umsetzungsmaßnahme lediglich ein **Rundschreiben** verfasst, in welchem sie die nationalen Gerichte anweist, die Richtlinie 2011/83/EU bei dem Erlass von Gerichtsentscheidungen zu berücksichtigen. Es stellt sich daher die Frage, ob dies eine ausreichende Umsetzungsmaßnahme darstellt.

Art. 288 UAbs. 3 AEUV überlässt den Mitgliedstaaten im Hinblick auf die Umsetzung von Richtlinien die Wahl der Form und der Mittel. Den Mitgliedstaaten wird daher insoweit eine Wahlfreiheit eingeräumt: Sie können selbst bestimmen, mit welchen nationalen Rechtsakten sie den Richtlinieninhalt umsetzen wollen. Jedoch gilt die Wahlfreiheit der Mitgliedstaaten nach der Rechtsprechung des Gerichtshofs nicht unbeschränkt. So muss die nationale Umsetzungsmaßnahme den in Art. 4 Abs. 3 EUV verankerten Grundsatz des **effet utile** beachten; es müssen also Maßnahmen getroffen werden, bei denen der Richtlinieninhalt möglichst wirksam zur Geltung kommt. Ferner müssen die umzusetzenden Rechtsvorschriften rangmäßig denjenigen Vorschriften entsprechen, die den betreffenden Sachverhalt vorher geregelt hatten. Schließlich müssen die Umsetzungsmaßnahmen dem Grundsatz der Rechtssicherheit entsprechen, d.h., sie müssen kontrollierbar, bestimmt, erkennbar und rechtsbeständig sein.

Diese Anforderungen des Gerichtshofs erfüllt das Rundschreiben der dänischen Regierung aber nicht: Das Rundschreiben ist nicht das Mittel, das sich für eine Gewährleistung der praktischen Wirksamkeit am besten eignet. Das Rundschreiben ist auch rangmäßig ein nicht ausreichender Rechtsakt, da die in Frage stehende Materie – der Widerruf von Willenserklärungen nach Abschluss eines Vertrages – im dänischen Zivilgesetzbuch geregelt ist. Darüber hinaus entspricht die dänische Maßnahme auch nicht dem Grundsatz der Rechtssicherheit, – insbesondere ist das Rundschreiben nicht rechtsbeständig, da die dänische Regierung dieses zu jeder Zeit beliebig abändern kann.

Das Rundschreiben der dänischen Regierung ist daher keine geeignete Umsetzungsmaßnahme für die Richtlinie 2011/83/EU. Die dänische Regierung hat daher insofern gegen die Umsetzungsverpflichtung aus Art. 288 Abs. 3 AEUV verstoßen.

Aufgabe 4

Die Besonderheit der Abwandlung liegt darin, dass es eine dänische Rechtsnorm gibt, die Verbrauchern grundsätzlich ein Widerrufsrecht für die in der Richtlinie 2011/83/EU genannten Fälle einräumt. Allerdings wurde die Richtlinie insoweit fehlerhaft in dänisches Recht umgesetzt, als nur ein Widerrufsrecht von 3 Tagen und nicht wie unionsrechtlich vorgeschrieben von 14 Tagen gewährt wird. Fraglich ist, inwieweit diese nicht richtige Umsetzung die Beurteilung im Vergleich zum Grundfall ändert.

Zu prüfen ist, ob dem C gegenüber der Firma X ein Widerrufsrecht zusteht. Wiederum gilt, dass sich direkt aus der Richtlinie kein Widerrufsrecht ergibt, da eine unmittelbare Direktwirkung der Richtlinie im horizontalen Verhältnis zwischen Privaten ausscheidet. Allerdings könnte sich ein Widerrufrecht aus einer **richtlinienkonformen Auslegung** der dänischen Regelungen zum Widerrufsrecht ergeben. Problematisch ist daran allerdings, dass die Grenze jeder Auslegung der Wortlaut eines Gesetzes ist. In dieser Hinsicht ist das dänische Recht eindeutig: Es gewährt ein Widerrufsrecht ausdrücklich nur innerhalb von 3 Tagen. Aus diesem Grund scheint es ausgeschlossen, dem C ein Widerrufsrecht aufgrund der dänischen Vorschriften zu geben.

Allerdings gebietet es nach der ständigen Rechtsprechung des Gerichtshofs das EU-Recht, Richtlinien auf bestmögliche Weise im nationalen Recht umzusetzen, vgl. Art. 4 Abs. 3 EUV. Im Einzelfall erfordert der Effektivitätsgrundsatz von den nationalen Gerichten daher eine Anwendung des nationalen Rechts im Lichte des Unionsrechts, die über eine bloße Auslegung des nationalen Rechts hinausgeht. Man spricht insofern von einer **richtlinienkonformen Rechtsfortbildung**. Letztlich handelte es sich dabei um eine sehr weit verstandene **teleologische Auslegung**: Schließlich verfolgt die nationale Regelung zum Widerrufsrecht auch den Zweck, Unionsrecht ordnungsgemäß umzusetzen. Daher ist dem nationalen Gesetzgeber zu unterstellen, dass er keine unionsrechtswidrige Norm erlassen wollte, als er das grundsätzliche Widerrufsrecht in das dänische Zivilgesetzbuch aufgenommen hat. Aus diesem Grund sind die normierten 3 Tage wie 14 Tage zu lesen. Unter Berücksichtigung dieser Grundsätze steht dem C ein Widerrufsrecht nach den – richtlinienkonform fortgebildeten – Regelungen des dänischen Zivilgesetzbuches zu.

Gegen diese Art der Auslegung lassen sich gewichtige Gründe anführen. Schließlich ist es nach Art. 288 UAbs. 3 AEUV Aufgabe des Gesetzgebers und nicht der Gerichte, die Richtlinien in nationales Recht umzusetzen. Eine richtlinienkonforme Rechtsfortbildung verwischt die Grenze zwischen Gesetzgebung und Rechtsprechung in einer kaum zu rechtfertigenden Weise. Überdies ist der Schritt von der richtlinienkonformen Rechtsfortbildung zu der Direktwirkung von Richtlinien nicht allzu groß. Des Weiteren besteht wegen der Anerkennung des unionsrechtlichen Staatshaftungsanspruchs eigentlich kein Bedürfnis, mit den Mitteln der Rechtsfortbildung derart weitgehend in den Aufgabenbereich des nationalen Gesetzgebers vorzudringen. Der BGH hat freilich diese Kritik nicht aufgenommen und steht einer richtlinienkonformen Rechtsfortbildung durchaus offen gegenüber (Quelle-Entscheidung).

Jedenfalls nach diesen Grundsätzen steht dem C ein Widerrufsrecht zu.

Weiterführende Hinweise:

Fischer/Fetzer, Europarecht, 12. Auflage 2019, Rn. 170 ff. (zur Umsetzung und zur unmittelbaren Wirkung von Richtlinien), Rn. 368 ff. (zur Staatshaftung bei nicht ordnungsgemäßer Umsetzung von Richtlinien); *BGH*, NJW 2009, 427 – Quelle; *EuGH*, ECLI:EU:C:1994:292 – Faccini Dori, *EuGH*, ECLI:EU:C:1996:88 – EL Corte Inglés, *EuGH*, ECLI:EU:C:2000:496 – Unilever (zur unmittelbaren Wirkung von Richtlinien); *EuGH*, ECLI:EU:C:2004:584 – Pfeiffer (zur richtlinienkonformen Auslegung); *EuGH*, ECLI:EU:C:1995:341 – Hönig (jeweils zur Umsetzung von Richtlinien); *EuGH*, ECLI:EU:C:1991:428 – Francovich, *EuGH*, ECLI:EU:C:1996:79 – Brasserie du Pêcheur, *EuGH*, ECLI:EU:C:2003:513 – Köbler (jeweils zur Staatshaftung bei Verstößen gegen das Unionsrecht); *EuGH*, ECLI:EU:C:2009:178 – Danske Slagterier (Staatshaftung und nationales Recht); *Herrmann/Michl*, Wirkung von EU-Richtlinien, JuS 2009, 1065; *Kling*, Die Haftung der Mitgliedstaaten der EG bei Verstößen gegen das Gemeinschaftsrecht, Jura 2005, 298; *Wendel/Stöbener*, Gerichtlicher Dialog und europarechtskonforme Rechtsfortbildung, Jura 2010, 536.

Lösung Fall 3

Starker Tobak

(Warenverkehrsfreiheit – Geltung nationaler Grundrechte bei der Umsetzung von Richtlinien – Vorwirkung von Richtlinien – richtlinienkonforme Auslegung – Umsetzung von Richtlinien – Binnenmarkt)

Aufgabe 1

I. Bevor die Warenverkehrsfreiheit geprüft werden kann, stellt sich zunächst die Frage, ob eine abschließende Regelung des Sekundärrechts vorliegt, welche als lex specialis die Grundfreiheit verdrängt. Ein solcher harmonisierender Rechtsakt kann in der Tabaketikettierungs-Richtlinie liegen. Diese muss aber hinsichtlich der Werbeverbote für Tabakprodukte in der Öffentlichkeit eine abschließende Regelung enthalten. Gegenstand der Tabaketikettierungs-Richtlinie ist aber nicht die Statuierung eines Werbeverbots für Tabakwaren, geregelt sind lediglich Gestaltungsvorschriften für die Verkaufsverpackung. Damit ist der Anwendungsbereich der Warenverkehrsfreiheit eröffnet.

II. Die Grundfreiheit des **Art. 34 AEUV** gewährleistet den **freien Warenverkehr** innerhalb der Europäischen Union. Die französische Tabakverordnung könnte insofern gegen Art. 34 AEUV verstoßen, als das in der nationalen Verordnung angeordnete Werbeverbot für Tabakerzeugnisse den Handel mit diesen – d.h. Waren i.S.v. Art. 28 Abs. 2 AEUV – behindert. Dies gilt auch für G, der Zigaretten aus Portugal nach Frankreich importieren will. Die Maßnahme Frankreichs bezieht sich damit auf den grenzüberschreitenden Handel mit Waren.

III. Zu prüfen ist nun, ob eine nach Art. 34 AEUV unzulässige staatliche Maßnahme vorliegt. Art. 34 AEUV verbietet mengenmäßige Einfuhrbeschränkungen sowie Maßnahmen gleicher Wirkung zwischen den Mitgliedstaaten. Das französische Werbeverbot beinhaltet allenfalls eine **Maßnahme gleicher Wirkung**. Unter einer solchen versteht man jede Regelung der Mitgliedstaaten, die geeignet ist, den Handel innerhalb der Union unmittelbar oder mittelbar, tatsächlich oder potenziell zu behindern (sog. **„Dassonville"-Formel**). Das französische Werbeverbot stellt eine Behinderung für den Import von Tabakerzeugnissen dar, da der Importeur in Frankreich sein Produkt nicht mehr nach seinen Vorstellungen vermarkten darf. Die Voraussetzungen der „Dassonville"-Formel sind mithin erfüllt.

IV. Da die Dassonville-Formel nach dem Sinn und Zweck des Art. 34 AEUV – der Realisierung des Binnenmarkts in Bezug auf den grenzüberschreitenden Handel von Waren – den Anwendungsbereich der Warenverkehrsfreiheit zu weit bestimmt, wurde mit der „Keck"-Rechtsprechung eine Einschränkung des Tatbestands vorgenommen. Maßnahmen gleicher Wirkung sind danach nicht mehr zu bejahen für Verkaufsmodalitäten, die für alle betroffenen Wirtschaftsteilnehmer gelten, die ihre Tätigkeit im Inland ausüben, und die den Absatz der inländischen Erzeugnisse und der Erzeugnisse aus anderen Mitgliedstaaten rechtlich sowie tatsächlich in der gleichen Weise berühren. Unter einer Verkaufsmodalität versteht man in Abgrenzung zu einer Produktregelung jede staatliche Maßnahme, die festlegt, wer, wann, wo, wie und zu welchem Preis Waren verkaufen darf. Staatliche Produktregelungen hingegen beziehen sich unmittelbar auf das Produkt selbst, wie beispielsweise Regelungen im Hinblick auf Zusammensetzung, Form, Bezeichnung und Verpackung eines Produkts. Die Abgrenzung von Verkaufsmodalitäten und Produktregelungen ist oftmals nicht einfach zu treffen, was gerade für den Fall von Werbebeschränkungen und Werbeverboten problematisch ist. Der EuGH hat in diesen Fällen zunehmend auf den Marktzugang eines Produkts abgestellt und dabei festgestellt, dass ein vollständiges Verbot einer absatzfördernden Maßnahme ausländische Anbieter stärker beeinträchtigt als inländische und damit der Zugang zum Markt der Endverbraucher behindert wird. In der jüngeren Rechtsprechung des EuGH wird daher immer häufiger nicht mehr die oft uneindeutige Abgrenzung von Produktregelungen und Verkaufsmodalitäten nach Keck vorgenommen, sondern in Form eines **Drei-Stufen-Tests** geprüft, ob eine Maßnahme gleicher Wirkung zu bejahen ist. Die Keck-Formel geht in dieser Prüfung vollständig auf.
Eine Maßnahme gleicher Wirkung liegt nach diesem Drei-Stufen-Test in folgenden drei Fällen vor:
- Maßnahmen eines Mitgliedstaates, mit denen bezweckt oder bewirkt wird, Waren aus anderen Mitgliedstaaten weniger günstig zu behandeln (Grundsatz der Nichtdiskriminierung, der direkte und indirekte **Diskriminierungen** umfasst);
- Vorschriften über die Voraussetzungen, denen die Waren entsprechen müssen, selbst wenn diese Vorschriften unterschiedslos für alle Erzeugnisse gelten (produktbezogene Regelungen; Grundsatz der gegenseitigen Anerkennung von Erzeugnissen, die in anderen Mitgliedstaaten rechtmäßig hergestellt und in den Verkehr gebracht wurden; auch „Verbot der **Doppelbelastung**", „Herkunftslandprinzip");
- jede sonstige Maßnahme, die den Zugang zum Markt eines Mitgliedstaates für Erzeugnisse aus anderen Mitgliedstaaten behindert (**Marktzugangshindernis**).

Vorliegend könnte der Marktzugang behindert sein und damit ein Eingriff auf der dritten Stufe vorliegen. Formal betrifft das französische Werbeverbot einheimische wie auch ausländische Hersteller und Importeure von Tabakwaren gleichermaßen. Jedoch wird der Absatz französischer und importierter Tabakwaren in tatsächlicher Hinsicht nicht in gleicher Weise berührt. Denn das umfassende Werbeverbot beeinträchtigt die Vermarktung von Tabakwaren aus anderen Mitgliedstaaten stärker als im Fall von inländischen Erzeugnissen, mit denen der Verbraucher unwillkürlich besser vertraut ist. Da folglich der Marktzugang gerade für ausländische Erzeugnisse erschwert wird, ist vorliegend von einem Hemmnis für den Handelsverkehr auszugehen, sodass der Anwendungsbereich des Art. 34 AEUV eröffnet ist.

V. Hieraus folgt freilich noch nicht zwangsläufig, dass die französische Regelung gegen Art. 34 AEUV verstößt. So können Handelshemmnisse mit Erwägungen des **Gesundheitsschutzes** gerechtfertigt werden, der zu den nach **Art. 36 AEUV** anerkannten Gründen des Allgemeininteresses gehört. Eine Regelung, die Werbung für Tabakwaren verbietet und damit zum Kampf gegen das Rauchen beitragen soll, dient dem Gesundheitsschutz. Der Gesundheitsschutz kann ein Handelshemmnis freilich nur dann rechtfertigen, wenn die nationale Maßnahme in einem angemessenen Verhältnis zu dem zu erreichenden Ziel steht und zudem keine Maßnahme erkennbar ist, die den Handel innerhalb der Union – bei gleicher Eignung – weniger beeinträchtigt. Eine weniger beschränkende Maßnahme wäre etwa die Begrenzung des Werbeverbots auf öffentliche Orte und Presseerzeugnisse, bei denen gerade Kinder und Heranwachsende mit der Werbung in Kontakt kommen. Es ist aber fraglich, ob eine solche Maßnahme ebenso effektiv wäre wie ein umfängliches Werbeverbot. Man wird daher von der Erforderlichkeit der französischen Regelung und auch von deren Angemessenheit ausgehen können, da den Mitgliedstaaten bei der Festlegung des Niveaus des Gesundheitsschutzes (in einem gewissen Rahmen) ein Gestaltungsspielraum zuzubilligen ist.

Aufgabe 2

Zu prüfen ist allein, ob H berechtigt ist, sich – im Hinblick auf eine rechtliche Überprüfung des § 7 Abs. 1 TabakproduktVO – auf die Grundrechte der Art. 5 Abs. 1 GG und Art. 12 Abs. 1 GG zu berufen. Nicht gefordert ist hingegen eine inhaltliche Überprüfung der angesprochenen Grundrechte des GG.

I. Ausgangspunkt der Überlegungen ist **Art. 1 Abs. 3 GG**, nach dem die gesamte **deutsche Hoheitsgewalt** an die Grundrechte des GG gebunden ist. An der Ausübung der deutschen Hoheitsgewalt nimmt auch der Verordnungsgeber teil, der die TabakproduktVO erlassen hat. § 7 Abs. 1 TabakproduktVO weist jedoch die Besonderheit auf, dass er auf einen Rechtsakt der EU – und zwar die Tabaketikettierungs-Richtlinie – zurückgeht, zu deren ordnungsgemäßer Umsetzung die EU-Mitgliedstaaten verpflichtet sind.

II. EU-Richtlinien sind aber als **Akte der Union** nicht ohne Weiteres einer Überprüfung an den nationalen Grundrechten zugänglich. Insoweit hat das BVerfG festgestellt, dass es seine Grundrechtskontrolle gegenüber Unionsrechtsakten nur im Hinblick auf eine generelle Gewährleistung des unabdingbar gebotenen Grundrechtsstandards des GG ausübt. Soweit aber der nationale dem europäischen Grundrechtsstandard entspreche, komme eine Überprüfung einer Unionsvorschrift anhand der Grundrechte des GG nicht in Betracht.

III. Will man nun diese vom BVerfG aufgestellten Grundsätze nicht unterlaufen, muss für die Überprüfbarkeit von in Ausführung einer EU-Richtlinie ergangenem nationalem Recht Folgendes gelten: Soweit das nationale Recht die **verbindlichen Vorgaben der Richtlinie** übernimmt, darf eine Überprüfung des nationalen Rechtsaktes an den Grundrechten des GG nur dann vorgenommen werden, wenn der unabdingbar gebotene Grundrechtsstandard des GG unterschritten wird. Im Übrigen ist eine Heranziehung der nationalen Grundrechte ausgeschlossen. Denn die Beurteilung eines nationalen Ausführungsgesetzes als grundrechtswidrig würde im Ergebnis auch die Feststellung beinhalten, dass die zugrundeliegende Richtlinie den Grundrechten des GG widerspricht. Dies ist aber nach der Konzeption des „Maastricht"-Urteils, welches die nationale Grundrechtskontrolle auf die generelle Gewährleistung des unabdingbar gebotenen Grundrechtsstandards beschränkt, ausgeschlossen.

Etwas Anderes gilt freilich insofern, als das Ausführungsgesetz in seinen „von der Richtlinie unabhängigen Teilen" überprüft wird. Angesprochen ist hiermit die Fallgestaltung, in der es um die Grundrechtskonformität des nationalen Ausführungsgesetzes innerhalb des von der Richtlinie eröffneten Spielraumes geht. Denn der Ausfüllung des von der Richtlinie eröffneten **Umsetzungsspielraumes** stehen keine verbindlichen Richtlinienvorgaben entgegen. Auch das BVerfG hat sich für eine auf den Umsetzungsspielraum des Gesetzgebers beschränkte Überprüfung am Maßstab der nationalen Grundrechte ausgesprochen.

Die Sichtweise ist freilich nicht unbestritten, in der Literatur werden noch zwei weitere Lösungsansätze angeboten. So wird zum Teil eine vollständige Überprüfbarkeit des nationalen Ausführungsgesetzes angenommen, da es sich bei dem Umsetzungsakt um einen Akt der deutschen Gewalt handele. Zum Teil wird eine Überprüfbarkeit generell – d.h. auch in Bezug auf den Umsetzungsspielraum der Richtlinie – abgelehnt.

IV. Legt man die Ansicht des BVerfG zugrunde, ist für den vorliegenden Fall als Ergebnis festzuhalten: Eine Kontrolle des § 7 Abs. 1 TabakproduktVO an den Grundrechten der Art. 5 Abs. 1 GG und Art. 12 Abs. 1 GG ist zunächst nur insoweit möglich, als es um die Auswahl zwischen den möglichen Kennzeichnungsformen geht. Vom BVerfG könnte damit überprüft werden, ob es mit den Grundrechten des GG vereinbar ist, dass der Verordnungsgeber die Nummern 2 und 4 und nicht eine andere Variante – z.B. nur die Nummer 3 – ausgewählt hat. Denn dies betrifft die Ausfüllung des Umsetzungsspielraumes durch den nationalen Verordnungsgeber. Soweit aber untersucht werden soll, ob der Inhalt des Warnhinweises der Nummer 2 als solcher mit den Grundrechten des GG vereinbar ist, beschränkt sich die Zuständigkeit des BVerfG auf eine Kontrolle, ob der unabdingbar gebotene Grundrechtsstandard des GG unterschritten wird.

Aufgabe 3

Luxemburg will eine zeitlich bis zum 31.12.2022 befristete Regelung einführen, nach der auf den Verpackungen von Tabakwaren zum „Selbstdrehen" kein besonderer Warnhinweis enthalten sein muss. Dies könnte gegen die auch für Luxemburg geltende unionsrechtliche Verpflichtung zur Umsetzung der Tabaketikettierungs-Richtlinie verstoßen.

I. Nach Art. 288 UAbs. 3 AEUV ist eine Richtlinie für jeden Staat, an den sie gerichtet ist, **hinsichtlich des zu erreichenden Ziels verbindlich.** Hiernach haben die Mitgliedstaaten, wenn sie die Richtlinie umsetzen, deren Bestimmungen vollständig und genau einzuhalten. Den EU-Mitgliedstaaten bleibt nur dann ein Gestaltungsspielraum, wenn ihnen die Richtlinie diese Möglichkeit eröffnet. Hier enthält die Tabaketikettierungs-Richtlinie insofern einen Gestaltungsspielraum, als die Mitgliedstaaten für Tabakwaren zum „Selbstdrehen" zwischen den verschiedenen besonderen Warnhinweisen wählen dürfen. Allerdings sieht die Richtlinie zwingend vor, dass zumindest einer der besonderen Warnhinweise zu verwenden ist. Demgegenüber sieht die geplante Regelung Luxemburgs vor, dass dies nicht erforderlich sein soll. Damit steht die geplante Regelung Luxemburgs in inhaltlichem Widerspruch zu der Tabaketikettierungs-Richtlinie.

II. Zu beachten ist aber, dass Luxemburg seine Regelung lediglich befristet – und zwar mit Geltung bis zum 31.12.2022 – einführen will. Geht man nun von dem Umstand aus, dass die Frist zur Umsetzung der Tabaketikettierungs-Richtlinie am 1.1.2015 abläuft, könnte man argumentieren, dass Luxemburg auch erst ab diesem Zeitpunkt verpflichtet ist, eine mit der Richtlinie konforme nationale Norm einzuführen. Dieser durchaus vertretbaren Argumentation hat sich der Gerichtshof allerdings nicht angeschlossen und aus dem Effektivitätsgebot des Art. 4 Abs. 3 EUV i.V.m. Art. 288 UAbs. 3 AEUV den Grundsatz der **Vorwirkung** von Richtlinien entwickelt. Dieser Grundsatz besagt, dass die Mitgliedstaaten schon während der Umsetzungsfrist einer Richtlinie keine Vorschriften erlassen dürfen, die die Erreichung des in der Richtlinie vorgeschriebenen Ziels ernstlich in Frage stellen. Zur Begründung führt der Gerichtshof mit Blick auf Art. 297 AEUV an, dass eine Richtlinie gegenüber den Mitgliedstaaten, an die sie gerichtet ist, schon ab dem Zeitpunkt der Bekanntgabe Rechtswirkungen entfalte. Zwar könne ein Mitgliedstaat frei entscheiden, zu welchem Zeitpunkt innerhalb der Umsetzungsfrist die Implementierung der Richtlinie in das nationale Recht erfolgen solle. Entscheidet sich ein Mitgliedstaat aber dafür, in dem Regelungsbereich der Richtlinie rechtsetzend tätig zu werden, dann dürfe er keine der Richtlinie entgegenstehenden Vorschriften erlassen.

Unter Beachtung dieser Grundsätze gilt für die geplante Regelung Luxemburgs, dass sie – auch wenn sie vor der Umsetzungsfrist außer Kraft tritt – unionsrechtswidrig ist. Da die Anbringung eines besonderen Warnhinweises auf den Verpackungen von Tabakwaren zum „Selbstdrehen" gerade nicht vorgesehen ist, führt die geplante Regelung von der Zielsetzung der Richtlinie weg. Denn laut Sachverhalt kennt das luxemburgische Recht gegenwärtig bereits eine besondere Kennzeichnungspflicht für Tabakwaren zum „Selbstdrehen". Wenn Luxemburg nun die geplante Übergangsregelung einführt, dann würde die neue Rechtslage noch weniger der Richtlinie entsprechen, als dies für die ursprüngliche Rechtslage der Fall war. Ein solches „Entfernen" des nationalen Rechts von der Richtlinie verbietet jedoch der in Art. 4 Abs. 3 EUV i.V.m. Art. 288 UAbs. 3 AEUV verankerte Grundsatz der Vorwirkung von Richtlinien. Damit ist Luxemburg nicht zum Erlass der geplanten Regelung berechtigt, auch wenn diese zeitlich begrenzt werden soll.

Aufgabe 4

Die schwedische Regierung ist der Ansicht, dass in Schweden keine besonderen Maßnahmen zur Umsetzung der Tabaketikettierungs-Richtlinie erforderlich seien, da das schwedische Recht bereits den Vorgaben der Richtlinie entspreche. Dabei bezieht sich die schwedische Regierung auf das schwedische Tabakgesetz von 1969, nach dem alle Verpackungen von Tabakerzeugnissen „in geeigneter und wahrheitsgetreuer Weise" auf die Gefahren des Rauchens hinzuweisen haben. Zur Ausfüllung der nationalen Hinweispflicht will Schweden auf die Bestimmungen der Tabaketikettierungs-Richtlinie zurückgreifen.

I.   Im Grundsatz sind die Mitgliedstaaten, an die eine Richtlinie gerichtet wurde, gemäß Art. 288 UAbs. 3 AEUV i.V.m. Art. 4 Abs. 3 EUV verpflichtet, die Richtlinie in einer bestimmten Zeit entsprechend den inhaltlichen Vorgaben der Richtlinie umzusetzen. Eine solche **Umsetzungspflicht** besteht freilich dann nicht, wenn das innerstaatliche Recht bereits den Anforderungen der Richtlinie entspricht. Diese Konstellation sieht auch die schwedische Regierung für die Umsetzung der Tabaketikettierungs-Richtlinie als gegeben an.

II.   Zu beachten ist jedoch, dass sich der Text der Richtlinie nicht unmittelbar im schwedischen Tabakgesetz wiederfindet. Das Tabakgesetz enthält vielmehr eine abstrakt gefasste Verpflichtung („in geeigneter und wahrheitsgetreuer Weise"), die Schweden durch die konkretere Richtlinie ausfüllen will. Als Instrument hierfür kommt allein eine sog. **richtlinienkonforme Auslegung** in Betracht. Die richtlinienkonforme Auslegung leitet der Gerichtshof aus Art. 4 Abs. 3 EUV i.V.m. Art. 288 UAbs. 3 AEUV ab. Sie besagt, dass alle Träger öffentlicher Gewalt in einem Mitgliedstaat verpflichtet sind, das nationale Recht im Lichte des Wortlauts und des Zwecks der Richtlinie auszulegen. Dies gilt nicht nur für das in Ausführung der Richtlinie ergangene nationale Recht. Auch nationale Rechtsvorschriften, die bereits vor dem Inkrafttreten der Richtlinie erlassen wurden, sind einer richtlinienkonformen Auslegung zugänglich. Damit kann im Grundsatz auch das schwedische Tabakgesetz von 1969 richtlinienkonform ausgelegt werden.

III.   Nimmt man nun eine richtlinienkonforme Auslegung des schwedischen Tabakgesetzes vor, so könnte die Richtlinienbestimmung über den **allgemeinen Warnhinweis** in der Weise berücksichtigt werden, dass das nationale Tabakgesetz mit seiner Vorgabe, dass „in geeigneter und wahrheitsgetreuer Weise" auf die Gefahren des Rauchens hinzuweisen ist, so verstanden werden muss, dass die Verpackungen den Hinweis „Rauchen gefährdet die Gesundheit" zu tragen haben sowie dass auf Tabakwaren zum Selbstdrehen zusätzlich einer der vier besonderen Warnhinweise anzubringen ist.

Gegen diese Sichtweise spricht jedoch die Rechtsprechung des Gerichtshofs, nach der die Umsetzung von EU-Richtlinien – um dem Erfordernis der Rechtssicherheit zu genügen – in klarer und eindeutiger Form erfolgen muss, sodass sich im nationalen Recht die von der Richtlinie geforderte Rechtslage unmittelbar wiederfindet und damit von Behörden und Betroffenen zur Kenntnis genommen werden kann. Gegen dieses Gebot der Klarheit und Bestimmtheit der Richtlinienumsetzung wird aber dann verstoßen, wenn sich der Inhalt des nationalen Rechts erst mit einem Blick auf die zugrundeliegende Richtlinie ermitteln lässt. Da Schweden aber den allgemeinen Warnhinweis „Rauchen gefährdet die Gesundheit" in keiner Weise in das Recht überführt hat (z.B. auch nicht mittels eines ggf. ausreichenden Anwendungshinweises zur Auslegung des Tabakgesetzes), widerspricht die von der schwedischen Regierung geäußerte Ansicht dem Unionsrecht.

IV. Auch in Bezug auf die Inkorporierung der Richtlinienbestimmungen über die **besonderen Warnhinweise** liegt ein Verstoß gegen die Pflicht zur klaren und eindeutigen Umsetzung der Tabaketikettierungs-Richtlinie vor. Darüber hinaus stellt sich als weiteres Problem, dass den Mitgliedstaaten ein Gestaltungsspielraum eingeräumt wird, welcher bzw. welche der besonderen Warnhinweise verwendet werden muss bzw. müssen. Nun könnte man annehmen, dass bei einer solchen Offenheit der Richtlinie die Normadressaten zu einer Ausfüllung des Spielraumes berechtigt sind; dass also die Hersteller von Tabakwaren selbst bestimmen dürfen, welchen oder welche der besonderen Warnhinweise sie auf den Verpackungen anbringen wollen. Gegen diese Betrachtungsweise spricht jedoch, dass die Richtlinie von den Mitgliedstaaten umzusetzen ist und damit nur ihnen die Kompetenz zur Konkretisierung der Richtlinie zusteht. Diese Kompetenz würde unterlaufen werden, wenn der Normadressat selbst die Konkretisierung vornehmen dürfte.

Welches staatliche Organ im nationalen Rahmen für die Ausfüllung des Gestaltungsspielraums zuständig ist, bestimmt sich nach den innerstaatlichen Kompetenzvorschriften. Im vorliegenden Fall ist dies das schwedische Parlament, da diesem die Novellierung des schwedischen Tabakgesetzes obliegt. Daher kann in der Bekanntmachung der schwedischen Regierung, in Schweden seien keine Umsetzungsmaßnahmen erforderlich, von vornherein keine zulässige Konkretisierung der Tabaketikettierungs-Richtlinie gesehen werden. Im Ergebnis ist damit festzuhalten, dass bereits die Offenheit der Richtlinie in Bezug auf die besonderen Warnhinweise eine Ausübung des gesetzgeberischen Ermessens durch das Parlament und damit noch einen speziellen nationalen Umsetzungsakt erforderlich macht.

Aufgabe 5

I. Eine Berechtigung zum Erlass der Tabakprodukt-Richtlinie setzt eine Kompetenzgrundlage im AEUV voraus, auf die sich der Erlass der Richtlinie zurückführen lässt. Dies folgt aus dem **Prinzip der begrenzten Einzelermächtigung**, welches insbesondere in Art. 5 Abs. 1 EUV verankert ist. Hiernach ist die Europäische Union nicht allzuständig, sondern darf nur auf der Grundlage einer speziellen Ermächtigungsnorm tätig werden. Diese Kompetenzzuweisungen ergeben sich dabei alleine aus den Verträgen, die EU kann ihre Kompetenzen nicht von selbst erweitern – ihr fehlt die sog. „Kompetenz-Kompetenz". Als **Kompetenzgrundlage** für die Tabakprodukt-Richtlinie kommt allein **Art. 114 AEUV** in Betracht, nach dem der Rat und das Europäische Parlament im ordentlichen Gesetzgebungsverfahren (Art. 289 AEUV) und nach Anhörung des Wirtschafts- und Sozialausschusses Maßnahmen zur Angleichung der Rechts- und Verwaltungsvorschriften erlassen kann, welche die Errichtung und das Funktionieren des Binnenmarktes zum Gegenstand haben. „Maßnahmen" i.S.v. Art. 114 AEUV sind alle Rechtsakte gemäß Art. 288 AEUV, also auch Richtlinien.

Da mit der Tabakprodukt-Richtlinie auch eine Angleichung der unterschiedlichen Rechtsvorschriften erfolgen soll, ist nunmehr zu prüfen, ob die fragliche Richtlinie auch die „Errichtung und das Funktionieren des Binnenmarktes zum Gegenstand" hat (**Binnenmarktrelevanz**). Wie der Begriff „Binnenmarktrelevanz" auszulegen ist, ist fraglich. Bei einer weiten Auslegung reichen bloße Unterschiede in den Rechtsordnungen der Mitgliedstaaten aus, um die Heranziehung von Art. 114 AEUV zu rechtfertigen. Der Gerichtshof hat sich hingegen für eine restriktivere Interpretation des Art. 114 AEUV ausgesprochen: Der Unionsgesetzgeber müsse gerade eine Verbesserung des Funktionierens des Binnenmarktes bewirken bzw. bezwecken, der dadurch beeinträchtigt wird, dass unterschiedliche mitgliedstaatliche Rechtsvorschriften zu einer Beschränkung des freien Waren-, Personen-, Dienstleistungs- oder Kapitalverkehrs führen und damit einen freien Zugang zu den Märkten der Mitgliedstaaten behindern. Ist dies der Fall, kann eine Harmonisierungsmaßnahme der Union auch ein Verbot eines bestimmten Erzeugnisses beinhalten, wenn der europäische Rechtsakt in seiner Gesamtheit divergierende nationale Regelwerke angleicht, die zuvor den freien Warenverkehr behindert hatten. Damit müssen nicht alle Einzelbestimmungen einer Unionsmaßnahme auf eine Marktöffnung abzielen, sodass die EU im vorliegenden Fall Art. 114 AEUV als Rechtsgrundlage heranziehen kann, wenn sie im Rahmen einer Angleichung der Produktnormen für Tabakerzeugnisse ein besonders gesundheitsschädliches Erzeugnis verbietet.

II. Die Heranziehung von Art. 114 AEUV wird auch nicht durch **Art. 168 AEUV** gesperrt. Zwar folgt aus Art. 168 Abs. 5 AEUV, dass die Union auf dem Gebiet des Gesundheitsschutzes keine Befugnis zur Rechtsangleichung hat. Jedoch hat die Union – trotz dieses Harmonisierungsverbotes – gemäß Art. 168 Abs. 5 AEUV bei der Festlegung und Durchführung aller Unionspolitiken und -maßnahmen ein hohes Gesundheitsniveau sicherzustellen. Dementsprechend verlangt auch Art. 114 Abs. 3 AEUV, dass bei Harmonisierungsmaßnahmen nach Art. 114 AEUV ein hohes Gesundheitsniveau gewährleistet wird. Daher darf und muss die Union beim Erlass der Tabakprodukt-Richtlinie dem Gesundheitsschutz eine maßgebende Bedeutung einräumen.

III. Ferner hat die Union die **allgemeinen Schranken** zu beachten, denen die Rechtsetzungstätigkeit der Union unterliegt. Für die vorliegende Fallgestaltung hat der Gerichtshof den Grundsatz der Verhältnismäßigkeit (Art. 5 Abs. 4 EUV) und die Warenverkehrsfreiheit (Art. 34 AEUV) geprüft.

In Bezug auf die **Verhältnismäßigkeitskontrolle** räumt der Gerichtshof dem Unionsgesetzgeber ein weites Ermessen ein, wenn er politische, wirtschaftliche und soziale Entscheidungen zu treffen und komplexe Beurteilungen vorzunehmen hat. Eine insoweit getroffene Maßnahme soll nur dann unverhältnismäßig sein, wenn sie zur Erreichung des von den zuständigen Organen verfolgten Zieles offensichtlich ungeeignet ist. Angesichts der weitreichenden politischen Gestaltungskompetenz der Union bei der Rechtsangleichung ist hier ein Verstoß gegen den Verhältnismäßigkeitsgrundsatz zu verneinen, da das Verbot des Inverkehrbringens von Tabakerzeugnissen zum oralen Gebrauch keineswegs ungeeignet ist, sondern wegen der besonderen Gesundheitsrisiken dieser Erzeugnisse eine durchaus taugliche Maßnahme darstellt.

Auch ein Verstoß gegen die **Warenverkehrsfreiheit** ist abzulehnen. Zwar gilt das in Art. 34 AEUV vorgesehene Verbot von mengenmäßigen Beschränkungen sowie von Maßnahmen gleicher Wirkung nicht nur für nationale Maßnahmen, sondern auch für die Maßnahmen der Unionsorgane. Zudem stellt das in der Tabakprodukt-Richtlinie vorgesehene Vermarktungsverbot für Tabakerzeugnisse zum oralen Gebrauch eine von Art. 34 AEUV erfasste Beschränkung dar. Nach Art. 36 AEUV stehen jedoch die Bestimmungen des Art. 34 AEUV Einfuhr-, Ausfuhr- und Durchfuhrverboten oder -beschränkungen nicht entgegen, die unter anderem zum Schutz der Gesundheit und des Lebens von Menschen gerechtfertigt sind. Das Verbot erfolgt zum Schutz der menschlichen Gesundheit und auch des Lebens und ist daher gerechtfertigt.

IV. Es ist festzuhalten, dass die Union in ihrer Tabakprodukt-Richtlinie ein Verbot des Inverkehrbringens von Tabakerzeugnissen zum oralen Gebrauch normieren darf.

Weiterführende Hinweise:

Fischer/Fetzer, Europarecht, 12. Auflage 2019, Rn. 469 ff. (zur Warenverkehrsfreiheit), Rn. 366 f. (zur Überprüfbarkeit von in Ausführung einer EU-Richtlinie ergangenem nationalem Recht), Rn. 180 ff. (zur richtlinienkonformen Auslegung und Vorwirkung von Richtlinien), Rn. 419 ff. (zum Anwendungsbereich der Grundfreiheiten); *EuGH,* ECLI:EU:C:1979:42 – Cassis de Dijon; *EuGH,* ECLI:EU:C:1993:905 – Keck und Mithouard; *EuGH,* ECLI:EU:C:2003:147 – Deutscher Apothekerverband (jeweils zur Warenverkehrsfreiheit); *EuGH,* ECLI:EU:C:2009:66 – Kommission/Italien; *EuGH,* ECLI:EU:C:2012:241 – ANETT (jeweils zum Drei-Stufen-Test); *EuGH,* ECLI:EU:C:1997:628 – „Inter-Environnement Wallonie"; *EuGH,* ECLI:EU:C:2007:813 – „Kommission/Belgien" (zur Vorwirkung von Richtlinien); *EuGH,* ECLI: EU:C:2002:281 – Kommission/Schweden (zur Pflicht zur klaren und eindeutigen Umsetzung von Richtlinien); *BVerfG,* NVwZ 2007, 937 (zur Überprüfbarkeit von in Ausführung einer EU-Richtlinie ergangenem nationalem Recht); *BGH,* EuZW 1998, 474 mit Anm. *Bayreuther* (zur richtlinienkonformen Auslegung und Vorwirkung von Richtlinien); *EuGH,* ECLI:EU:C:2000:544 – Tabakwerbeverbotsrichtlinie; *EuGH,* ECLI:EU:C:2016:323 – Polen/Parlament und Rat; *EuGH,* ECLI:EU:C:2016:324 – Pillbox 38; *EuGH,* ECLI:EU:C:2016:325 – Philip Morris Brands u.a.; *EuGH,* ECLI:EU:C:2019:76 – Planta Tabak (jeweils zur Rechtsangleichung im Binnenmarkt in Bezug auf die Tabakproduktrichtlinie, RL 2014/40/ EU); *Cremer/Bothe,* Die Dreistufenprüfung als neuer Baustein der warenverkehrsrechtlichen Dogmatik, EuZW 2015, 413; *Kubitza,* Die Vorwirkung von Richtlinien – die richtlinienbezogene Auslegung und ihre Grenzen, EuZW 2016, 691.

Lösung Fall 4
Chocolat

(Warenverkehrsfreiheit und Verbraucherschutz – Inländerdiskriminierung – Mitgliedstaatliche Schutzpflichten aus den Grundfreiheiten – Zölle und zollgleiche Abgaben – Verbot der Abgabendiskriminierung)

Aufgabe 1

Die deutsche Lebensmittel-VO verstößt gegen die Warenverkehrsfreiheit des Art. 34 AEUV, wenn die Warenverkehrsfreiheit anwendbar ist, die Regelungen der Lebensmittel-VO eine Beschränkung der Warenverkehrsfreiheit darstellen und diese unionsrechtlich nicht gerechtfertigt ist.

I.   Vorliegend ist keine abschließende Regelung des Sekundärrechts einschlägig, die die Warenverkehrsfreiheit als lex specialis verdrängen würde. Art. 34 AEUV ist damit anwendbar.

II.   Die Warenverkehrsfreiheit des Art. 34 AEUV gilt für den gesamten **Warenhandel innerhalb der Union**. Im Fall des C geht es um die Lieferung von Schokoladenriegeln von Frankreich nach Deutschland. Die Schokoladenriegel sind körperliche Erzeugnisse, die einen Geldwert haben und deshalb Gegenstand von Handelsgeschäften sein können. Sie stammen aus dem Mitgliedstaat Frankreich und sind damit Unionsware nach Art. 28 Abs. 2 AEUV. C kann sich als Hersteller und Vertreiber der französischen Schokoladenriegel auf die Warenverkehrsfreiheit berufen. Die deutsche Lebensmittel-VO bezieht sich damit auf den grenzüberschreitenden Handel mit Waren.

III.   Gemäß Art. 34 AEUV ist es den Mitgliedstaaten verboten, im grenzüberschreitenden Verkehr mengenmäßige Einfuhrbeschränkungen sowie Maßnahmen gleicher Wirkung zu treffen oder aufrechtzuerhalten. Zu prüfen ist nun, ob eine nach Art. 34 AEUV verbotene staatliche Maßnahme vorliegt. Die deutsche Lebensmittel-VO ist eine staatliche Maßnahme. Sie enthält zwar keine **mengenmäßige Einfuhrbeschränkung**, denn die Einfuhr von Schokoladenerzeugnissen nach Deutschland wird nicht absolut ausgeschlossen oder kontingentiert. Die deutsche Regelung könnte jedoch eine **Maßnahme gleicher Wirkung** wie eine mengenmäßige Einfuhrbeschränkung darstellen. Nach der „Dassonville"-Formel des Gerichtshofs ist hierunter jede Regelung der Mitgliedstaaten zu verstehen, die geeignet ist, den unionsinternen Handel unmittelbar oder mittelbar, tatsächlich oder potenziell zu behindern, – und zwar unabhängig davon, ob es sich um eine Diskriminierung handelt oder ob eine Regelung unterschiedslos Inländer und EU-Ausländer gleichermaßen betrifft. Da die Lebensmittel-VO den Verkauf von Schokoladenerzeugnissen unter der Bezeichnung „Schokolade" in Deutschland verbietet, sofern diese andere pflanzliche Fette als Kakaobutter enthalten, wird die Vermarktung der betreffenden Waren erschwert und daher der unionsinterne Handel unmittelbar behindert. Insbesondere ist davon auszugehen, dass die vorgeschriebene Bezeichnung „Schokoladenersatz" die betreffenden Erzeugnisse herabsetzt, da sie impliziert, dass es sich bloß um Ersatzprodukte handelt. Die Lebensmittel-VO ist somit nach der „Dassonville"-Formel eine Maßnahme gleicher Wirkung.

In der Rechtssache „Keck" hat der Gerichtshof die „Dassonville"-Formel jedoch eingeschränkt: **Verkaufsmodalitäten**, die zum einen für alle Wirtschaftsteilnehmer gelten, die ihre Tätigkeit im Inland ausüben, und die zum anderen den Absatz der inländischen und der importierten Erzeugnisse aus anderen Mitgliedstaaten rechtlich wie tatsächlich in der gleichen Weise berühren, fallen nicht in den Anwendungsbereich des Art. 34 AEUV. Bei solchen marktauftrittsbezogenen Maßnahmen besteht nämlich in der Regel kein Diskriminierungspotenzial zu Lasten ausländischer Produkte und zu Gunsten inländischer Produkte. **Produktbezogene** staatliche Maßnahmen (z.B. hinsichtlich Bezeichnung, Form, Abmessung, Gewicht, Zusammensetzung, Aufmachung, Kennzeichnung und Verpackung eines Erzeugnisses) unterfallen dagegen stets dem Anwendungsbereich des Art. 34 AEUV; auch wenn sie unterschiedslos für einheimische und eingeführte Erzeugnisse gelten. Dies hängt damit zusammen, dass produktbezogene Maßnahmen in der Regel eine Auswirkung auf den Marktzutritt haben und deshalb ein Diskriminierungspotenzial besteht. Im vorliegenden Fall betrifft die deutsche Regelung unmittelbar das Produkt, und zwar dessen Zusammensetzung und Bezeichnung. Die Lebensmittel-VO verbietet die Bezeichnung „Schokolade" für Schokoladenerzeugnisse, die andere pflanzliche Fette als Kakaobutter enthalten und stellt somit eine produktbezogene Regelung dar. Mithin ist auch nach Anwendung der Keck-Rechtsprechung eine Maßnahme gleicher Wirkung gegeben.

Nach der neueren Rechtsprechung des EuGH wurde die negativ formulierte Keck-Formel, die beschreibt, wann keine Maßnahme gleicher Wirkung und damit eine Ausnahme von Dassonville vorliegt, zu einer positiven Definition auf der Grundlage der Keck-Kriterien weiterentwickelt. In den Leitentscheidungen Kommission/Italien („Krad") und ANETT soll die Maßnahme gleicher Wirkung anhand eines sog. „Drei-Stufen-Tests" geprüft werden. Eine Maßnahme gleicher Wirkung liegt danach in folgenden drei Fällen vor:

– Maßnahmen eines Mitgliedstaates, mit denen bezweckt oder bewirkt wird, Waren aus anderen Mitgliedstaaten weniger günstig zu behandeln (Grundsatz der Nichtdiskriminierung, der direkte und indirekte Diskriminierungen umfasst);
– Vorschriften über die Voraussetzungen, denen die Waren entsprechen müssen, selbst wenn diese Vorschriften unterschiedslos für alle Erzeugnisse gelten (produktbezogene Regelungen; Grundsatz der gegenseitigen Anerkennung von Erzeugnissen, die in anderen Mitgliedstaaten rechtmäßig hergestellt und in den Verkehr gebracht wurden; auch „Verbot der Doppelbelastung");
– jede sonstige Maßnahme, die den Zugang zum Markt eines Mitgliedstaates für Erzeugnisse aus anderen Mitgliedstaaten behindert.

Die Lebensmittel-VO ist als produktbezogene Regel zu qualifizieren und stellt damit auch nach dem Drei-Stufen-Test eine Maßnahme gleicher Wirkung auf der zweiten Stufe dar. Die Lebensmittel-VO ist somit gemäß Art. 34 AEUV **prinzipiell** rechtfertigungsbedürftig.

IV. Das grundsätzliche Verbot zwischenstaatlicher Handelshemmnisse kennt jedoch Ausnahmen, falls das Allgemeinwohl Handelsbeschränkungen erforderlich.

1. Solche Rechtfertigungstatbestände sind zunächst in **Art. 36 AEUV** niedergelegt. Vorliegend könnte die Lebensmittel-VO dem dort genannten Schutz der Gesundheit dienen. Es sind jedoch keine Anhaltspunkte erkennbar, dass der Verzehr von Schokoladenerzeugnissen, denen andere pflanzliche Fette als Kakaobutter beigefügt wurden, der menschlichen Gesundheit schaden. Zwar beruft sich die Bundesrepublik auf den Gesundheitsschutz. Sie trägt aber für das Vorliegen der Rechtfertigungsgründe die Beweislast und bleibt vorliegend einen dahingehenden Beweis schuldig. Da auch die weiteren in Art. 36 AEUV aufgeführten Rechtfertigungsgründe ebenfalls nicht in Betracht kommen, scheidet eine Rechtfertigung gemäß Art. 36 AEUV aus.

2. Neben den Rechtfertigungstatbeständen des Art. 36 AEUV ist in der Rechtsprechung des Gerichtshofs seit der **„Cassis-de-Dijon"-Entscheidung** anerkannt, dass nationale Handelshemmnisse, die für einheimische wie für eingeführte Produkte gleichermaßen gelten – also unterschiedslos wirken –, auch aus „zwingenden Erfordernissen des Gemeinwohls" zulässig sein können. Zu den zwingenden Erfordernissen des Gemeinwohls rechnet der Gerichtshof u.a. auch den Verbraucherschutz. Die deutsche Lebensmittel-VO ist eine nationale Maßnahme, die **unterschiedslos** für eingeführte wie für deutsche Schokoladenerzeugnisse gilt. Als zwingendes Erfordernis des Gemeinwohls kommt im vorliegenden Fall der **Verbraucherschutz** in Betracht. Schließlich ist die Stärkung des Verbraucherschutzes auch eine der Politiken der Union, vgl. etwa Art. 169 AEUV. Mit der Bezeichnung „Schokolade" wird der Verbraucher in Deutschland regelmäßig ein nach dem Reinheitsgebot der Lebensmittel-VO hergestelltes Produkt assoziieren. Die Lebensmittel-VO soll verhindern, dass der Käufer in seiner Vorstellung, beim Kauf von Schokolade ein entsprechend hergestelltes Produkt zu erwerben, getäuscht wird. Damit könnte die Lebensmittel-VO – indem sie auf eine korrekte Information des Verbrauchers abzielt – durch das zwingende Erfordernis des Verbraucherschutzes gerechtfertigt sein.

Voraussetzung ist jedoch weiterhin, dass die deutsche Regelung in einem angemessenen Verhältnis zum verfolgten Zweck steht und dass dieser Zweck nicht durch Maßnahmen erreicht werden kann, die den Handelsverkehr in der Union weniger beschränken. Fraglich ist hier, ob die deutsche Regelung **erforderlich** ist. Das ist dann der Fall, wenn es keine anderen Maßnahmen mit geringerer Eingriffsintensität gibt, die den Verbraucher in gleichem Maße schützen. Eine solche Maßnahme könnte eine Kennzeichnungspflicht sein. Wenn die Inhaltsstoffe auf der Verkaufsverpackung ausgewiesen sind, hat es der Verbraucher selbst in der Hand, ein nach dem Reinheitsgebot hergestelltes Schokoladenerzeugnis zu erwerben. Dabei ist zu beachten, dass die Rechtsprechung des Gerichtshofs grundsätzlich von einem mündigen, verständigen Verbraucher ausgeht, von dem durchaus erwartet werden kann, dass er sich über das von ihm zu erwerbende Produkt anhand der Verpackungsangaben informiert. Wenn man nun weiter beachtet, dass C in nur geringem Umfang Palmfett zur Herstellung seiner Schokoladenriegel einsetzen will und damit lediglich eine geringfügige Abweichung vom Reinheitsgebot vorliegt, wird man eine angemessene Etikettierung, die den Verbraucher darüber informiert, dass das Erzeugnis andere pflanzliche Fette als Kakaobutter enthält, als ausreichend erachten, um eine korrekte Unterrichtung der Verbraucher zu gewährleisten. Damit gibt es eine Maßnahme, die dem Verbraucherschutz in gleichem Maße dient, aber eine geringere Eingriffsintensität besitzt. Die umstrittene

Regelung der Lebensmittel-VO ist daher nicht erforderlich, sodass ein Verstoß gegen Art. 34 AEUV vorliegt.

Aufgabe 2

I. M möchte zunächst wissen, welche Rechtsfolgen ein – im Fall des C festgestellter – Verstoß der Lebensmittel-VO gegen Art. 34 AEUV nach sich zieht. Dies bemisst sich danach, wie der grundsätzlich anerkannte Vorrang des Unionsrechts vor dem nationalen Recht ausgestaltet ist. Nach der Rechtsprechung des Gerichtshofs besteht der Vorrang des Unionsrechts lediglich als Anwendungs- und nicht als Geltungsvorrang. Das bedeutet, dass eine Kollision mit dem EUV und dem AEUV nicht zur Nichtigkeit, sondern zur Unanwendbarkeit des nationalen Rechts führt, soweit sie den zwischenstaatlichen Handel innerhalb der Union betrifft. Für den vorliegenden Fall hat dies zur Konsequenz, dass die deutsche Lebensmittel-VO zunächst – wie im Fall des C – für den **grenzüberschreitenden Verkehr unanwendbar** ist; dass also ausländische Unternehmen unter der Bezeichnung „Schokolade" auch solche Erzeugnisse auf den deutschen Markt bringen dürfen, bei deren Herstellung andere pflanzliche Fette als Kakaobutter eingesetzt wurden.

II. Der deutsche Schokoladenhersteller M muss damit die deutsche Lebensmittel-VO weiterhin beachten; es sei denn, er kann sich zu seinem Schutz ebenfalls auf Art. 34 AEUV berufen. Die Anwendbarkeit des Art. 34 AEUV setzt aber stets eine Betroffenheit des Handels **zwischen** den Mitgliedstaaten und damit einen grenzüberschreitenden Sachverhalt voraus. Da M seine in Deutschland hergestellte Schokolade nur im Inland verkauft, liegt ein rein interner, innerstaatlicher Sachverhalt vor, der keinen Bezugspunkt zum Unionsrecht aufweist und damit nicht von Art. 34 AEUV erfasst wird. M kann sich daher nicht auf Art. 34 AEUV berufen, was eine Benachteiligung gegenüber der ausländischen Konkurrenz nach sich zieht. Dieses Problem der Schlechterstellung von Inländern, die sich aus der Unanwendbarkeit von normativen Vorgaben im zwischenstaatlichen Bereich ergibt, wird als **Inländerdiskriminierung** bezeichnet.

Aufgabe 3

Ein Einschreiten der Kommission kommt allein auf der Grundlage des Art. 258 AEUV in Betracht. Dieser Artikel betrifft die Einleitung eines **Vertragsverletzungsverfahrens** bzw. eines diesem gerichtlichen Verfahren vorgeschalteten Vorverfahrens. Damit das Einschreiten der Kommission Aussicht auf Erfolg hat, müsste das anzustrengende Vertragsverletzungsverfahren zulässig und begründet sein.

I. Zulässigkeit des Vertragsverletzungsverfahrens
Die Frage nach der Zulässigkeit eines solchen Verfahrens birgt wenig Probleme: Der Gerichtshof und nicht das Gericht ist zur Entscheidung über ein Vertragsverletzungsverfahren berufen (Art. 256 Abs. 1, 258 AEUV). Nach Art. 258 Abs. 1 AEUV ist die Kommission zur Einleitung eines Vertragsverletzungsverfahrens berechtigt. Als Mitgliedstaat ist Deutschland ein zulässiger Antragsgegner. Gegenstand des Verfahrens ist die Ver-

letzung primären Unionsrechts – vornehmlich des Art. 34 AEUV – durch einen EU-Mitgliedstaat, was einen zulässigen Gegenstand eines Vertragsverletzungsverfahrens darstellt. Die Kommission ist des Weiteren von der Verletzung von Art. 34 AEUV durch Deutschland überzeugt.

Das vor einer Klageerhebung seitens der Kommission durchzuführende Vorverfahren ist in Art. 258 AEUV zweistufig ausgestaltet. Zunächst ergeht ein „Mahnschreiben" der Kommission, in dem der Mitgliedstaat „Gelegenheit zur Äußerung" erhält. Der zweite Schritt ist dann der Erlass einer befristeten und mit Gründen versehenen Stellungnahme. Im vorliegenden Fall hat die Kommission dies zu beachten, bevor sie eine Klage beim Gerichtshof einreichen kann.

II.   Begründetheit des Vertragsverletzungsverfahrens

Die Klage der Kommission ist begründet, wenn die Bundesrepublik Deutschland durch ihr Verhalten gegen Unionsrecht verstoßen hat. In Betracht kommt wiederum eine Verletzung des Art. 34 AEUV.

1.   Eine abschließende vorrangig zu prüfende Harmonisierungsmaßnahme existiert nicht. Bei den betroffenen LKW-Ladungen handelt es sich um Produkte ausländischer Schokoladenfabrikanten, also um Unionsware i.S.d. Art. 28 Abs. 2 AEUV, die vom EU-Ausland nach Deutschland transportiert werden und damit einen grenzüberschreitenden Sachverhalt darstellen. Der Anwendungsbereich der Warenverkehrsfreiheit ist mithin eröffnet.

2.   Durch die Proteste und Drohungen der deutschen Schokoladenhersteller wird die Einfuhr ausländischer Erzeugnisse gezielt behindert. Im Falle der Zerstörung der Ladung führt dies zu einer unmittelbaren und tatsächlichen Beeinträchtigung des unionsinternen Warenverkehrs. Wenn ausländische Schokoladenhersteller aufgrund der Gefahr eines Überfalls Deutschland meiden, liegt jedenfalls mittelbar und potentiell eine solche Beeinträchtigung vor. Dadurch wird der Zugang zum deutschen Markt für diese Erzeugnisse behindert. Sowohl nach der Dassonville-Formel als auch nach der Drei-Stufen-Theorie ist mithin eine Maßnahme gleicher Wirkung zu bejahen. Fraglich ist aber, welche rechtlichen Auswirkungen es hat, dass im vorliegenden Fall das Handelshemmnis nicht auf eine Handelsregelung eines Mitgliedstaats, sondern auf Blockadeaktionen privater Schokoladenfabrikanten zurückzuführen ist.

a)   Zu erwägen ist zunächst, ob die privaten Schokoladenhersteller **Verpflichtungsadressaten** der Warenverkehrsfreiheit sein können. **Privatpersonen** sind aufgrund der unmittelbaren Anwendung des Unionsrechts Begünstigte der Grundfreiheiten. Im Bereich der Warenverkehrsfreiheit ergibt eine Auslegung der Vorschriften zur Warenverkehrsfreiheit aber, dass Private nicht Adressaten dieser Grundfreiheit sind. Als Argumente werden insoweit vorgebracht:
– Wortlaut des Art. 34 AEUV („zwischen den Mitgliedstaaten");
– Sinn und Zweck der Art. 34 ff. AEUV im Gesamtsystem des Vertrages, private Verhaltensweisen werden durch andere Bestimmungen des Vertrages, insbesondere Art. 101 f. AEUV erfasst;

- Systematik: Anwendungsprobleme etwa auf Rechtfertigungsebene, da sich die in Art. 36 AEUV genannten Rechtfertigungsgründe nur schwer auf private Verhaltensweisen übertragen lassen;
- Sinn und Zweck der Verträge, ein System der Freiheit und nicht der Bindung zu errichten.

b) Als Anknüpfungspunkt für einen Verstoß gegen Art. 34 AEUV kommt daher nur ein Verhalten des **Mitgliedstaates** Deutschland in Betracht. Dessen Stellung als Verpflichtungsadressat ist unstreitig. Erfasst sind alle Träger von Staatsgewalt sowie alle Organisationen, deren Verhalten einem Mitgliedstaat aufgrund des von ihm ausgeübten beherrschenden Einflusses zugerechnet werden kann. Vorliegend wird ein Einschreiten der Bundesrepublik Deutschland gegenüber Privatpersonen, den deutschen Schokoladenfabrikanten, gefordert: Deutschland soll den Schokoladenexport von Frankreich nach Deutschland im eigenen Hoheitsgebiet dadurch gewährleisten, dass Beeinträchtigungen seitens Dritter abgewehrt werden. Vergleichbar ist diese Konstellation – auf nationaler Ebene – mit der Ableitung von Schutzpflichten aus den Grundrechten des Grundgesetzes.

Die Frage ist nun, ob sich das in Deutschland vom Bundesverfassungsgericht anerkannte Institut der grundrechtlichen Schutzpflichten auf die Grundfreiheiten des AEUV übertragen lässt. Der Gerichtshof hat das Bestehen von aus den Grundfreiheiten abgeleiteten Schutzpflichten im Grundsatz bejaht: Aus **Art. 34 AEUV i.V.m. Art. 4 Abs. 3 EUV** ergebe sich eine Pflicht der Mitgliedstaaten, alle geeigneten, erforderlichen und angemessenen Maßnahmen zu ergreifen, damit der freie Warenverkehr mit einem Produkt nicht durch Handlungen von Privatpersonen beeinträchtigt wird. Falls der Mitgliedstaat im Falle einer solchen Beeinträchtigung – insbesondere, wenn Importwaren betroffen sind – untätig bleibe oder es versäume, ausreichende Maßnahmen zu treffen, sei ein Verstoß gegen Art. 34 AEUV anzunehmen. Dabei stehe dem Mitgliedstaat zwar ein Ermessen zu, zu entscheiden, welche staatliche Maßnahme – zwischen mehreren geeigneten – die geeignetste ist. Der Gerichtshof könne jedoch stets überprüfen, ob die mitgliedstaatliche Maßnahme geeignet und ausreichend ist. Letzteres wird man im vorliegenden Fall zu verneinen haben: Gegenüber der massiven Beeinträchtigung des zwischenstaatlichen Warenaustausches sind die deutschen Behörden nicht eingeschritten, obwohl sie aufgrund des Effektivitätsgebotes des Art. 4 Abs. 3 EUV dazu verpflichtet gewesen wären. Dieses vollständige Untätigbleiben der Behörden begründet einen Eingriff in die Warenverkehrsfreiheit bzw. der aus der Warenverkehrsfreiheit abgeleiteten Schutzpflichten aus Art. 34 AEUV i.V.m. Art. 4 Abs. 3 EUV.

3. Das Unterlassen kann auch nicht gerechtfertigt werden. Die Befürchtung es könne zu gewaltsamen Auseinandersetzungen kommen stellt keinen legitimen Rechtfertigungsgrund i.S.d. Art. 36 EUV oder der Cassis-Rechtsprechung dar, da die deutsche Regierung nicht konkret das Bestehen einer nicht zu bewältigenden Gefahr für die öffentliche Sicherheit und Ordnung nachgewiesen hat.

Da im Ergebnis ein Verstoß gegen das primäre Unionsrecht zu bejahen ist, wäre ein von der Kommission eingeleitetes Vertragsverletzungsverfahren nicht nur zulässig, sondern hätte auch in materieller Hinsicht Aussicht auf Erfolg.

Aufgabe 4

C stützt sich zur Begründung seines Schadensersatzanspruchs auf eine Verletzung der Warenverkehrsfreiheit. Hier könnte – ebenso wie in Aufgabe 3 – eine Beschränkung der Warenverkehrsfreiheit durch das Untätigbleiben eines Mitgliedstaates herbeigeführt worden sein. Durch die Nichtbeendigung der Blockade der Brennerautobahn kam der Warenverkehr auf dieser Strecke zum Erliegen. Damit wurde der freie Warenaustausch zwischen den Mitgliedstaaten beeinträchtigt, was der Republik Österreich auch zuzurechnen ist; denn gemäß Art. 34 und Art. 35 AEUV i.V.m. Art. 4 Abs. 3 EUV hat jeder Mitgliedstaat alle geeigneten und erforderlichen Maßnahmen zu ergreifen, um in seinem Hoheitsgebiet den freien Warenverkehr auch gegen Beeinträchtigungen von Privatpersonen zu schützen. Entsprechende nationale Schutzmaßnahmen unterblieben im Fall der Brennerblockade, als die zuständigen österreichischen Behörden die Demonstration der Tiroler Umweltschützer nicht untersagten.

Die Beschränkung des Warenverkehrs könnte jedoch gerechtfertigt sein. Die anerkannten Rechtfertigungsgründe der „Cassis-de-Dijon"-Formel und des Art. 36 AEUV sind nicht einschlägig. Dass sich die Blockierer auf Erwägungen des Umweltschutzes berufen hatten, ist für die Rechtfertigung ohne Belang, da es ausschließlich auf die Motive des jeweiligen Mitgliedstaates ankommt. Den österreichischen Behörden ging es allein darum, den Grundrechten der Demonstranten auf Meinungsäußerungs- und Versammlungsfreiheit Rechnung zu tragen, die sowohl in der österreichischen Verfassung als auch in der Europäischen Menschenrechtskonvention (EMRK) als Grundrechte verankert sind. Darüber hinaus gehören sie auch zu den in der grundrechtlichen Rechtsprechung des Gerichtshofs bedeutsamen gemeinsamen Verfassungstraditionen der Mitgliedstaaten. Weiterhin wurden die Grundrechte der Meinungsfreiheit (Art. 11 Abs. 1 GRCh) und der Versammlungsfreiheit (Art. 12 Abs. 1 GRCh) in den Kanon der Grundrechte-Charta aufgenommen.

Fraglich ist jedoch, wie sich diese Grundrechte, zu deren Achtung nicht nur die Republik Österreich, sondern auch die Union als solche wegen Art. 6 Abs. 1 EUV verpflichtet ist, im Kollisionsfall zu den Grundfreiheiten des AEUV verhalten. Der Gerichtshof hat entschieden, dass neben Art. 36 AEUV und der „Cassis-de-Dijon"-Formel auch kollidierende Grundrechte als Rechtfertigungsgrund für eine Beschränkung der Warenverkehrsfreiheit in Betracht kommen können. Da aber sowohl die Grundrechte der Meinungsäußerungs- und Versammlungsfreiheit einerseits als auch die Warenverkehrsfreiheit des AEUV andererseits unter bestimmten Voraussetzungen beschränkt werden können und sich mithin gleichrangig gegenüberstehen, haben die Mitgliedstaaten eine Abwägung vorzunehmen. Diese Abwägung entspricht – bei allen terminologischen Vorbehalten – der aus der nationalen Grundrechtsdogmatik bekannten Herbeiführung „praktischer Konkordanz". Hierbei hat der Gerichtshof den Mitgliedstaaten ein weites Ermessen eingeräumt und ihnen das Recht zugestanden, im Einzelfall der Verwirklichung von Grundrechten den Vorrang vor der Durchsetzung des freien Binnenmarktes zu gewähren. Auch im vorliegenden Fall ist das konkret erzielte Abwägungsergebnis in Gestalt einer Duldung der Blockade nicht zu beanstanden. Schließlich handelte es sich bei der Demonstration um ein einmaliges Ereignis und um eine Versammlung, mit der Bürger eine ihnen im öffentlichen Leben wichtig erscheinende Meinung äußerten. Überdies wurde mit der Versammlung nicht der Zweck verfolgt, den Handel mit Waren einer bestimmten Art oder Herkunft zu beeinträchtigen. Das unterbliebene Einschreiten Österreichs war daher gerechtfertigt und verstößt damit nicht gegen die Warenverkehrsfreiheit in der EU. Es steht im Gegensatz zu dem Verhalten Deutschlands in Aufgabe 3, denn Deutschland ließ Aktivitäten zu, welche der bloßen Verhinderung des Wettbewerbs dienten – und damit der Verwirklichung des Binnenmarktes entgegenstanden.

Aufgabe 5

I. Die **Verpackungskontrollgebühr** könnte eine gemäß **Art. 34 AEUV** verbotene Maßnahme gleicher Wirkung sein. Sie behindert zwar den Handel innerhalb der Union und wirkt daher wie eine mengenmäßige Einfuhrbeschränkung. Jedoch haben Zölle, zollgleiche Abgaben sowie Abgaben, die einem inländischen Abgabensystem angehören, **spezielle Regelungen** durch Art. 28 ff. AEUV und Art. 110 AEUV erfahren. Somit fallen nur nichttarifäre Maßnahmen unter den Schutz des Art. 34 AEUV. Für die Verpackungskontrollgebühr, die eine tarifäre Maßnahme darstellt, ist Art. 34 AEUV daher nicht einschlägig.

1. Zunächst sind die Zölle und zollgleichen Abgaben i.S.d. Art. 30 AEUV und Art. 28 Abs. 1 AEUV von den inländischen Abgaben gemäß Art. 110 AEUV **abzugrenzen**. Im Unterschied zu den Zöllen und den zollgleichen Abgaben gehören inländische Abgaben einem Abgabensystem an, das sowohl einheimische als auch eingeführte Waren erfasst. Im vorliegenden Fall werden jedoch einheimische Schokoladenerzeugnisse nicht kontrolliert und demzufolge auch nicht mit einer Gebühr belastet. Daher liegt mangels eines allgemeinen inländischen Abgabensystems keine inländische Abgabe gemäß Art. 110 AEUV vor.

2. Die Gebühr für die Verpackungskontrolle könnte ein Einfuhrzoll oder eine zollgleiche Abgabe sein, deren Erhebung gemäß **Art. 30, Art. 28 Abs. 1 AEUV** verboten ist. Unter einem **Zoll** ist eine Abgabe zu verstehen, die als „Zoll" bezeichnet und bei der Ausfuhr oder der Einfuhr einer Ware erhoben wird. Die Verpackungskontrollgebühr wird zwar bei der Einfuhr der Schokolade erhoben, sie wird aber nicht als Zoll bezeichnet. Daher kann es sich bei ihr allenfalls um eine **zollgleiche Abgabe** handeln. Eine zollgleiche Abgabe ist jede finanzielle Belastung, die einseitig vom Staat oder einer autonomen Körperschaft wegen des Grenzübertritts einer Ware auferlegt wird. Auf die Bezeichnung der Abgabe kommt es nicht an. Die Verpackungskontrollgebühr ist eine finanzielle Belastung, die anlässlich des Grenzübertritts erhoben wird. Sie wird dann einseitig erhoben, wenn sie nicht im Rahmen einer unionsweiten Regelung erfolgt. Mangels näherer Anhaltspunkte im Sachverhalt ist davon auszugehen, dass allein Italien diese Gebühr erhebt, ohne dass es sich auf eine entsprechende EU-Regelung berufen kann. Es liegt daher eine einseitige Belastung vor. Die Verpackungskontrollgebühr ist somit eine **zollgleiche Abgabe**, deren Erhebung gemäß Art. 30, Art. 28 AEUV **verboten** ist.

II. Auch die **Parkplatzgebühren** fallen als tarifäre Maßnahmen nicht in den Schutzbereich des Art. 34 AEUV. Es sind insofern wiederum die spezielleren Vorschriften der Art. 28 ff., Art. 110 AEUV zu prüfen.

1.   Die Gebühr für die Benutzung des Parkplatzes könnte einen **Zoll** oder eine **zollgleiche Abgabe** gemäß Art. 28, Art. 30 AEUV darstellen, da die Parkgebühr indirekt den Waren auferlegt wird, die in dem parkenden Fahrzeug gelagert werden. Insoweit könnte eine Abgabe vorliegen, die anlässlich des Grenzübertrittes durch eine staatliche Körperschaft erhoben wird. Etwas Anderes würde aber dann gelten, wenn die Parkgebühr einem inländischen Abgabensystem angehört, das eingeführte Waren ebenso wie die einheimischen Erzeugnisse erfasst. Parkgebühren fallen auch bei der Parkplatzbenutzung durch Lastkraftwagen mit einheimischer Ware an. Die Parkplatzgebühr gehört somit einem allgemeinen Abgabensystem an, das jede Art von Ware umfasst; sie ist daher eine **inländische Abgabe gemäß Art. 110 AEUV**.

2.   Nach Art. 110 Abs. 1 AEUV dürfen keine höheren Abgaben auf eingeführte Waren erhoben werden als auf inländische Waren. Da die Parkgebühr für jeden Lkw – unabhängig davon, aus welchem Staat er stammt – gleich hoch ist, liegt im vorliegenden Fall **keine unmittelbare Diskriminierung** vor. Auch eine mittelbare Diskriminierung ist nicht ersichtlich. Eine solche könnte man allenfalls dann in Betracht ziehen, wenn der öffentliche Parkplatz ganz überwiegend von EU-Ausländern und nicht von Einheimischen benutzt würde. Hiervon ist im Sachverhalt aber nicht die Rede. Art. 110 AEUV – dessen Anwendbarkeit man zudem auch deshalb in Frage stellen könnte, weil die fragliche Abgabe nicht unmittelbar am Produkt anknüpft – ist damit nicht verletzt. Die Parkplatzgebühr ist europarechtlich **zulässig**.

Weiterführende Hinweise:

Fischer/Fetzer, Europarecht, 12. Auflage 2019, Rn. 469 ff. (zur Warenverkehrsfreiheit), Rn. 476 ff. (zu Zöllen und Abgaben), Rn. 449 f. (zur Ableitung von Schutzpflichten aus den Grundfreiheiten); *EuGH*, ECLI:EU:C:2003:21 – Reinheitsgebot für Schokolade; *EuGH*, ECLI:EU:C:1974:82 – Dassonville; *EuGH*, ECLI:EU:C:1979:42 – Cassis de Dijon; *EuGH*, ECLI:EU:C:1987:125 – Reinheitsgebot für Bier; *EuGH*, ECLI:EU:C:1993:905 – Keck und Mithouard (jeweils zur Warenverkehrsfreiheit); *EuGH*, ECLI:EU:C:1964:66 – Costa/ENEL; *EuGH*, ECLI:EU:C:1998:498 – IN.CO.GE.'90 (jeweils zum Anwendungsvorrang des Unionsrechts); *EuGH*, ECLI:EU:C:1997:595 – Agrarblockaden (zur Ableitung von Schutzpflichten aus den Grundfreiheiten); *EuGH*, ECLI:EU:C:2003:333 – Schmidberger (zum Verhältnis von Grundfreiheiten und Grundrechten); *EuGH*, ECLI:EU:C:2009:66 – Kommission/Italien; *EuGH*, ECLI:EU:C:2012:241 – ANETT (jeweils zum Drei-Stufen-Test); *Cremer/Bothe*, Die Dreistufenprüfung als neuer Baustein der warenverkehrsrechtlichen Dogmatik, EuZW 2015, 413.

Lösung Fall 5
Altautoverwertung

(Freier Warenverkehr und Umweltschutz – Rechtsetzung in der Union: Umweltschutz und Rechtsangleichung – mitgliedstaatliche Schutzverstärkungen)

Aufgabe 1

I.   Die Grundfreiheit des Art. 34 AEUV gewährleistet den **freien Warenverkehr** innerhalb der Europäischen Union. Die deutsche Altfahrzeug-VO könnte insofern gegen Art. 34 AEUV verstoßen, als die in der nationalen Verordnung niedergelegten Rücknahme- und Verwertungspflichten für Altfahrzeuge den unionsinternen Handel mit Kraftfahrzeugen – also mit Waren i.S.v. Art. 28 Abs. 2 AEUV – behindern. Betroffen hierdurch wären sowohl die ausländischen Hersteller von Kraftfahrzeugen als auch die Importeure.

II.   Zu prüfen ist nun, ob eine nach Art. 34 AEUV unzulässige staatliche Maßnahme vorliegt. Art. 34 AEUV verbietet mengenmäßige Einfuhrbeschränkungen sowie Maßnahmen gleicher Wirkung zwischen den Mitgliedstaaten. Die Pflichten der Altfahrzeug-VO können allenfalls **Maßnahmen gleicher Wirkung** darstellen. Unter einer Maßnahme gleicher Wirkung versteht man jede Regelung der Mitgliedstaaten, die geeignet ist, den Handel innerhalb der Union unmittelbar oder mittelbar, tatsächlich oder potenziell zu behindern (sog. **„Dassonville"-Formel**). Die Rücknahme- und Verwertungspflicht stellt für die ausländischen Hersteller und Importeure von Kraftfahrzeugen ohne Zweifel eine Belastung dar. Zu beachten ist jedoch, dass diese Pflichten nicht unmittelbar den Handel mit Neufahrzeugen betreffen, sondern erst eingreifen, wenn das Fahrzeug nicht mehr gebrauchsfähig ist. Gleichwohl wird man vorliegend eine Maßnahme gleicher Wirkung annehmen müssen: Da für den Hersteller bzw. Importeur schon bei der Einfuhr und dem Verkauf eines Fahrzeuges feststeht, dass er dieses Kfz nach seinem Gebrauch zurücknehmen muss, stehen die Pflichten der Verordnung bereits in unmittelbarem Zusammenhang mit dem Handel mit Neufahrzeugen. Damit hat die nationale Maßnahme durchaus – wenn auch nur mittelbaren – Einfluss auf den Handel mit Kraftfahrzeugen innerhalb der Union.
In der Rechtssache „Keck" hat der Gerichtshof die „Dassonville"-Formel allerdings eingeschränkt. Hiernach fallen **Verkaufsmodalitäten**, die für alle betroffenen Wirtschaftsteilnehmer gelten, die ihre Tätigkeit im Inland ausüben, und die den Absatz der inländischen Erzeugnisse und der Erzeugnisse aus anderen Mitgliedstaaten rechtlich sowie tatsächlich in der gleichen Weise berühren, **nicht in den Anwendungsbereich des Art. 34 AEUV.** Unter Verkaufsmodalitäten versteht man staatliche Maßnahmen, die festlegen, wer, wann, wo, wie und zu welchem Preis Waren verkaufen darf. Dagegen gilt die „Dassonville"-Formel für alle produktbezogenen staatlichen Maßnahmen – also solche, die sich unmittelbar auf das Produkt selbst beziehen – uneingeschränkt fort. Hierunter fallen z.B. staatliche Regelungen im Hinblick auf Zusammensetzung, Form, Bezeichnung und Verpackung eines Produkts. Für die nationale Altfahrzeug-VO bedeutet dies: Rücknahme- und Verwertungspflichten, wie sie die Altfahrzeug-VO vorsieht,

beziehen sich auf das Produkt selbst und regeln nicht bloß die Rahmenbedingungen für dessen Verkauf. Sie sind daher produktbezogene Pflichten und werden somit durch das „Keck"-Urteil nicht berührt. Als potenziell marktauftrittsbeschränkende Normen unterfallen die abfallrechtlichen Pflichten der Altfahrzeug-VO daher Art. 34 AEUV.

Nach der neueren Rechtsprechung des Gerichtshofs wurde die negativ formulierte Keck-Formel, die beschreibt, wann keine Maßnahme gleicher Wirkung und damit eine Ausnahme von Dassonville vorliegt, zu einer positiven Definition auf der Grundlage der Keck-Kriterien weiterentwickelt. In den Leitentscheidungen Kommission/Italien („Krad") und ANETT soll die Maßnahme gleicher Wirkung anhand eines sog. **„Drei-Stufen-Tests"** geprüft werden. Eine Maßnahme gleicher Wirkung liegt danach in folgenden drei Fällen vor:

– Maßnahmen eines Mitgliedstaates, mit denen bezweckt oder bewirkt wird, Waren aus anderen Mitgliedstaaten weniger günstig zu behandeln (Grundsatz der Nichtdiskriminierung, der direkte und indirekte Diskriminierungen umfasst);
– Vorschriften über die Voraussetzungen, denen die Waren entsprechen müssen, selbst wenn diese Vorschriften unterschiedslos für alle Erzeugnisse gelten (produktbezogene Regelungen; Grundsatz der gegenseitigen Anerkennung von Erzeugnissen, die in anderen Mitgliedstaaten rechtmäßig hergestellt und in den Verkehr gebracht wurden; auch „Verbot der Doppelbelastung");
– jede sonstige Maßnahme, die den Zugang zum Markt eines Mitgliedstaates für Erzeugnisse aus anderen Mitgliedstaaten behindert.

Die Altfahrzeug-VO stellt als produktbezogene Regel eine Maßnahme gleicher Wirkung auf der zweiten Stufe dar.

III.   Aus der Tatsache, dass die Regelungen der Altfahrzeug-VO eine Behinderung des unionsinternen Handels darstellen, folgt freilich noch nicht zwangsläufig, dass die Regelungen auch gegen Art. 34 AEUV verstoßen. So können Maßnahmen gleicher Wirkung zum einen nach **Art. 36 AEUV**, zum anderen nach den vom Gerichtshof in seiner Entscheidung „Cassis-de-Dijon" aufgestellten Grundsätzen gerechtfertigt sein. Art. 36 AEUV kann nur zur Anwendung kommen, wenn einer der in der Bestimmung genannten Gründe einschlägig ist. Die Altfahrzeug-VO bezweckt eine Förderung der Abfallvermeidung und Abfallverwertung und dient daher dem Schutze der Umwelt. Da aber die Umwelt in Art. 36 AEUV nicht als Schutzgut genannt ist und der Gerichtshof eine erweiternde Auslegung des Tatbestandes des Art. 36 AEUV ablehnt, scheidet hier Art. 36 AEUV von vornherein als Schranke aus.

Es bleibt daher nur eine **Rechtfertigungsmöglichkeit** nach den im **„Cassis-de-Dijon"-Urteil** aufgestellten und später fortentwickelten Grundsätzen. Danach sind bei Fehlen einer EU-Regelung Hemmnisse für den freien Handel in der Union, die sich aus den Unterschieden der nationalen Regelungen ergeben, hinzunehmen, soweit eine solche beschränkende nationale Regelung, die unterschiedslos für einheimische wie für eingeführte Erzeugnisse gilt, dadurch gerechtfertigt werden kann, dass sie notwendig ist, um zwingenden Erfordernissen gerecht zu werden.

1.   Zum Merkmal der **„Ermangelung einer EU-Regelung"** ist festzustellen, dass eine solche hier noch nicht vorliegt, da die Europäische Union in Aufgabe 1 bislang noch keine eigene Regelung über die Altautoentsorgung erlassen hat.

2. Des Weiteren wirkt die nationale Maßnahme nichtdiskriminierend für eingeführte Produkte, denn die Altfahrzeug-VO bezieht sich sowohl auf deutsche als auch auf ausländische Fahrzeuge. Es ist demnach von einer **unterschiedslosen Geltung** der nationalen Maßnahme auszugehen.

3. Im Grundsatz liegt der nationalen Maßnahme auch ein zwingendes Erfordernis des Unionsrechts zugrunde: Die Rechtsprechung des Gerichtshofs hat den **Umweltschutz** – auf dessen Förderung die Altfahrzeug-VO abzielt – als **zwingendes Erfordernis** anerkannt, das den Tatbestand des Art. 34 AEUV einschränken kann.

4. Rechtlich problematisch ist jedoch die **Verhältnismäßigkeit** der Altfahrzeug-VO, die zum Schutz der Umwelt eine Pflicht des Herstellers bzw. des Importeurs zur Rücknahme (einschließlich der Errichtung eines geeigneten Rücknahmesystems) und zur Verwertung von Altfahrzeugen vorsieht. Eine fachgerechte Verwertung von Altfahrzeugen stellt sicherlich einen gewichtigen Umweltschutzbeitrag dar. Um die Altautos einer ordnungsgemäßen Verwertung zuzuführen, bedarf es auch eines funktionierenden Erfassungssystems. Hierfür ist die Einführung einer Rücknahmepflicht der Hersteller/Importeure sowie einer anschließenden Verwertungspflicht ein **geeignetes Mittel**. Gleiches gilt für die **Erforderlichkeit**, da ein gleichermaßen geeignetes milderes Mittel anstelle einer Rücknahme- und Verwertungspflicht nicht ersichtlich ist. Hier könnte man allenfalls an ein Selbstbeschränkungsabkommen zwischen der Industrie und dem Staat denken. Es ist aber nicht zu erwarten, dass dieses Instrument in der Praxis annähernd so effektiv ist wie die Auferlegung von ordnungsrechtlichen Pflichten.
Problematisch ist jedoch die **Angemessenheit**. Hier ist zu prüfen, ob die mit einer Altfahrzeug-VO verfolgten Ziele des Umweltschutzes in einem angemessenen Verhältnis zu der Einschränkung der Warenverkehrsfreiheit stehen. Die Auswirkungen der Altfahrzeug-VO sind beträchtlich, da für das gesamte Bundesgebiet ein flächendeckendes Rücknahmesystem zu errichten ist und die eingesammelten Kraftfahrzeuge zu einem Grad von 75 % verwertet werden müssen. Dabei ist zu beachten, dass gerade ausländische Unternehmen von der deutschen Regelung in besonderer Weise betroffen sind, da sie in Deutschland regelmäßig eine weitaus geringere Anzahl an Kraftfahrzeugen verkaufen als die deutschen Hersteller. Damit ist für sie die Errichtung eines flächendeckenden Rücknahmesystems bedeutend aufwändiger als für die deutschen Hersteller. Durchaus vertretbar erscheint es daher, wenn man die durch die Altfahrzeug-VO den ausländischen Herstellern und Importeuren auferlegten Belastungen als zu gravierend ansieht, als dass sie noch mit Art. 34 AEUV zu vereinbaren wären.
Auf der anderen Seite ist aber zu beachten, dass sich die Autohersteller und -importeure einem von einem Dritten initiierten Rücknahme- und Verwertungssystem anschließen können. Hierfür findet sich eine entsprechende Ermächtigung in der Altfahrzeug-VO. Macht der einzelne Autohersteller oder -importeur hiervon Gebrauch, schlagen die zunächst ordnungsrechtlichen Pflichten in eine finanzielle Belastung um. Sollten sich – wovon auszugehen sein wird – die Beiträge des einzelnen Autoherstellers oder -importeurs an das gemeinsame Rücknahme- und Verwertungssystem in einem erträglichen Rahmen bewegen, wird man im Ergebnis eher davon auszugehen haben, dass sich die in der Altfahrzeug-VO angeordneten Rechtspflichten noch im Bereich des Angemessenen bewegen. Auch die Höhe der Verwertungsquote, die für die

stoffliche und energetische Verwertung bei insgesamt 75 % liegt, bedeutet für die Betroffenen keine unzumutbare Belastung. Diese von einer Unbedenklichkeit der nationalen Altfahrzeug-VO ausgehende Sichtweise wird verstärkt durch die Querschnittsklausel des Art. 11 AEUV, nach dem die Erfordernisse des Umweltschutzes bei der Festlegung und Durchführung der Unionspolitiken – und damit auch im Rahmen der Warenverkehrsfreiheit – berücksichtigt werden müssen. Ein Verstoß gegen Art. 34 AEUV scheidet damit aus.

Aufgabe 2

I.   Dass sich der Erlass der EU-Altfahrzeug-RL auf eine Rechtsgrundlage zurückführen lassen muss, folgt aus dem **Prinzip der begrenzten Einzelermächtigung**, welches insbesondere in Art. 5 Abs. 1 EUV verankert ist. Hiernach ist die Union nicht allzuständig (ihr fehlt die sog. „Kompetenz-Kompetenz"), sondern darf nur auf der Grundlage einer speziellen Rechtsgrundlage im Primärrecht tätig werden. Als **Rechtsgrundlage** für die EU-Altfahrzeug-RL kommen zwei Normen des EU-Rechts in Betracht: **Art. 114 AEUV** und **Art. 192 AEUV**. Nach Art. 114 AEUV darf die Union Maßnahmen zur Angleichung der Rechtsvorschriften der Mitgliedstaaten erlassen, die sich auf die Errichtung und das Funktionieren des Binnenmarktes beziehen. Demgegenüber ermächtigt Art. 192 Abs. 1 i.V.m. Art. 191 AEUV zum Erlass von Rechtsakten im Bereich des Umweltschutzes. Problematisch ist nun die Konstellation, dass eine Maßnahme sowohl dem Schutz der Umwelt dient als auch das Funktionieren des Binnenmarktes betrifft. In diesem Fall, der auch für den Erlass der EU-Altfahrzeug-RL einschlägig ist, stellen sich die Fragen: Kann bzw. muss die Maßnahme auf beide Vertragsbestimmungen gestützt werden oder kann jeweils nur eine der beiden Bestimmungen eingreifen? Für den Fall, dass der Rückgriff auf beide Bestimmungen unzulässig ist: Wie sind die Anwendungsbereiche der Art. 114 AEUV und Art. 192 AEUV voneinander abzugrenzen?

II.   Nach der Rechtsprechung des Gerichtshofs hat ein Unionsorgan grundsätzlich, wenn seine Zuständigkeit auf zwei Vertragsbestimmungen beruht, den entsprechenden Rechtsakt auf der **Grundlage beider Bestimmungen** zu erlassen; insbesondere dann, wenn der Rechtsakt zwei Zielsetzungen umfasst, die untrennbar miteinander verbunden sind. Eine Ausnahme gilt jedoch für den Fall, dass die Vertragsbestimmungen unterschiedliche Anforderungen an das Rechtsetzungsverfahren enthalten. Dann soll ein Rückgriff auf beide Vertragsbestimmungen ausgeschlossen sein, da ansonsten zwingende Verfahrensvoraussetzungen einer Rechtsgrundlage – wie z.B. eine Beteiligung des Europäischen Parlaments oder das Einstimmigkeitserfordernis – überspielt werden würden.
Dieser Ausnahmefall traf ursprünglich – vor den Änderungen der Verträge durch die Verträge von Nizza und Lissabon – auch auf das Verhältnis der Rechtsangleichung zur Umweltschutzkompetenz zu: Während im ersten Fall das Mitentscheidungsverfahren nach dem früheren Art. 251 EG Anwendung fand, war im Umweltschutzrecht das Verfahren der Zusammenarbeit nach dem früheren Art. 252 EG durchzuführen. Die Unterschiede im Rechtsetzungsverfahren wurden allerdings durch die verschiedenen Vertragsänderungen weitgehend eingeebnet. Sowohl bei Art. 114 als auch bei Art. 192 verweist der AEUV nunmehr auf das ordentliche Gesetzgebungsverfahren nach

Art. 289 AEUV, – wobei im Rahmen des Art. 192 AEUV freilich zusätzlich eine Anhörung des Ausschusses der Regionen erforderlich ist. Aber auch nach dieser weitgehenden Angleichung des Rechtsetzungsverfahrens erscheint eine gemeinsame Heranziehung von Art. 114 AEUV und Art. 192 AEUV ausgeschlossen. Denn hinsichtlich der Frage des nationalen Abweichungsrechts von der Richtlinie sehen die beiden Kompetenzgrundlagen – einerseits in Art. 114 Abs. 4 bis 9 AEUV und andererseits in Art. 192 AEUV – unterschiedliche Regelungen vor. Bereits dieser Umstand bewirkt, dass Rechtsakte der Union entweder nur auf Art. 114 AEUV **oder** nur auf Art. 192 AEUV gestützt werden können. Die Frage ist nun, wie sich die Anwendungsbereiche der beiden Bestimmungen voneinander abgrenzen lassen.

III. Zur Abgrenzung der Rechtsharmonisierungskompetenz des Art. 114 AEUV einerseits zu der umweltpolitischen Kompetenznorm des Art. 192 AEUV andererseits hat der Gerichtshof schon mehrfach Stellung genommen, wobei er zunächst – in seinem Urteil zur Titandioxid-Richtlinie – von einer Spezialität des Art. 114 AEUV gegenüber Art. 192 AEUV auszugehen schien. In der Folgezeit hat der Gerichtshof diese Rechtsprechung jedoch in der Weise modifiziert, dass er für die Ermittlung der richtigen Rechtsgrundlage auf den **Hauptzweck** der jeweiligen Maßnahme abstellte. Eine Richtlinie sei auf Art. 192 AEUV und nicht auf Art. 114 AEUV zu stützen, wenn der Hauptzweck der Richtlinie im Bereich des Umweltschutzes liege und die Richtlinie nur „nebenbei" eine Harmonisierung der Marktbedingungen innerhalb der Union bewirke. Dabei müsse die Wahl der Rechtsgrundlage eines Rechtsaktes auf objektiven, gerichtlich nachprüfbaren Umständen beruhen, wobei insbesondere auf Ziel und Inhalt der Handlung abzustellen sei (**Schwerpunkttheorie**).

Zu prüfen ist nun, auf welche Vertragsbestimmung die EU-Altfahrzeug-RL zu stützen wäre. Für eine Anwendung des Art. 114 AEUV kann das Abstellen auf ein konkretes Produkt – hier: Kraftfahrzeug – angeführt werden, sodass ein Bezug zum freien Warenverkehr im Binnenmarkt besteht. Vor diesem Hintergrund hat die EU ihre Richtlinie über Verpackungen und Verpackungsabfälle sowie über gefährliche Stoffe enthaltende Batterien und Akkumulatoren auf die Vorschriften über die Rechtsangleichung im Binnenmarkt gestützt. Allerdings soll sich die EU-Altfahrzeug-RL – laut Sachverhalt – gerade mit dem Problem der Entsorgung von Altautos befassen und keine konkreten Produktnormen über die Gestaltung und die Eigenschaften eines Kraftfahrzeuges enthalten. Daher wird man im Ergebnis sagen müssen, dass der Hauptzweck der EU-Altfahrzeug-RL eher im Bereich des Umweltschutzes anzusiedeln ist. Eine Regelung zur Vollendung des Binnenmarktes erfolgt dabei nur „nebenbei". Folglich ist Art. 192 AEUV als die richtige Ermächtigungsgrundlage anzusehen.

IV. Dies gilt auch, soweit in der Richtlinie eine strafrechtliche Sanktionierung von schweren Verstößen gegen die EU-Altfahrzeug-RL vorgesehen werden soll. Noch vor Inkrafttreten des Vertrages von Lissabon fiel das Straf- und auch das Strafverfolgungsrecht grundsätzlich nicht in die supranationale Zuständigkeit der Union bzw. der Europäischen Gemeinschaft; Maßnahmen des **Straf- und Strafprozessrechts** konnten nicht auf die supranationalen Regeln des EG-Vertrages gestützt werden, sondern allenfalls Gegenstand der justiziellen Zusammenarbeit in Strafsachen nach dem früheren EU-Vertrag sein. Bereits damals hat der Gerichtshof jedoch die Auffassung vertreten, dass – sofern der Hauptzweck der betreffenden Maßnahme im Schutz der Umwelt liegt, der lediglich mit den Mitteln des Strafrechts umgesetzt werden soll – auf Art. 192 AEUV zurückgegriffen werden kann. Auch vor Inkrafttreten des Lissabon-Vertrages war der Unionsgesetzgeber also nicht daran gehindert, Maßnahmen in Bezug auf das Strafrecht der Mitgliedstaaten zu ergreifen, die seiner Meinung nach erforderlich waren, um die volle Wirksamkeit der von ihm zum Schutz der Umwelt erlassenen Rechtsnormen zu gewährleisten. Da der Richtliniengeber vorliegend bezweckt, die Wirksamkeit der von ihm zum Schutz der Umwelt erlassenen Rechtsnormen zu gewährleisten, konnte auch der Erlass einer hierauf bezogenen Strafrechtsbestimmung auf Art. 192 AEUV gestützt werden.

Diese Grundsätze haben sich im Wesentlichen durch das Inkrafttreten des Lissabon-Vertrages nicht geändert. Zwar hat die EU durch Art. 83 AEUV nun auch die Möglichkeit erhalten, die materiellen Voraussetzungen eines Straftatbestandes durch supranationale Maßnahmen zu definieren; diese Rechtsangleichungskompetenz gilt jedoch lediglich im Bereich der schweren Kriminalität. Die unsachgemäße Entsorgung von Altfahrzeugen ist – solange sie nicht in mafiösen Strukturen erfolgt – keine Schwerstkriminalität. Insofern kann sich die Union auch nicht auf Art. 83 AEUV berufen. Es bleibt mithin dabei, dass die Einführung eines Straftatbestandes als Annex zur EU-Altfahrzeug-RL durch die Kompetenzgrundlage des Art. 192 AEUV gedeckt ist.

Aufgabe 3

Ob die nationale Altfahrzeug-VO von den Vorgaben der EU-Altfahrzeug-RL abweichen darf, erscheint unter dem Blickwinkel des **Vorrangs des Unionsrechts** problematisch. Nach diesem allgemein anerkannten Grundsatz genießt das supranationale Unionsrecht Vorrang vor dem nationalen Recht. Dies gilt auch für Richtlinien der EU, sodass nationales Recht grundsätzlich an die Vorgaben einer Richtlinie angepasst werden muss. Dementsprechend bestimmt Art. 288 UAbs. 3 AEUV, dass EU-Richtlinien für ihre Adressaten (d.h. die Mitgliedstaaten) hinsichtlich des zu erreichenden Zieles verbindlich sind. Nur ausnahmsweise darf nationales Recht von einer Richtlinie abweichen, wobei zwei Alternativen zu unterscheiden sind: Zum einen kann sich ein **Abweichungsrecht** der Mitgliedstaaten **unmittelbar aus der Richtlinie** ergeben; zum anderen kann ein Abweichungsrecht aus der der Richtlinie zugrundeliegenden **Ermächtigungsgrundlage** und damit direkt aus dem AEUV folgen.

I.   Nach Art. 288 UAbs. 3 AEUV ist eine Richtlinie für jeden Mitgliedstaat, an den sie gerichtet ist, verbindlich. Eine Bindung der Mitgliedstaaten an die Richtlinie besteht freilich nur insoweit, als die Richtlinie auch eine Bindung der Mitgliedstaaten bezweckt. So ist es z.B. denkbar, dass eine Richtlinie lediglich einen **Mindeststandard** garantieren will. In diesem Fall ist es nicht zu beanstanden, wenn die nationale Umsetzungsmaßnahme höhere Anforderungen stellt als die Richtlinie. Ob eine Richtlinie strengere (oder auch mildere) Maßnahmen der Mitgliedstaaten zulässt, kann sich bereits ausdrücklich aus dem Text der Richtlinie ergeben. Ist dies nicht der Fall, ist durch Auslegung der Richtlinie über ein mögliches Abweichungsrecht zu befinden, wobei es auf die Ziele und den Zweck der Richtlinie ankommt. Ob daher eine inhaltliche Abweichung von einer EU-Altfahrzeug-RL möglich ist, hängt von ihrer konkreten Ausgestaltung ab.

Aus dem Sachverhalt lässt sich nicht ableiten, dass die EU-Altfahrzeug-RL die Mitgliedstaaten explizit ermächtigt, abweichende Regelungen hinsichtlich des Adressatenkreises oder der Verwertungsquote zu erlassen. Und auch aus der Ziel- und Zweckrichtung der EU-Altfahrzeug-RL lässt sich ein nationales Abweichungsrecht nicht eindeutig ableiten. Dies kommt allenfalls hinsichtlich der Statuierung der Verwertungsquote in Betracht. Dass die insoweit vorgeschriebenen 65 % aber lediglich als Mindeststandard zu verstehen sind, von dem die EU-Mitgliedstaaten „nach oben" abweichen dürfen, ist nicht zweifelsfrei erkennbar. Der Sachverhalt deutet eher auf eine zwingende Verpflichtung hin, wenn es heißt, „dass die Mitgliedstaaten eine Verwertungsquote von 65 % einzuführen haben".

II. Es ist damit zu prüfen, ob sich ein nationales Abweichungsrecht direkt aus dem primären Unionsrecht ergibt. Dies bemisst sich nach der im konkreten Fall maßgeblichen Ermächtigungsgrundlage, d.h. der Vertragsbestimmung, auf die der Rechtsakt gestützt wurde. Für die EU-Altfahrzeug-RL kommt – wie bereits dargestellt – Art. 192 AEUV als Rechtsgrundlage in Betracht. Bei dem Erlass von Richtlinien nach Art. 192 AEUV richtet sich das Abweichungsrecht der Mitgliedstaaten nach **Art. 193 AEUV**. Art. 193 AEUV enthält die folgenden Tatbestandsvoraussetzungen:

1. Nach Art. 193 Satz 1 AEUV dürfen die Mitgliedstaaten nur **verstärkte Schutzmaßnahmen** treffen, wobei die mitgliedstaatlichen Maßnahmen mit der EU-Regelung gleichartig sein müssen. Dies bedeutet, dass die nationalen Schutzmaßnahmen in die gleiche Richtung zielen müssen wie die EU-Regelung und dass sie die Ziele des Art. 193 AEUV noch mehr verwirklichen als die Vorschrift der EU. Legt eine EU-Regelung etwa Grenzwerte fest, dann können die Mitgliedstaaten strengere Grenzwerte einführen; die Mitgliedstaaten dürfen aber nicht die Art bzw. Parameter der Grenzwerte austauschen. Soweit also die EU-Altfahrzeug-RL eine Verwertungsquote von 65 % vorschreibt, stellt es eine verstärkte Schutzmaßnahme dar, wenn die Bundesrepublik die Quote auf 75 % anhebt. Anders stellt sich die rechtliche Beurteilung für die Erweiterung des Adressatenkreises in der nationalen Altfahrzeug-VO (um die Importeure) dar. Insoweit wird durch den nationalen Rechtsetzungsakt kein „mehr", sondern ein „aliud" geschaffen, welches gegenüber der EU-Altfahrzeug-RL zu keiner Verstärkung des Schutzstandards führt. Damit lässt sich allenfalls die (in der nationalen Altfahrzeug-VO angelegte) Erhöhung der Verwertungsquote auf Art. 193 AEUV stützen.

2. Nach Art. 193 Satz 1 AEUV können die Mitgliedstaaten verstärkte Schutzmaßnahmen **beibehalten oder ergreifen**. Damit berechtigt Art. 193 AEUV nicht nur zur Einführung neuer Vorschriften mit schutzverstärkendem Charakter, sondern auch zur Beibehaltung bestehender Schutzverstärkungen, und es ist rechtlich unerheblich, dass die Bundesrepublik die abweichenden Normen in der Altfahrzeug-VO bereits vor Erlass der EU-Altfahrzeug-RL geschaffen hat.

3. Weitere Voraussetzung ist gemäß Art. 193 Satz 2 AEUV, dass die schutzverstärkende Maßnahme **mit dem EUV und dem AEUV vereinbar** ist, insbesondere darf sie nicht gegen die Grundfreiheiten des AEUV verstoßen. Im vorliegenden Fall ist eine Unvereinbarkeit mit der Warenverkehrsfreiheit in Betracht zu ziehen. In Aufgabe 1 wurde jedoch bereits festgestellt, dass die Statuierung einer Verwertungsquote von 75 % in der deutschen Altfahrzeug-VO mit Art. 34 AEUV in Einklang steht.

4. In formaler Hinsicht ist zu beachten, dass eine Inanspruchnahme des Abweichungsrechts der Kommission **notifiziert** werden muss (Art. 193 Satz 3 AEUV).

5. Als **Ergebnis** kann somit festgehalten werden, dass die Bundesrepublik nicht berechtigt ist, in der Altfahrzeug-VO den Adressatenkreis der EU-Altfahrzeug-RL zu modifizieren. Dagegen darf in der Altfahrzeug-VO eine strengere Verwertungsquote von 75 % festgeschrieben werden, sofern eine Mitteilung an die Kommission erfolgt.

Weiterführende Hinweise:
Fischer/Fetzer, Europarecht, 12. Auflage 2019, Rn. 469 ff. (zur Warenverkehrsfreiheit), Rn. 487 ff. (zur Einschränkung der Warenverkehrsfreiheit durch den Umweltschutz), Rn. 746 (zum Verhältnis von Art. 114 AEUV zu Art. 192 AEUV); *EuGH,* ECLI:EU:C:1988:421 – Dänische Pfandflaschen; *EuGH,* ECLI:EU:C:2004:797 und ECLI:EU:C:2004:799 – Deutsches Dosenpfand (jeweils zur Einschränkung der Warenverkehrsfreiheit durch den Umweltschutz); *EuGH,* ECLI:EU:C:2009:66 – Kommission/Italien; *EuGH,* ECLI:EU:C:2012:241 – ANETT (jeweils zum Drei-Stufen-Test bei der Prüfung der Warenverkehrsfreiheit); *EuGH,* ECLI:EU:C:1991:244 – Titandioxid; *EuGH,* ECLI:EU:C:1993:98 – Abfallrahmenrichtlinie (jeweils zum Verhältnis von Art. 114 AEUV zu Art. 192 AEUV); *EuGH,* ECLI:EU:C:2005:542 – Kommission/Rat (zur Anwendbarkeit des Art. 192 AEUV im Bereich des Umweltstrafrechts); *Cremer/Bothe,* Die Dreistufenprüfung als neuer Baustein der warenverkehrsrechtlichen Dogmatik, EuZW 2015, 413; *Fischer,* Die Einwirkung des europäischen auf das nationale Umweltrecht, JuS 1999, 320 ff. (allgemein zur Einwirkung des europäischen auf das nationale Umweltrecht).

Lösung Fall 6
Ausländerklauseln im Profisport

(Arbeitnehmerfreizügigkeit und Sport – Kartellrecht – europäischer Grundrechtsschutz: Unverletzlichkeit der Wohnung – Amtshaftungsklage – Abkommen mit Drittstaaten)

Aufgabe 1

Im Falle des Spielers S kommt ein Verstoß gegen die **Arbeitnehmerfreizügigkeit (Art. 45 AEUV)** in Betracht.

I. Zunächst müsste der **persönliche Anwendungsbereich** des Art. 45 AEUV eröffnet sein. Nach Art. 45 Abs. 2 AEUV gilt die Grundfreiheit für Arbeitnehmer, die Staatsangehörige eines Mitgliedstaates sind. Da S Spanier ist, stellt sich allein die Frage, ob professionelle Basketballspieler als Arbeitnehmer i.S.d. Art. 45 AEUV anzusehen sind. Der Begriff des Arbeitnehmers in Art. 45 AEUV ist ein unionsrechtlicher und daher in allen Mitgliedstaaten gleich auszulegen. Nach der Rechtsprechung des Gerichtshofs sind die wesentlichen Merkmale eines Arbeitnehmers, dass er Leistungen von gewissem wirtschaftlichem Wert für einen anderen erbringt, von dessen Weisungen er abhängig ist, und dass er als Gegenleistung eine Vergütung erhält. Diese Merkmale sind bei einem Profibasketballer – und damit auch bei S – erfüllt: Ein Profispieler erbringt Leistungen für seinen Verein und verschafft dem Verein dadurch Einnahmen; der Basketballspieler ist von seinem Verein auch abhängig und erhält ein Gehalt. Damit ist er ein Arbeitnehmer i.S.d. Art. 45 AEUV.

II.   Zu prüfen ist weiter, ob auch der **sachlich-räumliche Anwendungsbereich** des Art. 45 AEUV eröffnet ist. Insoweit ist zunächst zu klären, ob der **Bereich des Sports** überhaupt dem Unionsrecht unterfällt. Hieran könnte man insofern zweifeln, als die Verträge im Bereich des Sports keine ausdrückliche Kompetenzzuweisung an die Union enthalten und deshalb auch keine Zuständigkeit der Union bestehen könnte. Das Fehlen einer ausdrücklichen Kompetenzzuweisung an die Union hat aber nicht zur Folge, dass der Bereich des Sports dem EU-Recht vollständig entzogen ist. Vielmehr bedeutet dies nur, dass sportliche Betätigungen nur insoweit dem EU-Recht unterfallen, als sie zum **Wirtschaftsleben** i.S.v. Art. 3 Abs. 3 EUV gehören. Dies muss man für die Tätigkeit von professionellen Basketballern bejahen, da sie ihre Arbeitsleistung gegen Entgelt erbringen. Etwas Anderes folgt auch nicht aus der Erklärung zum Sport, die die Konferenz der Regierungsvertreter der Mitgliedstaaten im Zusammenhang mit dem Abschluss des Amsterdamer Vertrages angenommen hat (Erklärung Nr. 29 im Anhang zur Schlussakte). In der Erklärung werden keine Sonderregelungen für den Bereich des Sports befürwortet; es wird allein die gesellschaftliche Bedeutung des Sports unterstrichen und eine Anhörung der Sportverbände bei wichtigen, den Sport betreffenden Fragen angeregt. Damit kann festgehalten werden, dass das EU-Recht in Bezug auf die Tätigkeit von Profibasketballern anwendbar ist. Und da der Fall des Spaniers S, der ein Arbeitsverhältnis in Italien eingehen will, auch einen zwischenstaatlichen Bezug aufweist, ist die Arbeitnehmerfreizügigkeit innerhalb der Union betroffen.

III.   Es stellt sich nunmehr die Frage, ob ein **Verstoß** gegen die Gewährleistung des Art. 45 AEUV vorliegt. Insoweit ist zunächst zu prüfen, ob sich die Statuten des italienischen Basketballverbandes überhaupt an den Grundfreiheiten des AEUV im Allgemeinen und an Art. 45 AEUV im Besonderen messen lassen müssen. Dies könnte insofern zweifelhaft sein, als sich die Grundfreiheiten zunächst nur gegen Maßnahmen von Mitgliedstaaten richten und es sich bei der Satzung des italienischen Basketballverbandes um die Maßnahme eines Sportverbandes handelt. Es ist daher zu klären, ob der Basketballverband überhaupt ein tauglicher **Normadressat** des Art. 45 AEUV ist.
Der Gerichtshof hat festgestellt, dass Normadressaten des Art. 45 AEUV zwar in erster Linie die Mitgliedstaaten sind. Von Art. 45 AEUV würden aber auch solche Maßnahmen erfasst, die eine kollektive Regelung im Arbeits- und Dienstleistungsbereich enthalten. Dies wird vom Gerichtshof damit begründet, dass andernfalls privatrechtlich autonome Vereinigungen durch Kollektivregelungen Hindernisse für die Freizügigkeit schaffen könnten, die den Mitgliedstaaten gerade verboten sind. Damit wäre aber die Gewährleistung der Freizügigkeit zwischen den Mitgliedstaaten in erheblichem Umfang gefährdet. Ferner gebiete auch die einheitliche Anwendung des Unionsrechts eine Anwendung des Art. 45 AEUV auf Kollektivregelungen in rechtlich-autonomen Vereinigungen: Gleiche Sachverhalte seien in einigen Mitgliedstaaten durch staatliche Vorschriften geregelt, in anderen Mitgliedstaaten dagegen durch Kollektivregelungen. Es

sei aber nicht einzusehen und auch nicht gerechtfertigt, dass das EU-Recht nur für die Gruppe der staatlichen Regelungen gelten solle. Aus diesen Gründen findet Art. 45 AEUV auch in der vorliegenden Fallkonstellation, nach der die Satzung des italienischen Basketballverbandes überprüft werden soll, Anwendung.

IV. Weiterhin ist zu überlegen, ob die Satzung des Basketballverbandes die durch Art. 45 AEUV gewährleistete Freizügigkeit in rechtswidriger Weise **beeinträchtigt.** Art. 45 Abs. 2 AEUV sieht vor, dass die Arbeitnehmerfreizügigkeit die Abschaffung jeder auf der Staatsangehörigkeit beruhenden unterschiedlichen Behandlung der Arbeitnehmer in Bezug auf Beschäftigung, Entlohnung und sonstige Arbeitsbedingungen umfasst. Damit enthält Art. 45 Abs. 2 AEUV ein **Diskriminierungsverbot**, das die Ungleichbehandlung von Arbeitnehmern aus dem Inland und dem EU-Ausland verbietet. Die Ausländerklausel des italienischen Verbandes hat einen diskriminierenden Charakter, da die Zahl der Spieler aus dem EU-Ausland, die in einem Spiel eingesetzt werden dürfen, auf drei beschränkt wird. Dies stellt eine **Benachteiligung** der Spieler aus dem EU-Ausland dar, da jeder Verein nicht mehr ausländische Spieler verpflichten wird, als er auch einsetzen kann. Damit besteht für Spieler aus dem EU-Ausland ein Einstellungsnachteil gegenüber inländischen Spielern.
Nun könnte man einwenden, dass sich die Ungleichbehandlung nur auf den Einsatz des Basketballspielers in einem Spiel bezieht, die Vereine aber das Recht hätten, beliebig viele Spieler aus dem EU-Ausland zu verpflichten und damit die Beschäftigungsmöglichkeiten auch nicht eingeschränkt seien. Diese Argumentation übersieht jedoch, dass die Beschäftigungschancen eines Basketballspielers davon abhängen, inwieweit er in einem Spiel auch eingesetzt werden darf. Jeder Basketballverein wird eine Ausländerklausel bei der Verpflichtung von Spielern berücksichtigen, sodass eine Ausländerklausel auch die Beschäftigungsmöglichkeiten eines Spielers bei einem Verein im EU-Ausland beeinträchtigt. An dem diskriminierenden Charakter der Ausländerklausel ist daher nicht zu zweifeln.

V. Zu erwägen ist allerdings, ob die Diskriminierung nicht gleichwohl **zulässig** ist.

1. Im AEUV niedergelegte Schranken für Diskriminierungen im Rahmen der Arbeitnehmerfreizügigkeit finden sich in **Art. 45 Abs. 3 und Abs. 4 AEUV.** Nach Art. 45 Abs. 3 AEUV können Beschränkungen aus Gründen der öffentlichen Ordnung, Sicherheit und Gesundheit gerechtfertigt sein. Die Ausländerklausel der Satzung des italienischen Basketballverbandes dient aber nicht diesen Zwecken, sodass Art. 45 Abs. 3 AEUV nicht eingreift. Auch Art. 45 Abs. 4 AEUV ist nicht einschlägig, da es nicht um eine Beschäftigung in der öffentlichen Verwaltung geht. Nicht im Primärrecht genannt, aber gleichwohl vom Gerichtshof anerkannt, ist eine Rechtfertigung nationaler Beschränkungen der Arbeitnehmerfreizügigkeit aus **zwingenden Gründen des Allgemeininteresses.** Dieser Rechtfertigungsgrund kann aber grundsätzlich nur bei unterschiedslos geltenden Maßnahmen herangezogen werden, sodass er im Fall der hier vorliegenden Diskriminierung nicht geprüft werden darf.

2. Über diese Schranken hinaus hat der Gerichtshof für den Bereich des Sports einen weiteren Rechtfertigungsgrund für Diskriminierungen anerkannt. So bejaht der Gerichtshof eine Vereinbarkeit mit der Arbeitnehmerfreizügigkeit in dem Fall, dass ausländische Sportler aus **objektiven, nichtwirtschaftlichen Gründen**, die nur den Sport als solchen betreffen, ausgeschlossen werden. Als Beispiel hierfür hat der Gerichtshof die Aufstellung von Nationalmannschaften angeführt. Dieser besondere Rechtfertigungsgrund ist hier aber nicht einschlägig, da der Zusammensetzung von Mannschaften im Profisport gerade wirtschaftliche Erwägungen zugrunde liegen: Es geht um den Erfolg des Vereins und damit verknüpft um Einnahmen des Vereins über Zuschauerbesuche, Sponsoren usw. Die Einschränkung der Arbeitnehmerfreizügigkeit durch Ausländerklauseln für Vereine des Profibasketballs beruht daher nicht allein auf sportlichen Erwägungen.

3. Zusammenfassend ist festzustellen, dass eine Beeinträchtigung der Arbeitnehmerfreizügigkeit durch die Ausländerklausel des italienischen Basketballverbandes nicht gerechtfertigt werden kann. Ein Verstoß gegen Art. 45 AEUV liegt damit vor.

Aufgabe 2

In Betracht kommt ein Verstoß gegen **Art. 101 AEUV**, der Vereinbarungen zwischen Unternehmen, Beschlüsse von Unternehmensvereinigungen und aufeinander abgestimmte Verhaltensweisen, welche den Handel zwischen den Mitgliedstaaten zu beeinträchtigen geeignet sind und eine Verhinderung, Einschränkung oder Verfälschung des Wettbewerbs innerhalb des Binnenmarktes bezwecken oder bewirken, verbietet. Bereits oben wurde die generelle **Anwendbarkeit des Unionsrechts** auf den Bereich des Sports dargelegt. Dieser allgemeine Grundsatz gilt auch im Hinblick auf das Wettbewerbsrecht. Damit unterliegt der Sport – auch wenn er nicht nur wirtschaftliche, sondern zudem soziale und kulturelle Bezugspunkte aufweist – prinzipiell der Wettbewerbskontrolle der EU. Relevant werden kann die Sonderstellung bzw. besondere Eigenart des Sports freilich im Rahmen einer – von der Kommission vorzunehmenden – Freistellung nach Art. 101 Abs. 3 AEUV.

I. Eine Anwendbarkeit der Art. 101 ff. AEUV setzt zunächst voraus, dass es sich bei den Vereinen des Profibasketballs um Unternehmen i.S.d. Art. 101 AEUV handelt. Nach der Rechtsprechung des Gerichtshofs gilt dabei ein funktionaler Unternehmensbegriff, nachdem ein Unternehmen **jede** eine **wirtschaftliche Tätigkeit ausübende Einheit** ist, unabhängig von der jeweiligen Rechtsform und der Art der Finanzierung. Dass Basketballvereine der Profiliga eine wirtschaftliche Tätigkeit ausüben, ist – angesichts der finanziellen Transaktionen und der Umsätze der Vereine – unmittelbar einsichtig. Die Vereine der Profiliga sind daher als Unternehmen i.S.d. Art. 101 AEUV anzusehen.

II. Des Weiteren müsste eine in Art. 101 AEUV genannte Maßnahme der Unternehmen vorliegen. Hier haben die Vereine untereinander eine **Absprache** getroffen, an der Ausländerklausel festzuhalten. Diese Absprache stellt eine Vereinbarung i.S.d. Art. 101 AEUV dar, da eine Willenseinigung der Vereine vorliegt, durch die sie sich zu einem bestimmten Tun bzw. Unterlassen verpflichten. Dass die Willenseinigung eine bestimmte Form bzw. Rechtsform erfüllt, wird im Rahmen des Art. 101 AEUV nicht vorausgesetzt: Es genügen auch mündliche oder konkludente Vereinbarungen; auch sog. Gentlemen's Agreements können gegen Art. 101 AEUV verstoßen.

III. Weitere Voraussetzung des Art. 101 Abs. 1 AEUV ist, dass der **Handel zwischen den Mitgliedstaaten beeinträchtigt wird.** Dann müsste die Vereinbarung der Profiligavereine geeignet sein, den Handel zwischen den Mitgliedstaaten in spürbarer Weise so zu beeinflussen, dass der Verwirklichung eines einheitlichen Marktes entgegengewirkt wird. Durch die Ausländerklausel wird der Wechsel von Basketballspielern aus dem EU-Ausland in die spanische Profiliga behindert und damit auf den Wirtschaftsverkehr zwischen den Mitgliedstaaten Einfluss genommen. Dadurch wird auch eine Abschottung der nationalen Märkte bewirkt, was die Errichtung eines europäischen Binnenmarktes behindert.

IV. Art. 101 AEUV setzt darüber hinaus voraus, dass die Vereinbarung eine **Beschränkung des Wettbewerbs** (Verhinderung, Einschränkung oder Verfälschung) innerhalb des Binnenmarktes **bezweckt** oder **bewirkt**. Die Vereinbarung, nicht mehr als drei ausländische Spieler pro Begegnung einzusetzen, beschränkt den Wettbewerb innerhalb des Binnenmarktes, denn den Vereinen wird die Möglichkeit genommen, sich durch Einstellung von zusätzlichen ausländischen Spielern gegenseitig Konkurrenz zu machen. Der Wettbewerb zwischen den Profiligavereinen wird somit eingeschränkt. Nach Ansicht der Kommission kann hierin auch eine **Aufteilung der Versorgungsquellen** i.S.d. Art. 101 Abs. 1 lit. c) AEUV gesehen werden. Die Wettbewerbsbeschränkung wird von den Vereinen nicht nur tatsächlich bewirkt, sie ist auch **bezweckt**. Damit ist die Absprache zwischen den Vereinen, an der Ausländerklausel festzuhalten, grundsätzlich verboten.

V. **Ausnahmen** vom Kartellverbot sind nur in Art. 101 Abs. 3 AEUV vorgesehen, der hier aber nicht einschlägig ist. Ausnahmen von kartellrechtswidrigen Vereinbarungen sind ohnehin nur möglich, wenn sie nicht das Recht der Arbeitnehmerfreizügigkeit berühren. Dies ist aber hier der Fall, sodass sich im Ergebnis festhalten lässt: Die Vereinbarung der Vereine verstößt gegen das Kartellverbot des Art. 101 AEUV.

Aufgabe 3

I. Die Kommission hat ihre Durchsuchung der Vereinsräume auf Art. 20 Verordnung Nr. 1/2003 (Kartellverfahrens-VO) gestützt. Diese Vorschrift ermächtigt die Kommission in ihrem Absatz 2 lit. a) – c), die Räumlichkeiten von Unternehmen zu betreten, Geschäftsunterlagen zu prüfen und Kopien anzufertigen. Die Maßnahmen der Bediensteten der Kommission liegen an sich noch im Rahmen der Kartellverfahrensverordnung: Die Bediensteten haben die Vereinsräume – diese entsprechen den Geschäftsräumen bei Firmen – betreten und die schriftlichen Unterlagen der Vereine überprüft. Zudem wurden – wie die Vereine einräumen – die weiteren in Art. 20 Kartellverfahrens-VO genannten Vorgaben beachtet. Es könnte jedoch ein Verstoß gegen das **europäische Grundrecht der Unverletzlichkeit der Wohnung** vorliegen.

II. Grundsätzlich ist in der Rechtsprechung des Gerichtshofs anerkannt, dass dem einzelnen Marktbürger gegenüber der Hoheitsgewalt der EU auf der Ebene des Unionsrechts ein **Grundrechtsschutz** zusteht. Inzwischen findet der Grundrechtsschutz in Art. 6 Abs. 1 EUV mit dem Hinweis auf die EMRK und auf die Grundrechte-Charta auch im EUV einen primärrechtlichen Anknüpfungspunkt. Danach ist auch die Unverletzlichkeit der Wohnung grundrechtlich verbürgt. Sowohl in Art. 8 EMRK als auch in Art. 7 GRCh wird ein ungestörtes Privatleben garantiert. Des Weiteren folgt das Grundrecht auf die Unverletzlichkeit der Wohnung auch aus der Verfassungstradition der Mitgliedstaaten. Die Frage ist aber, ob dieser EU-Grundrechtsschutz – wie dies nach der Rechtsprechung des BVerfG im Rahmen des Grundgesetzes der Bundesrepublik Deutschland der Fall ist – nicht nur für **Privatwohnungen**, sondern auch für **Geschäftsräume** gilt.

Dies hat der Gerichtshof unter Hinweis auf die für die Ableitung des Grundrechtsschutzes in der EU wesentlichen Ansatzpunkte abgelehnt. Gegen eine Einbeziehung von Geschäftsräumen in den Schutzbereich spreche zunächst die Europäische Menschenrechtskonvention (EMRK). Nach Art. 8 Abs. 1 EMRK habe jedermann Anspruch auf Achtung seines Privat- und Familienlebens, seiner Wohnung und seines Briefverkehrs. Art. 8 Abs. 1 EMRK ziele daher allein auf die freie Entfaltung der Persönlichkeit des Individuums ab, der Schutz von Geschäftsräumen sei dagegen nicht vorgesehen. Dieser Argumentation hat der Europäische Gerichtshof für Menschenrechte freilich ihre Grundlage entzogen, indem er Geschäftsräume ausdrücklich dem Schutz des Art. 8 Abs. 1 EMRK unterstellte: Es sei kein plausibler Grund ersichtlich, den beruflichen Bereich – der sich ohnehin nicht trennscharf vom Privatleben abgrenzen lasse – von dem Schutzbereich auszunehmen; denn auch im geschäftlichen Bereich bestehe ein Bedürfnis, Angelegenheiten vertraulich zu behandeln. Auf die Vorschrift des Art. 7 GRCh, der im Wesentlichen dem Art. 8 EMRK entspricht, kann dieser Gedankengang entsprechend herangezogen werden.

Der Gerichtshof hat allerdings noch weitere Argumente für seine Sichtweise angeführt: Eine Einbeziehung von Geschäftsräumen in den Schutz der Wohnung könne auch nicht aus einer Gesamtschau der Verfassungsordnungen in den einzelnen Mitgliedstaaten abgeleitet werden. Denn die Rechtsordnungen der Mitgliedstaaten weisen – in Bezug auf Art und Umfang von Geschäftsräumen – nicht unerhebliche Unterschiede auf; ein gemeinsamer Grundsatz für einen Grundrechtsschutz von Geschäftsräumen sei daher nicht zu erkennen.

Die Vereine können sich daher im vorliegenden Fall – wenn man die restriktive Sichtweise des Gerichtshofs zugrunde legt, von der er auch in seiner Entscheidung Roquette Frères nicht eindeutig abgerückt ist – nicht mit Erfolg auf das europäische Grundrecht der Unverletzlichkeit der Wohnung berufen.

Aufgabe 4

In Betracht kommt eine **Schadensersatzklage** gemäß **Art. 268 AEUV i.V.m. Art. 340 UAbs. 2 AEUV**. Hiernach kann ein Schaden aus dem Bereich der außervertraglichen Haftung (für die vertragliche Haftung gilt Art. 340 UAbs. 1 AEUV) vor dem Gerichtshof eingeklagt werden. Zu prüfen ist die Zulässigkeit und Begründetheit dieser Amtshaftungsklage.

I. Als juristische Personen sind die Vereine zulässige **Antragsteller** einer Klage nach Art. 268 AEUV. Richtiger **Antragsgegner** einer Amtshaftungsklage ist die Europäische

Union; entsprechend ist die „gegen die Kommission" erhobene Klage korrigierend auszulegen. Die Klage der Vereine betrifft die Konstellation, dass ein Kommissar, d.h. ein Teil eines Organs der Europäischen Union, in Ausübung seiner Amtstätigkeit den Vereinen einen Schaden zugefügt haben soll. Damit ist auch ein zulässiger **Antragsgegenstand** gegeben. Als **statthafte Klageart** kommt hier allein die – gegenüber anderen Rechtsbehelfen des AEUV selbstständige – Schadensersatzklage in Betracht, da die Kläger den Ersatz ihres Schadens begehren, nicht hingegen die Aufhebung einer bestimmten Maßnahme der Union. Da nicht ersichtlich ist, dass den Klägern vor den nationalen Gerichten Rechtsschutz gewährt werden kann (**Subsidiarität** der Amtshaftungsklage), ist die Amtshaftungsklage zulässig. **Sachlich zuständig** für Klagen nach Art. 268 AEUV ist nach Art. 256 Abs. 1 AEUV das Gericht und nicht der Gerichtshof. Der in Art. 256 Abs. 1 AEUV angesprochene Vorbehalt zugunsten des Gerichtshofes greift nicht für Amtshaftungsklagen juristischer Personen des Privatrechts (vgl. Art. 51 Satzung des Gerichtshofes).

II. Im Rahmen der **Begründetheit** ist von **Art. 340 UAbs. 2 AEUV** auszugehen. Hiernach richtet sich die außervertragliche Schadensersatzpflicht der Union für die in Ausübung der Amtstätigkeit vorgenommenen Handlungen ihrer Organe und Bediensteten nach den allgemeinen Rechtsgrundsätzen, die den Rechtsordnungen der Mitgliedstaaten gemeinsam sind. Bei einer vergleichenden Prüfung der einzelnen nationalen Haftungsregeln lassen sich folgende Haftungsvoraussetzungen des Amtshaftungsanspruchs ableiten:
Erstens muss ein **rechtswidriges** bzw. fehlerhaftes, aber nicht unbedingt schuldhaftes **Handeln eines Organs oder eines Bediensteten der Union in Ausübung seiner Amtstätigkeit** vorliegen. Dies wird man im vorliegenden Fall annehmen können, da der Kommissar K seine Vorwürfe bereits vor einer Untersuchung und genaueren rechtlichen Prüfung des Falls erklärt hat. Eine pauschale „Vorverurteilung" der Verhaltensweise der spanischen Vereine war in diesem zeitlichen Stadium und in dieser Form sicherlich nicht zulässig, sodass die Vorgehensweise des K gegen die Grundsätze einer ordnungsgemäßen Verwaltung bzw. gegen das Neutralitätsgebot verstößt. Dies stellt sich als eine Verletzung der Interessen der spanischen Vereine dar.
Zweitens müssen ein **Schaden** beim Kläger sowie eine **Kausalität** zwischen dem fehlerhaften Handeln und dem Schaden feststellbar sein. Da das Verhalten – laut Sachverhalt – einen Zuschauerrückgang und damit einen Vermögensschaden bei den Vereinen der spanischen Profiliga bewirkt hat, ist auch die zweite Voraussetzung des Amtshaftungsanspruchs erfüllt. Die Europäische Union haftet gemäß Art. 340 UAbs. 2 AEUV.

Aufgabe 5

I. Aus Art. 23 Abs. 1 APZ könnte sich ergeben, dass auch Ausländerklauseln zu Lasten russischer Basketballprofis verboten sind. Beim APZ handelt es sich um ein Gemeinschaftsabkommen der Europäischen Gemeinschaft – deren Rechtsnachfolgerin die Union ist, Art. 1 Abs. 3 Satz 3 EUV – mit einem Drittstaat (und zwar Russland), welches nach Art. 216 Abs. 2 AEUV für die EU-Mitgliedstaaten verbindlich ist. Art. 23

Abs. 1 APZ lässt sich aber nur dann als Prüfungsmaßstab heranziehen, wenn das dort verankerte arbeitsrechtliche Diskriminierungsverbot **unmittelbare Wirkung** entfaltet. Dies setzt nach der Rechtsprechung des Gerichtshofs eine hinreichende Bestimmtheit und inhaltliche Unbedingtheit der betreffenden Norm voraus; was im Falle des Art. 23 Abs. 1 APZ angesichts des klaren, genauen und nicht an Bedingungen geknüpften Normtextes zu bejahen ist.

II. Zweifel an der Anwendbarkeit des Art. 23 Abs. 1 APZ auf den vorliegenden Fall könnten sich aber daraus ergeben, dass die Norm nach ihrem Wortlaut nur an die Union und ihre Mitgliedstaaten und nicht an Sportverbände **adressiert** ist. Da aber der Text von Art. 23 Abs. 1 APZ dem Wortlaut des Art. 45 Abs. 2 AEUV sehr nahekommt und bei beiden Inländergleichbehandlungsgeboten eine vergleichbare Interessenlage vorliegt, ist (mit dem Gerichtshof) auch bei Art. 23 Abs. 1 APZ von einer Drittwirkung auszugehen; mit der Folge, dass auch Sportverbände zu den nach Art. 23 Abs. 1 APZ Verpflichteten gehören.

III. Weiter müsste Art. 23 Abs. 1 APZ auch **tatbestandlich einschlägig** sein. Art. 23 Abs. 1 APZ gilt für Arbeitnehmer (also auch Berufssportler wie B), die im Gebiet eines EU-Mitgliedstaates rechtmäßig beschäftigt sind. B hat eine gültige staatliche Aufenthalts- und Arbeitserlaubnis sowie einen Arbeitsvertrag mit dem Club Barcelona Basket. Fraglich ist hingegen, ob auch das Tatbestandsmerkmal der Arbeitsbedingungen erfüllt ist, denn Ausländerkontingente weisen auch Bezugspunkte zu den (vom Schutzbereich nicht erfassten) Beschäftigungsmöglichkeiten auf: Durch Regelungen, die die Zahl der einsetzbaren ausländischen Spieler in Wettkampfspielen limitieren, werden die arbeitgebenden Profivereine davon abgehalten, eine größere Anzahl als die überhaupt einsetzbaren ausländischen Spieler unter Vertrag zu nehmen. Zugleich wird durch Regelungen, die die Zahl der einsetzbaren ausländischen Spieler begrenzen, auch auf die Modalitäten der Berufsausübung und damit die Arbeitsbedingungen Einfluss genommen. Um Art. 23 Abs. 1 APZ nicht seiner praktischen Wirksamkeit zu berauben, muss es für die Anwendbarkeit der Norm genügen, wenn zumindest auch die (vom Schutzbereich erfassten) Arbeitsbedingungen betroffen sind.

IV. Unzweifelhaft ist die Ausländerklausel des spanischen Basketballverbandes als eine offene **Diskriminierung** aufgrund der Staatsangehörigkeit zu qualifizieren. Auf der Staatsangehörigkeit beruhende Benachteiligungen sind aber von Art. 23 Abs. 1 APZ verboten; es sei denn, es greift ein **Rechtfertigungsgrund** ein. Insofern kommt in Betracht, dass man – wie der Gerichtshof zu Art. 45 AEUV – für den Bereich des Sports die „nichtwirtschaftlichen Gründe" als ungeschriebenen Ausnahmetatbestand anerkennt. Jedoch beruht hier die unterschiedliche Behandlung der Berufsspieler aus Drittstaaten letztlich auf wirtschaftlichen Erwägungen, so dass eine Rechtfertigung ausscheidet.

V. Festzuhalten ist, dass sich B zum Schutz gegenüber der Ausländerklausel des spanischen Basketballverbandes auf das unmittelbar anwendbare arbeitsrechtliche Inländergleichbehandlungsgebot des Art. 23 Abs. 1 APZ berufen kann, welches subjektive Rechte von Drittstaatenangehörigen begründet.

Weiterführende Hinweise:

Fischer/Fetzer, Europarecht, 12. Auflage 2019, Rn. 290 ff. (zur Amtshaftungsklage), Rn. 395 ff. (zu den europäischen Grundrechten), Rn. 505 ff. (zur Arbeitnehmerfreizügigkeit), Rn. 672 ff. (zum Kartellverbot des Art. 101 AEUV); *EuGH,* ECLI:EU:C:1995:463 – Bosman (zur Anwendbarkeit des Gemeinschaftsrechts auf sportliche Betätigungen); *EuGH,* ECLI:EU:C:2000:296 – Angonese (zur Anwendung des Diskriminierungsverbotes auf Privatpersonen); *EuGH,* ECLI:EU:C:2005:213 – Simutenkov (zu Ausländerklauseln in Drittstaatenabkommen); *EuGH,* ECLI:EU:C:1989:337 – Hoechst; *EuGH,* ECLI:EU:C:2002:603 – Roquette Frères (zur Unverletzlichkeit der Wohnung); *EuGH,* ECLI:EU:C:2010:143 (Ausbildungsentschädigung bei Wechsel von Nachwuchsspielern zu einem anderen Verein); *EGMR,* NJW 1993, 718 (zum Schutz von Geschäftsräumen nach Art. 8 EMRK).

Lösung Fall 7

Grenzenlose Ausbildung

(Arbeitnehmerfreizügigkeit und öffentliche Verwaltung – Berufsausbildung – Dienstleistungsfreiheit – allgemeines Diskriminierungsverbot – Unionsbürgerschaft)

I.   Der Fall des A

Die Verweigerung der Zulassung des A zum Vorbereitungsdienst könnte gegen die Vorschriften über die Arbeitnehmerfreizügigkeit, Art. 45 ff. AEUV, verstoßen.

1.   Der **persönliche Anwendungsbereich** des Art. 45 AEUV setzt voraus, dass es sich um einen Arbeitnehmer, der zugleich Staatsangehöriger eines Mitgliedstaates ist, handelt. A ist britischer Staatsangehöriger. Weiterhin müsste bei einer Ableistung des Vorbereitungsdienstes als Beamter ein Arbeitnehmerverhältnis vorliegen. Dies könnte insofern problematisch sein, als Beamte schon per definitionem nicht als Arbeitnehmer anzusehen sein könnten, was z.B. bei dem Arbeitnehmerbegriff im deutschen Arbeitsrecht der Fall ist. Jedoch ist nach Ansicht des Gerichtshofs der **Begriff des Arbeitnehmers** nicht national, sondern **unionsrechtlich** zu bestimmen. Unerheblich ist es danach, ob nach dem Recht eines Mitgliedstaates ein Beschäftigungsverhältnis öffentlich-rechtlich oder privatrechtlich zu qualifizieren ist. Vielmehr soll in beiden Fällen Art. 45 Abs. 1 AEUV anwendbar sein. Für diese Auslegung des Gerichtshofs spricht zunächst der Grundsatz des effet utile (praktische Wirksamkeit), der eine weite Auslegung des Arbeitnehmerbegriffs nahelegt. Des Weiteren folgt – in systematischer Hinsicht – aus Art. 45 Abs. 4 AEUV, dass auch eine Tätigkeit im öffentlichen Dienst grundsätzlich dem Arbeitnehmerbegriff unterfallen kann.

Wesentliche Merkmale für eine **Arbeitnehmereigenschaft** sind nach der Rechtsprechung des Gerichtshofs, dass eine Leistung von gewissem wirtschaftlichem Wert für einen Anderen – von dessen Weisungen er abhängig ist – erbracht wird und dass als Gegenleistung hierfür eine Vergütung gezahlt wird. A würde als Studienreferendar der Aufsicht und den Weisungen der auszubildenden Schule unterstehen; er hätte die Schüler zu unterrichten und würde damit eine Leistung erbringen, die einen gewissen Wert für die Schule hat; zudem würde er hierfür eine Vergütung erhalten. Die Kriterien des Arbeitnehmerbegriffs sind daher erfüllt.

Geschützt ist die Freizügigkeit eines Arbeitnehmers innerhalb der Europäischen Union: Der britische Staatsangehörige A will in dem EU-Mitgliedstaat Österreich ein Arbeitsverhältnis eingehen. Auch wenn A bislang noch nicht in Österreich als Arbeitnehmer beschäftigt war, kann er sich auf Art. 45 AEUV berufen, der auch für den Zugang zu einer ersten Beschäftigung in einem anderen Mitgliedstaat gilt. Der Anwendungsbereich des Art. 45 AEUV ist damit eröffnet.

2. Weiter ist zu prüfen, ob eine nach Art. 45 AEUV verbotene Maßnahme vorliegt. Nach Art. 45 Abs. 2 AEUV ist jede auf der Staatsangehörigkeit beruhende unterschiedliche Behandlung des Arbeitnehmers in Bezug auf Beschäftigung, Entlohnung und sonstige Arbeitsbedingungen verboten. Damit enthält Art. 45 Abs. 2 AEUV ein **Diskriminierungsverbot**. Die Regelung, dass der Vorbereitungsdienst als Studienreferendar nur Beamten offensteht und der Eintritt in ein Beamtenverhältnis an die österreichische Staatsangehörigkeit geknüpft ist, stellt eine Ungleichbehandlung der EU-Ausländer gegenüber den Inländern dar. Die Regelung beinhaltet damit eine offene Diskriminierung.

3. Zu erwägen ist allerdings, ob die Diskriminierung nicht gleichwohl **zulässig** ist und die im AEUV niedergelegten oder die vom Gerichtshof anerkannten Schranken für Diskriminierungen im Rahmen der Arbeitnehmerfreizügigkeit einschlägig sind. Die Rechtfertigungsgründe aus **Art. 45 Abs. 3 AEUV** – die Gründe der öffentlichen Ordnung, Sicherheit oder Gesundheit - kommen bereits thematisch nicht in Betracht. Eine Rechtfertigung von nationalen Beschränkungen der Arbeitnehmerfreizügigkeit aus **zwingenden Gründen des Allgemeininteresses** kann nur bei unterschiedslos geltenden Maßnahmen herangezogen werden, sodass er im Fall der hier vorliegenden offenen Diskriminierung nicht geprüft werden darf.

Die Diskriminierung könnte jedoch im Hinblick auf **Art. 45 Abs. 4 AEUV** zulässig sein. Art. 45 Abs. 4 AEUV enthält eine Bereichsausnahme für eine „Beschäftigung in der öffentlichen Verwaltung". Die Frage ist daher, ob der Vorbereitungsdienst als Studienreferendar für ein Lehramt eine **Beschäftigung in der öffentlichen Verwaltung** darstellt.

Wie auch der Begriff des Arbeitnehmers ist das Merkmal der Beschäftigung in der öffentlichen Verwaltung nach der Rechtsprechung des Gerichtshofs **unionsrechtlich** und nicht national auszulegen. Zur Auslegung könnte zum einen eine **institutionelle** Sichtweise zugrunde gelegt werden. Hiernach würde jede Beschäftigung bei einem öffentlich-rechtlichen Arbeitgeber bzw. jede öffentlich-rechtliche Ausgestaltung des Beschäftigungsverhältnisses unter Art. 45 Abs. 4 AEUV fallen. Der Gerichtshof hat jedoch einer **funktionellen** Interpretation den Vorzug gegeben. Nach dieser werden nur diejenigen Stellen vom Anwendungsbereich des Art. 45 AEUV ausgenommen, die eine unmittelbare oder mittelbare Teilnahme an der Ausübung hoheitlicher Befugnisse und an der Wahrnehmung solcher Aufgaben mit sich bringen, die auf die Wahrung der allgemeinen Belange des Staates gerichtet sind; und die deshalb ein Verhältnis besonderer Verbundenheit zum Staat voraussetzen. Hierunter fällt vor allem eine Tätigkeit bei der Polizei, der Armee, dem Geheimdienst, der Finanzverwaltung und der Justiz. Die funktionelle Sichtweise ist im Hinblick auf die grundlegende Bedeutung der Arbeitnehmerfreizügigkeit vorzugswürdig, weil eine institutionelle Betrachtung den Mitgliedstaaten die Möglichkeit eröffnen würde, über den Geltungsbereich der Freizügigkeit zu disponieren.

Zwar ist die Tätigkeit eines Studienreferendars im Vorbereitungsdienst für das Lehramt dem staatlichen Bereich zuzuordnen. Jedoch ist es nicht ersichtlich, dass den Studienreferendar ein besonderes Treueverhältnis mit dem Staat verbindet. Auch erscheint es nicht unbedingt erforderlich, in dem Vorbereitungsdienst für das Lehramt einen Bereich zu sehen, der aus Souveränitätsgesichtspunkten allein von Inländern besetzt werden muss: Der Kern der Lehrtätigkeit (Erteilung von Unterricht bzw. Vermittlung von Wissen) ist nicht notwendigerweise mit der Ausübung von hoheitlichen Befugnissen verbunden. Daher fällt nach Ansicht des Gerichtshofs der Vorbereitungsdienst für das Lehramt auch nicht unter die Ausnahmevorschrift des Art. 45 Abs. 4 AEUV. Die Verweigerung der Zulassung des A zum Vorbereitungsdienst verstößt folglich gegen die vom AEUV gewährleistete Arbeitnehmerfreizügigkeit.

II.   Der Fall des B

Im Fall des B – die Ungleichbehandlung gegenüber belgischen Studenten bei der Erhebung von Einschreibegebühren – ist zunächst zu prüfen, ob die Erhebung der höheren Einschreibegebühren für ausländische Studenten gegen Art. 45 oder Art. 56 AEUV verstößt. Falls die Grundfreiheiten nicht einschlägig sein sollten, ist ein Rückgriff auf das allgemeine Diskriminierungsverbot des Art. 18 AEUV (ggf. i.V.m. Art. 9 EUV) in Betracht zu ziehen.

1.   **Art. 45 AEUV** setzt voraus, dass es sich bei B um einen Arbeitnehmer handelt. Dies ist bei einem angehenden Studenten aber nicht der Fall, da die Merkmale des Arbeitnehmerbegriffs – Erbringung einer Leistung von gewissem wirtschaftlichen Wert für einen anderen, von dessen Weisungen er abhängig ist, sowie Erhalt einer Vergütung als Gegenleistung für die Tätigkeit – nicht erfüllt sind. Dass die Ausbildung des B der Vorbereitung einer späteren Tätigkeit als Arbeitnehmer dienen kann, genügt nicht. B kann sich nicht auf die vom AEUV gewährleistete Arbeitnehmerfreizügigkeit berufen.

2.   Eine **Verletzung der Dienstleistungsfreiheit** setzt voraus, dass der Anwendungsbereich der Art. 56 ff. AEUV eröffnet ist. Da B britischer Staatsangehöriger und auch in Großbritannien ansässig ist, unterfällt er dem persönlichen Anwendungsbereich der Dienstleistungsfreiheit (vgl. Art. 56 Abs. 1 AEUV). Im Hinblick auf den sachlichen Anwendungsbereich der Dienstleistungsfreiheit ist zu prüfen, ob der an einer staatlichen Hochschule erteilte Unterricht als Dienstleistung i.S.v. Art. 57 AEUV anzusehen ist. Unter den Begriff der Dienstleistung fällt jede selbstständige, zeitlich begrenzte und in der Regel gegen Entgelt erbrachte Leistung unkörperlicher Natur, die ein grenzüberschreitendes Element beinhaltet.

Hier könnte das Merkmal der Entgeltlichkeit problematisch sein. Das Wesensmerkmal des Entgelts besteht darin, dass es die wirtschaftliche Gegenleistung für die betreffende Leistung darstellt, wobei die Gegenleistung in der Regel zwischen dem Erbringer und dem Empfänger der Leistung vereinbart wird. Hieran fehlt es aber bei der Erteilung von Unterricht durch eine staatliche Hochschule. Denn diese Tätigkeit bzw. die Betreibung der Hochschule im Allgemeinen wird nicht durch die Studenten (bzw. durch ihre Eltern), sondern vielmehr aus dem Staatshaushalt finanziert. Es fehlt daher an der typischen Konstellation von Leistung und Gegenleistung. Damit liegt keine Dienstleistung i.S.d. Art. 57 AEUV vor. Dagegen wäre – nach der Rechtsprechung des Gerichtshofs – die Dienstleistungsfreiheit dann einschlägig, wenn der Unterricht durch eine Hochschule erteilt werden würde, die aus privaten Mitteln – insbesondere durch die Studenten und ihre Eltern – finanziert wird und der eine Gewinnerzielungsabsicht zugrunde liegt. Ein Verstoß gegen Art. 57 AEUV scheidet daher im vorliegenden Fall aus.

3. In Betracht kommt weiter ein Verstoß gegen das **allgemeine Diskriminierungsverbot** des Art. 18 AEUV.

a) Auch insoweit ist zunächst der Anwendungsbereich der Vorschrift zu prüfen: Der persönliche Anwendungsbereich ist für B als Staatsangehörigen von Großbritannien eröffnet. Der **sachliche Anwendungsbereich** des Art. 18 AEUV umfasst den gesamten Bereich, der in den Tätigkeitsbereich der Union fällt. Zu prüfen ist daher, ob hierunter auch der Bereich der Berufsausbildung durch eine Hochschule fällt.

Insoweit gilt zunächst, dass die **Bildungspolitik** und die Organisation des Bildungswesens Angelegenheiten der Mitgliedstaaten sind. Dies bedeutet, dass der Zugang zur Berufsausbildung und die Teilnahme am berufsbildenden Unterricht vorrangig in die Kompetenz der Mitgliedstaaten fallen. Hieraus folgt jedoch nicht, dass der Bereich der Berufsausbildung vollständig außerhalb des Tätigkeitsfeldes der Union liegt. Dies zeigt bereits Art. 6 Satz 2 lit. e) AEUV, der die Bildung dem Aufgabenbereich der EU zuweist. Weiter enthält der AEUV in Art. 165 eine Bestimmung über die allgemeine Bildungspolitik der Union und in Art. 166 eine Vorschrift über die Politik der beruflichen Bildung der Union. Hiernach hat die Union die Kompetenz, in diesem Bereich durch Fördermaßnahmen und Empfehlungen tätig zu werden. Darüber hinaus ist zu beachten, dass die Berufsausbildung eng mit der Freizügigkeit der Arbeitnehmer zusammenhängt und der Zugang zur Berufsausbildung geeignet ist, die Freizügigkeit innerhalb der EU zu fördern. Da die Freizügigkeit der Arbeitnehmer ein wesentliches Ziel des AEUV ist, muss sich die EU auch mit der beruflichen Bildung als Voraussetzung für die Freizügigkeit befassen dürfen. Zusammenfassend kann somit festgehalten werden, dass die EU auch im Bereich der beruflichen Bildung tätig werden darf und folglich die Berufsausbildung durch die Hochschule in den Anwendungsbereich des AEUV fällt. Hiervon abzugrenzen ist der Sachverhalt, dass ein Studiengang lediglich Allgemeinkenntnisse vermittelt; denn dann geht es nicht um eine konkrete Berufsausbildung. Dies ist aber bei dem Musikstudium des B nicht der Fall.

Als zweiter Begründungsansatz, der sich gerade in der neueren Rechtsprechung des Gerichtshofs widerspiegelt, können vorliegend die Vorschriften des EUV über die **Unionsbürgerschaft** herangezogen werden. Art. 9 EUV und Art. 20 AEUV verleihen jedem Staatsangehörigen eines Mitgliedstaates den Status eines Unionsbürgers; Art. 21 AEUV verbrieft für die Unionsbürger eine grundsätzliche Freiheit, sich im Hoheitsgebiet der Mitgliedstaaten frei zu bewegen und aufzuhalten. Bei Art. 21 AEUV handelt es sich um eine unmittelbar anwendbare Vorschrift, auf die sich die Unionsbürger direkt zu ihrem Schutz berufen können. Fraglich ist jedoch, ob bereits aus Art. 21 AEUV und dem Status des Unionsbürgers eine selbstständige Garantie auf gleiche rechtliche Behandlung mit Inländern folgt; oder ob es insofern eines Rückgriffs auf Art. 18 AEUV bedarf. Letzteres dürfte allein deshalb erforderlich sein, um die zu Art. 18 AEUV entwickelte Dogmatik – etwa zur Rechtfertigung von Ungleichbehandlungen – zu erhalten. Damit dürfte sich im Bereich von Diskriminierungen eine Prüfung von Art. 18 AEUV i.V.m. Art. 21 AEUV anbieten.

b)   Folglich ist weiter zu prüfen, ob eine nach Art. 18 Abs. 1 AEUV **verbotene Diskriminierung** vorliegt. Als Diskriminierung i.S.d. Art. 18 AEUV lässt sich jede Schlechterstellung von Staatsangehörigen eines Mitgliedstaates gegenüber Staatsangehörigen eines anderen Mitgliedstaates verstehen. Hier sieht die Académie Royale des Beaux Arts, die als staatliche Einrichtung Belgiens an das Diskriminierungsverbot des Art. 18 AEUV gebunden ist, vor, dass ausländische Studenten eine höhere Einschreibegebühr zu bezahlen haben als Inländer. Damit werden ausländische Studenten gegenüber belgischen Studenten benachteiligt. Bei dieser Benachteiligung knüpft die belgische Regelung ausdrücklich an die Eigenschaft der ausländischen Staatsangehörigkeit an, sodass eine **offene Diskriminierung** i.S.d. Art. 18 Abs. 1 AEUV vorliegt.

c)   Es stellt sich daher die Frage, ob sich Diskriminierungen im Rahmen des Art. 18 AEUV rechtfertigen lassen. Sieht man Art. 18 Abs. 1 AEUV als **absolutes Diskriminierungsverbot** an, dann ist die Rechtfertigung einer Diskriminierung ausgeschlossen. Das Vorliegen einer Diskriminierung aus Gründen der Staatsangehörigkeit bedeutet automatisch einen Verstoß gegen Art. 18 Abs. 1 AEUV. Bei einer Qualifikation des Art. 18 Abs. 1 AEUV als **relatives Diskriminierungsverbot** kann eine Diskriminierung gerechtfertigt werden, wenn für die Ungleichbehandlung ein sachlicher Grund besteht. Nach der Rechtsprechung des Gerichtshofs ist eine unterschiedliche Behandlung nur dann gerechtfertigt, wenn sie auf objektiven, von der Staatsangehörigkeit unabhängigen Erwägungen beruht und in einem angemessenen Verhältnis zu dem Zweck steht, der mit den nationalen Rechtsvorschriften zulässigerweise verfolgt wird.
Der Streit kann in diesem Fall jedoch dahingestellt bleiben, da hier auch die Theorie des relativen Diskriminierungsverbotes zu einem Verstoß gegen Art. 18 Abs. 1 AEUV führt. Als sachlicher Grund für eine Rechtfertigung käme allenfalls in Betracht, dass belgische Studenten deshalb weniger Einschreibegebühren zu zahlen haben, weil die belgische Hochschule über Steuern finanziert wird; und diese vorwiegend von Belgiern entrichtet werden. Hiergegen ist jedoch einzuwenden, dass zum einen auch Ausländer in Belgien wohnen und damit dort ebenfalls Steuern zahlen, sie jedoch mangels belgischer Staatsangehörigkeit nicht in den Genuss der niedrigeren Studiengebühren kommen. Zum anderen müssen Belgier, die im Ausland wohnen und daher in Belgien keine Steuern zahlen, nicht die höheren Einschreibegebühren zahlen. Dies zeigt, dass im vorliegenden Fall die Staatsangehörigkeit ein unzulässiges Differenzierungskriterium ist. Es liegt daher nach beiden Theorien ein Verstoß gegen Art. 18 Abs. 1 AEUV vor.

III.   Der Fall des C
1.   Der Anspruch des C auf Studienförderung könnte sich zunächst aus **Art. 7 Abs. 2 VO 492/2011 i.V.m. Art. 45 AEUV** ergeben.

a)   Dies setzt zunächst voraus, dass es sich bei der Studienförderung für den Lebensunterhalt um eine **soziale Vergünstigung** i.S.d. Art. 7 Abs. 2 VO 492/2011 handelt. Hierunter fallen nach der Rechtsprechung des Gerichtshofs auch solche Vergünstigungen, die die berufliche Qualifikation und den sozialen Aufstieg des Arbeitnehmers erleichtern, da durch sie die Mobilität des Arbeitnehmers innerhalb der Europäischen Union gefördert wird. Eine Studienförderung, die dem Lebensunterhalt dient, hilft einem Arbeitnehmer bei seiner beruflichen Qualifizierung und erleichtert ihm den sozialen Aufstieg. Damit ist die nach italienischem Recht gewährte Studienförderung als eine soziale Vergünstigung i.S.d. Art. 7 Abs. 2 VO 492/2011 anzusehen.

b) Voraussetzung ist weiterhin, dass es sich bei C um einen **Arbeitnehmer** i.S.d. Art. 45 AEUV, Art. 7 Abs. 1 VO 492/2011 handelt. Wie bereits dargestellt, umfasst die Definition des Arbeitnehmers, dass er Leistungen von gewissem wirtschaftlichem Wert für einen Anderen – von dessen Weisungen er abhängig ist – erbringt und dass er als Gegenleistung hierfür eine Vergütung erhält. Der Beruf des Kochs erfüllt diese Voraussetzung. Die Frage ist aber, ob sich C überhaupt noch auf Art. 7 VO 492/2011 i.V.m. Art. 45 AEUV berufen kann, nachdem er seinen Beruf als Koch aufgegeben hat. Insoweit könnte man annehmen, dass C dadurch seine Eigenschaft als Arbeitnehmer verloren hat.

Der Gerichtshof ist jedoch der Auffassung, dass die Arbeitnehmereigenschaft nicht automatisch mit der Beendigung eines Beschäftigungsverhältnisses wegfällt. Dies begründet er zunächst mit Art. 45 Abs. 3 lit. d) AEUV, der dem Arbeitnehmer auch nach Beendigung seiner Beschäftigung noch eine Rechtsstellung in Form eines Verbleiberechts gewährleistet. Diese Auslegung wird bestätigt durch Art. 7 VO 492/2011: Dessen Abs. 1 regelt für den Fall der Arbeitslosigkeit die Gleichbehandlung bei der beruflichen Wiedereingliederung oder Wiedereinstellung; Abs. 3 regelt die Gleichbehandlung bei der Inanspruchnahme von Berufsschulen oder Umschulungszentren. Damit kann festgehalten werden, dass sowohl das primäre als auch das sekundäre Unionsrecht im Rahmen der Arbeitnehmerfreizügigkeit Vorschriften enthält, die bei Beendigung eines Beschäftigungsverhältnisses eingreifen. Dies belegt, dass Art. 45 AEUV sowie das zur Konkretisierung erlassene Sekundärrecht grundsätzlich auch für diesen Bereich gelten können.

Voraussetzung ist nach der Rechtsprechung des Gerichtshofs aber stets, dass die im Anschluss an die Beschäftigung ausgeübte Tätigkeit einen Bezug zu der früheren Stellung als Arbeitnehmer aufweist. Für den Bereich der Studienförderung bedeutet dies, dass eine Kontinuität zwischen der zuvor ausgeübten Berufstätigkeit und dem aufgenommenen Studium bestehen muss. Diese liegt nach Ansicht des Gerichtshofs aber nur vor, wenn zwischen Studium und früherer Berufstätigkeit ein inhaltlicher Zusammenhang besteht, – es sei denn, der Arbeitnehmer ist unfreiwillig arbeitslos geworden und wird zu einer beruflichen Umschulung gezwungen. Dies kann man bei C aber nicht sagen. Er wollte nicht mehr als Koch arbeiten. Von einer unfreiwilligen Arbeitslosigkeit kann daher keine Rede sein. Da weiterhin zwischen dem Kochberuf und dem Medizinstudium kein enger fachlicher Zusammenhang besteht, kann C seinen Anspruch auf Studienförderung nicht auf Art. 7 Abs. 2 VO 492/2011 i.V.m. Art. 45 AEUV stützen.

2. Weiter ist ein Verstoß gegen das aus **Art. 45 Abs. 2 AEUV** folgende Gleichbehandlungsgebot für Arbeitnehmer zu prüfen.

Ursprünglich differenzierte der Gerichtshof wie folgt: Für den Zugang zur Beschäftigung – d.h. wenn Angehörige eines Mitgliedstaates zuwandern, um eine Beschäftigung zu suchen – folgt aus Art. 45 Abs. 2 AEUV ein Anspruch auf Gleichbehandlung mit den Inländern. In den Genuss von sozialen Vergünstigungen kommen hingegen nur diejenigen, die bereits Zugang zum Arbeitsmarkt gefunden haben. Mittlerweile hat der Gerichtshof seine Rechtsprechung in der Weise modifiziert, dass Art. 45 Abs. 2 AEUV – unter bestimmten Voraussetzungen – auch auf soziale Vergünstigungen beim Zugang zur Beschäftigung Anwendung finden kann.

Aber selbst mit dieser Ausdehnung der Reichweite des Art. 45 Abs. 2 AEUV lässt sich das Begehren des C nicht auf das Gleichbehandlungsgebot stützen. Denn es kommt nur in der Fallkonstellation zur Anwendung, dass sich der Angehörige eines Mitgliedstaates in einem anderen Mitgliedstaat um eine Beschäftigung als Arbeitnehmer bemüht. C will jedoch in Italien Medizin studieren und kann sich daher nicht auf die Arbeitnehmerfreizügigkeit berufen.

3.   Als Anspruchsgrundlage ist schließlich das **allgemeine Diskriminierungsverbot** des Art. 18 AEUV i.V.m. dem Recht auf Freizügigkeit aus Art. 21 AEUV zu prüfen.

a)   Im Rahmen des Art. 18 AEUV stellt sich wiederum die Frage, ob der **sachliche Anwendungsbereich** des AEUV eröffnet ist. Für den Fall der finanziellen Ausbildungsförderung, die Studenten für ihren Lebensunterhalt gewährt wird, hat der Gerichtshof in den 80er Jahren – gerade wegen des engen Bezugs zur Sozialpolitik und damit zum Kompetenzbereich der Mitgliedstaaten – den Anwendungsbereich des allgemeinen Diskriminierungsverbotes abgelehnt. Angesichts der Fortentwicklung des Unionsrechts, insbesondere mit der Aufnahme der Unionsbürgerschaft in Art. 20 ff. AEUV bzw. Art. 9 EUV, hat der Gerichtshof seine Rechtsprechung revidiert: Das Unionsrecht gewährt Studenten, die Unionsbürger sind, das Recht, sich in den Mitgliedstaaten frei zu bewegen und aufzuhalten; daher dürfen sie sich auch zu Studienzwecken in einen anderen Mitgliedstaat begeben. Insofern liegt ein vom EU-Recht erfasster Sachverhalt vor, wenn ein Mitgliedstaat die Ausbildungsförderung der Unionsbürger regelt.

b)   Weiter ist zu prüfen, ob eine nach Art. 18 Abs. 1 AEUV verbotene Diskriminierung vorliegt. Der britische Staatsangehörige C erhält in Italien keine Studienförderung für seinen Lebensunterhalt, da diese nach italienischem Recht nur Italienern, nicht aber Ausländern gewährt wird. Damit werden ausländische Studenten gegenüber den italienischen Studenten direkt benachteiligt, sodass von einer **offenen Diskriminierung** auszugehen ist.

Wiederum stellt sich dann die Frage, ob sich die Diskriminierung **rechtfertigen** lässt; was von vornherein ausscheidet, wenn man Art. 18 Abs. 1 AEUV als absolutes Diskriminierungsverbot begreift; und nur dann möglich ist, wenn man Art. 18 Abs. 1 AEUV als relatives Diskriminierungsverbot qualifiziert. Als möglicher sachlicher Grund zur Rechtfertigung der Ungleichbehandlung lässt sich anführen, dass die Erstreckung einer nationalen Ausbildungsförderung auf Ausländer für den betreffenden Mitgliedstaat eine erhebliche Belastung des Haushalts nach sich ziehen kann. Daher ist der Gerichtshof – im Ansatz – gewillt, eine Beschränkung der Unterstützung dergestalt zuzulassen, dass die öffentlichen Finanzen des Aufnahmemitgliedstaates nicht über Gebühr belastet werden dürfen. Ansonsten bestünden erhebliche Auswirkungen auf das gesamte Niveau der Studienbeihilfen, die dieser Staat insgesamt gewähren kann.

Folglich – so der Gerichtshof – sei es nur legitim, dass ein Mitgliedstaat Beihilfen zur Deckung der Unterhaltskosten von Studenten nur solchen Studierenden gewährt, die nachgewiesen haben, dass sie sich bis zu einem gewissen Grad in die Gesellschaft des

Aufnahmemitgliedstaats integriert haben. Als Nachweis für die Integration in die Gesellschaft dieses Staates könne die Feststellung dienen, dass sich der betreffende Student für eine gewisse Zeit im Aufnahmemitgliedstaat aufgehalten hat.

Unzulässig ist es hiernach aber, wenn Studenten aus dem EU-Ausland durch eine nationale Rechtsvorschrift generell von der Ausbildungsförderung ausgenommen werden. Denn eine solche Regelung macht es einem Staatsangehörigen von vornherein unmöglich, sich in die Gesellschaft des Aufnahmemitgliedstaats zu integrieren und folglich einen Anspruch auf Beihilfe zur Deckung seiner Unterhaltskosten zu erlangen. Insofern stellt es einen Verstoß gegen EU-Recht (Art. 18 i.V.m. Art. 21 AEUV) dar, wenn das italienische Recht EU-Ausländern allgemein – und damit auch dem britischen Staatsangehörigen C – die Studienförderung versagt.

Weiterführende Hinweise:

Fischer/Fetzer, Europarecht, 12. Auflage 2019, Rn. 506 ff. (zur Arbeitnehmerfreizügigkeit) und Rn. 611 ff. (zur Abgrenzung von Art. 18 und Art. 20 f. AEUV); *EuGH*, ECLI:EU:C:1986:284 – Lawrie-Blum (zum Begriff des Arbeitnehmers und zur Beschäftigung in der öffentlichen Verwaltung); *EuGH*, ECLI:EU:C:1985:69– Gravier (zur Zulässigkeit von Gebühren im Rahmen der Berufsausbildung); *EuGH*, ECLI:EU:C:1993:916 – Wirth (zur Vereinbarkeit von Ausbildungsvorschriften mit der Dienstleistungsfreiheit); *EuGH*, ECLI:EU:C:2005:169 – Bidar; *EuGH*, ECLI:EU:C:2007:626 – Morgan; *EuGH*, ECLI:EU:C:2008:630 – Förster (jeweils zur Ausbildungsförderung); *EuGH*, ECLI:EU:C:2004:172 – Collins (zur Erstreckung des Art. 45 AEUV auf soziale Vergünstigungen); *EuGH*, ECLI:EU:C:1998:563; *EuGH*, ECLI:EU:C:2001:458; *EuGH*, ECLI:EU:C:2002:432; *EuGH*, ECLI:EU:C:2002:493 (jeweils zu Art. 20 f. AEUV und seinem Verhältnis zu Art. 18 AEUV); *Höfler*, NVwZ 2002, 1206; *Letzner*, JuS 2003, 118; *Soria*, JZ 2002, 643 (jeweils zur Unionsbürgerschaft und dem Zugang zu sozialen Vergünstigungen).

Lösung Fall 8

Gleichstellung auf europäisch

(Gleichbehandlung und Gleichstellung von Männern und Frauen – konkrete Normenkontrolle)

Aufgabe 1

K rügt eine Verletzung des primären sowie des sekundären Unionsrechts. Als **primärrechtlicher** Prüfungsmaßstab kommt allein Art. 157 AEUV in Betracht. Zwar beziehen sich auch Art. 19 AEUV und Art. 10 AEUV auf Diskriminierungen aus Gründen des Geschlechts. Art. 19 AEUV ist jedoch lediglich als Befugnisnorm für die Union ausgestaltet, entsprechende Diskriminierungen zu bekämpfen. Und Art. 10 AEUV kann als allgemeine Aufgabennorm nicht als konkreter Prüfungsmaßstab für eine nationale Bestimmung herangezogen werden. Auf der **sekundärrechtlichen** Ebene gilt es die Vereinbarkeit mit der Richtlinie 2006/54/EG zu prüfen.

I.   Verletzung des Art. 157 AEUV

Ein Verstoß gegen das Diskriminierungsverbot des Art. 157 AEUV setzt voraus, dass der Anwendungsbereich der Norm eröffnet ist. Nach dem Wortlaut des Art. 157 AEUV sind nur Diskriminierungen hinsichtlich des Entgelts von Mann und Frau bei gleicher Arbeit verboten; verbürgt wird damit die sog. **Lohngleichheit**. In dieser Beziehung – was z.B. auch die Lohnfortzahlung im Krankheitsfall betreffen kann – wird jede direkte oder indirekte Diskriminierung untersagt. Eine Erweiterung des Anwendungsbereichs des Art. 157 AEUV über die Lohngleichheit hinaus wird vom Gerichtshof hingegen abgelehnt.

Bezogen auf den Fall des K würde man daher nur dann zu einer Anwendbarkeit des Art. 157 AEUV gelangen, wenn man die **Beförderung** der Kollegin noch unter den Begriff des Entgeltes subsumieren könnte. Unter Entgelt versteht man nach der Legaldefinition des Art. 157 Abs. 2 AEUV alle Grund- und Mindestlöhne sowie die sonstigen Vergütungen. Nun könnte man argumentieren, die Beförderung der A wirke sich insofern geldwert aus, als infolge der Beförderung ein höheres Grundgehalt gezahlt wird. Dies stellt jedoch lediglich eine Folgewirkung einer zuvor erfolgten Ungleichbehandlung dar. Dementsprechend ist nach der Rechtsprechung des Gerichtshofs Art. 157 AEUV auf nicht-entgeltbezogene Ungleichbehandlungen auch dann nicht anwendbar, wenn diese – wie im vorliegenden Falle bei der Beförderung – finanzielle Auswirkungen haben. Damit kommt nicht Art. 157 AEUV, sondern allein die Gleichbehandlungsrichtlinie 2006/54/EG als Prüfungsmaßstab in Betracht.

II.   Verletzung der Richtlinie 2006/54/EG

Zu prüfen ist, ob die Richtlinie 2006/54/EG einer nationalen Regelung entgegensteht, die im Rahmen einer Beförderung weiblichen Bewerbern bei gleicher Qualifikation zwingend den Vorrang einräumt. Hierfür muss zum einen der Anwendungsbereich der Richtlinie eröffnet sein, zum anderen ist die inhaltliche Konformität des § 2 LGG mit den materiellen Bestimmungen der Richtlinie zu untersuchen.

1.   Zunächst müsste das zu betrachtende Dienstverhältnis unter den **Anwendungsbereich** der Gleichbehandlungsrichtlinie fallen. Ziel der Richtlinie nach Art. 1 ist es, die Verwirklichung des Grundsatzes der Chancengleichheit und Gleichbehandlung von Männern und Frauen in Arbeits- und Beschäftigungsfragen sicherzustellen. Etwaige Erwägungen, dass Beamte nicht dem persönlichen Anwendungsbereich der Richtlinie unterfallen überzeugen nicht. Denn Art. 14 Abs. 1 RL 2006/54/EG stellt klar, dass sich das Diskriminierungsverbot sowohl auf den öffentlichen und privaten Sektor „einschließlich öffentlicher Stellen" bezieht. Aus Art. 7 Abs. 2 sowie Erwägungsgrund (14) RL 2006/54/EG ergibt sich schließlich, dass es sich bei Beamten ebenso um Arbeitnehmer im öffentlichen Dienst handelt. Damit kann festgehalten werden, dass das hier zu betrachtende Dienstverhältnis von dem Anwendungsbereich der Richtlinie 2006/54/EG erfasst wird.

2.   Ferner müsste es in **sachlicher Hinsicht** um einen der in der Gleichbehandlungsrichtlinie genannten Komplexe gehen, in denen der Grundsatz der Gleichbehandlung zu verwirklichen ist. Insofern fordert **Art. 1 RL 2006/54/EG** eine Gleichbehandlung hinsichtlich des Zugangs zur Beschäftigung, einschließlich des beruflichen

Aufstiegs und zur Berufsbildung sowie in Bezug auf die Arbeitsbedingungen einschließlich des Entgelts und in Bezug auf die soziale Sicherheit. Hier handelt es sich um eine Frage des **beruflichen Aufstiegs**: Im Sachverhalt wird A als Oberregierungsrätin zur Regierungsdirektorin befördert; durch diese Beförderung erhält A mehr berufliche Verantwortung und eine höhere Besoldung.

3. Zu prüfen ist weiter, ob Art. 14 RL 2006/54/EG der Regelung des § 2 LGG entgegensteht. Nach **Art. 14 Abs. 1 lit. a) RL 2006/54/EG** darf es keine **unmittelbare** oder **mittelbare Diskriminierung** aufgrund des Geschlechts bezüglich der Bedingungen – einschließlich Auswahlkriterien für die Einstellungsbedingungen – für den Zugang zur Beschäftigung einschließlich des beruflichen Aufstiegs geben. Nach Art. 2 Abs. 1 lit. a) RL 2006/54/EG liegt eine unmittelbare Diskriminierung immer dann vor, wenn eine Person aufgrund ihres Geschlechts eine weniger günstige Behandlung erfährt, erfahren hat oder erfahren würde, d.h. wenn sich die Ungleichbehandlung direkt aus dem Tatbestand der betreffenden Regelung ablesen lässt. § 2 LGG bevorzugt weibliche Bewerber automatisch, solange diese in neu zu besetzenden Arbeitsbereichen unterrepräsentiert sind. Hierin liegt eine unmittelbare Ungleichbehandlung zwischen Männern und Frauen, die sich zum Nachteil der betroffenen männlichen Bewerber auswirkt. § 2 LGG steht damit in Widerspruch zu Art. 14 Abs. 1 lit. a) der Richtlinie 2006/54/EG.

4. Möglicherweise ist diese Diskriminierung der männlichen Bewerber zu **rechtfertigen**. Denn nach **Art. 3 RL 2006/54/EG** können die Mitgliedstaaten Maßnahmen i.S.v. Art. 141 Abs. 4 EGV [nunmehr Art. 157 Abs. 4 AEUV] beibehalten oder beschließen. **Art. 157 Abs. 4 AEUV** bringt die Befugnis der Mitgliedstaaten zum Ausdruck, spezifische Vergünstigungen zur beruflichen Gleichstellung des unterrepräsentierten Geschlechts beizubehalten oder zu beschließen. Das nationale Landesgleichstellungsgesetz will bestehende Unterrepräsentierungen von weiblichen Beschäftigten durch eine vorübergehende Diskriminierung der männlichen Bewerber abbauen. Damit wird die Chancengleichheit zwischen Männern und Frauen aktiv gefördert, was auch den auf eine Förderung der Gleichstellung abzielenden Art. 10, Art. 19 und Art. 157 Abs. 4 AEUV entspricht.

Es ist aber zu beachten, dass Bewerberinnen nach § 2 LGG bei gleicher Qualifikation zwingend zu bevorzugen sind, ohne dass eine konkrete Einzelfallbetrachtung erfolgt. Diese Gleichstellungspraxis steht aber in Widerspruch zur Rechtsprechung des Gerichtshofs, nach der eine Regelung nur dann zulässig ist, wenn sie den weiblichen Bewerbern bei gleicher Qualifikation keinen automatischen und unbedingten Vorrang einräumt und wenn in einem objektiven Beurteilungsverfahren die persönliche Lage aller Bewerber berücksichtigt werden kann. Mit der in § 2 LGG angelegten zwingenden Bevorzugung von Frauen wird aber ein automatischer und unbedingter Vorrang begründet, der über die Gleichstellungsvorgabe des Art. 157 Abs. 4 AEUV und mithin über den Ausnahmetatbestand des Art. 3 RL 2006/54/EG hinausgeht. Damit steht Art. 14 RL 2006/54/EG der Regelung des § 2 LGG, die eine zwingende Bevorzugung weiblicher gegenüber männlichen Bewerbern dann vorsieht, wenn diese bei gleicher Qualifikation in neu zu besetzenden Arbeitsbereichen unterrepräsentiert sind, entgegen.

Aufgabe 2

Art. 100 Abs. 1 GG regelt die konkrete Normenkontrolle und damit die Vorlage formeller nachkonstitutioneller Gesetze an das BVerfG. Zur Vorlage berechtigt ist jedes Gericht und damit auch das – im vorliegenden Fall – mit der Klage des K befasste Verwaltungsgericht. Als formelles nachkonstitutionelles Gesetz ist § 2 LGG ein tauglicher Prüfungsgegenstand, von dessen Verfassungswidrigkeit das vorlegende Verwaltungsgericht auch überzeugt ist. Problematisch ist jedoch die Entscheidungserheblichkeit. Hiernach ist die Einleitung eines konkreten Normenkontrollverfahrens nur dann zulässig, wenn es für die Entscheidung des fachgerichtlichen Verfahrens auf die Gültigkeit der Norm ankommt.

An der Entscheidungserheblichkeit fehlt es – nach Ansicht des BVerfG – aber dann, wenn die Unanwendbarkeit einer nationalen Gesetzesbestimmung bereits aus anderen Gründen feststeht. Hier hat der Gerichtshof eine mit § 2 LGG identische Vorschrift des französischen Rechts für unionsrechtswidrig erklärt. Hieraus folgt, dass auch § 2 LGG nicht mit dem EU-Recht zu vereinbaren ist. Bei einer Kollision zwischen nationalem Recht und Unionsrecht greift der Anwendungsvorrang des Unionsrechts: Rechtsakten der Union kommt für den Fall des Widerspruchs zu innerstaatlichem Gesetzesrecht auch vor deutschen Gerichten ein Anwendungsvorrang zu. Damit steht für das mit der Klage des K befasste Verwaltungsgericht fest, dass § 2 LGG aufgrund des entgegenstehenden EU-Rechts nicht angewandt werden darf. Folglich kommt es für die Entscheidung des Verwaltungsgerichts nicht auf die Vereinbarkeit des § 2 LGG mit Art. 3 Abs. 3 GG an. Die Vorlage an das BVerfG ist unzulässig.

Aufgabe 3

Zu prüfen ist, ob die Vorschriften des finnischen Soldatengesetzes mit der RL 2006/54/EG zu vereinbaren sind. Nach den einschlägigen Bestimmungen des Soldatengesetzes, nach denen Frauen keinen Dienst an der Waffe leisten dürfen, ist eine Beschäftigung von Frauen – und damit auch von F – bei der finnischen Armee ausgeschlossen. Dies könnte in Widerspruch zu Art. 14 Abs. 1 lit. a) der RL 2006/54/EG stehen, der – auch hinsichtlich des Zugangs zur Beschäftigung – fordert, „dass keine unmittelbare oder mittelbare Diskriminierung aufgrund des Geschlechts erfolgen darf".

I.   Zunächst ist zu klären, ob der Anwendungsbereich der RL 2006/54/EG einschlägig ist. Problematisch erscheint in dieser Beziehung die **Verbandskompetenz** der Union. Denn gemäß dem Prinzip der enumerativen Einzelermächtigung (vgl. Art. 5 Abs. 1 EUV) darf die Union nur auf den Gebieten tätig werden, auf denen ihr eine ausdrückliche Kompetenz eingeräumt ist. F geht es um die Beschäftigung bei der finnischen Armee. Die Struktur der Streitkräfte zählt jedoch zu den Fragen der **nationalen Verteidigungspolitik**, also einem Politikbereich, für den nur eine intergouvernementale Zusammenarbeit vereinbart wurde (Art. 23 ff. EUV). Daraus folgt, dass die Wahrnehmung der Verteidigungspolitik im Grundsatz bei den Mitgliedstaaten verbleibt, die dann die geeigneten Maßnahmen zur Gewährleistung ihrer inneren und äußeren Sicherheit zu ergreifen und ihre Streitkräfte zu organisieren haben. Im Gegenschluss lässt sich daraus ableiten, dass es auf diesem Sektor an einer Verbandskompetenz der EU fehlt.

Andererseits ist zu beachten, dass F eine Gleichbehandlung von Männern und Frauen beim Zugang zu einer Beschäftigung erreichen will. Die **Gleichbehandlung und -stellung von Männern und Frauen** ist eigens als Aufgabe der EU in Art. 10 AEUV erwähnt, und ganz allgemein ist auch für Fragen des Zugangs zu den Arbeitsplätzen von einer Zuständigkeit der EU auszugehen. Betrifft nun ein Sachverhalt – wie der vorliegende – mehrere Regelungsbereiche, und zählt einer davon zu denen, die auf die Union übertragen sind, so lässt der Gerichtshof dies genügen, um eine Verbandskompetenz zu bejahen. Deshalb unterfällt auch der Zugang zu einer Beschäftigung bei der finnischen Armee – soweit der Anwendungsbereich der EU-Gleichbehandlungsrichtlinie eröffnet ist – der Kompetenz der Union. Eine generelle Bereichsausnahme für Fragen der Verteidigungs- und Sicherheitspolitik existiert hingegen nicht. Die Gleichbehandlungsrichtlinie ist damit anwendbar.

II.   Der Umstand, dass F der Zugang zu einem Beschäftigungsverhältnis bei der finnischen Armee – hier mit dem Verwendungsbereich „Instandsetzung von Panzern" – allein mit Blick auf ihr Geschlecht verweigert wurde, stellt eine nach Art. 14 Abs. 1 lit. a) RL 2006/54/EG prinzipiell verbotene **unmittelbare Diskriminierung** aufgrund des Geschlechts dar.

III.   Die Ungleichbehandlung könnte jedoch **gerechtfertigt** sein. Als Ausnahmetatbestand kommt hier zunächst **Art. 14 Abs. 2** RL 2006/54/EG in Betracht, wonach eine Ungleichbehandlung wegen eines geschlechtsbezogenen Merkmals dann keine Diskriminierung darstellt, wenn das betreffende Merkmal aufgrund der Art einer bestimmten beruflichen Tätigkeit oder der Bedingungen ihrer Ausübung eine wesentliche und entscheidende berufliche Anforderung darstellt, sofern es sich um einen rechtmäßigen Zweck und eine angemessene Anforderung handelt. Bei der Bestimmung dieses eng zu verstehenden Rechtfertigungstatbestandes steht den Mitgliedstaaten ein Ermessensspielraum zu, wobei sie jedoch an den Verhältnismäßigkeitsgrundsatz gebunden sind. Der Gerichtshof hat in seiner Rechtsprechung zu Art. 2 Abs. 2 der Vorgängerrichtlinie 76/207/EWG eine Ausnahme etwa für den Dienst in speziellen Kampfeinheiten der Armee angenommen, der dann auch den Männern vorbehalten werden kann. Jedoch hat Finnland Frauen nahezu vollständig vom Dienst in der finnischen Armee ausgeschlossen. In Anbetracht dieses generellen, nur den Sanitäts- und Musikdienst ausnehmenden Ausschlusses können die einschlägigen nationalen Rechtsnormen nicht als Ausnahmevorschriften angesehen werden, die durch die spezifische Art der betreffenden Beschäftigungen oder die besonderen Bedingungen ihrer Ausübung gerechtfertigt wären. Der pauschale Ausschluss der Frauen von einer Beschäftigung in der finnischen Armee führt somit zu einem Verstoß gegen den Verhältnismäßigkeitsgrundsatz. Finnland kann sich nicht auf Art. 14 Abs. 2 RL 2006/54/EG berufen.
Nach Ansicht des Gerichtshofes greift auch **Art. 28 Abs. 1** der RL 2006/54/EG nicht ein, da man Frauen nicht mit der Begründung, sie müssten im Verhältnis zu Männern stärker gegen Gefahren geschützt werden, die sich von den besonderen, in der Richtlinie ausdrücklich erwähnten Schutzbedürfnissen einer Frau unterscheiden, von einer Beschäftigung ausschließen könne. Als Ergebnis kann festgehalten werden: Mangels Rechtfertigung verstoßen die innerstaatlichen Vorschriften, die einen generellen Ausschluss von Frauen vom freiwilligen Dienst an der Waffe statuieren, mithin gegen die Richtlinie 2006/54/EG.

Aufgabe 4

Es ist zu prüfen, ob die Regelung des deutschen Wehrpflichtgesetzes mit der Richtlinie 2006/54/EG zu vereinbaren ist. Die Bestimmung, nach der lediglich Männer, nicht aber Frauen der Wehrpflicht unterliegen, könnte gegen Art. 14 Abs. 1 lit. a) der Richtlinie verstoßen. Die zentrale Frage ist auch hier die Anwendbarkeit des Unionsrechts. Der Gerichtshof hat hierzu – wie bereits dargelegt – festgestellt, dass Maßnahmen der Mitgliedstaaten bezüglich der Organisation ihrer Streitkräfte nicht bereits deshalb dem Unionsrecht entzogen sind, weil sie der öffentlichen Sicherheit oder der Landesverteidigung dienen. Gleichwohl bestehe eine genuine Kompetenz der Mitgliedstaaten zu solchen Maßnahmen der militärischen Organisation, die die Verteidigung ihres Hoheitsgebiets oder ihrer unabdingbaren Interessen zum Ziel haben. Insoweit könne das Unionsrecht keine Anwendung finden. Um eben einen solchen, der Anwendbarkeit des Unionsrechts entzogenen Bereich handele es sich aber bei der allgemeinen Wehrpflicht in Deutschland: Die Wehrpflicht diene der Aufrechterhaltung der territorialen Sicherheit in Deutschland; und die Entscheidung der Bundesrepublik für eine allgemeine Wehrpflicht unterfalle der den Mitgliedstaaten auf dem Verteidigungssektor zustehenden Souveränität. Nach dieser Rechtsprechung stellt es einen Eingriff in die Zuständigkeit der Mitgliedstaaten dar, wollte der Gerichtshof die Bundesrepublik vor die Alternative stellen, die Wehrpflicht entweder ganz abzuschaffen oder aber aus Gleichheitsgründen auch auf Frauen auszudehnen.

Die Sichtweise des Gerichtshofs vermag nicht restlos zu überzeugen, wenn man einen Vergleich mit der in Aufgabe 3 untersuchten Fallkonstellation „Recht auf Zugang von Frauen zur Armee" vergleicht, die der Gerichtshof dem Unionsrecht unterworfen hat. Zwar lässt sich insoweit ein Unterschied feststellen, als dort kein verteidigungspolitisches Konzept als solches in Frage stand, wie dies bei der allgemeinen Wehrpflicht der Fall ist. Gleichwohl ist dieser Unterschied insoweit eher gradueller Natur, als auch die vom Gerichtshof seinerzeit verfügte Öffnung der Streitkräfte für Frauen massiv in die verteidigungspolitischen Befugnisse der Mitgliedstaaten eingreift. Daher erscheint es durchaus vertretbar, beide Fälle gleichermaßen der Anwendung des Europarechts zu unterwerfen. Das vom Gerichtshof erzielte Ergebnis der Europarechtskonformität des deutschen Wehrpflichtgesetzes ließe sich auch unter dieser Prämisse erzielen: So könnte der spätere Berufseintritt der Männer infolge der Wehrpflicht insbesondere damit begründet werden, dass Frauen bereits während Teilen der Schwangerschaft ihren Beruf nicht ausüben können und aus diesem Grund auf dem Arbeitsmarkt ohnehin schon gegenüber ihren männlichen Kollegen faktisch benachteiligt sind. Somit bestünde ein sachlicher Differenzierungsgrund, welcher – wenn man ihn akzeptiert – geeignet ist, eine Ungleichbehandlung der Männer insbesondere vor dem Hintergrund des Art. 3 der Richtlinie i.V.m. Art. 157 Abs. 4 AEUV nach materiellem Europarecht zu rechtfertigen.

Weiterführende Hinweise:

Fischer/Fetzer, Europarecht, 12. Auflage 2019, Rn. 621 ff. (zum arbeitsrechtlichen Diskriminierungsverbot); *EuGH*, ECLI:EU:C:1995:322 – Kalanke; *EuGH*, ECLI:EU:C:2000:2 – Tanja Kreil; *EuGH*, ECLI:EU:C:1999:523 – Sirdar; *EuGH*, ECLI:EU:C:2003:146 – Dory (jeweils zur Gleichberechtigung von Männern und Frauen im Unionsrecht); *BVerfG*, EuZW 1992, 319 (zur konkreten Normenkontrolle im Falle feststehender Unionsrechtswidrigkeit); *Heselhaus/Schmidt-De Caluwe*, NJW 2001, 263; *Scholz*, DÖV

2000, 417; *Streinz*, DVBl. 2000, 585 (jeweils zur Beschäftigung von Frauen in der Bundeswehr); *Trautwein*, JA 2001, 104 (zur Frauenförderung in der öffentlichen Verwaltung).

Lösung Fall 9

Zwangsmitgliedschaft IHK

(Niederlassungsfreiheit – Auslegungsmethoden und -prinzipien des Unionsrechts – Vorabentscheidungsverfahren – Vollzug des Unionsrechts durch die Mitgliedstaaten)

Aufgabe 1

Das belgische Industrieunternehmen, das in der Bundesrepublik eine Zweigniederlassung errichtet, könnte sich auf die **Niederlassungsfreiheit** gemäß Art. 49 AEUV berufen. Weitere Normen des Unionsrechts kommen als Prüfungsmaßstab nicht in Betracht: Das **allgemeine Diskriminierungsverbot** des Art. 18 AEUV findet keine Anwendung, da das besondere Diskriminierungsverbot des Art. 49 AEUV einschlägig ist. **Sekundäres EU-Recht** (wie z.B. eine Richtlinie oder eine Verordnung) wird im vorliegenden Bereich nicht relevant. Sollten die in Rede stehenden Vorschriften des IHKG (§§ 2, 3a) gegen Art. 49 AEUV verstoßen, so würde dies Folgendes bedeuten: Nach der Rechtsprechung des Gerichtshofs hat das Europäische Unionsrecht **Vorrang** vor dem nationalen Recht. Dieser Vorrang besteht in der Weise, dass nationales Recht **unanwendbar** ist, soweit und solange es dem EU-Recht entgegensteht. Im Falle eines Verstoßes gegen Art. 49 AEUV würden die §§ 2, 3a IHKG für das EU-Unternehmen nicht gelten, sodass es von der Zwangsmitgliedschaft bzw. der Sonderbeitragspflicht befreit wäre.

I. Die Vereinbarkeit der Sonderbeitragspflicht des § 3a IHKG mit Art. 49 AEUV

1. Zu prüfen ist zunächst, ob der Anwendungsbereich der Art. 49 ff. AEUV eröffnet ist. Als in der EU ansässiger Betrieb fällt das Industrieunternehmen gemäß Art. 49 AEUV i.V.m. Art. 54 AEUV in den **persönlichen** Anwendungsbereich der Niederlassungsfreiheit. In seiner **sachlichen** Dimension erfasst Art. 49 Abs. 1 und 2 AEUV nur Niederlassungen, d.h. auf Dauer angelegte Berufsbetätigungen an einem festen Standort. Die Ausübung der Niederlassungsfreiheit kann gemäß Art. 49 Abs. 1 Satz 2 AEUV grundsätzlich auch durch die Gründung einer Zweigniederlassung erfolgen; insoweit besteht der gleiche Schutz wie bei der Gründung einer Hauptniederlassung. Auch diese Kriterien sind bei der auf Dauer in Deutschland eingerichteten Zweigniederlassung des Industrieunternehmens erfüllt. Schließlich muss die Niederlassung im Hoheitsgebiet eines anderen Mitgliedstaates erfolgen. Auch dies ist hier der Fall.

2. Ob § 3a IHKG gegen Art. 49 AEUV verstößt, hängt davon ab, in welchem Umfang Art. 49 AEUV die Niederlassungsfreiheit verbürgt. Art. 49 Abs. 1 AEUV verbietet Maßnahmen, die der freien Niederlassung von Staatsangehörigen bzw. Gesellschaften eines EU-Mitgliedstaates im Hoheitsgebiet eines anderen Mitgliedstaates entgegenstehen.

Es gilt daher: Regelungen des nationalen Rechts, **Beschränkungen**, welche Beschränkungen i.S.d. Art. 49 AEUV sind, müssen als solche gerechtfertigt werden. Es stellt sich nunmehr die Frage, was unter dem Begriff „Beschränkungen" zu verstehen ist. Es ist allgemeine Ansicht, dass Art. 49 AEUV zumindest ein **Diskriminierungsverbot** statuiert. Dadurch wird eine **Inländergleichbehandlung** verbürgt: EU-Ausländer können sich in einem beliebigen Mitgliedstaat unter den gleichen Bedingungen wie Inländer niederlassen; d.h., die Mitgliedstaaten der EU müssen alle Beschränkungen aufheben, die EU-Ausländer, nicht aber Inländer betreffen. Das Diskriminierungsverbot bewirkt also eine Gleichstellung der EU-Ausländer mit den Inländern.

Dabei ist anerkannt, dass Art. 49 AEUV neben offenen auch versteckte Diskriminierungen verbietet. **Offene Diskriminierungen** liegen dann vor, wenn im Rahmen des Anwendungsbereiches einer Vorschrift ausdrücklich an die Ausländereigenschaft angeknüpft wird, also ein „Sonderrecht" für Ausländer geschaffen wird. Eine **versteckte Diskriminierung** ist anzunehmen, wenn die Anwendung anderer Unterscheidungsmerkmale tatsächlich zum gleichen Ergebnis führt, wenn also in der betreffenden Vorschrift zwar nicht ausdrücklich auf die Ausländereigenschaft abgestellt wird, aber dennoch gerade Ausländer – und nicht Inländer – von der Vorschrift behindert werden. Bei der Regelung des § 3a IHKG über die **Sonderbeitragspflicht** handelt es sich um eine offene Diskriminierung: Da die Sonderbeitragspflicht ausdrücklich nur ausländischen Unternehmen auferlegt wird, enthält § 3a IHKG ein Sonderrecht für Ausländer. Offene Diskriminierungen von EU-Ausländern sind im Rahmen der Niederlassungsfreiheit grundsätzlich von Art. 49 AEUV verboten.

3.   Es gibt jedoch **Schranken**, die Eingriffe in die Niederlassungsfreiheit erlauben. Eine Schranke des Art. 49 AEUV stellt zunächst **Art. 51 UAbs. 1 AEUV** dar: Die Freiheit der Niederlassung gilt hiernach nicht für Tätigkeiten, die dauernd oder zeitweise mit der **Ausübung öffentlicher Gewalt** verbunden sind. Da die Mitglieder der Industrie- und Handelskammern keine öffentliche Gewalt ausüben, ist Art. 49 AEUV hier nicht einschlägig. Eine weitere Schranke des Art. 49 AEUV ist der **„ordre-public"-Vorbehalt** des **Art. 52 AEUV**. Sonderregelungen für EU-Ausländer sind hiernach insoweit zulässig, wie es die öffentliche Ordnung, Sicherheit oder Gesundheit gebietet. Der als Ausnahmevorschrift eng auszulegende Tatbestand des Art. 52 AEUV ist nach der Rechtsprechung des Gerichtshofs nur anwendbar, wenn eine tatsächliche und hinreichend schwere Gefährdung eines Grundinteresses der Gesellschaft festzustellen ist. Da dies hier nicht anzunehmen ist, ist Art. 52 AEUV ebenfalls nicht einschlägig. Eine dritte Schranke stellt schließlich der – im AEUV nicht ausdrücklich verankerte – **Gemeinwohlvorbehalt** („zwingende Gründe des Allgemeininteresses") dar, der jedoch nicht für offene Diskriminierungen zur Anwendung kommt. Da die Sonderbeitragspflicht des § 3a IHKG aber eine offene Diskriminierung enthält, scheidet auch insofern eine Rechtfertigung aus. Damit kann festgestellt werden, dass die Sonderbeitragspflicht in § 3a IHKG einen Verstoß gegen Art. 49 AEUV darstellt.

II.   Die Vereinbarkeit der Zwangsmitgliedschaft des § 2 IHKG mit Art. 49 AEUV

1.   Im Fall des belgischen Industrieunternehmens ist sowohl der **persönliche** als auch der **sachlich-räumliche Anwendungsbereich** der Art. 49 ff. AEUV eröffnet.

2. Es stellt sich daher auch hier die Frage, ob eine nach Art. 49 AEUV verbotene Beschränkung vorliegt. Verboten sind – wie oben bereits dargestellt – sowohl offene als auch versteckte **Diskriminierungen**. Die Frage ist, ob die Zwangsmitgliedschaft in der IHK eine solche darstellt. Die Regelung über die Zwangsmitgliedschaft im IHKG gilt unterschiedslos für Inländer wie auch für Ausländer. Es wird nicht an die Ausländereigenschaft angeknüpft, daher liegt keine offene Diskriminierung vor. Und auch eine versteckte Diskriminierung wird man nicht annehmen können: Die Vorschrift des § 2 IHKG benachteiligt nicht gerade Ausländer, sondern sie betrifft In- und Ausländer gleichermaßen. Die Belastung wirkt sich also unterschiedslos aus. Anhaltspunkte für eine versteckte Diskriminierung der EU-Ausländer sind damit nicht erkennbar. Als Diskriminierungsverbot kann Art. 49 AEUV daher § 2 IHKG nicht entgegenstehen. § 2 IHKG kann deshalb nur dann Art. 49 AEUV unterfallen, wenn Art. 49 AEUV einen Schutz gewährleistet, der über ein Verbot von Diskriminierungen hinausgeht.

In der Literatur geht die ganz herrschende Meinung davon aus, dass Art. 49 AEUV als **umfassendes Beschränkungsverbot** zu interpretieren ist. Danach soll Art. 49 AEUV nicht nur offene und versteckte Diskriminierungen erfassen, sondern auch solche Beschränkungen, bei denen sich die Ausländereigenschaft in keiner Weise auswirkt, bei denen die EU-Ausländer also auch nicht gegenüber den Inländern benachteiligt werden. Ob auch der Gerichtshof diesen Schritt der Auslegung des Art. 49 AEUV vom Diskriminierungs- zum umfassenden Beschränkungsverbot nachvollziehen würde, war längere Zeit unklar. So ließen sich gerade ältere Entscheidungen des Gerichtshofs nur so verstehen, dass sich Art. 49 AEUV in einem Diskriminierungsverbot erschöpft. Mittlerweile hat sich aber auch in der Rechtsprechung des Gerichtshofes eine weite Sichtweise verfestigt: Nicht nur Diskriminierungen, sondern alle staatlichen Maßnahmen, die die grenzüberschreitende Niederlassung behindern oder weniger attraktiv machen, werden von Art. 49 AEUV erfasst.

Ob die Weiterentwicklung des Art. 49 AEUV von einem reinen Diskriminierungsverbot zu einem umfassenden Beschränkungsverbot überzeugt, bemisst sich nach den **allgemeinen Auslegungsmethoden und -prinzipien des Unionsrechts**. Die wörtliche Auslegung scheint zunächst für eine enge Auslegung des Art. 49 AEUV zu sprechen; denn nach dessen Absatz 2 richtet sich die Aufnahme und Ausübung der Tätigkeit „nach den Bestimmungen des Aufnahmestaates für seine Angehörigen". Demgegenüber spricht Art. 49 Abs. 1 AEUV – im Gegensatz zu Art. 18 AEUV – nicht von Diskriminierungen, sondern von Beschränkungen. Gibt damit der Wortlaut des Art. 49 AEUV keinen zuverlässigen Hinweis, so spricht – in systematischer Hinsicht – ein Vergleich mit den Grundfreiheiten des AEUV, denen allen der Charakter eines Beschränkungsverbotes zugesprochen wird, für eine weite Auslegung. Da die Grundfreiheiten des AEUV – auf die Verwirklichung des Binnenmarktes gerichtet (vgl. Art. 26 AEUV) – prinzipiell die gleiche Zielrichtung aufweisen, sollte auch ihr Gewährleistungsumfang im Grundsatz in der gleichen Weise bestimmt werden. Weiter deutet ein Blick auf Art. 18 AEUV auf eine weite Auslegung des Art. 49 AEUV als Beschränkungsverbot hin: Sollte sich Art. 49 AEUV in einem reinen Diskriminierungsverbot erschöpfen, so hätte er neben Art. 18 AEUV keinen selbstständigen Inhalt mehr und wäre damit überflüssig. Eine teleologische bzw. an den Zielen des AEUV orientierte Auslegung legt ebenfalls nahe, den Schutzbereich des Art. 49 AEUV weit zu ziehen. Das in Art. 3 Abs. 2 EUV niedergelegte Ziel, die Hindernisse des freien Personenverkehrs abzubauen, lässt sich mit einer weiten Auslegung des Art. 49 AEUV eher erreichen. In die gleiche Richtung weist auch die Auslegungsmaxime des „effet utile". Dieser allgemein im Unionsrecht geltende Rechtsgedanke, der seinen Niederschlag in Art. 4 Abs. 3 EUV gefunden hat, besagt, dass eine Vorschrift möglichst wirksam auszulegen ist, also die Unionsbefugnisse möglichst voll auszuschöpfen sind. Dem wird eine Interpretation des Art. 49 AEUV als umfassendes Beschränkungsverbot am ehesten gerecht. Daher ist Art. 49 AEUV **nicht nur als reines Diskriminierungsverbot, sondern als umfassendes Beschränkungsverbot** auszulegen. Das bedeutet, dass die Regelung des § 2 IHKG grundsätzlich der Norm des Art. 49 AEUV unterfällt. Es muss daher weiter geprüft werden, ob diese Regelung des IHKG von den Schranken des Art. 49 AEUV gedeckt ist. Nur dann wäre sie europarechtlich zulässig.

3.   Schranken des Rechts auf freie Niederlassung können sich – wie bereits dargelegt – zum einen aus dem AEUV selbst ergeben; zum anderen kommen aus allgemeinen Rechtsgrundsätzen entwickelte, nicht in den Verträgen genannte Schranken in Betracht. An diesen Schranken ist die Regelung des § 2 IHKG zu messen.

Wie bereits dargestellt, findet die Ausnahmevorschrift des **Art. 51 UAbs. 1 AEUV** vorliegend keine Anwendung, weil die Mitglieder der Industrie- und Handelskammern keine öffentliche Gewalt ausüben. **Art. 52 AEUV** ist hier bereits deshalb **nicht anwendbar**, weil die Vorschrift – wie ihr Wortlaut belegt – nur „Sonderregelungen für Ausländer" erfasst. Unter Sonderregelungen lassen sich aber nur die offenen und allenfalls noch die versteckten Diskriminierungen fassen, nicht aber die diskriminierungsfreien Maßnahmen. Bei der Regelung über die Zwangsmitgliedschaft in der IHK handelt es sich aber um eine diskriminierungsfreie Maßnahme.

Als Schranke kommt deshalb allein der – nicht im AEUV geregelte – **Gemeinwohlvorbehalt** in Betracht; er gilt für diskriminierungsfreie Beschränkungen und orientiert sich vornehmlich am Verhältnismäßigkeitsprinzip. Es ist daher zu prüfen, ob der nationalen Vorschrift ein **zwingender Grund des Allgemeininteresses** zugrunde liegt und ob die Vorschrift im Hinblick auf das Gemeinwohlinteresse und Art. 49 AEUV **geeignet, erforderlich und angemessen** ist. Diesen Anforderungen müsste die Regelung des § 2 IHKG standhalten.

Die Zwangsmitgliedschaft in der Industrie- und Handelskammer verfolgt zwei Hauptziele, die auch in § 1 Abs. 1 IHKG zum Ausdruck kommen: Die Wahrnehmung des Gesamtinteresses der ihr zugehörigen Gewerbetreibenden und die Förderung der gewerblichen Wirtschaft in ihrem Bezirk. Man kann kaum daran zweifeln, dass es sich hierbei um Interessen des Gemeinwohls handelt, die grundsätzlich vor Art. 49 AEUV schützenswert sind. Nicht schützenswert wäre es z.B., wenn die Institution der IHK den Zweck verfolgte, die einheimischen Wirtschaftsinteressen vor ausländischer Konkurrenz zu schützen. Dies ist jedoch nicht der Fall. Auch ist die Pflichtzugehörigkeit in der Kammer sicherlich **geeignet**, die Ziele des § 1 Abs. 1 IHKG zu erreichen.

Fraglich ist aber, ob eine Zwangsmitgliedschaft in der IHK auch **erforderlich** ist. Ein milderes Mittel wäre eine privatrechtliche Organisation der Kammer ohne Pflichtzugehörigkeit. Ein privatrechtliches Kammersystem ist auch in einigen Mitgliedstaaten der EU verbreitet, so in Belgien, Dänemark, Großbritannien, Irland und Portugal. Unter nationalstaatlichen Aspekten ist das Bundesverfassungsgericht zu dem Ergebnis gekommen, dass ein Kammersystem ohne Pflichtzugehörigkeit weniger geeignet wäre als ein System mit Pflichtzugehörigkeit. Nur wenn alle Gewerbetreibenden in der Kammer vereinigt sind, sei diese in die Lage versetzt, das Gesamtinteresse der Gewerbetreibenden zu ermitteln. Denn die Ermittlung des Gesamtinteresses setze zunächst eine interne Meinungsbildung voraus, an der möglichst alle Gewerbetreibenden beteiligt werden. Auch bestimmte Fördertätigkeiten könnten nur dann sinnvoll betrieben werden, wenn alle Gewerbetreibenden eines Bezirks in der Kammer zusammengefasst seien: So sei etwa ein einheitliches Berufsbildungssystem (mit der Abnahme der Prüfung durch die IHK) nur dann sinnvoll durchführbar, wenn sich alle Gewerbetreibenden diesem System anschlössen. Man wird die Zwangsmitgliedschaft daher durchaus noch als erforderlich ansehen können.

Im Rahmen der **Angemessenheit** wird man bei einer Abwägung des Allgemeininteresses mit der Niederlassungsfreiheit in der EU Folgendes feststellen können: Durch die Zwangsmitgliedschaft als solche wird die Niederlassungsfreiheit noch nicht übermäßig eingeschränkt. Der Gewerbetreibende aus dem EU-Ausland kann sich grundsätzlich unbeschränkt in Deutschland niederlassen, wenn er die Zwangsmitgliedschaft in der IHK hinnimmt. Seine Niederlassung in Deutschland wird also nicht verboten, sondern nur an beeinträchtigende Bedingungen geknüpft. Auf der anderen Seite stehen die vom BVerfG angeführten und auch im Rahmen der Europäischen Union durchaus schützenswerten Allgemeininteressen. Vor diesem Hintergrund wird man die Zwangsmitgliedschaft noch als angemessen ansehen können. Ein Verstoß gegen Art. 49 AEUV kann daher nicht festgestellt werden.

Aufgabe 2

I. Wenn das BVerwG vor dem Problem steht, ob die Sonderbeitragspflicht und die Zwangsmitgliedschaft des IHKG mit dem EU-Recht – hier Art. 49 AEUV – vereinbar sind, so stellt sich die Frage, ob das Gericht über diese Rechtsfrage entscheiden darf. Im Grundsatz gilt, dass ein nationales Gericht als Organ eines Mitgliedstaates **verpflichtet** ist, **Unionsrecht anzuwenden**. Diese Verpflichtung folgt aus Art. 4 Abs. 3 EUV, nach dem die Mitgliedstaaten alle geeigneten Maßnahmen allgemeiner oder besonderer Art zur Erfüllung der Verpflichtungen zu treffen haben, die sich aus den Verträgen (EUV und AEUV) oder aus den Handlungen der Organe der Union ergeben.

II. Wenn nun ein Gericht **Zweifel** hat, **wie** Bestimmungen des Unionsrechts auszulegen sind, kann es entsprechende Fragen dem Gerichtshof gemäß Art. 267 UAbs. 1 lit. a), UAbs. 2 AEUV **vorlegen**. Der Grundsatz des Art. 267 UAbs. 1, 2 AEUV wird modifiziert durch Art. 267 UAbs. 3 AEUV, der anstelle eines Vorlagerechts eine **Vorlagepflicht** vorsieht. Hiernach ist ein nationales Gericht, „dessen Entscheidungen selbst nicht mehr mit Rechtsmitteln des innerstaatlichen Rechts angefochten werden können", zur Vorlage an den Gerichtshof verpflichtet, wenn in einem bei dem nationalen Gericht anhängigen Rechtsstreit eine Frage des Unionsrechts aufgeworfen wird. Bei einer wortgetreuen Anwendung des Art. 267 UAbs. 3 AEUV wäre daher das BVerwG im vorliegenden Falle zur Anrufung des Gerichtshofs verpflichtet.

Der Gerichtshof legt jedoch den Tatbestand des Art. 267 Abs. 3 AEUV **einschränkend** dahingehend aus, dass in bestimmten Fällen auch ein letztinstanzliches nationales Gericht nicht zur Vorlage an den Gerichtshof verpflichtet ist. Dies soll dann gelten, wenn (im Fall von Auslegungsfragen) die gestellte Frage bereits in einem gleich gelagerten Fall Gegenstand einer Vorabentscheidung gewesen ist, wenn der Gerichtshof die betreffende Rechtsfrage in einer gesicherten Rechtsprechung gelöst hat oder wenn die richtige Anwendung des Unionsrechts derart offenkundig ist, dass für einen vernünftigen Zweifel keinerlei Raum bleibt.

Im vorliegenden Fall gibt es zu der Auslegung der in Frage stehenden Vorschrift des AEUV – laut Sachverhalt – bereits eine gesicherte Rechtsprechung des Gerichtshofs, sodass das BVerwG zu einer Vorlage an den Gerichtshof nicht verpflichtet ist. Es kann daher festgestellt werden, dass das BVerwG im vorliegenden Fall die Vereinbarkeit der einschlägigen Regelungen des IHKG mit dem Unionsrecht zu prüfen hat und auch berechtigt ist, bei Zweifeln über die Unionsrechtskonformität der nationalen Vorschriften entsprechende Fragen dem Gerichtshof gemäß Art. 267 AEUV vorzulegen. Eine Vorlagepflicht nach Art. 267 UAbs. 3 AEUV besteht jedoch nicht.

Aufgabe 3

I.   Zu überlegen ist zunächst, nach welcher Rechtsordnung sich die Aufhebung des Bescheids über die Erhebung der Sonderbeitragspflicht vollzieht. Nach dem Grundsatz des **Vollzugs des Unionsrechts durch die Mitgliedstaaten** sind regelmäßig die Mitgliedstaaten für den Vollzug des Unionsrechts verantwortlich. Demnach beurteilt sich hier die Aufhebung des Bescheids nach deutschem Verwaltungsverfahrensrecht; wobei aber zwei vom Gerichtshof aufgestellte Anforderungen zu beachten sind: Erstens dürfen die nationalen Behörden bei der Anwendung ihres Verfahrensrechts im Vergleich zur Beurteilung von rein nationalen Sachverhalten keine unterschiedliche Behandlung vornehmen (sog. **Grundsatz der Gleichwertigkeit oder Äquivalenz**). Zweitens fordert der **Grundsatz der Effektivität**, dass nationale Regelungen die Verwirklichung des Unionsrechts nicht praktisch unmöglich machen und nicht übermäßig erschweren dürfen.

II.   Nach einer rein am deutschen Verwaltungsverfahrensgesetz ausgerichteten Beurteilung stellt sich die rechtliche Beurteilung wie folgt dar: Die Rücknahme rechtswidriger belastender Verwaltungsakte erfolgt nach **§ 48 Abs. 1 VwVfG**. Der an B gerichtete Bescheid ist ein belastender Verwaltungsakt. Der Bescheid war auch rechtswidrig, weil er gegen primäres Unionsrecht (Art. 49 AEUV) verstößt. Allerdings liegt die Rücknahme nach § 48 Abs. 1 VwVfG im Ermessen der Behörde, wobei ein Verweis auf die (vorliegend zu bejahende) Bestandskraft eines Verwaltungsaktes prinzipiell nicht ermessensfehlerhaft ist, sondern nur dann, wenn die Aufrechterhaltung des Bescheids „schlechthin unerträglich" ist. Auch **§ 51 Abs. 1 VwVfG** führt hier nicht weiter, weil die allenfalls einschlägige Alternative des § 51 Abs. 1 Nr. 1 VwVfG ausscheidet: Es liegt keine nachträgliche Änderung der Sach- oder Rechtslage vor; der Bescheid war vielmehr von vornherein wegen Verstoßes gegen Unionsrecht rechtswidrig.

III.   Aus dem Effektivitätsgebot könnte hier aber eine europarechtskonforme Auslegung des nationalen Verwaltungsverfahrensgesetzes geboten sein. Zwar billigt der Gerichtshof den Mitgliedstaaten zu, aus Gründen der **Rechtssicherheit** eine der Aufhebung entgegenstehende Bestandskraft von Verwaltungsakten zuzulassen. Denn auch im Unionsrecht sei die Rechtssicherheit als allgemeiner Rechtsgrundsatz anerkannt. Folglich gebiet das EU-Recht nicht zwingend, dass eine nationale Behörde eine unionsrechtswidrige und zugleich bestandskräftige nationale Verwaltungsentscheidung aufzuheben hat. Jedoch hat der Gerichtshof aus dem in Art. 4 Abs. 3 EUV hergeleiteten **Gebot der Unionstreue** unter bestimmten Voraussetzungen eine Überprüfungspflicht der nationalen Verwaltungsbehörden abgeleitet, die es auf den vorliegenden Sachverhalt anzuwenden gilt. Nach der Rechtsprechung des Gerichtshofs ist eine Verwaltungsbehörde über den in Art. 4 Abs. 3 EUV verankerten Grundsatz der loyalen Zusammenarbeit auf einen Antrag des Betroffenen hin verpflichtet, eine bestandskräftige Verwaltungsentscheidung zu überprüfen, wenn vier Voraussetzungen kumulativ vorliegen:

– Die Behörde ist nach nationalem Recht befugt, ihre Entscheidung zurückzunehmen; was hier prinzipiell nach § 48 Abs. 1 VwVfG (ggf. i.V.m. § 51 VwVfG) erfolgen kann.

– Die Entscheidung muss infolge eines Urteils eines in letzter Instanz entscheidenden nationalen Gerichts bestandskräftig geworden sein; dies liegt hier wegen der Entscheidung des BVerwG vor.

– Das betreffende Urteil muss – wie eine nach seinem Erlass ergangene Entscheidung des Gerichtshofs zu zeigen hat – auf einer unrichtigen Auslegung des Unionsrechts beruhen, wobei entgegen Art. 267 UAbs. 3 AEUV eine Vorlage an den Gerichtshof unterblieben sein muss. Hier hatte das BVerwG unter Verkennung des Art. 49 AEUV falsch entschieden und keine Vorabentscheidung des Gerichtshofs herbeigeführt, obwohl zum Entscheidungszeitpunkt noch keine einschlägige Rechtsprechung des Gerichtshofes vorlag.

– Der Betroffene muss sich, unmittelbar nachdem er Kenntnis von der besagten Entscheidung des Gerichthofs erlangt hat, an die Verwaltungsbehörde wenden; wovon im Fall von B, der sogleich eine Überprüfung durch die IHK beansprucht hat, auszugehen ist.

Da die Voraussetzungen vorliegen, hat B – nach der Rechtsprechung des Gerichtshofs – einen Anspruch auf Überprüfung der bestandskräftigen Entscheidung über den Sonderbeitrag. Der Rechtsprechung lässt sich aber nicht unmittelbar entnehmen, ob hieraus auch ein Anspruch auf Aufhebung der Verwaltungsentscheidung folgt. Dies wird man im Regelfall anzunehmen haben. Denn dem Grundsatz der Effektivität würde nicht ausreichend Rechnung getragen, wenn sich die Pflicht der Behörde in der Durchführung eines Überprüfungsverfahrens erschöpfen würde. Konsequenterweise muss der Grundsatz auch einen Anspruch auf Aufhebung der Entscheidung beinhalten: Aus einer europarechtskonformen Auslegung von § 48 Abs. 1 i.V.m. § 51 VwVfG ergibt sich, dass sich das Rücknahmeermessen zu einer Rücknahmepflicht verdichtet. Daher steht B ein Anspruch auf Aufhebung des Bescheids zu.

Weiterführende Hinweise:

Fischer/Fetzer, Europarecht, 12. Auflage 2019, Rn. 305 ff. (zum Vorabentscheidungsverfahren), Rn. 527 ff. (zur Niederlassungsfreiheit), Rn. 261 ff. (zum Vollzug von Unionsrecht); *EuGH*, ECLI:EU: C:1991:193– Vlassopoulou; *EuGH*, ECLI:EU:C:1995:411– Gebhard (jeweils zur Reichweite der Niederlassungsfreiheit); *EuGH*, ECLI:EU:C:2000:527 – Corsten (zur Pflichtmitgliedschaft in der Handwerkskammer und Art. 56 AEUV); *EuGH*, ECLI:EU:C:1998:536 – Motor Industry; *EuGH*, ECLI:EU:C:1998:617 – Codan (jeweils zur Auslegung im Gemeinschaftsrecht); *EuGH*, ECLI:EU:C:1982:335 – CILFIT; *EuGH*,

ECLI:EU:C:2005:742 (jeweils zum Vorabentscheidungsverfahren); *EuGH*, ECLI:EU:C:2012:440 – Vale; *BVerfGE* 15, 235 – IHK; *BVerwG*, NJW 1999, 2292 (jeweils zur Rechtfertigung der Zwangsmitgliedschaft im nationalen Bereich); *EuGH*, ECLI:EU:C:2004:17 – Kühne und Heitz; *EuGH*, ECLI:EU:C:2008:78 – Kempter; *BVerwG*, DÖV 2005, 651; *Britz/Richter,* JuS 2005, 198 (jeweils zur Aufhebung bestandskräftiger unionsrechtswidriger Verwaltungsakte).

Lösung Fall 10
Ballermanns Leiden

(Niederlassungsfreiheit und Berufszugangsschranken – Niederlassungsrichtlinie für Rechtsanwälte – Rechtmäßigkeit der Niederlassungsrichtlinie)

Aufgabe 1

Zu prüfen ist zunächst, ob sich aus dem AEUV ein Anspruch auf Zulassung als *Abogado* ableiten lässt. Als Rechtsgrundlage für diesen Anspruch kommt allein Art. 49 AEUV in Betracht. Für die hilfsweise begehrte Niederlassung mit der deutschen Berufsbezeichnung „Rechtsanwalt" ist ebenfalls Art. 49 AEUV, ggf. aber auch Art. 56 AEUV, als Prüfungsmaßstab heranzuziehen. Das allgemeine Diskriminierungsverbot des Art. 18 AEUV findet in beiden Konstellationen keine Anwendung, da jeweils ein besonderes Diskriminierungsverbot – entweder Art. 49 AEUV oder Art. 56 AEUV – einschlägig ist.

I. Anspruch auf Zulassung als Abogado aus Art. 49 AEUV
1. Indem B als deutscher Staatsangehöriger in Spanien die Zulassung als *Abogado* begehrt und dort in einer eigenen Kanzlei dauerhaft den Rechtsanwaltsberuf ausüben will, ist der **persönliche und sachlich-räumliche Anwendungsbereich** der Art. 49 ff. AEUV eröffnet: B will als Staatsangehöriger eines Mitgliedstaates eine auf Dauer angelegte Berufsbetätigung an einem festen Standort im EU-Ausland ausüben. Dabei handelt es sich bei der Anwaltstätigkeit des B um eine selbstständige Erwerbstätigkeit, d.h. ein Tätigwerden auf eigene Rechnung und auf eigenes Risiko.

2. Der Zulassung des B als *Abogado* in Spanien steht jedoch entgegen, dass das spanische Recht für den Zugang zum Rechtsanwaltsberuf ein abgeschlossenes juristisches Hochschulstudium an einer spanischen Universität voraussetzt, über das B nicht verfügt. Das spanische Recht behindert damit die freie Niederlassung innerhalb der EU und steht auch einer beruflichen Niederlassung des B in Palma de Mallorca entgegen. Sollte die Reglementierung des Berufszugangs durch Spanien nicht im Einklang mit Art. 49 AEUV stehen, wäre die Zulassungsregelung auf den Sachverhalt des B zumindest nicht vollumfänglich anwendbar. Direkt aus Art. 49 AEUV würden sich dann die Voraussetzungen ergeben, unter denen B die Zulassung zur spanischen Anwaltschaft beanspruchen könnte.

3. Für die Beantwortung der Frage, ob die Reglementierung des Berufszugangs durch Spanien gegen Art. 49 AEUV verstößt, ist zunächst zu überlegen, in welchem Umfang Art. 49 AEUV die Niederlassungsfreiheit verbürgt. Art. 49 Abs. 1 AEUV verbietet

Beschränkungen, die der freien Niederlassung von Staatsangehörigen eines EU-Mitgliedstaates im Hoheitsgebiet eines anderen Mitgliedstaates entgegenstehen. Dabei ist anerkannt, dass Art. 49 AEUV offene und versteckte **Diskriminierungen** des nationalen Rechts untersagt.

Bei der spanischen Regelung des Berufszugangs handelt es sich um keine offene Diskriminierung, da Inländer und EU-Ausländer formal gleich behandelt werden: Könnte B den Abschluss eines juristischen Hochschulstudiums an einer spanischen Universität vorweisen, könnte er in gleicher Weise wie Spanier als *Abogado* zugelassen werden. Es könnte jedoch eine versteckte Diskriminierung vorliegen: Da sich der Berufszugang für EU-Ausländer – schon wegen der sprachlichen Barrieren – als weitaus schwieriger darstellt als für Inländer, lässt sich auf dieser Grundlage durchaus eine versteckte Diskriminierung annehmen. Gleichwohl werden nationale Qualifikationsvoraussetzungen, die für den Berufszugang erforderlich sind, zumeist als diskriminierungsfreie Regelungen angesehen.

Letztlich kann diese Frage offenbleiben, da Art. 49 AEUV inzwischen – sowohl von dem überwiegenden Teil der Literatur als auch von der Rechtsprechung des Gerichtshofs – nicht nur als Diskriminierungsverbot, sondern als umfassendes Beschränkungsverbot gedeutet wird. Begründet wird diese Ausweitung des Art. 49 AEUV insbesondere mit dem Grundsatz des „effet utile" aus Art. 4 Abs. 3 EUV und einem systematischen Vergleich mit den anderen Grundfreiheiten des AEUV. Damit lässt sich die – die Niederlassungsfreiheit behindernde – spanische Zugangsregelung auch dann unter den Beschränkungsbegriff des Art. 49 AEUV fassen, wenn man ihr keine diskriminierende Wirkung beimisst.

4. Liegt damit eine Beschränkung der Niederlassungsfreiheit i.S.v. Art. 49 AEUV vor, gilt es zu prüfen, ob sich die Beschränkung rechtfertigen lässt. Hierfür taugen die im AEUV ausdrücklich genannten Schranken von vornherein nicht: **Art. 51 UAbs. 1 AEUV** betrifft die Ausübung öffentlicher Gewalt und ist für Rechtsanwälte nicht einschlägig. Und der „ordre-public"-Vorbehalt des **Art. 52 AEUV** ist nur auf Sonderregelungen für EU-Ausländer anwendbar und gilt damit nicht für die unterschiedslos anwendbare Regelung Spaniens.

In Betracht kommt jedoch die – nicht im AEUV geregelte – ungeschriebene Schranke des **Gemeinwohlvorbehalts** („zwingende Gründe des Allgemeininteresses"), die sich vornehmlich am Verhältnismäßigkeitsprinzip orientiert. Es ist daher zu prüfen, ob der spanischen Regelung ein zwingendes Gemeinwohlinteresse zugrunde liegt und ob die Vorschrift im Hinblick auf dieses Gemeinwohlinteresse und Art. 49 AEUV geeignet, erforderlich und angemessen ist. Spanien hat den Zugang zur Rechtsanwaltschaft von dem erfolgreichen Abschluss eines Hochschulstudiums im eigenen Land abhängig gemacht, um sicherzustellen, dass die geschäftsmäßige Rechtsberatung im spanischen Recht nur von qualifizierten Personen wahrgenommen wird. Eine Rechtsberatung durch Rechtsunkundige würde die Interessen der Rechtsuchenden in erheblichem Umfang gefährden sowie das Funktionieren der gesamten Rechtspflege behindern. Hierbei handelt es sich um ein **zwingendes Gemeinwohlinteresse**, welches vor Art. 49 AEUV schützenswert ist.

Um eine ausreichende Qualifikation des Rechtsanwaltes sicherzustellen, bedarf es einer staatlichen Kontrolle. Eine Kontrolle dergestalt, dass die Rechtsberatung im spanischen Recht von dem erfolgreichen Abschluss eines juristischen Studiums in Spanien abhängig gemacht wird, ermöglicht eine hinreichend sichere Feststellung der Qualifikation des Zugangsbewerbers. Da diese Kontrolle bewirkt, dass unqualifizierten Personen der Berufszugang verwehrt wird, ist die Regelung Spaniens auch **geeignet**. Problematisch ist aber die **Erforderlichkeit**. Im Grundsatz ist die Ablegung eines juristischen Examens der einzige Weg, um sicherzustellen, dass nur qualifizierte Personen zur Rechtsanwaltschaft zugelassen werden. Damit ist eine nationale Regelung, die ein Examen vorschreibt, prinzipiell erforderlich und auch angemessen. Etwas Anderes muss freilich dann gelten, wenn die Qualifikation einer Person zur Ausübung des Rechtsanwaltsberufes bereits aus anderen Gründen feststeht. Verfügt ein Zugangsbewerber über eine entsprechende juristische Qualifikation, ist in seinem Fall die Durchführung einer Prüfung nicht mehr erforderlich. Diese Konstellation kann auch hier relevant werden: Von B könnte der Abschluss eines Hochschulstudiums in Spanien dann nicht gefordert werden, wenn er bereits äquivalente juristische Qualifikationen erworben hätte und nachweisen könnte. Wäre dies der Fall, könnte B einen Anspruch auf Zugang zur spanischen Rechtsanwaltschaft unmittelbar aus Art. 49 AEUV ableiten.

Ob ein Zugangsbewerber über äquivalente juristische Qualifikationen verfügt, hat der jeweilige Mitgliedstaat – so die Rechtsprechung des Gerichtshofs – durch eine vergleichende Prüfung festzustellen. Hierfür vergleicht er die durch die ausländischen Diplome bescheinigten Fähigkeiten mit den nach nationalem Recht vorgeschriebenen Fachkenntnissen und erkennt bei einer Gleichwertigkeit die ausländischen Diplome mit der Maßgabe an, dass sie den nationalen Anforderungen des Berufsrechts genügen. Im Fall einer partiellen Gleichwertigkeit der Diplome hat der Mitgliedstaat zusätzlich erworbene Kenntnisse – etwa durch praktische Erfahrungen oder ein Ergänzungsstudium – zu berücksichtigen.

Ausgehend von diesen Grundsätzen gilt für den Anspruch des B auf Zugang zur spanischen Anwaltschaft aus Art. 49 AEUV: Die bestandenen Staatsexamina in Deutschland werden allein nicht genügen, um eine für die Rechtsberatung in Spanien ausreichende Qualifikation nachzuweisen. Hierfür sind die Rechtssysteme von Deutschland und Spanien zu verschieden. Es ist jedoch zu beachten, dass B zusätzlich einen einjährigen Studienaufenthalt in Granada und eine abgeschlossene Promotion im spanischen Zivilrecht vorweisen kann. Angesichts dieser Zusatzqualifikationen erscheint es durchaus vertretbar, von einer Gleichwertigkeit der von B vorgelegten und der in Spanien geforderten Qualifikationen auszugehen. Überzeugender dürfte aber gleichwohl die Sichtweise sein, dass die Nachweise des B nicht ausreichen. So ist es zum einen nicht ersichtlich, dass B während seines Studienaufenthaltes in Granada berufsqualifizierende Prüfungen abgelegt hat. Zum anderen hat B bislang noch keine rechtsberatenden Erfahrungen in Spanien gesammelt, was z.B. durch die Ableistung eines Praktikums bei einem spanischen Anwalt hätte erfolgen können. Daher wird man einen Anspruch des B auf Zugang zur spanischen Anwaltschaft aus Art. 49 AEUV abzulehnen haben, da er die ihm fehlenden Kenntnisnachweise auch nicht durch weitere Prüfungen erbringen will.

II. Anspruch auf Niederlassung unter der deutschen Berufsbezeichnung aus Art. 49 AEUV

Hilfsweise begehrt B, sich in Palma de Mallorca dergestalt niederlassen zu dürfen, dass er – zusätzlich zu seiner Bremer Kanzlei – eine Zweigniederlassung errichtet und die Kanzlei unter der deutschen Berufsbezeichnung „Rechtsanwalt" führt. Wiederum will B seine Mandanten im spanischen und deutschen Recht beraten. Jedoch beansprucht B in dieser Konstellation keine Zulassung als *Abogado* und will dementsprechend auch nicht im Geschäftsverkehr als ein solcher auftreten.

1. Wie bereits dargelegt, ist im vorliegenden Fall der **persönliche Anwendungsbereich** der Art. 49 ff. AEUV eröffnet. Hinsichtlich des **sachlich-räumlichen Anwendungsbereichs** ist jedoch zu problematisieren, ob überhaupt die Niederlassungsfreiheit und nicht etwa die Dienstleistungsfreiheit gemäß Art. 56 AEUV einschlägig ist, wenn sich B nur zeitweilig in Spanien aufhalten und beruflich betätigen will. Während eine Niederlassung eine auf Dauer angelegte Berufsbetätigung an einem festen Standort beinhaltet, hat die hiervon abzugrenzende Dienstleistung i.S.v. Art. 57 AEUV nur vorübergehenden Charakter.

Hier will B in Palma de Mallorca eine Kanzlei eröffnen, in der er seine Beratungstätigkeit ausübt. Jedoch genügt die Kanzleierrichtung als solche nach der Rechtsprechung des Gerichtshofs noch nicht, um den Anwendungsbereich der Dienstleistungsfreiheit abzulehnen: Der vorübergehende Charakter der Leistung schließe nicht die Möglichkeit für den Dienstleistungserbringer aus, sich im Aufnahmemitgliedstaat mit einer bestimmten Infrastruktur (Büro, Praxis oder Kanzlei) auszustatten, soweit diese Infrastruktur für die Erbringung der fraglichen Leistung erforderlich sei. Auf der anderen Seite liege eine Niederlassung i.S.d. Art. 49 AEUV aber dann vor, wenn ein Marktbürger in stabiler und kontinuierlicher Weise am Wirtschaftsleben eines Mitgliedstaates im EU-Ausland teilnehme, – was sich nach den Kriterien der Dauer, Häufigkeit, regelmäßigen Wiederkehr oder Kontinuität der erbrachten Leistung bemesse.

B plant, mehr als die Hälfte seiner Beratungsleistungen in Spanien zu erbringen. Zu diesem Zweck will er in Palma de Mallorca eine Wohnung beziehen und einen dauerhaften beruflichen Standort errichten, von dem aus er sich an die Mandanten in Mallorca wenden kann. B wird demnach nicht bloß gelegentlich, sondern kontinuierlich und in weitem Umfang in Spanien tätig. Dies beinhaltet eine auf Dauer angelegte berufliche Integration in Spanien, sodass im Ergebnis das Kapitel des AEUV über die Niederlassungsfreiheit zur Anwendung kommt.

2. B will sich in Spanien niederlassen und eine Rechtsberatung im deutschen und spanischen Recht vornehmen. Diesem Begehren steht jedoch die Regelung Spaniens entgegen, dass die Beratung im spanischen und auch im ausländischen Recht nur von einem als *Abogado* zugelassenen Anwalt ausgeübt werden darf. Dies stellt eine **Beschränkung** der Niederlassungsfreiheit innerhalb der EU dar. Dabei ist es unerheblich, ob man die spanische Regelung als Diskriminierung oder diskriminierungsfreie Maßnahme einordnet. Auch für Letztere ist das umfassende Beschränkungsverbot des Art. 49 AEUV als Prüfungsmaßstab heranzuziehen.

3. Die Maßnahme Spaniens könnte jedoch **gerechtfertigt** sein. Da die geschriebenen Schranken der Art. 51 AEUV und Art. 52 AEUV – aus den oben bereits dargelegten

Gründen – ausscheiden, kommt auch hier allein eine Rechtfertigung über die ungeschriebene Schranke des **Gemeinwohlvorbehalts** in Betracht. Das zwingende nationale Gemeinwohlinteresse ist wiederum in der Verhinderung einer geschäftsmäßigen Rechtsberatung durch Rechtsunkundige zu sehen. Zur Erreichung dieses Ziels ist die spanische Regelung im Grundsatz durchaus geeignet. Problematisch ist aber die Erforderlichkeit bzw. Angemessenheit. Dabei ist zu beachten, dass in dieser Konstellation das nationale Interesse – d.h. der Schutz des rechtsuchenden Publikums – weniger tangiert ist, als dies bei einer Zulassung als *Abogado* der Fall ist: Wird B unter Verwendung seiner deutschen Berufsbezeichnung „Rechtsanwalt" tätig, so ist es für die Rechtsuchenden erkennbar, dass B im deutschen Recht, nicht aber im spanischen Recht ausgebildet wurde. Der Rechtsuchende kann dann entscheiden, ob er sich gleichwohl von B beraten lässt.

Vor diesem Hintergrund erscheint es zunächst nicht gerechtfertigt, dass das spanische Recht dem B die **Beratung im deutschen Recht** versagt. Für diese Beratung ist B ausreichend qualifiziert, sodass insofern eine Gefährdung des Allgemeininteresses nicht zu besorgen ist: Die geschäftsmäßige Rechtsberatung erfolgt durch einen insoweit Rechtskundigen. Geht es aber um eine **Beratung im spanischen Recht**, kann nicht von ausreichenden Kenntnissen des B in dieser Rechtsordnung ausgegangen werden. Weder die deutschen juristischen Staatsexamina noch die zusätzlich zu berücksichtigende Qualifikation einer Doktorarbeit im spanischen Recht liefern den Nachweis für entsprechende Fachkenntnisse des B. Zwar könnte man mit Blick auf die Entscheidungsfreiheit des Rechtsuchenden argumentieren, dass dies dem Verbraucherschutz in ausreichendem Maße Rechnung trage. Allerdings wird dann aber die Gewährleistung einer qualifizierten Beratung in zu großem Maße preisgegeben, wobei das Risiko auf den Rechtsuchenden verlagert wird. Auch das Funktionieren der Rechtspflege wäre stark beeinträchtigt, weil der nicht im inländischen Prozessrecht ausgebildete Anwalt oftmals nicht in der Lage sein wird, in ordnungsgemäßer Weise an einem gerichtlichen Verfahren mitzuwirken.

Im Ergebnis wird man daher einen Anspruch des B aus primärem EU-Recht auf Eröffnung einer Niederlassung in Mallorca, in der er auch eine Beratung im spanischen Recht vornehmen darf, abzulehnen haben, – auch wenn er in seiner Kanzlei in Bremen juristischen Rat zum spanischen Recht erteilen darf.

Aufgabe 2

Es ist zu prüfen, ob sich das Begehren des B – entweder eine Zulassung als *Abogado* oder aber eine Niederlassung mit Befugnis zur Rechtsberatung im deutschen und spanischen Recht – unmittelbar auf sekundäres Unionsrecht stützen lässt. Als Anspruchsgrundlage kommt die Niederlassungsrichtlinie für Rechtsanwälte in Betracht.

Zu beachten ist zunächst, dass eine EU-Richtlinie nicht ohne Weiteres als Anspruchsgrundlage herangezogen werden kann. Denn nach Art. 288 UAbs. 3 AEUV werden Richtlinien an die Mitgliedstaaten gerichtet, die diese dann in nationales Recht umsetzen. Das bedeutet, dass nach der Konzeption des AEUV Richtlinien nur Rechtswirkungen gegenüber den Mitgliedstaaten, nicht aber gegenüber dem Einzelnen entfalten. Gleichwohl erkennt der Gerichtshof eine unmittelbare Wirkung von Richtlinien im innerstaatlichen Recht unter bestimmten Voraussetzungen an, – mit der Folge, dass sich der Einzelne dem Staat gegenüber auf die Bestimmungen der Richtlinie berufen kann. Hierfür fordert der Gerichtshof neben einer nicht fristgemäßen oder einer inhaltlich nicht ordnungsgemäßen Umsetzung der Richtlinie zusätzlich, dass die Richtlinie inhaltlich unbedingt und hinreichend genau ist. Nur wenn diese Voraussetzungen vorliegen und auch das Begehren des B sich aus einer der Richtlinienbestimmungen ableiten lässt, wäre sein Anspruch gegeben.

I. Anspruch aus Art. 2 Satz 2 i.V.m. Art. 10 Niederlassungsrichtlinie

Nach Art. 2 Satz 2 Niederlassungsrichtlinie kann über Art. 10 Niederlassungsrichtlinie eine Eingliederung in den Berufsstand des Aufnahmestaates, hier also eine Zulassung als *Abogado* in Spanien, erreicht werden. Soweit Art. 10 Niederlassungsrichtlinie auf die Richtlinie 89/48/EWG, die allgemeine Anerkennungsrichtlinie für Hochschuldiplome, verweist, ist zu beachten, dass diese durch die Richtlinie 2005/36/EG über die Anerkennung von Berufsqualifikationen ersetzt wurde. Die Richtlinie 2005/36/EG enthält ein mit der Richtlinie 89/48/EWG vergleichbares Anerkennungssystem und lässt zudem die Niederlassungsrichtlinie für Rechtsanwälte unberührt.

1. Der Anspruch aus **Art. 2 Satz 2 i.V.m. Art. 10 Abs. 2** Niederlassungsrichtlinie betrifft die Konstellation, dass ein Rechtsanwalt die Anerkennung eines juristischen Diploms in einem Mitgliedstaat des EU-Auslandes beantragt, um dort als Rechtsanwalt zugelassen zu werden; was sich ursprünglich nach der Richtlinie 89/48/EWG richtete und nunmehr nach der Richtlinie 2005/36/EG erfolgt. Auch wenn beide Richtlinien von einer grundsätzlichen Gleichwertigkeit der Hochschulabschlüsse ausgehen, dürfen die Mitgliedstaaten – speziell für juristische Berufe – einen Anpassungslehrgang oder eine Eignungsprüfung vorschreiben. Insoweit steht B also – ohne weitere Prüfungen oder weitere Nachweise – kein Anspruch auf unmittelbare Zulassung zum Rechtsanwaltsberuf zu.

2. Eine Vollintegration als Rechtsanwalt im Aufnahmestaat sieht auch **Art. 2 Satz 2 i.V.m. Art. 10 Abs. 1** Niederlassungsrichtlinie vor. Jedoch sind – im Fall des B – die Tatbestandsmerkmale des Art. 10 Abs. 1 nicht erfüllt: B kann keine dreijährige Tätigkeit in Spanien nachweisen, während der er sich mit dem spanischen Recht befasste.

3. Das Gleiche gilt für einen möglichen Anspruch des B aus **Art. 2 Satz 2 i.V.m. Art. 10 Abs. 3** Niederlassungsrichtlinie. Auch insoweit fehlt es an einer dreijährigen Tätigkeit des B in Spanien.

II. Anspruch aus Art. 2 Satz 1 i.V.m. Art. 4, 5 der Niederlassungsrichtlinie

Schließlich ist ein Anspruch des B aus Art. 2 Satz 1 i.V.m. Art. 4, 5 Niederlassungsrichtlinie zu prüfen, der ihm keine Vollintegration in dem Sinne bieten würde, dass er eine Zulassung als *Abogado* erhält. Wäre der Anspruch gegeben, könnte sich B jedoch in Palma de Mallorca unter seiner ursprünglichen Berufsbezeichnung „Rechtsanwalt" niederlassen und dort die Rechtsberatung im deutschen und spanischen Recht vornehmen. Der Tatbestand des Art. 4 enthält – außer dass der Zugangsbewerber in einem EU-Mitgliedstaat als Rechtsanwalt zugelassen sein muss – keine weiteren Voraussetzungen. B, der in Bremen als Rechtsanwalt zugelassen ist, erfüllt damit die erforderlichen Tatbestandsvoraussetzungen.

Festzustellen sind zudem noch die Voraussetzungen, die der Gerichtshof an die unmittelbare Wirkung einer Richtlinie knüpft. Erstens fehlt es laut Sachverhalt an einer fristgerechten Umsetzung. Zweitens sind Art. 2, 4, 5 Niederlassungsrichtlinie auch hinreichend genau: Art. 2, 4, 5 sind so konkret, dass sich ihnen unmittelbar die Befugnis des Rechtsanwaltes entnehmen lässt, sich im EU-Ausland unter der ursprünglichen Berufsbezeichnung niederzulassen, um dort Rechtsberatung im Recht des Herkunfts-, aber auch des Aufnahmestaates zu erteilen. Drittens sind Art. 2, 4, 5 auch inhaltlich unbedingt. Zwar stellt die Richtlinie eine Reihe von Anforderungen an den sich im EU-Ausland niederlassenden Anwalt. Er hat z.B. die Pflichten, sich im Aufnahmestaat registrieren zu lassen, auf die Zugehörigkeit zu einer Berufsorganisation im Herkunftsstaat hinzuweisen, die Berufs- und Standesregeln des Aufnahmestaates zu beachten oder vor einem Auftreten vor Gericht ein Einvernehmen mit einem bei diesem Gericht zugelassenen Rechtsanwalt herzustellen (vgl. im Einzelnen Art. 3 bis 6 der Richtlinie). Hierbei handelt es sich aber um keine nationalen Vorbehalte, die das Niederlassungsrecht des Rechtsanwaltes als solches in Frage stellen. Dies wird durch Art. 2, 4, 5 Niederlassungsrichtlinie unbedingt gewährleistet.

Damit liegen die vom Gerichtshof geforderten Voraussetzungen für die unmittelbare Wirkung einer Richtlinie vor. Das bedeutet: B kann unter Bezugnahme auf Art. 2 Satz 1 i.V.m. Art. 4, 5 Niederlassungsrichtlinie gegenüber Spanien das Recht herleiten, sich in Palma de Mallorca unter der Berufsbezeichnung „Rechtsanwalt" niederzulassen und eine Kanzlei zu eröffnen. Dabei darf er seine Mandanten nicht nur im deutschen, sondern auch im spanischen Recht beraten.

Aufgabe 3

Spanien rügt eine Verletzung der Art. 49 ff. AEUV, da die Richtlinie 98/5/EG den im Allgemeininteresse liegenden Belangen des Verbraucherschutzes und einer geordneten Rechtspflege nicht genügend Rechnung trage.

I. Es stellt sich zunächst die Frage, ob die Richtlinie 98/5/EG an den Art. 49 ff. AEUV gemessen werden kann. Wie alle Grundfreiheiten richtet sich auch die Niederlassungsfreiheit gemäß Art. 49 ff. AEUV zunächst an die Mitgliedstaaten. Es ist jedoch zu beachten, dass der AEUV als primäres Unionsrecht durch den Erlass von sekundärem Unionsrecht zwar konkretisiert, aber nicht derogiert werden darf. Insofern gebietet der Vorrang des primären vor dem sekundären EU-Recht, dass sich das Sekundärrecht stets innerhalb des vom Primärrecht gesetzten Rahmens bewegen muss. Damit kann die Richtlinie 98/5/EG im Grundsatz an den Art. 49 ff. AEUV überprüft werden.

II. Die Rechtsansicht Spaniens setzt an der durch Art. 2 Satz 1 i.V.m. Art. 4, 5 Niederlassungsrichtlinie vorgezeichneten Rechtslage an, dass der im Aufnahmestaat unter seiner ursprünglichen Berufsbezeichnung tätige Rechtsanwalt auch in dem für ihn unbekannten nationalen Recht des Aufnahmestaats praktizieren darf. Damit wird aber zum einen das Interesse der Empfänger rechtlicher Dienstleistungen tangiert, nur von

Personen mit ausreichenden Rechtskenntnissen beraten zu werden. Fehlt es aber an einer entsprechenden Qualifikation, wird der Verbraucherschutz tangiert und darüber hinaus das Funktionieren der gesamten Rechtspflege. Vor diesem Hintergrund erscheint die Regelung des Art. 2 Satz 1 i.V.m. Art. 4, 5 Niederlassungsrichtlinie in der Tat problematisch.

III. Es ist aber weiter zu klären, an welcher Norm des Primärrechts anzuknüpfen ist, wenn eine zu weitgehende Unterschreitung berechtigter Gemeinwohlinteressen eines Mitgliedstaates im Raum steht. Art. 49 AEUV erscheint insofern auf den ersten Blick als nicht einschlägig, da die Norm gerade auf eine – möglichst weitreichende – Verwirklichung der Niederlassungsfreiheit innerhalb der Union abzielt. Das Gleiche gilt für die Ermächtigungsnorm des Art. 53 AEUV zum Erlass spezieller Niederlassungsrichtlinien, deren Zweck in der Erleichterung der Aufnahme und Ausübung selbstständiger Tätigkeiten liegt. Es ist aber zu beachten, dass der Union über Art. 53 AEUV keine unbeschränkte Liberalisierungskompetenz des grenzüberschreitenden Niederlassungsverkehrs zusteht, sondern diese durch konkurrierende schutzwürdige Interessen beschränkt wird.

Ein solches schützenswertes Allgemeininteresse ist zum einen die Erhaltung einer geordneten Rechtspflege, zum anderen auch der als „zwingendes Erfordernis" anerkannte Verbraucherschutz. Insoweit kann zudem auf die Querschnittsklausel des Art. 12 AEUV abgestellt werden, nach der den Erfordernissen des Verbraucherschutzes bei der Festlegung und Durchführung der anderen Unionspolitiken und -maßnahmen Rechnung zu tragen ist. Daher muss auch die über Art. 53 AEUV erfolgende Ausgestaltung der Niederlassungsfreiheit den Verbraucherschutz im Blick behalten. Hier könnten Europäisches Parlament und Rat aber das Verbraucherschutzniveau – beim Erlass der Richtlinie 98/5/EG – zu niedrig angesetzt und damit gegen Art. 49, 53 AEUV verstoßen haben.

IV. Dies hat der Gerichtshof jedoch verneint und die Rechtmäßigkeit der Richtlinie 98/5/EG festgestellt. Dabei hat der Gerichtshof dem Europäischen Normgeber zunächst ein weites Ermessen bei der Bestimmung des akzeptablen Schutzniveaus zugebilligt. Dann hat er ausgeführt, dass die Richtlinie 98/5/EG mehrere Bestimmungen zur Gewährleistung des Verbraucherschutzes und einer geordneten Rechtspflege enthalte. So z.B. in Art. 4 Abs. 1 der Richtlinie, wonach der unter seiner ursprünglichen Berufsbezeichnung tätige zuwandernde Rechtsanwalt diese Berufsbezeichnung zu führen habe, damit der Verbraucher erfährt, dass der betreffende Anwalt seine Qualifikation nicht im Aufnahmestaat erworben und sich seine ursprüngliche Ausbildung daher auch nicht auf das Recht des Aufnahmestaates erstreckt hat; in Art. 5 Abs. 2 und 3 der Richtlinie, nach dem der Aufnahmestaat dem zuwandernden Anwalt unter bestimmten Voraussetzungen bestimmte Tätigkeiten untersagen und ihm bei der Vertretung und der Verteidigung eines Mandanten vor Gericht bestimmte Verpflichtungen auferlegen darf; in Art. 6 Abs. 1 der Richtlinie durch eine Bindung an die Berufs- und Standesregeln im Aufnahmestaat (nach denen Rechtsanwälte ein Mandat ablehnen müssen, wenn sie wissen oder wissen müssten, dass es ihnen an den erforderlichen Kenntnissen fehlt); sowie in Art. 6 Abs. 3 der Richtlinie, nach dem u.a. der Abschluss einer Berufshaftpflichtversicherung zur Auflage gemacht werden kann.

V. Als Ergebnis ist festzuhalten: Nach der (nicht unproblematischen) Rechtsprechung des Gerichtshofs verstößt die Richtlinie 98/5/EG nicht gegen das europäische Primärrecht, da die Richtlinie zwingende Gründe des Allgemeininteresses – insbesondere des Verbraucherschutzes – in ihren Artikeln 4, 5 und 6 berücksichtigt hat.

Aufgabe 4

I. Der Fall des A

1. Bei der Prüfung, ob sich A zu seinem Schutz auf Europäisches Unionsrecht berufen kann, ist zunächst zu erwägen, ob ein Anspruch auf Eintragung als *Practicante* (Rechtsanwaltsanwärter) aus der Niederlassungsrichtlinie folgt. Auf die **Niederlassungsrichtlinie** für Rechtsanwälte können sich freilich nur solche Personen berufen, die in ihrem Herkunftsstaat die erforderliche berufliche Befähigung erworben haben, um den Rechtsanwaltsberuf auszuüben. Da A in Deutschland lediglich das Erste juristische Staatsexamen abgelegt hat und damit nicht als Rechtsanwalt tätig werden darf, ist die Niederlassungsrichtlinie in seinem Fall nicht anwendbar.

Ebenso hat der Gerichtshof eine Anwendbarkeit der durch die Richtlinie 2005/36/EG abgelösten Richtlinie 89/48/EWG abgelehnt, da die angestrebte Tätigkeit keinen reglementierten Beruf darstelle. Im Fall des *Practicante* handele es sich lediglich um einen für die Zulassung zum Beruf des *Avvocato* erforderlichen praktischen Ausbildungsabschnitt; mithin um keinen eigenständigen Beruf, der sich vom Beruf des *Avvocato* trennen ließe.

2. A kann sich jedoch ggf. direkt auf **primäres Unionsrecht** – und zwar auf **Art. 45 oder Art. 49 AEUV** – berufen. Schließlich würde A bei einer Tätigkeit als *Practicante* eine Vergütung erhalten, – entweder direkt vom Mandanten (dann: Art. 49 AEUV) oder von der das Gehalt bezahlenden Kanzlei (dann: Art. 45 AEUV). Liegt damit eine Art. 45 oder Art. 49 AEUV unterliegende Fallkonstellation vor, findet auch die Rechtsprechung des Gerichtshofs Anwendung. Will ein Staatsangehöriger eines Mitgliedstaates im EU-Ausland eine Tätigkeit vornehmen, für die ein Diplom erforderlich ist, dann haben die Behörden des Aufnahmestaates einen Vergleich vorzunehmen: zwischen der beruflichen Qualifikation des Betroffenen (unter Berücksichtigung sämtlicher Diplome, Prüfungszeugnisse, sonstiger Befähigungsnachweise und der einschlägigen Berufserfahrung) und der nach nationalem Recht für die Ausübung der fraglichen Tätigkeit vorgeschriebenen beruflichen Qualifikation. Führt diese vergleichende Prüfung zur Feststellung einer Gleichwertigkeit, hat eine Anerkennung mit der Maßgabe zu erfolgen, dass den nationalen Anforderungen des Berufsrechts entsprochen wird. Dies wird man im Fall des A durchaus annehmen können: Er hat bereits zwei Jahre bei einem Mailänder Anwalt „gejobbt", sodass er bereits erhebliche rechtsberatende Erfahrungen in Italien sammeln konnte. Zusammen mit seinem juristischen Studienabschluss in Deutschland wird man dies als ausreichend anzusehen haben, wenn A seinen berufsqualifizierenden Ausbildungsabschnitt als *Practicante* in Italien ableisten will.

II. Der Fall des C

1. Auch für C, der das Erste Juristische Staatsexamen, einen US-amerikanischen Studienabschluss sowie eine Zulassung als *Attorney-at-Law* in den USA vorweisen kann, ist zunächst zu prüfen, ob sich sein Begehren (Zulassung als *Abogado* in Spanien) auf die **Niederlassungsrichtlinie** stützen lässt. Jedoch setzt die Richtlinie voraus, dass das für den Eintritt in die Anwaltschaft erworbene Diplom in einem Mitgliedstaat der EU ausgestellt wurde. Das Gleiche gilt für die Anerkennungsrichtlinie 2005/36/EG. Fälle, in denen die Berufsqualifikation in einem Drittstaat erworben wurde, werden nicht erfasst.

2.   Auch auf **primäres Unionsrecht** kann sich C nicht berufen. Zwar unterfällt der Vorgang – der deutsche Staatsangehörige C will sich in Spanien als Rechtsanwalt niederlassen – der Grundfreiheit des **Art. 49 AEUV**. Und im Grundsatz kann sich C auch auf die „Vlassopoulou"-Rechtsprechung des Gerichtshofs berufen, die der Gerichtshof auch auf Drittstaatendiplome erstreckt hat. Hiernach kann ein Berufsbewerber nach Unionsrecht einen Anspruch darauf haben, dass auch Qualifikationen, Kenntnisse und Erfahrungen, die in einem Drittstaat erworben wurden, berücksichtigt werden. Jedoch vermitteln im vorliegenden Fall die in den USA erworbenen Qualifikationen i.V.m. dem deutschen Staatsexamen keine Gleichwertigkeit im Vergleich zu den Anforderungen des Aufnahmestaates Spanien: Da C keinerlei Kenntnisse und Erfahrungen in Bezug auf das spanische Recht nachweisen kann, führt auch eine nach Art. 49 AEUV vorzunehmende vergleichende Prüfung nicht dazu, dass dem C ein Anspruch auf Zulassung als *Abogado* zusteht.

Weiterführende Hinweise:

Fischer/Fetzer, Europarecht, 12. Auflage 2019, Rn. 527 ff. (zur Niederlassungsfreiheit); *EuGH,* ECLI: EU:C:2014:2088 – Torresi; *EuGH,* ECLI:EU:C:1991:193 – Vlassopoulou, *EuGH,* ECLI:EU:C:1995:411 – Gebhard; *BGH,* EuZW 2003, 770 (jeweils zur Niederlassungsfreiheit von Rechtsanwälten in der EU); *EuGH,* ECLI:EU:C:2000:598 – Luxemburg/Parlament und Rat (zur Rechtmäßigkeit der Richtlinie 98/5/EG); *Görlitz,* EWS 2002, 20 (zur Vlassopoulou-Rechtsprechung des Gerichtshofs); *Kilian,* JA 2000, 429 (zur Freizügigkeit von Anwälten in der EU).

Lösung Fall 11
Grundstückskauf mit Hindernissen

(Kapitalverkehrsfreiheit – Vorabentscheidungsverfahren – Inländerdiskriminierung)

Aufgabe 1

Zu prüfen ist, ob im Fall des U eine Verletzung der Art. 63 und Art. 49 AEUV vorliegt, da nach griechischem Recht Ausländer in Landesteilen, die als Gebiet von militärischer Bedeutung ausgewiesen sind, nur dann als Eigentümer eines Grundstücks eingetragen werden können, wenn ihnen zuvor eine Ausnahmegenehmigung bewilligt wurde.

I.   Verletzung des Art. 63 AEUV
1.   Im Hinblick auf den **sachlichen Anwendungsbereich** ist zunächst zu klären, ob Absatz 1 oder 2 des Art. 63 AEUV einschlägig ist. Art. 63 Abs. 1 AEUV betrifft die **Frei-**

heit des Kapitalverkehrs und damit die einseitige Übertragung von Sach- oder Geldkapital, regelmäßig zum Zwecke der Vermögensanlage. Demgegenüber ist die in Art. 63 Abs. 2 AEUV niedergelegte **Freiheit des Zahlungsverkehrs** – als notwendiges Gegenstück zu den übrigen Grundfreiheiten – dadurch gekennzeichnet, dass sie sich auf die Gegenleistung für eine Dienstleistung oder Warenlieferung bezieht. Im vorliegenden Fall fehlt es an einer solchen synallagmatischen Verknüpfung mit einer anderen Grundfreiheit. Vielmehr handelt es sich bei dem angestrebten Grundstückserwerb um eine Immobilieninvestition, die dem Begriff des Kapitalverkehrs unterfällt. Einschlägig ist daher Art. 63 Abs. 1 AEUV.

Der **räumliche Anwendungsbereich** der Kapitalverkehrsfreiheit wird durch Art. 63 Abs. 1 AEUV in der Weise beschrieben, dass die Grundfreiheit den Kapitalverkehr nicht nur zwischen den EU-Mitgliedstaaten, sondern auch zwischen den EU-Mitgliedstaaten und Drittstaaten schützt. Insofern unterfällt auch die von den Vereinigten Staaten nach Griechenland erfolgende Übertragung von Geldkapital dem räumlichen Geltungsbereich des Art. 63 Abs. 1 AEUV.

Damit steht aber noch nicht fest, dass sich U als US-Amerikaner und damit als Drittstaatsangehöriger zu seinem Schutz auf Art. 63 Abs. 1 AEUV berufen kann (**persönlicher Anwendungsbereich**). Im Unterschied zu Art. 45, Art. 49 und Art. 56 AEUV setzt Art. 63 Abs. 1 AEUV keine Staatsangehörigkeit eines EU-Mitgliedstaates zur Geltendmachung der Grundfreiheit voraus. Angesichts des eindeutigen Wortlauts des Art. 63 Abs. 1 AEUV können sich daher nach der h. M. auch Drittstaatsangehörige auf die Freiheit des Kapitalverkehrs berufen. Zum Teil wird freilich zumindest eine Gebietsansässigkeit für die Inanspruchnahme des Art. 63 Abs. 1 AEUV gefordert. Da sich aber auch diese Einschränkung nicht aus dem Tatbestand des Art. 63 Abs. 1 AEUV ableiten lässt, ist der weiten Auslegung der Vorzug zu geben. U kann sich daher zu seinem Schutz auf Art. 63 Abs. 1 AEUV berufen.

2.   Art. 63 Abs. 1 AEUV verbietet **Beschränkungen** des Kapitalverkehrs. Hierunter fällt nicht nur der vollständige Ausschluss von kapitalverkehrsrelevanten Transaktionen. Untersagt ist im Grundsatz jede Erschwerung entsprechender Transaktionen; und zwar zumindest dann, wenn eine staatliche Behinderung des Kapitalverkehrs zu einer Diskriminierung von ausländischen Staatangehörigen führt. Damit unterfällt das im griechischen Recht angelegte und allein Ausländer treffende Genehmigungserfordernis für Grundstückskäufe in Gebieten von militärischer Bedeutung dem Beschränkungsbegriff des Art. 63 AEUV.

3.   Die im griechischen Recht angelegte Diskriminierung ausländischer Staatsangehöriger lässt sich **rechtfertigen**, wenn einer der in Art. 65 AEUV genannten – restriktiv auszulegenden – Ausnahmetatbestände eingreift. Insbesondere können die Mitgliedstaaten gemäß Art. 65 Abs. 1 lit. b) AEUV Maßnahmen ergreifen, die aus Gründen der öffentlichen Ordnung oder Sicherheit gerechtfertigt sind. Im vorliegenden Fall könnte die öffentliche Sicherheit, zu der auch die äußere Sicherheit eines Mitgliedstaates zu rechnen ist, betroffen sein. Im Ansatz ist es durchaus denkbar, dass sich ein Mitgliedstaat – wie hier Griechenland – auf nationale Sicherheitsinteressen berufen kann, um eine staatliche Beschränkung zu legitimieren. Hierzu ist ein Mitgliedstaat aber nur unter Wahrung des Grundsatzes der Verhältnismäßigkeit berechtigt. Die griechische Regelung hält diesen Anforderungen jedoch nicht stand, da Mykonos ganz allgemein als Gebiet von militärischer Bedeutung erklärt wurde; und der Einzelne stets mit einer Versagung der – im Ermessen der zuständigen Stelle stehenden – Genehmigung rechnen muss. Aber nur, wenn konkrete und schwere Gefahren für die militärischen Interessen Griechenlands erkennbar sind, erscheint es gerechtfertigt, Ausländer einem Genehmigungserfordernis zu unterwerfen und sie dann ggf. von einem Grundstückserwerb auszuschließen. Vor diesem Hintergrund erscheint die griechische Regelung als zu pauschal und damit nicht erforderlich, weil Griechenland – und zwar im Wege einer Einzelfallkontrolle oder exakten räumlichen Eingrenzung der militärischen Sperrgebiete – den Erfordernissen der Landesverteidigung in weniger einschneidender Weise hätte Rechnung tragen können.

II. Verletzung des Art. 49 AEUV
Da U sein Grundstück auf Mykonos auch als Ausgangspunkt für eine kaufmännische Betätigung und damit für die Aufnahme einer selbstständigen Tätigkeit in einem EU-Mitgliedstaat nutzen will, steht auch ein Konflikt mit der Niederlassungsfreiheit des AEUV im Raum. Allerdings scheidet im vorliegenden Fall eine Verletzung der Niederlassungsfreiheit aus, da sich nach Art. 49 Abs. 1 AEUV nur Staatsangehörige eines Mitgliedstaates auf die Grundfreiheit berufen können. Im Fall des U, der Staatsangehöriger der Vereinigten Staaten von Amerika ist, liegt ein Verstoß gegen Art. 49 AEUV damit nicht vor.

Aufgabe 2

Frage a)
Zu prüfen ist, ob sich D zu seinem Schutz auf Art. 63 AEUV berufen kann. Bei dem angestrebten Grundstückserwerb seitens des D handelt es sich um eine Immobilieninvestition. Damit kommt allein die Kapitalverkehrsfreiheit des **Art. 63 Abs. 1 AEUV**, nicht aber die Freiheit des Zahlungsverkehrs nach Art. 63 Abs. 2 AEUV in Betracht. Nach dem Wortlaut des Art. 63 Abs. 1 AEUV wird allein der Kapitalverkehr **zwischen den Mitgliedstaaten** sowie zwischen den Mitgliedstaaten und dritten Ländern erfasst. Im Fall des D handelt es sich jedoch um einen Sachverhalt, der mit keinem Element über die Grenzen eines einzigen Mitgliedstaates hinausweist: D ist deutscher Staatsangehöriger, er will in der Bundesrepublik ein Grundstück erwerben und wird hieran durch eine deutsche Regelung gehindert. Fehlt es in einem Sachverhalt an einem grenzüberschreitenden Element, dann kommt die Freiheit des Kapitalverkehrs nicht zur Anwendung. Diese Auslegung, dass an einem zwischenstaatlichen Bezug zwingend festzuhalten ist, wird auch durch Art. 26 AEUV bestätigt, nach dem die Errichtung des Binnenmarktes auf eine Beseitigung der Hindernisse für den Kapitalverkehr zwischen den Mitgliedstaaten ausgerichtet ist. Als Ergebnis kann daher festgehalten werden, dass sich D zu seinem Schutz nicht auf Art. 63 Abs. 1 AEUV berufen kann.

Frage b)
Das OLG München hat dem Gerichtshof eine Rechtsfrage zur Auslegung des EU-Rechts vorlegt. Ein nationales Gericht kann den Gerichtshof nur über ein Vorabentscheidungs-

verfahren nach Art. 267 AEUV anrufen, wobei zunächst dessen Zulässigkeit zu prüfen ist.

I. Zulässigkeit des Vorabentscheidungsverfahrens

1. Für Vorabentscheidungsverfahren nach Art. 267 AEUV ist im Grundsatz der Gerichtshof **sachlich zuständig**. Das Gericht wird nur in besonderen und zwar in der Satzung des Gerichtshofs festgelegten Sachgebieten tätig (vgl. Art. 256 Abs. 3 AEUV).

2. **Vorlageberechtigt** sind nach Art. 267 UAbs. 2 AEUV grundsätzlich alle in den Mitgliedstaaten eingerichteten staatlichen Gerichte. Das Oberlandesgericht München erfüllt diese Voraussetzung.

3. **Zulässiger Verfahrensgegenstand** eines Vorabentscheidungsverfahrens ist nach Art. 267 UAbs. 1 lit. a) AEUV die Auslegung des EUV und des AEUV. Bei der europarechtlichen Überprüfung der bayerischen Regelung geht es um eine Auslegung des AEUV.

4. Weiterhin müsste die Vorlagefrage über die Auslegung des AEUV entscheidungserheblich für das Verfahren vor dem OLG München sein (Art. 267 UAbs. 2 AEUV). Vorliegend ist die **Erforderlichkeit der Vorabentscheidung** jedoch fraglich, da der Sachverhalt des Ausgangsverfahrens kein grenzüberschreitendes Element aufweist. Damit steht von vornherein fest, dass sich D gegenüber der bayerischen Regelung nicht auf Art. 63 Abs. 1 AEUV berufen kann. Hieraus könnte man nun folgern, dass die Vorlage mangels Erforderlichkeit unzulässig sei. Diese Schlussfolgerung zieht der Gerichtshof jedoch nicht. Vielmehr lässt es der Gerichtshof genügen, dass eine das Unionsrecht betreffende Vorlagefrage allein eine Vorfrage zur Beurteilung eines nationalen Rechtsproblems darstellen kann. So könne nämlich eine Antwort des Gerichtshofs auf eine unmittelbar nicht entscheidungserhebliche Frage dann von Nutzen sein, wenn das nationale Recht vorschreibe, dass einem Inländer die gleichen Rechte zustehen, die dem Staatsangehörigen eines anderen Mitgliedstaats in der gleichen Lage kraft Unionsrechts zustünden. So liegt auch der Fall des D: Sollte die bayerische Regelung für Ausländer zu einer Verletzung des Art. 63 Abs. 1 AEUV führen, käme ein Anspruch des D auf Gleichbehandlung mit den Ausländern aus Art. 3 Abs. 1 GG in Betracht. Folglich könnte eine Auslegung des Art. 63 Abs. 1 AEUV durch den Gerichtshof – gleichsam als Hilfestellung für das anfragende nationale Gericht – dienlich sein.

An der Entscheidungserheblichkeit könnte noch deshalb gezweifelt werden, weil im Rahmen des nationalen Verfassungsrechts bislang noch nicht abschließend entschieden wurde, dass die soeben umschriebene Problematik der Inländerdiskriminierung über Art. 3 Abs. 1 GG aufgefangen werden kann. Dies steht der Erforderlichkeit einer Vorabentscheidung aber nicht entgegen, da es – was auch der Wortlaut des Art. 267 UAbs. 2 AEUV anzeigt – im Grundsatz allein Sache des nationalen Gerichts ist, über die Erforderlichkeit der Vorabentscheidung zu befinden. So weist der Gerichtshof das Ersuchen eines nationalen Gerichts nur dann zurück, wenn offensichtlich kein Zusammenhang zwischen der erbetenen Auslegung des Primärrechts und dem Gegenstand des Ausgangsverfahrens besteht. Da dies im vorliegenden Fall aber nicht anzunehmen ist und eine Entscheidung der Vorlagefrage insbesondere zur verfassungsrechtlichen

Beurteilung des dem OLG München vorliegenden Sachverhalts hilfreich sein kann, ist das Vorabentscheidungsverfahren zulässig.

II. Entscheidung des Gerichtshofs

1. Auf die Vorlage des OLG München hat der Gerichtshof über eine Auslegung des Art. 63 AEUV zu entscheiden und insoweit über den Inhalt der bayerischen Regelung zu befinden. Es wurde bereits angesprochen, dass vorliegend – es geht um eine Immobilieninvestition – die Freiheit des Kapitalverkehrs nach Art. 63 Abs. 1 AEUV zu prüfen ist. Dass der Sachverhalt des Ausgangsverfahrens keinen zwischenstaatlichen Bezug aufweist, ist für die Entscheidung der Vorlagefrage durch den Gerichtshof – in Konsequenz zu seinem weiten Verständnis der Zulässigkeitsvoraussetzung der Entscheidungserheblichkeit – irrelevant. Vielmehr untersucht der Gerichtshof einen hypothetischen Sachverhalt und prüft, ob die in Frage stehende nationale Regelung, wenn diese auf EU-Ausländer angewandt würde, in Widerspruch zum AEUV steht. Daher ist hier zu überlegen, ob sich ein Ausländer, der im Allgäu eine Zweitwohnung erwerben will, mit Erfolg auf Art. 63 Abs. 1 AEUV berufen könnte, wenn er sich gegen das Genehmigungserfordernis des bayerischen Zweitwohnungsgesetzes zur Wehr setzt.

2. Bei dem bayerischen Genehmigungserfordernis handelt es sich um eine dem Art. 63 Abs. 1 AEUV unterfallende **Beschränkung**, denn die staatliche Regelung ist gerade darauf ausgerichtet, kapitalverkehrsrelevante Transaktionen zu behindern. Dabei hat der Gerichtshof ein Genehmigungserfordernis für Grundstückskäufe nicht nur dann unter den Beschränkungsbegriff des Art. 63 Abs. 1 AEUV subsumiert, wenn die staatliche Regelung Ausländer diskriminiert. Auch – wie im vorliegenden Fall – unterschiedslos anwendbare Maßnahmen, die den Marktzugang behindern, lassen sich daher von der Kapitalverkehrsfreiheit erfassen.

3. Für eine **Rechtfertigung** der vorstehend beschriebenen Beschränkung der Freiheit des Kapitalverkehrs ist der Ausnahmetatbestand des Art. 65 AEUV thematisch nicht einschlägig. Jedoch will der Gerichtshof kapitalverkehrsbeschränkende Vorschriften des nationalen Rechts auch dann zulassen, wenn diese in nichtdiskriminierender Weise ein im Allgemeininteresse liegendes Ziel verfolgen und wenn sie den Grundsatz der Verhältnismäßigkeit beachten. Beschränkungen in Bezug auf die Errichtung von Zweitwohnungen in einem bestimmten geographischen Gebiet, die ein Mitgliedstaat in Verfolgung raumplanerischer Ziele zur Erhaltung einer dauerhaft ansässigen Bevölkerung und einer vom Tourismus unabhängigen Wirtschaftstätigkeit verfügt, können durchaus als Beitrag zu einem im Allgemeininteresse liegenden Ziel angesehen werden.

Fraglich ist aber, ob die bayerische Regelung den Grundsatz der Verhältnismäßigkeit beachtet. Dies wird man – auch wenn man die Geeignetheit der Regelung nicht abstreiten kann – zu verneinen haben. Denn das bayerische Zweitwohnungsgesetz schließt im gesamten Freistaat Bayern den Erwerb von Zweitwohnungen aus, was sich – allein schon durch die flächendeckende Wirkung der Maßnahme – als eine erhebliche Beschneidung der Erwerbsmöglichkeiten für Grundeigentum darstellt. Dem schützenswerten Allgemeininteresse ausreichend Rechnung getragen hätte ein auf solche Gebiete beschränktes Genehmigungserfordernis, bei dem eine überwiegende Nutzung der Grundstücke als Feriendomizil zu befürchten ist. Zweitens erscheinen auch die im Zweitwohnungsgesetz vorgesehenen Sanktionen – Rückabwicklung des Grundstückskaufs oder Zwangsversteigerung des Grundstücks – als unangemessen. Berücksichtigt man drittens noch, dass das bayerische Gesetz nicht nur die gegenwärtigen, sondern auch die künftigen Nutzungsmöglichkeiten des Grundstücks in massiver Weise einschränkt, dann wird man im Ergebnis von einer Unverhältnismäßigkeit auszugehen haben. Das bayerische Zweitwohnungsgesetz steht damit im Widerspruch zu Art. 63 Abs. 1 AEUV.

Frage c)

Hier ist – wie bei Frage b) auch – davon auszugehen, dass nach Ansicht des Gerichtshofs die bayerische Regelung gegen Art. 63 Abs. 1 AEUV verstößt. Dies hat – auf der Grundlage der Rechtsprechung des Gerichtshofs, nach der der Vorrang des Unionsrechts als Anwendungs- und nicht als Geltungsvorrang ausgestaltet ist – zur Konsequenz, dass die bayerische Regelung für den grenzüberschreitenden Kapitalverkehr unanwendbar ist; dass also ausländische Kapitalanleger in Bayern – ohne Beachtung der Restriktionen des bayerischen Gesetzes – Zweitwohnungen erwerben dürfen. D hingegen hat die gesetzlichen Anforderungen weiter zu beachten, wovon auch das (an dem Genehmigungserfordernis festhaltende) Grundbuchamt im Ansatz zutreffend ausgegangen ist. Die hieraus folgende Diskriminierung des D gegenüber ausländischen Kapitalanlegern könnte aber einen Verstoß gegen den europäischen und/oder den nationalen Gleichheitssatz darstellen (**Problem der sog. Inländerdiskriminierung**).

I.   Verstoß gegen den europäischen Gleichheitssatz

1.   Der **allgemeine Gleichheitssatz** ist als ein Grundrecht des Unionsrechts anerkannt, was sich in verschiedenen Bestimmungen des AEUV (wie z.B. Art. 18 Abs. 1, Art. 95 Abs. 1 oder Art. 157 AEUV) ergibt. Ebenso ist der allgemeine Gleichheitssatz in Art. 20 GRCh festgeschrieben. Auch in Art. 14 EMRK spiegelt sich ein Grundrecht auf die Achtung der Gleichheit vor dem Gesetz wider. Der allgemeine Gleichheitssatz gewährleistet, dass vergleichbare Sachverhalte nicht unterschiedlich behandelt werden dürfen, es sei denn, eine Differenzierung wäre objektiv gerechtfertigt.

Es stellt sich aber die Frage, ob die europäischen Grundrechte überhaupt als Maßstab für nationales Recht herangezogen werden können. Denn die Funktion der europäischen Grundrechte besteht darin, die Unionsgewalt zum Schutze des Einzelnen an bestimmte Grundwerte zu binden. Dann richten sich die europäischen Grundrechte nach ihrer Schutzrichtung nur an die Union, nicht aber an die Mitgliedstaaten. Dies bedeutet, dass sich die Kontrollfunktion der europäischen Grundrechte im Grundsatz nicht auf nationales Recht und damit auch nicht auf das bayerische Zweitwohnungsgesetz erstrecken kann. Ein Verstoß gegen den allgemeinen Gleichheitssatz scheidet damit aus. Der allgemeine Gleichheitssatz des EU-Rechts bietet daher keine Handhabe, um die – im Fall des D auftretende – Problematik der Inländerdiskriminierung in den Griff zu bekommen.

2.   Da sich das **allgemeine Diskriminierungsverbot** des **Art. 18 Abs. 1 AEUV** als Ausprägung des Gleichbehandlungsgrundsatzes begreifen lässt, ist – im Hinblick auf die Benachteiligung des D gegenüber den ausländischen Kapitalanlegern – auch ein

Verstoß gegen Art. 18 Abs. 1 AEUV in Betracht zu ziehen. Zwar schützt Art. 18 Abs. 1 AEUV vor Diskriminierungen seitens der Mitgliedstaaten. Gleichwohl wird man im vorliegenden Fall einen Verstoß gegen Art. 18 Abs. 1 AEUV verneinen müssen, da der Anwendungsbereich des Art. 18 Abs. 1 AEUV nach der h.M. auf den zwischenstaatlichen Wirtschaftsverkehr beschränkt ist. Spielen sich Sachverhalte – wie der Fall des D – ausschließlich im Inneren eines Mitgliedstaates ab, weisen sie also keine grenzüberschreitenden Berührungspunkte auf, muss eine Anwendung des allgemeinen Diskriminierungsverbotes ausscheiden.

II. Verstoß gegen den nationalen Gleichheitssatz (Art. 3 Abs. 1 GG)
Eine Ungleichbehandlung des D und der ausländischen Kapitalanleger ist offensichtlich: Während Letztere infolge des einwirkenden Unionsrechts nicht an die Genehmigungserfordernisse des bayerischen Zweitwohnungsgesetzes gebunden sind, muss D diese Vorgaben beachten. Ob dies zu einem Verstoß gegen das Gleichheitsgebot des Art. 3 Abs. 1 GG führt, hängt zunächst von einer Anwendbarkeit des Art. 3 Abs. 1 GG auf den vorliegenden Sachverhalt ab.
Problematisch könnte die **Anwendbarkeit des Art. 3 Abs. 1 GG** deshalb sein, weil der Sachverhalt von den Rechtsordnungen zweier Hoheitsträger beherrscht wird: zum einen vom Unionsrecht, das über Art. 63 Abs. 1 AEUV eine Freistellung der ausländischen Kapitalanleger von der bayerischen Regelung bewirkt; und zum anderen von dem bayerischen Gesetz, das die Pflichten der deutschen Grundstückserwerber normiert. Ob Art. 3 Abs. 1 GG anwendbar ist, wenn die Ungleichbehandlung auf den Rechtsordnungen zweier Hoheitsträger beruht, ist umstritten.
Die Meinung, dass die Anwendbarkeit des Art. 3 Abs. 1 GG im Verhältnis von EU-Recht zu nationalem Recht ausgeschlossen sei, verweist zum einen darauf, dass es sich um zwei voneinander unabhängige Hoheitsträger handele, die nur innerhalb ihres eigenen Zuständigkeitsbereichs an den Gleichheitssatz gebunden seien. Nur soweit ein Träger öffentlicher Gewalt Einflussmöglichkeiten auf die Gestaltung einer Rechtsmaterie habe, könne von ihm die Beachtung des Gleichheitssatzes verlangt werden. Zur Unterstützung dieser These wird auf die Problematik verwiesen, dass zwei Bundesländer einen Sachverhalt verschieden behandeln; auch hier sei Art. 3 Abs. 1 GG anerkanntermaßen nicht anwendbar.
Hiergegen wendet die Gegenmeinung zutreffend ein, dass nationales Recht und EU-Recht nicht als zwei voneinander „unabhängige" Rechtsordnungen beschrieben werden können. Das Unionsrecht sei als Teil der in jedem Mitgliedstaat geltenden Rechtsordnung derart mit dem nationalen Recht verwoben, dass beide Rechtsordnungen im Hoheitsgebiet eines Mitgliedstaates nebeneinander zur Anwendung kommen könnten. Art. 3 Abs. 1 GG könne daher ohne Weiteres in der vorliegenden Fallkonstellation angewandt werden. Diese Ansicht überzeugt, denn ansonsten könnte sich der deutsche Hoheitsträger seiner Bindung an den Gleichheitssatz dadurch entledigen, dass er die Kompetenz für einen Teilbereich an die Union abgibt.
Damit gilt: Art. 3 Abs. 1 GG ist auch in der Konstellation anwendbar, dass eine Ungleichbehandlung auf einem Zusammenspiel von nationalem Recht und Unionsrecht beruht. Wird eine nationale Vorschrift für den zwischenstaatlichen Bereich für unanwendbar erklärt, so muss sich das Fortbestehen der Norm für innerstaatliche Sachverhalte vor Art. 3 Abs. 1 GG legitimieren lassen. Im vorliegenden Fall lässt sich zur

Rechtfertigung der Ungleichbehandlung zwischen deutschen und ausländischen Kapitalanlegern aber kein sachlicher Grund finden. Die Ungleichbehandlung ist damit willkürlich und stellt einen Verstoß gegen Art. 3 Abs. 1 GG dar.

Weiterführende Hinweise:

Fischer/Fetzer, Europarecht, 12. Auflage 2019, Rn. 305 ff. (zum Vorabentscheidungsverfahren), Rn. 446 ff. (zur Problematik der Inländerdiskriminierung) und Rn. 575 ff. (zur Kapitalverkehrsfreiheit); *EuGH,* ECLI:EU:C:2013:288 – Libert (ähnlicher Fall zu einer belgischen Regelung, nach der Grundstücke nur an Personen verkauft werden dürfen, die eine besondere Bindung zur Gemeinde haben; der EuGH prüft neben Art. 49 und Art. 63 AEUV auch Art. 21, 45 und 56 AEUV); *EuGH,* ECLI:EU:C:2000:401 – Albore; *EuGH,* ECLI:EU:C:1999:271 – Konle; *EuGH,* ECLI:EU:C:2000:663 – Guimont; *EuGH,* ECLI:EU:C:2002:135 – Reisch (jeweils zur Vorlage rein innerstaatlicher Sachverhalte an den Gerichtshof); *Glöckner,* EuR 2000, 592 (zu Grundverkehrsbeschränkungen); *Graser,* DÖV 1998, 1004; *Schilling,* JZ 1994, 8 (jeweils zur Problematik der Inländerdiskriminierung); *Soria,* DVBl. 2002, 1106 (zur Kapitalverkehrsfreiheit).

Lösung Fall 12
Reise mit Hindernissen

(Dienstleistungsfreiheit – Vertragsverletzungsverfahren – Untätigkeitsklage – Vorabentscheidungsverfahren)

Aufgabe 1

Als Klage der Kommission kommt allein ein **Vertragsverletzungsverfahren** gemäß Art. 258 ff. AEUV in Betracht. Damit das Verfahren Aussicht auf Erfolg hat, müsste es zulässig und begründet sein.

I.   Zulässigkeit des Vertragsverletzungsverfahrens
1.   Der Gerichtshof und nicht das Gericht ist **sachlich zuständig**, da Vertragsverletzungsverfahren nicht dem Gericht zugewiesen sind (vgl. Art. 256 Abs. 1 AEUV).

2.   Nach Art. 258 AEUV ist die **Kommission** zur Einleitung eines Vertragsverletzungsverfahrens **berechtigt**. Als Mitgliedstaat ist Spanien ein zulässiger **Antragsgegner**.

3.   Hier geht es um die Verletzung primären Unionsrechts – Art. 56 AEUV und ggf. Art. 18, Art. 21 AEUV – durch einen Mitgliedstaat. Dies ist ein **zulässiger Gegenstand** eines Vertragsverletzungsverfahrens. Die Kommission hat nicht nur Zweifel an der Verletzung des AEUV durch Spanien, sie ist hiervon auch **überzeugt**.

4.   Das vor einer Klageerhebung seitens der Kommission durchzuführende **Vorverfahren** ist in Art. 258 AEUV **zweistufig** ausgestaltet. Zunächst ergeht ein „Mahnschreiben" der Kommission, in dem dem Mitgliedstaat „Gelegenheit zur Äußerung" gegeben wird. Der zweite Schritt ist dann der Erlass einer befristeten und mit Gründen versehe-

nen Stellungnahme. Im vorliegenden Fall ist die Kommission im Einklang mit diesen Vorgaben des Art. 258 AEUV vorgegangen. Die Klage ist daher **zulässig**.

II. Begründetheit des Vertragsverletzungsverfahrens

Die Klage der Kommission ist begründet, wenn Spanien durch sein Verhalten gegen Unionsrecht verstoßen hat.

1. Die auf Art. 22 des Dekretes i.V.m. dem Beschluss des Ministerrates gestützte Maßnahme Spaniens, EU-Ausländern nur dann kostenlosen Eintritt zu staatlichen Museen zu gewähren, wenn sie jünger als 21 Jahre sind, könnte zunächst gegen **Art. 56 AEUV** verstoßen. Art. 56 AEUV gewährleistet die **Dienstleistungsfreiheit** in der EU und kann als unmittelbar anwendbares Unionsrecht direkt als Maßstab für nationale Rechtsvorschriften und Verwaltungsmaßnahmen herangezogen werden.

a) Zunächst ist zu prüfen, ob der **sachliche Anwendungsbereich** der Art. 56 f. AEUV eröffnet ist, d.h. eine Dienstleistung i.S.d. Art. 56, 57 AEUV vorliegt. Unter den **Begriff der Dienstleistung** fällt jede selbstständige, zeitlich begrenzte und in der Regel gegen Entgelt erbrachte Leistung unkörperlicher Natur, die ein grenzüberschreitendes Element beinhaltet. Die Leistung unkörperlicher Natur, die hier erbracht wird, ist das Ermöglichen des Zugangs zu den Museen. Problematisch könnte hier aber das Merkmal des „Entgelts" sein. **Entgeltlichkeit** i.S.d. Art. 56, 57 AEUV setzt voraus, dass der Leistungserbringer mit seiner Leistung einen Erwerbszweck verfolgt und am Wirtschaftsleben, auf das sich der AEUV bezieht, teilnimmt. Hieran könnte man bei dem Betrieb eines Museums zweifeln, da es sich bei Museen im Regelfall mehr um **kulturelle** als um **wirtschaftliche** Einrichtungen handelt. Jedoch ist es in der Rechtsprechung des Gerichtshofs anerkannt, dass aus dem Anwendungsbereich der Dienstleistungsfreiheit nur solche Tätigkeiten herausfallen, bei denen der Bezug zum Wirtschaftsleben nicht mehr erkennbar ist (wie z.B. bei kirchlichen oder karitativen Aktivitäten). Bei dem Betrieb eines Museums wird aber durchaus – wenn auch nicht primär, aber zumindest sekundär – ein wirtschaftlicher Zweck verfolgt, sodass das Merkmal der Entgeltlichkeit als erfüllt anzusehen ist.

b) Liegt demnach eine Leistung i.S.d. Art. 56, 57 AEUV vor, so ist gleichwohl nicht unproblematisch, ob auch in der hier vorliegenden Fallkonstellation die Vorschriften über die Dienstleistungsfreiheit **anwendbar** sind. Typische Konstellation bei Art. 56 f. AEUV ist, dass sich der Leistungserbringer, der sich auf die Dienstleistungsfreiheit berufen will, zur Erbringung der Leistung in den Mitgliedstaat des Leistungsempfängers begibt (sog. **aktive Dienstleistungsfreiheit**). Von dieser Konstellation unterscheidet sich der vorliegende Fall in zweierlei Hinsicht: Zum einen begibt sich der Dienstleistungsempfänger zum Empfang der Dienstleistung in den Staat des Leistungserbringers. Zum anderen beruft sich hier der Empfänger der Dienstleistung und nicht der Erbringer auf die Grundfreiheit. Dies steht einer Anwendung der Art. 56 f. AEUV aber nicht entgegen: Der freie Dienstleistungsverkehr nach Art. 56 f. AEUV erfasst auch die Freiheit der Dienstleistungsempfänger, einschließlich der Touristen, sich in einen anderen Mitgliedstaat zu begeben, um dort unter den gleichen Bedingungen wie die Staatsangehörigen des betreffenden Mitgliedstaates Dienstleistungen in Anspruch zu nehmen (sog. **passive Dienstleistungsfreiheit**). Insofern können sich dann auch die Empfänger touristischer Dienstleistungen gegenüber dem Aufnahmestaat auf die Vorschriften über die Dienstleistungsfreiheit berufen.

c)   Zu prüfen ist nun, ob die Maßnahme Spaniens eine nach Art. 56 AEUV grundsätzlich verbotene **Beschränkung** darstellt. Erfasst werden hiervon unzweifelhaft **Diskriminierungen aufgrund der Staatsangehörigkeit.** Damit wird eine **Inländergleichbehandlung** gewährleistet, sodass EU-Ausländer bei der Inanspruchnahme der Dienstleistungsfreiheit nicht gegenüber Inländern benachteiligt werden dürfen. In Art. 22 des Dekretes i.V.m. dem Beschluss des Ministerrates ist der Zugang zu den staatlichen Museen Spaniens so ausgestaltet, dass EU-Ausländer – im Gegensatz zu Spaniern – nur bei einem Alter unter 21 Jahren kostenfreien Eintritt erhalten. Dies stellt ohne Weiteres eine Ungleichbehandlung von Inländern und EU-Ausländern und damit eine Diskriminierung aufgrund der Staatsangehörigkeit dar. Hiergegen hat Spanien eingewandt, dass Art. 22 Abs. 2 des Dekretes ausdrücklich zu einer Erstreckung der Privilegien auf Staatsangehörige der anderen EU-Mitgliedstaaten ermächtige. Damit wird jedoch lediglich der spanischen Regierung die Möglichkeit eingeräumt, eine Gleichbehandlung von Inländern und EU-Ausländern herbeizuführen. Tatsächlich besteht eine solche Gleichbehandlung der Staatsangehörigen der anderen Mitgliedstaaten aber gerade nicht, da die Regierung von der Ermächtigung des Art. 22 Abs. 2 des Dekretes nur beschränkt Gebrauch gemacht hat. Eine Diskriminierung liegt damit vor.

d)   Es fragt sich daher, ob sich die Diskriminierung **rechtfertigen** lässt. **Schranken der Dienstleistungsfreiheit** ergeben sich zum einen aus Art. 62 i.V.m. Art. 51 AEUV sowie aus Art. 62 i.V.m. Art. 52 AEUV; zum anderen kann die Dienstleistungsfreiheit auch entsprechend der „Cassis-de-Dijon"-Rechtsprechung, die auf Art. 56 AEUV anzuwenden ist, aus „zwingenden Gründen des Allgemeininteresses" eingeschränkt werden. Die Schranke des **Art. 62 i.V.m. Art. 51 AEUV** ist bereits thematisch nicht einschlägig, da der Betrieb eines Museums keine Ausübung öffentlicher Gewalt darstellt. Auch die Schranke des **Art. 62 i.V.m. Art. 52 AEUV** passt nicht, da die Ungleichbehandlung der EU-Ausländer nicht aus Gründen der öffentlichen Ordnung, Sicherheit oder Gesundheit erfolgt. Insbesondere lässt sich hierunter auch nicht die von Spanien vorgebrachte Erwägung, die Kohärenz des Steuersystems zu wahren, fassen. Eine Rechtfertigung der Beeinträchtigung der Dienstleistungsfreiheit kann im vorliegenden Fall schließlich auch nicht auf **„zwingende Gründe des Allgemeininteresses"** gestützt werden, da diese Schranke nicht bei offenen Diskriminierungen aufgrund der Staatsangehörigkeit zur Anwendung kommt. Eine Rechtfertigung der Maßnahme Spaniens scheidet damit aus. Spanien hat gegen Art. 56 AEUV verstoßen.

2.   Zu prüfen bleibt, ob zusätzlich auch ein Verstoß gegen Art. 18 Abs. 1 oder Art. 21 AEUV vorliegt. Art. 18 Abs. 1 AEUV beinhaltet ein **allgemeines Diskriminierungsverbot**, das in dem Anwendungsbereich des EU-Rechts jede Diskriminierung aus Gründen der Staatsangehörigkeit verbietet. Voraussetzung wäre hierfür, dass Art. 18 AEUV überhaupt Anwendung findet, wenn ein spezielles Diskriminierungsverbot – wie hier Art. 56 AEUV – einschlägig ist. Die Rechtsprechung des Gerichtshofs zu dieser Fragestellung ist uneinheitlich. Während der Gerichtshof in manchen Fällen eine Verletzung des Art. 18 AEUV neben einem Verstoß gegen ein spezielles Diskriminierungsverbot

bejaht, prüft er in anderen Fällen nur eine Verletzung des speziellen Diskriminierungs-
verbotes. Eine Anwendung des Art. 18 AEUV wird man aber schon deshalb zu verneinen haben, da die speziellen Diskriminierungsverbote – im Falle ihrer Einschlägigkeit
– als **leges speciales** gegenüber dem allgemeinen Diskriminierungsverbot des Art. 18
AEUV anzusehen sind. Für diese Auffassung spricht auch der Wortlaut des Art. 18
AEUV, nach dem Art. 18 AEUV nur „unbeschadet besonderer Bestimmungen dieses
Vertrages" anwendbar sein soll.
Zum gleichen Ergebnis gelangt man auch für den ebenfalls von der Kommission gerügten **Art. 21 AEUV**. Die unmittelbar anwendbare Vorschrift des Art. 21 AEUV verbrieft
für die Unionsbürger eine grundsätzliche Freiheit, sich im Hoheitsgebiet der Mitgliedstaaten frei zu bewegen und aufzuhalten. In Bezug auf die Dienstleistungsfreiheit findet
dieser Grundsatz seinen besonderen Ausdruck in Art. 56 AEUV, der damit insoweit den
vorrangig zu untersuchenden Prüfungsmaßstab beinhaltet. Weder Art. 18 noch Art. 21
AEUV sind daher als eigenständige Verbotsnormen zu prüfen.

3.   In der Fallalternative ist zu überlegen, ob sich die rechtliche Beurteilung des Falls
dann ändern würde, wenn das königliche Dekret den kostenlosen Eintritt allein daran
geknüpft hätte, dass eine Person ihren Wohnsitz in der Gemeinde hat, in der sich das
Museum befindet. Dies bedingt zunächst eine abweichende Prüfung des Gewähr-
leistungsbereichs: Wenn das Dekret nicht mehr explizit auf die Staatsangehörigkeit
abstellt, dann liegt keine offene Diskriminierung vor. Es kommt jedoch eine **versteckte
Diskriminierung** in Betracht, die voraussetzt, dass von einer staatlichen Regelung typischerweise EU-Ausländer betroffen sind. Hier kann man einerseits argumentieren,
dass auch spanische Staatsbürger dann nicht die Vorzüge des königlichen Dekretes in
Anspruch nehmen können, wenn sie nicht in der Museums-Gemeinde ansässig sind.
Andererseits wird man davon ausgehen müssen, dass ein Wohnsitzkriterium regelmäßig gerade zu einer Benachteiligung von EU-Ausländern führt, da in einem Staat, wenn
auch nicht ausschließlich, so aber doch zumindest vorrangig Inländer ansässig sind.
Das Vorliegen einer versteckten Diskriminierung wird auch nicht dadurch beseitigt,
dass sich das Wohnsitzerfordernis jeweils lediglich auf einen Teil des Hoheitsgebietes
von Spanien (und zwar immer nur die Gemeinden) bezieht.
Bei der Prüfung, ob eine **Rechtfertigung** der versteckten Diskriminierung möglich ist,
scheiden auch insoweit die Schranken des Art. 62 i.V.m. Art. 51 AEUV sowie des Art. 62
i.V.m. Art. 52 AEUV von vornherein aus. Damit bleibt als Rechtfertigungsgrund der
ungeschriebene Tatbestand der **„zwingenden Gründe des Allgemeininteresses"**, den
der Gerichtshof auch auf versteckte Diskriminierungen anwendet. Als Allgemeininteresse kommt hier allein der Aspekt in Betracht, dass man die Einräumung des kostenlosen Eintritts als Gegenleistung für die Zahlung von Steuern begreift, da die Verwaltung der Museen auch über Steuergelder finanziert wird. Zwar wurde die Kohärenz des
Steuersystems vom Gerichtshof im Grundsatz als möglicher Rechtfertigungsgrund anerkannt; dies aber nur dann, wenn ein unmittelbarer Zusammenhang zwischen der
Besteuerung und der Einräumung eines besonderen Rechts besteht. Hieran fehlt es
aber im vorliegenden Fall, da nicht ersichtlich ist, dass gerade die Steuergelder der Ge-
meindeeinwohner für die Bewirtschaftung der Museen eingesetzt werden. Damit wäre
das königliche Dekret – auch im Falle einer Wohnsitzregelung – nicht mit Art. 56 AEUV
zu vereinbaren.

Aufgabe 2

Zu prüfen ist, welche prozessualen Möglichkeiten für das Ehepaar bestehen, um den Gerichtshof mit dem Sachverhalt zu befassen. Es kommen ein Vertragsverletzungsverfahren gegen Spanien, eine Untätigkeitsklage gegen die Kommission und ein Vorabentscheidungsverfahren in Betracht.

I.   Das Vertragsverletzungsverfahren gemäß Art. 258, 259 AEUV

Zur **Einleitung eines Vertragsverletzungsverfahrens** sind gemäß Art. 258 UAbs. 1 AEUV die **Kommission** und gemäß Art. 259 UAbs. 1 AEUV die **Mitgliedstaaten** berechtigt. Das Ehepaar könnte daher nicht selbst gemäß Art. 258, 259 AEUV vor dem Gerichtshof klagen. Das Ehepaar könnte nur versuchen, die Kommission zu veranlassen, ein Verfahren nach Art. 258 AEUV einzuleiten; oder es könnte seinen Heimatstaat dazu veranlassen, ein Verfahren gemäß Art. 259 AEUV durchzuführen, – und zwar in beiden Fällen mit der Begründung, dass Spanien durch sein Verhalten gegen Art. 56 AEUV verstoßen habe. Selbst könnte das Ehepaar aber kein Vertragsverletzungsverfahren vor dem Gerichtshof einleiten.

II.   Die Untätigkeitsklage gemäß Art. 265 AEUV

1.   Nach Art. 265 UAbs. 3 AEUV sind **natürliche Personen** im Rahmen einer Untätigkeitsklage aktiv **beteiligungsfähig**, folglich auch das deutsche Touristenehepaar. Die Kommission ist gemäß Art. 265 Abs. 1 AEUV ein möglicher **Antragsgegner**. Die **sachliche Zuständigkeit** im Rahmen einer Untätigkeitsklage bemisst sich nach Art. 256 UAbs. 1 AEUV. Hiernach ist das Gericht u.a. für Klagen nach Art. 265 AEUV zuständig – nicht der Gerichtshof. Zwar findet sich gemäß Art. 256 Abs. 1 AEUV i.V.m. Art. 51 Satzung des Gerichtshofs ein Vorbehalt zugunsten des Gerichtshofes, wenn Untätigkeitsklagen von den Mitgliedstaaten oder den Unionsorganen erhoben werden. Für die gemäß Art. 265 UAbs. 3 AEUV von juristischen oder natürlichen Personen erhobenen Untätigkeitsklagen und damit auch für die Klage des Ehepaars ist aber das Gericht und nicht der Gerichtshof erstinstanzlich zuständig.

2.   Mit einer Untätigkeitsklage kann die Feststellung begehrt werden, dass ein Organ der Union rechtswidrig untätig geblieben ist. Insofern könnte das Ehepaar eine Untätigkeitsklage gegen die Kommission mit der Begründung erwägen, die **Kommission** habe es rechtswidrig **unterlassen**, ein Vertragsverletzungsverfahren gemäß Art. 258 AEUV gegen Spanien anzustrengen. Eine mit dieser Begründung erhobene Untätigkeitsklage ist aber **unzulässig**. Zum einen können natürliche Personen eine Untätigkeitsklage nur zu dem Zweck erheben, dass ein an sie zu richtender Rechtsakt erlassen wird. Dies ist aber nicht der Fall, wenn von der Kommission die Einleitung eines Vertragsverletzungsverfahrens gegen einen Mitgliedstaat begehrt wird. Zum anderen kann eine solche Untätigkeitsklage auch deshalb keinen Erfolg haben, weil es allein im Ermessen der Kommission liegt, ob sie ein Verfahren gemäß Art. 258 AEUV einleitet, und dem Einzelnen insofern kein Recht zusteht.

III.   Das Vorabentscheidungsverfahren gemäß Art. 267 AEUV

Bei einem Vorabentscheidungsverfahren gemäß Art. 267 AEUV legt ein nationales Gericht im Rahmen eines bei ihm anhängigen Rechtsstreits dem Gerichtshof eine Frage über die Auslegung bzw. die Gültigkeit von Unionsrecht vor. Für das Ehepaar ist das Verfahren gemäß Art. 267 AEUV daher insofern von Interesse, als das Ehepaar vor einem spanischen Gericht Klage auf Rückzahlung des Eintrittsgeldes erheben könnte. In diesem Rechtsstreit könnte das Ehepaar sodann die Unvereinbarkeit des Verhaltens Spaniens mit Art. 56 AEUV **rügen** und **anregen**, dem Gerichtshof diese Frage gemäß Art. 267 AEUV vorzulegen. **Erzwingbar** wäre eine solche Vorlage freilich nicht.

Aufgabe 3

I. Zu prüfen ist ein Verstoß gegen Art. 56 AEUV für den Fall, dass die beiden deutschen Staatsangehörigen als Touristen nach Portugal reisen wollen. Art. 56 AEUV schließt die Freiheit des Dienstleistungsempfängers ein, sich zur Inanspruchnahme einer Dienstleistung in einen anderen Mitgliedstaat zu begeben. Damit kommt im Fall von Touristen die sog. **passive Dienstleistungsfreiheit** zum Zuge.

II. In der portugiesischen Regelung, die eine Ausweisung auf Lebenszeit ermöglicht, liegt eine Behinderung der durch Art. 56 AEUV gewährleisteten Dienstleistungsfreiheit, weil durch sie diese Freiheit völlig entzogen wird. Dabei ist von einer **offenen Diskriminierung** auszugehen, da die lebenslange Ausweisung nur gegenüber Ausländern ausgesprochen werden kann.

III. Als **Rechtfertigung** kommt hier die Schranke des **Art. 62 i.V.m. Art. 52 AEUV** in Betracht, und zwar unter dem Gesichtspunkt der öffentlichen Ordnung. Dieser – als Ausnahme zur Dienstleistungsfreiheit – eng auszulegende Vorbehalt berechtigt die Mitgliedstaaten zu einer Beschränkung der Dienstleistungsfreiheit, wenn eine tatsächliche und hinreichend schwere Gefährdung vorliegt, die ein Grundinteresse der Union berührt. Zwar kann in dem Besitz von verbotenen Betäubungsmitteln durchaus eine Gefährdung der Gesellschaft gesehen werden. Auch sind die Mitgliedstaaten nach Ansicht des Gerichtshofs grundsätzlich berechtigt, gegenüber den Staatsangehörigen anderer Mitgliedstaaten Maßnahmen zu ergreifen, die sie – wie im Fall der Ausweisung – bei ihren eigenen Staatsbürgern nicht anwenden dürfen. Allerdings hat ein Mitgliedstaat beim Einsatz derartiger Maßnahmen stets den Grundsatz der Verhältnismäßigkeit zu beachten. Vor diesem Hintergrund ist eine nationale Regelung dann als unionsrechtswidrig einzustufen, wenn sie aufgrund eines Verstoßes gegen das Betäubungsmittelgesetz automatisch die lebenslange Ausweisung des Täters vorsieht, ohne dessen individuelles Verhalten bzw. die von ihm konkret ausgehende Gefährdung der öffentlichen Ordnung zu berücksichtigen; oder ohne ein beschränktes Aufenthaltsverbot in Betracht zu ziehen. Diesen Anforderungen wird die portugiesische Regelung nicht gerecht, sodass vorliegend ein Verstoß gegen Art. 56 AEUV anzunehmen ist.

Aufgabe 4

I. Zu prüfen ist zunächst, ob mit dem Zutrittsverbot aus der Coffeeshop-Verordnung gegen die Warenverkehrsfreiheit des Art. 34 AEUV verstoßen wird, die grundsätzlich vorrangig vor der Dienstleistungsfreiheit zu prüfen ist (vgl. Art. 57 AEUV). Hierzu müsste durch das Zutrittsverbot zu den Maastrichter Coffeeshops der grenzüberschreitende

Handel von Unionsware i.S.d. Art. 28 Abs. 2 AEUV beeinträchtigt werden. Das Cannabis stellt keine Unionsware dar, da es nicht als Gegenstand von Handelsgeschäften auf dem europäischen Markt legal handelbar ist. Auch in den Niederlanden wird der Verkauf von Cannabis lediglich geduldet. Als weiterer Anknüpfungspunkt kommen die im Coffeeshop zum Verkauf angebotenen Speisen und Getränke in Betracht. Diese werden im Coffeeshop regelmäßig zubereitet und dann gegen Entgelt erworben und vor Ort verzehrt. Somit mangelt es insoweit aber an einem grenzüberschreitenden Sachverhalt. Bei der Abgrenzung der Grundfreiheiten untereinander strengt der Gerichtshof in solchen Fällen zudem die **Schwerpunkttheorie** an. Tritt die Bewirtungstätigkeit, die von einem Bündel von Elementen und Handlungen gekennzeichnet ist, gegenüber der Lieferung des Gegenstands derart in den Vordergrund, dass die Lieferung als völlig nachrangig zu bewerten ist, so ist die Tätigkeit nur unter dem Aspekt der Dienstleistungsfreiheit und nicht unter der völlig zweitrangigen Warenverkehrsfreiheit zu prüfen. Der Gerichtshof hat entschieden, dass bei der Darbietung von Speisen und Getränken in einem Coffeeshop die Bewirtungstätigkeit gegenüber der Warenlieferung derart in den Vordergrund rückt, dass eine Beschränkung allein an der Dienstleistungsfreiheit zu messen ist. Mangels Eröffnung des Schutzbereichs der Warenverkehrsfreiheit auch in Bezug auf die Darbietung und den Verkauf der Speisen und Getränke kann ein Verstoß gegen Art. 34 AEUV nicht festgestellt werden.

II. Möglicherweise ist das Zutrittsverbot aber mit der Dienstleistungsfreiheit aus Art. 56 AEUV unvereinbar. Die Bewirtungsleistung stellt eine Dienstleistung i.S.d. Art. 56 f. AEUV dar. Das deutsche Touristenpaar begibt sich in die Niederlande, einen anderen Mitgliedstaat, um dort die Dienstleistung zu empfangen. Einschlägig ist mithin die **passive Dienstleistungsfreiheit.** Das Zutrittsverbot, das die Ausübung der Dienstleistung beschränkt, knüpft nicht an die Staatsangehörigkeit an und ist damit keine offene Diskriminierung. Indem es aber an den Wohnsitz in den Niederlanden anknüpft, trifft es typischerweise EU-Ausländer und ist damit **versteckt diskriminierend.** Die Bewirtungstätigkeit ist keine Ausübung öffentlicher Gewalt, die Schranke des Art. 62 i.V.m. Art. 51 somit nicht erfüllt. Da es sich um keine offene Diskriminierung handelt, kommen als Rechtfertigungsgründe sowohl die im AEUV geschriebenen nach Art. 62 i.V.m. Art. 52 AEUV als auch die zwingenden Gründe des Allgemeininteresses in Betracht. Die Beschränkung des Drogentourismus und seiner Belästigungen sollen die **öffentliche Ordnung** und die **Gesundheit** i.S. des Art. 52 AEUV schützen. Das Zutrittsverbot ist geeignet, diese Ziele zu fördern. Fraglich ist allerdings, ob es auch **erforderlich** ist. Ein milderes Mittel wäre ein Verbot, das nur den Verkauf und Kauf von Drogen beinhaltet, aber den Zutritt zu den Coffeeshops und Kauf und Verzehr der Getränke und Speisen erlaubt. Ein solches Verbot ist aber nicht gleich effektiv wie das Zutrittsverbot, da der unberechtigte Aufenthalt von Nichtansässigen von den Behörden einfacher zu kontrollieren ist als der unberechtigte Verkauf, wenn sich Nichtansässige bereits legal im Coffeeshop aufhalten dürfen. Insoweit ist auch zu beachten, dass dem Staat bei der Auswahl seiner Mittel ein Ermessen zusteht. Eine Abwägung der widerstreitenden Interessen – also der Schutz der öffentlichen Ordnung und Gesundheit einerseits und die Realisierung des Binnenmarktes und die Gewährleistung der Dienstleistungsfreiheit andererseits – ergibt, dass die Dienstleistungsfreiheit durch das Zutrittsverbot nur gering eingeschränkt wird: Speisen und Getränke können weiterhin außerhalb von Coffeeshops, in Restaurants, Supermärkten und an Imbissbuden legal erworben und konsumiert werden; die Einbußen des Coffeeshop-Inhabers durch den untersagten Verkauf der Speisen und Getränke betreffen nur 10 % des Gesamtumsatzes und sind damit überschaubar. Das Zutrittsverbot ist folglich verhältnismäßig und gerechtfertigt und mit der Dienstleistungsfreiheit des Art. 56 AEUV vereinbar.

III. Art. 18 und 21 AEUV, die allgemeinen Diskriminierungsverbote, sind nur anwendbar, wenn **keine spezielleren** Diskriminierungsverbote einschlägig sind. Das Diskriminierungsverbot im Bereich der Dienstleistungsfreiheit ist in Art. 56 ff AEUV konkretisiert. Da der Schutzbereich der Dienstleistungsfreiheit vorliegend eröffnet ist, sind die Diskriminierungsverbote der Art. 18 und 21 AEUV subsidiär zu Art. 56 AEUV und nicht zu prüfen.

Weiterführende Hinweise:

Fischer/Fetzer, Europarecht, 12. Auflage 2019, Rn. 251 ff. (zum Vertragsverletzungsverfahren), Rn. 279 ff. (zur Untätigkeitsklage) und Rn. 555 ff. (zur Dienstleistungsfreiheit); *EuGH,* ECLI:EU:C:2010:340 (zur Dienstleistungsfreiheit); *EuGH,* ECLI:EU:C:1994:101 – Kommission/Spanien; *EuGH,* ECLI:EU:C: 2003:30 – Kommission/Italien (jeweils zu Fällen der passiven Dienstleistungsfreiheit); *EuGH,* ECLI: EU:C:1999:6 – Calfa; *EuGH,* ECLI:EU:C:2002:712 – Olazabal; *EuGH,* ECLI:EU:C:2004:262 – Orfanopoulos und Oliveri, *EuGH,* ECLI:EU:C:2004:614 – Omega, „Laserdrome" (jeweils zur öffentlichen Ordnung); *EuGH,* ECLI:EU:C:2010:774 – Josemans, „Coffeeshop" (zur Abgrenzung der Warenverkehrs- und Dienstleistungsfreiheit sowie zum allgemeinen Diskriminierungsverbot und zur öffentlichen Ordnung).

Lösung Fall 13

Cold calling

(Dienstleistungsfreiheit – Rechte der Europäischen Parlaments – sekundäres Unionsrecht und nationaler Rechtsschutz)

Aufgabe 1

Das Verbot des cold calling seitens des niederländischen Finanzministeriums könnte gegen Art. 56 AEUV verstoßen.

I. Dies setzt zunächst voraus, dass sowohl der persönliche als auch der sachlich-räumliche **Anwendungsbereich** der Art. 56 ff. AEUV eröffnet sind. In persönlicher Hinsicht berechtigt Art. 56 AEUV zunächst alle natürlichen Personen, die Angehörige eines Mitgliedstaates und in einem Mitgliedstaat der EU auch ansässig sind. Für juristische Personen erweitert Art. 62 i.V.m. Art. 54 AEUV den persönlichen Anwendungsbereich auf alle Gesellschaften, die nach dem Recht eines Mitgliedstaates gegründet wurden und die in der Union ihren Sitz haben. Dies trifft auf die Wall Street Unlimited zu.

II. Zu prüfen ist weiter, ob eine **Dienstleistung** i.S.d. Art. 56, 57 AEUV – d.h. eine selbstständige, zeitlich begrenzte und in der Regel gegen Entgelt erbrachte Leistung unkörperlicher Natur, die ein grenzüberschreitendes Element beinhaltet – vorliegt. Die Vermittlung von Anlagegeschäften für ausländische Kunden erfüllt diese Definition. Gleichwohl könnten hier hinsichtlich der Anwendbarkeit der Art. 56 ff. AEUV Bedenken bestehen.

Erstens könnte problematisch sein, dass die Wall Street Unlimited zum Zeitpunkt des Telefongesprächs noch gar keine Dienstleistung erbringt, sondern lediglich **Werbung** für diese betreibt. Insoweit vertritt der Gerichtshof jedoch zu Recht die Ansicht, dass sich der Anwendungsbereich der Dienstleistungsfreiheit nicht allein auf die Erbringung der Dienstleistung als solche beschränkt, sondern auch auf Tätigkeiten erstreckt, die der eigentlichen Leistungserbringung vorgelagert sind und die wesensmäßig zu der Leistungserbringung gehören. Zur Begründung weist der Gerichtshof darauf hin, dass der freie Dienstleistungsverkehr illusorisch werden würde, wenn nationale Regelungen das Anbieten von Dienstleistungen nach Belieben behindern könnten.

Zweitens fällt auf, dass weder ein Fall der aktiven Dienstleistungsfreiheit (der Leistungserbringer begibt sich in den Mitgliedstaat des Leistungsempfängers) noch ein Fall der passiven Dienstleistungsfreiheit (der Leistungsempfänger begibt sich in den Mitgliedstaat des Leistungserbringers) vorliegt. Die Dienstleistung bzw. die Werbung wird vielmehr **ohne Ortswechsel** erbracht. Aber auch dieser Gesichtspunkt führt nicht zu einer Unanwendbarkeit der Art. 56 f. AEUV, denn die Dienstleistungsfreiheit des AEUV ist auch dann einschlägig, wenn lediglich die Leistung die Grenze überschreitet, die beteiligten Personen (Erbringer und Empfänger der Leistung) aber in ihrem Aufenthaltsstaat verbleiben.

Drittens ist das Verhältnis zur Freiheit des Kapitalverkehrs (Art. 63 AEUV) zu klären, die – mit Blick auf Art. 57 UAbs. 1 AEUV – als lex specialis gegenüber der Dienstleistungsfreiheit anzusehen sein könnte. Zwar unterfällt die Geldanlage im EU-Ausland dem Tatbestand des freien Kapitalverkehrs. Die Wall Street Unlimited will aber keine Geldanlage als solche vornehmen, sondern Anlagegeschäfte für ausländische Kunden vermitteln. Dies stellt eine Dienstleistung dar, für die die Gewährleistung des Art. 56 AEUV gilt.

III. Es stellt sich weiter die Frage, ob das Verbot des cold calling eine nach Art. 56 AEUV **grundsätzlich verbotene Beschränkung** darstellt. Was unter einer Beschränkung i.S.d. Art. 56 AEUV zu verstehen ist, wird in der Vorschrift nicht näher erläutert. Unproblematisch ist insoweit, dass Art. 56 AEUV **Diskriminierungen** von EU-Ausländern verbietet, also die Schlechterstellung von EU-Ausländern gegenüber Inländern. Im vorliegenden Fall liegt eine solche Ungleichbehandlung aber nicht vor, da das Verbot des niederländischen Finanzministeriums für niederländische und ausländische Gesellschaften gleichermaßen gilt.

In der Rechtsprechung des Gerichtshofs und in der Literatur ist aber anerkannt, dass Art. 56 AEUV einen über ein Diskriminierungsverbot hinausgehenden Inhalt hat. Danach schützt Art. 56 AEUV nicht nur vor diskriminierenden, sondern auch vor diskriminierungsfreien staatlichen Maßnahmen. So gebietet Art. 56 AEUV die Aufhebung aller Beschränkungen – selbst wenn sie unterschiedslos für inländische Dienstleistende wie für solche aus anderen Mitgliedstaaten gelten –, sofern sie geeignet sind, die Tätigkeiten des Dienstleistenden, der in einem anderen Mitgliedstaat ansässig ist und dort rechtmäßig ähnliche Dienstleistungen erbringt, zu unterbinden, zu behindern oder weniger attraktiv zu machen. Damit fällt auch das niederländische Verbot des cold calling grundsätzlich unter den weiten Beschränkungsbegriff des Art. 56 AEUV.

Gegen die Subsumtion des niederländischen Verbotes unter den weiten Beschränkungsbegriff könnte jedoch die Rechtsprechung des Gerichtshofs zu Art. 34, 35 AEUV sprechen. So hat der Gerichtshof zu Art. 35 AEUV entschieden, dass nur solche nationalen Maßnahmen verboten sind, die spezifische Beschränkungen der Ausfuhrströme bezwecken oder bewirken und damit unterschiedliche Bedingungen für den Handel innerhalb eines Mitgliedstaates und seinen Außenhandel schaffen. Daher könnte man argumentieren, dass das niederländische Verbot, das für die Kontaktaufnahme mit Auslandskunden eine Art „Ausfuhrhindernis" darstellt, als eine die innerstaatliche Wirtschaft gleichermaßen betreffende Maßnahme nicht von Art. 56 AEUV erfasst werde. Doch hat der Gerichtshof seine Rechtsprechung zu Art. 35 AEUV nicht auf die Art. 56 f. AEUV übertragen. Aus systematischen Erwägungen ist es auch nicht angezeigt, im Rahmen der Dienstleistungsfreiheit zwischen Einfuhr- und Ausfuhrhindernissen zu differenzieren, da eine solche Differenzierung – anders als bei der Warenverkehrsfreiheit – nicht explizit durch den AEUV vorgezeichnet ist. Zudem ist kein sachlicher Grund ersichtlich, bei der Dienstleistungsfreiheit zwischen Zugangs- und Wegzugsbeschränkungen zu unterscheiden.

Ferner ist zu erwägen, ob nicht die vom Gerichtshof zu Art. 34 AEUV entwickelte **„Keck"-Rechtsprechung** auf Art. 56 AEUV zu übertragen ist. So hat der Gerichtshof in seinem Urteil „Keck und Mithouard" festgestellt, dass bestimmte Verkaufsmodalitäten nicht als Maßnahmen gleicher Wirkung i.S.v. Art. 34 AEUV anzusehen sind. Da im Rahmen des Art. 34 AEUV Werbebeschränkungen z.T. als Verkaufsmodalitäten eingestuft werden, könnte man erwägen, auch bestimmte Werbebeschränkungen bzw. -verbote für Dienstleistungen vom Anwendungsbereich der Art. 56 ff. AEUV auszunehmen. Für den vorliegenden Fall ist aber zu beachten, dass der Gerichtshof die „Keck"-Rechtsprechung nur auf staatliche Regelungen angewendet hat, die den Zugang zu dem eigenen Markt erschweren oder ausschließen. Hier handelt es sich aber – wie bereits gesagt – um ein „Ausfuhrhindernis", sodass die „Keck"-Rechtsprechung des Gerichtshofs schon im Ansatz nicht passt. Es liegt daher eine Beschränkung i.S.v. Art. 56 AEUV vor.

IV. Zu prüfen ist weiter, ob die niederländische Maßnahme gleichwohl zulässig ist. Zwar sind die vom AEUV vorgegebenen **Schranken** der Art. 62 i.V.m. Art. 51 AEUV (Ausübung öffentlicher Gewalt) und Art. 62 i.V.m. Art. 52 AEUV (Gründe der öffentlichen Ordnung, Sicherheit und Gesundheit) bereits thematisch nicht einschlägig. Jedoch hat der Gerichtshof – wie bei Art. 34 AEUV durch seine „Cassis-de-Dijon"-Rechtsprechung – auch bei Art. 56 AEUV anerkannt, dass auch außerhalb der Schranken des Art. 62 i.V.m. Art. 51, 52 AEUV Beschränkungen der Dienstleistungsfreiheit gerechtfertigt sein können. Dies nimmt der Gerichtshof beim Vorliegen der folgenden Voraussetzungen an:

1. Die staatliche Maßnahme muss für In- und Ausländer **unterschiedslos anwendbar sein.** Dies ist bei der niederländischen Regelung der Fall, da sie sowohl für niederländische als auch für ausländische Gesellschaften gilt.

2. Es muss ein **zwingendes Allgemeininteresse** betroffen sein. Als solches kommt hier die der niederländischen Regelung zugrundeliegende Erwägung des Schutzes der potenziellen Kapitalanleger (Verbraucher) und des guten Rufes des niederländischen Finanzmarktes in Betracht. Während ein solches Allgemeininteresse bei dem guten Ruf des Finanzmarktes problemlos angenommen werden kann, kann dies für den Gesichtspunkt des Verbraucherschutzes nicht ohne Weiteres bejaht werden. Dies ist darauf zurückzuführen, dass es hier um den Schutz von außerhalb der Niederlande ansässigen Personen geht, und der Schutz dieser Personen ist nicht Aufgabe des niederländischen Staates. Daher ist der Verbraucherschutz hier nur insoweit schutzwürdig, als sich dieser auf den guten Ruf des niederländischen Finanzmarktes auswirkt.

3.   Des Weiteren prüft der Gerichtshof bei der Rechtfertigung von Eingriffen in die Dienstleistungsfreiheit aufgrund eines Allgemeininteresses, ob diesem nicht schon durch entsprechende **Regelungen im Heimatstaat** Rechnung getragen wurde. Diese Voraussetzung passt freilich nicht in der Konstellation, dass gerade eine Maßnahme des Heimatstaates die angegriffene Beschränkung ist. Diese Voraussetzung wird daher vom Gerichtshof in der hier vorliegenden Fallkonstellation auch nicht geprüft.

4.   Schließlich untersucht der Gerichtshof, ob die staatliche Maßnahme im Hinblick auf das Allgemeininteresse auch **verhältnismäßig** ist. Dann müsste das Verbot des cold calling zunächst **geeignet** sein, das von diesem Verbot angestrebte Ziel zu erreichen. Da der Ruf eines Finanzmarktes auch von der Sachkunde und Seriosität seiner Finanzvermittler abhängig ist und sich exzessive Methoden der Kundenwerbung wie des cold calling auf den guten Ruf des Finanzmarktes auswirken, ist das Verbot des cold calling durchaus eine Maßnahme, die den guten Ruf eines Finanzmarktes schützt. Daher ist die Maßnahme zur Erreichung des Zwecks geeignet.
Weiter müsste die niederländische Maßnahme auch **erforderlich** sein. Insoweit könnte man zum einen erwägen, ob sich ein Schutz der Kapitalanleger nicht durch Maßnahmen der Staaten der Leistungsempfänger gewährleisten lässt. Insofern ist aber bereits fraglich, ob es sich hierbei um ein milderes Mittel handelt. Jedenfalls wäre diese Maßnahme aber nicht gleich geeignet, denn eine Kontrolle von Telefonanrufen lässt sich am ehesten von dem Staat aus durchführen, von dem aus der Telefonanruf vorgenommen wird. Zum anderen könnte man überlegen, ob nicht andere Maßnahmen der Niederlande ein milderes Mittel darstellen würden. So wird z.B. in Großbritannien der Verbraucherschutz dadurch verwirklicht, dass Maklergesellschaften zur Aufzeichnung von unaufgefordert vorgenommenen Telefonanrufen verpflichtet sind. Es ist aber zweifelhaft, ob dies ein gleich geeignetes Mittel darstellt. Insoweit ist zu beachten, dass dem Staat bei der Auswahl seiner Mittel ein Ermessen zusteht. Die Maßnahme der Niederlande ist daher als erforderlich anzusehen.
Schließlich müsste die niederländische Vorschrift auch **angemessen** sein. Hierfür ist das Unionsinteresse an der Verwirklichung der Dienstleistungsfreiheit mit dem nationalen Allgemeininteresse – guter Ruf des Finanzmarktes – abzuwägen. Hierbei wird man zu berücksichtigen haben, dass das Verbot des cold calling im niederländischen Staat nur in bestimmten Fällen gilt: Zum einen gilt das Verbot nur, wenn sich das cold calling auf ein Anlagegeschäft bezieht; zum anderen ist es erforderlich, dass vor dem Telefonanruf noch kein Kontakt zu dem jeweiligen (potenziellen) Kunden bestand. Angesichts dieses eingeschränkten Anwendungsbereichs des niederländischen Verbots wird man die negativen Auswirkungen auf die Dienstleistungsfreiheit in der EU nur als

gering veranschlagen können. Daher kann man die niederländische Regelung durchaus als noch angemessen bewerten. Das Verbot des cold calling ist deshalb mit Art. 56 AEUV vereinbar.

Aufgabe 2

Das niederländische Gericht dürfte die EU-Richtlinie unberücksichtigt lassen, wenn die Richtlinie wegen einer fehlenden Beteiligung des Europäischen Parlaments nichtig wäre und das Gericht die Richtlinie aus diesem Grund nicht zur Entscheidungsfindung heranziehen musste.

I. Gemäß Art. 62 i.V.m. Art. 53 Abs. 1 AEUV hätte der Rat die Richtlinie nur unter Beteiligung des Europäischen Parlaments im ordentlichen Gesetzgebungsverfahren erlassen dürfen. Art. 53 Abs. 1 AEUV schreibt explizit die Durchführung des ordentlichen Gesetzgebungsverfahrens gemäß Art. 289 AEUV vor. Da hier die Vorgaben des Art. 289 AEUV missachtet wurden, liegt eine Verletzung des Art. 62 i.V.m. Art. 53 Abs. 1 AEUV vor. Dieser Verstoß führt zur **Nichtigkeit der Richtlinie**, da auf eine im AEUV vorgesehene Beteiligung des Europäischen Parlaments am Rechtsetzungsverfahren nicht verzichtet werden kann. Für den Fall einer unterlassenen Anhörung des Europäischen Parlamentes hat der Gerichtshof die Nichtigkeit des Rechtsaktes mit einer Beeinträchtigung des institutionellen Gleichgewichts auf der Unionsebene begründet, da gerade durch eine Beteiligung des Europäischen Parlaments an der Rechtsetzung das demokratische Prinzip verwirklicht werde. Das niederländische Gericht ist somit zu Recht davon ausgegangen, dass die EU-Richtlinie nichtig ist.

II. Die Frage ist nunmehr, ob das niederländische Gericht auch **berechtigt** ist, sich über einen **Rechtsakt der Union hinwegzusetzen**, wenn es diesen für ungültig hält. Ausgangspunkt zur Beantwortung der Frage ist die Vorschrift des Art. 267 UAbs. 1 lit. b) AEUV, nach der der Gerichtshof über die Gültigkeit der Handlungen der Unionsorgane entscheidet. Trotz der Textaussage des Art. 267 UAbs. 1 lit. b) AEUV überlässt Art. 267 UAbs. 2 AEUV die Entscheidung, ob der Gerichtshof angerufen wird, dem nationalen Gericht selbst („kann [...] vorlegen"). Der Wortsinn des Art. 267 UAbs. 2 AEUV spricht somit dafür, dem niederländischen Spruchkörper das Recht einzuräumen, sich über das von ihm für ungültig gehaltene EU-Sekundärrecht hinwegzusetzen. Gestützt wird dieses Ergebnis auch durch einen Umkehrschluss aus Art. 267 UAbs. 3 AEUV, der Gerichten beim Vorliegen bestimmter Voraussetzungen sogar eine Vorlagepflicht auferlegt. Aufgrund dieser Erwägungen ging die bis 1987 herrschende Lehre in der Tat davon aus, dass Gerichte i.S.d. Art. 267 UAbs. 2 AEUV ein Verwerfungsmonopol für sekundäres Unionsrecht für sich in Anspruch nehmen können.

Dieser Sichtweise ist der Gerichtshof in seinem „Foto-Frost"-Urteil jedoch nicht gefolgt. Ausgangspunkt seiner Argumentation ist der Normzweck des Art. 267 AEUV: Die Vorschrift bezwecke die Gewährleistung einer einheitlichen Anwendung des EU-Rechts durch die nationalen Gerichte. Diese Funktion würde aber in ihr Gegenteil verkehrt werden, wollte man nationalen Gerichten eine Verwerfungsbefugnis zugestehen. Seine teleologische Betrachtung sichert der Gerichtshof noch durch einen systematischen Verweis auf das durch den AEUV geschaffene Rechtsschutzsystem ab. Mit Art. 263

AEUV (Nichtigkeitsklage) auf der einen Seite und Art. 267 AEUV (Vorabentscheidungs-verfahren) auf der anderen Seite enthalte der AEUV ein abschließendes Rechtsschutz-system zur Überprüfung der Rechtmäßigkeit der Handlungen der Unionsorgane durch den Gerichtshof selbst.

Damit kann im vorliegenden Fall festgestellt werden, dass – obwohl die Richtlinie nicht ordnungsgemäß erlassen wurde – das niederländische Gericht nicht berechtigt ist, von der Ungültigkeit des Rechtsaktes auszugehen. Um die Ungültigkeit feststellen zu las-sen, müsste das Gericht ein Vorabentscheidungsverfahren nach Art. 267 UAbs. 1 lit. b) AEUV einleiten.

Weiterführende Hinweise:

Fischer/Fetzer, Europarecht, 12. Auflage 2019, Rn. 555 ff. (zur Dienstleistungsfreiheit im Allgemei-nen); *EuGH*, ECLI:EU:C:1995:126 – Alpine Investments BV; *EuGH*, ECLI:EU:C:1994:119 – Schindler; *EuGH*, ECLI:EU:C:1999:575 – Arblade und Leloup; *EuGH*, ECLI:EU:C:2000:199 – Deliège (jeweils zur Reichweite und den Schranken der Dienstleistungsfreiheit); *EuGH*, ECLI:EU:C:1980:249 – Isoglucose (zur Anhörung des Europäischen Parlaments im Rechtsetzungsverfahren); *EuGH*, ECLI:EU:C:1987:452 – Foto Frost (zum Verwerfungsmonopol des Gerichtshofs bei Rechtsakten der Union); *EuGH*, ECLI: EU:C:2005:742 (zum Vorabentscheidungsverfahren).

Lösung Fall 14

Laserdrome

(Vorabentscheidungsverfahren – Abgrenzung Waren- und Dienstleistungsfreiheit – Öffentliche Ordnung – Vollzug des Unionsrechts durch die Mitgliedstaaten)

Aufgabe 1

Das Verwaltungsgericht hat dem Gerichtshof eine Rechtsfrage zur Auslegung des Unionsrechts vorgelegt. Ein nationales Gericht kann den Gerichtshof nur über ein Vor-abentscheidungsverfahren nach Art. 267 AEUV anrufen, wobei zunächst dessen Zuläs-sigkeit zu prüfen ist.

I.   Zulässigkeit des Vorabentscheidungsverfahrens

1.   Für Vorabentscheidungsverfahren nach Art. 267 AEUV ist im Grundsatz der Ge-richtshof **sachlich zuständig**. Das Gericht wird nur in besonderen und zwar in der Satzung des Gerichtshofs festgelegten Sachgebieten tätig (vgl. Art. 256 Abs. 3 AEUV).

2.   **Vorlageberechtigt** sind nach Art. 267 UAbs. 2 AEUV grundsätzlich alle in den Mit-gliedstaaten eingerichteten staatlichen Gerichte. Das vorlegende VG Karlsruhe erfüllt diese Voraussetzung.

3.   **Zulässiger Verfahrensgegenstand** eines Vorabentscheidungsverfahrens ist nach Art. 267 UAbs. 1 lit. a) AEUV die Auslegung des EUV und des AEUV. Die Auslegungsfrage muss allgemein formuliert und auf die Auslegung spezifischen Unionsrechts bezogen sein.

Bei der europarechtlichen Überprüfung der Untersagungsverfügung geht es um eine Auslegung des AEUV, namentlich darum, ob es mit den Vorschriften des AEUV über den freien Dienstleistungs- und Warenverkehr vereinbar ist, dass nach nationalem Recht eine bestimmte gewerbliche Betätigung – hier der Beitrieb eines sog. Laserdrome mit simulierten Tötungshandlungen – untersagt werden kann, weil sie gegen die grundgesetzlichen Wertentscheidungen verstößt.

4. Weiterhin müsste die Vorlagefrage über die Auslegung des AEUV **entscheidungs-erheblich** für das Verfahren vor dem VG Karlsruhe sein (Art. 267 UAbs. 2 AEUV). Das VG Karlsruhe geht davon aus, dass die Klage nach nationalem Recht abzuweisen ist. Die Auslegungsfrage ist mithin entscheidungserheblich.

Das Vorabentscheidungsverfahren ist zulässig.

II. Entscheidung des Gerichtshofs

Auf die Vorlage des Verwaltungsgerichts hat der Gerichtshof über eine Auslegung der Grundfreiheiten des AEUV zu entscheiden und insoweit über die Untersagungsverfügung zu befinden.

1. Die Ordnungsverfügung könnte die **Warenverkehrsfreiheit** des Art. 34 AEUV verletzen. Dies ist der Fall, wenn die Warenverkehrsfreiheit anwendbar ist, die Ordnungsverfügung die Warenverkehrsfreiheit beschränkt und die Beschränkung nicht gerechtfertigt ist.

Da kein Sekundärrecht einschlägig ist, kann die Warenverkehrsfreiheit aus Art. 28 ff. AEUV **angewandt** werden.

Ferner müsste der **Schutzbereich** der Warenverkehrsfreiheit eröffnet sein. Die Warenverkehrsfreiheit ist vorrangig vor der Dienstleistungsfreiheit anzuwenden und verdrängt die Dienstleistungsfreiheit, vgl. Art. 57 AEUV. Dies gilt aber nur, wenn der Schutzbereich der Warenverkehrsfreiheit betroffen ist. Bei den von der B Sàrl erworbenen Ausrüstungsgegenständen aus Frankreich handelt es sich um körperliche Gegenstände, die aus Mitgliedstaaten der Europäischen Union stammen und mit denen Handel getrieben wird. Demnach sind Unionswaren i.S.d. Art. 28 Abs. 2 AEUV betroffen. Allerdings beschränkt die Ordnungsverfügung die Einfuhr von Waren nur hinsichtlich der speziell für die untersagte Laserspielvariante entwickelte Ausrüstung. Darüber hinaus stellt sich diese Beschränkung als zwangsläufige Folge in Bezug auf die von der B Sàrl erbrachten Dienstleistungen dar. Die Dienstleistung wird durch die Ordnungsverfügung vorrangig berührt. Die Warenverkehrsfreiheit ist demgegenüber nur völlig **zweitrangig** betroffen. Der EuGH prüft die Vereinbarkeit einer nationalen Maßnahme, die mehrere Grundfreiheiten beeinträchtigt, grundsätzlich nur im Hinblick auf die Grundfreiheit, die vordergründig betroffen ist (sog. **Schwerpunkttheorie**). Die Warenverkehrsfreiheit ist damit nicht zu prüfen, sondern lediglich eine Vereinbarkeit der Ordnungsverfügung mit der Dienstleistungsfreiheit.

2. Die Ordnungsverfügung könnte die **Dienstleistungsfreiheit** des Art. 56 AEUV verletzen. Dies ist der Fall, wenn die Dienstleistungsfreiheit anwendbar ist, die Ordnungsverfügung Dienstleistungswillige diskriminiert oder den Schutzbereich des Art. 56 AEUV anderweitig beschränkt und die Diskriminierung bzw. die Beschränkung nicht gerechtfertigt ist.

Da kein Sekundärrecht einschlägig ist, kann die Dienstleistungsfreiheit **angewendet** werden.

a) Ferner müsste der **Schutzbereich** der Dienstleistungsfreiheit das Angebot des Tötungsspiels im sog. Laserdrome erfassen. Nach der Legaldefinition in Art. 57 Abs. 1 AEUV sind Dienstleistungen alle Leistungen, die in der Regel selbstständig und gegen Entgelt erbracht werden. Die B Sàrl stellt der L-GmbH im Rahmen eines Franchising Regelwerk Ausrüstung und die Spielidee zur Verfügung, um in Deutschland das in Frankreich entwickelte und dort ebenfalls angebotene Spiel im „Laserdrome" anzubieten. Hierfür entrichtet die L-GmbH ihrerseits ein Entgelt an die B Sàrl, die wiederum selbstständig tätig wird. Demzufolge liegt eine Dienstleistung i.S.d. Art. 57 Abs. 1 AEUV vor.

Die Dienstleistung muss **grenzüberschreitend** angeboten werden. Die B Sàrl als Dienstleistungserbringerin behält ihren Sitz in Frankreich bei und erbringt die Dienstleistung von dort aus. Die L-GmbH als Dienstleistungsempfängerin hat ihren Sitz in Deutschland und nimmt die Dienstleistung hier in Empfang. Damit überschreitet nur die Dienstleistung selbst die Grenze, was von der Dienstleistungsfreiheit in der Form der sog. **Korrespondenzdienstleistungsfreiheit** erfasst wird. Der erforderliche grenzüberschreitende Bezug ist somit ebenfalls gegeben.

In **persönlicher Hinsicht** wird nicht nur die Erbringung von Dienstleistungen durch natürliche Personen geschützt, sondern auch die Erbringung durch **Gesellschaften**, Art. 62 i.V.m. Art. 54 Abs. 1 AEUV. Hierunter fallen nach Art. 54 Abs. 2 AEUV u.a. die Gesellschaften bürgerlichen Rechts und des Handelsrechts, zu denen die GmbH sowie die Sàrl gehören. Auch der persönliche Schutzbereich der Dienstleistungsfreiheit ist folglich eröffnet.

Da die **Ausübung öffentlicher Gewalt** nicht Gegenstand des Franchisevertrags ist, greift die Bereichsausnahme des Art. 62 i.V.m. Art. 51 AEUV nicht ein.

b) Die Ordnungsverfügung könnte eine **Diskriminierung oder Beschränkung** der Dienstleistungsfreiheit darstellen. Die Veranstaltung im „Laserdrome" und damit auch die Erbringung der Dienstleistung durch die B Sàrl wurden nicht aufgrund der Staatsangehörigkeit, sondern aufgrund eines potenziellen Verstoßes gegen die Menschenwürde und der daraus resultierenden Gefahr für die öffentliche Ordnung untersagt. Demzufolge liegt keine Diskriminierung aufgrund der Staatsangehörigkeit vor. In der Rechtsprechung des Gerichtshofs und in der Literatur ist aber anerkannt, dass Art. 56 AEUV einen über ein Diskriminierungsverbot hinausgehenden Inhalt hat. Danach schützt Art. 56 AEUV nicht nur vor diskriminierenden, sondern auch vor diskriminierungsfreien staatlichen Maßnahmen. So gebietet Art. 56 AEUV die Aufhebung aller Beschränkungen, die geeignet sind, die Tätigkeiten des Dienstleistenden, der in einem anderen Mitgliedstaat ansässig ist und dort rechtmäßig ähnliche Dienstleistungen erbringt, zu unterbinden, zu behindern oder weniger attraktiv zu machen. Die B Sàrl unterhält Franchiseverträge mit Vertragspartnern in anderen Mitgliedstaaten, ohne dass die Ordnungsbehörden dort gegen die Dienstleistung eingeschritten wären. Dies gilt insbesondere für den Sitzstaat Frankreich, sodass die B Sàrl die Dienstleistung im Staat ihres Sitzes rechtmäßig erbringt. Die Ordnungsverfügung untersagt der L-GmbH die Nutzung der Dienstleistung mit der Folge, dass die B Sàrl ihre Dienstleistung im Zuständigkeitsbereich der Ordnungsbehörde nicht erbringen kann. Denn die Dienstleistungsempfänger haben **kein Interesse** an der Franchiseleistung der B Sàrl, wenn sie sie nicht legal nutzen dürfen. Folglich wird der **Marktzugang** für die Dienstleistung der B Sàrl behindert. Es liegt damit eine Beschränkung der Dienstleistungsfreiheit vor, die sowohl nach den Grundsätzen der Keck-Rechtsprechung als auch nach dem nunmehr vermehrt von EuGH durchgeführten sog. „Drei-Stufen-Test" als Beschränkung zu bewerten ist.

c) Diese Beeinträchtigung könnte aber gerechtfertigt sein. Einschränkungen der Dienstleistungsfreiheit können nach Art. 62 AEUV i.V.m. Art. 52 Abs. 1 AEUV aus Gründen der öffentlichen Ordnung, Sicherheit oder Gesundheit gerechtfertigt sein (sog. geschriebene Rechtfertigungsgründe).

aa) Die Ordnungsbehörde führt zur Begründung ihrer Ordnungsverfügung an, diese zum **Schutz der öffentlichen Ordnung** erlassen zu haben. Der Begriff der öffentlichen Ordnung in Art. 52 Abs. 1 AEUV wird unionsrechtlich und eng ausgelegt, so dass seine Tragweite nicht von jedem Mitgliedstaat einseitig ohne Nachprüfung durch die Unionsorgane bestimmt werden darf. Eine Berufung auf die öffentliche Ordnung ist den einzelnen Mitgliedstaaten deshalb nur möglich, wenn eine **tatsächliche und hinreichend schwere Gefährdung** vorliegt, die ein Grundinteresse der Gesellschaft berührt. Dabei ist jedoch zu beachten, dass die konkreten Umstände, die möglicherweise die Berufung auf den Begriff der öffentlichen Ordnung rechtfertigen, von Land zu Land und im zeitlichen Wechsel verschieden sein können. Insoweit ist den innerstaatlichen Behörden daher ein **Beurteilungsspielraum** innerhalb der durch die unionsrechtlichen Verträge gesetzten Grenzen zuzubilligen.
Die Gefährdung eines Grundinteresses könnte vorliegend in einer Verletzung der **Menschenwürde** als grundlegende Wertvorstellung vorliegen. Trotz des zuerkannten Beurteilungsspielraums der einzelnen Mitgliedstaaten und der Verankerung der Menschenwürde in Art. 1 Abs. 1 Satz 1 GG lässt sich die Menschenwürde zur Einschränkung der Dienstleistungsfreiheit insbesondere dann heranziehen, wenn es sich um einen Rechtsgrundsatz handelt, der auch im Unionsrecht verankert ist. In der **Charta der Grundrechte der Europäischen Union** (GrCh) ist der Schutz der Menschenwürde in Art. 1 GrCh geregelt. Die GrCh ist ihrerseits gemäß Art. 6 Abs. 1 EUV verbindliches Primärrecht, da sie demgemäß den Verträgen (AEUV und EUV) gleichgestellt ist. Demzufolge hat die Menschenwürde ihren Niederschlag im Unionsrecht gefunden. Es handelt sich damit nicht nur um ein nationales Prinzip, sondern um ein solches, das unionsweit – in erster Linie von den Organen der EU, vgl. Art. 51 Abs. 1 GrCh – berücksichtigt werden muss. Darüber hinaus kommt es als allgemeiner Rechtsgrundsatz in den Verfassungen der einzelnen Mitgliedstaaten zum Ausdruck, so dass es sich bei der Menschenwürde um ein schützenswertes Grundinteresse der Gesellschaft handelt.
Zudem liegt auch eine hinreichend schwere Gefährdung dieses Grundinteresses vor. Durch das Spiel, das durch die Punktevergabe die spielerische Tötung der Mit- bzw. Gegenspieler belohnt, wird das menschliche Leben zum bloßen Objekt des Spiels

degradiert. Das Töten wird in einer Art und Weise verharmlost, die mit den Grundinteressen der Gesellschaft nicht in Einklang zu bringen ist.

Demzufolge kann der Schutz der öffentlichen Ordnung aus Art. 52 Abs. 1 i.V.m. Art. 62 AEUV zur Rechtfertigung herangezogen werden.

bb) Jedoch können Maßnahmen, durch die der freie Dienstleistungsverkehr eingeschränkt wird, nur dann durch Gründe der öffentlichen Ordnung gerechtfertigt werden, wenn sie **verhältnismäßig** sind, d.h. wenn sie zum Schutz der Belange, die sie gewährleisten sollen, geeignet und erforderlich sind.

Die Untersagung der gewerblichen Veranstaltung eines Laserdrome entspricht nach Ansicht des vorlegenden Gerichts dem Grad des Schutzes der Menschenwürde, der mit dem Grundgesetz im Hoheitsgebiet der BRD sichergestellt werden soll. Die Mitgliedstaaten sind aufgrund des ihnen eingeräumten Beurteilungsspielraums berechtigt, festzulegen, welchen Grad des Schutzes sie auf ihrem Gebiet sicherstellen wollen. Die Untersagung ist deshalb geeignet, die Menschenwürde und damit die öffentliche Ordnung zu schützen.

Fraglich ist, ob ein **milderes Mittel** als das Spielverbot in Betracht kommt, um die Menschenwürde gleichsam zu schützen. Dagegen spricht jedoch, dass die deutsche Ordnungsbehörde **lediglich die besondere Art** des Spiels untersagt hat. Andere Spielvarianten, in denen beispielsweise der Punktgewinn nicht ausschließlich durch das fingierte Töten der Mitspieler erreicht wird, sondern auch andere Zwecke verfolgt werden, bleiben gleichsam erlaubt. Dies gilt auch, wenn die vorliegend verwendete Technik in die andere Spielvariante eingebunden werden würde. Folglich beschränkt sich das Verbot auf dasjenige Mittel, das zur Wahrung der Menschenwürde tatsächlich erforderlich ist und ist damit verhältnismäßig. Die Beschränkung der Dienstleistungsfreiheit ist damit gerechtfertigt.

Das Unionsrecht steht einem nationalen Verbot einer in der gewerblichen Veranstaltung von Spielen mit simulierten Tötungshandlungen an Menschen bestehenden wirtschaftlichen Tätigkeit, das zum Schutz der öffentlichen Ordnung wegen einer in dieser Tätigkeit gesehenen Verletzung der Menschenwürde ergeht, mithin nicht entgegen.

Aufgabe 2

Das vorlegende Gericht fragt, ob sich aus dem Unionsrecht eine Verpflichtung zur Rücknahme der ursprünglichen Untersagungsverfügung ergeben könnte. Der EuGH hat das Unionsrecht bezogen auf diese Frage auszulegen.

Eine Verpflichtung der mitgliedstaatlichen Verwaltungsbehörden, eine **bestandskräftige Verwaltungsentscheidung** auf Antrag des Betroffenen hin zu überprüfen, könnte sich aus dem Grundsatz der praktischen Wirksamkeit nach **Art. 4 Abs. 3 EUV** ergeben. Im vorliegenden Fall ist gemäß der Auslegung des Gerichtshofs davon auszugehen, dass auch die Untersagungsverfügung an A, wonach er das Laserdrome in Köln nicht betreiben darf, unionsrechtswidrig ist. Um die volle Wirksamkeit des Unionsrechts zu gewährleisten, so wie es nach dem Vorabentscheidungsverfahren im Ausgangsfall der L-GmbH auszulegen ist und um dem in Art. 4 Abs. 3 EUV aufgestellten Grundsatz der Unionstreue gerecht zu werden, müsste die bestandskräftige Untersagungsverfügung an A aufgehoben werden. Gegen eine solche Verpflichtung der mitgliedstaatlichen Verwaltungsbehörden könnte aber der Grundsatz der **Rechtsicherheit** sprechen, der auch im Unionsrecht gilt. Die Bestandskraft einer Verwaltungsentscheidung, die nach Ablauf angemessener Klagefristen oder Erschöpfung des Rechtswegs eintritt, trägt zur Rechtssicherheit bei. Deshalb verlangt das Unionsrecht nicht, dass eine Verwaltungsbehörde grundsätzlich verpflichtet ist, eine bestandskräftige Verwaltungsentscheidung zurückzunehmen. Ob im Einzelfall eine Rücknahmepflicht besteht und der Grundsatz der Rechtssicherheit hinter dem Grundsatz der loyalen Zusammenarbeit aus Art. 4 Abs. 3 EUV – einem der tragenden Grundprinzipien des Unionsrechts – zurücktritt, ist durch Abwägung zu ermitteln.

Nach der Rechtsprechung des Gerichtshofs verpflichtet der in Art. 4 Abs. 3 AEUV verankerte Grundsatz der Zusammenarbeit eine Verwaltungsbehörde, unter **bestimmten Voraussetzungen** eine bestandskräftige Verwaltungsentscheidung auf Antrag des Betroffenen hin zu überprüfen, um der mittlerweile vom Gerichtshof vorgenommenen Auslegung der einschlägigen Bestimmung Rechnung zu tragen. Diese vom EuGH aufgestellten Voraussetzungen für eine **Bestandskraftdurchbrechung** sind:

1. Die Verwaltungsbehörde ist nach nationalem Recht befugt, die bestandskräftige Entscheidung zurückzunehmen;
2. die Entscheidung ist infolge eines Urteils eines in letzter Instanz entscheidenden nationalen Gerichts bestandskräftig geworden;
3. das Urteil, wie eine nach seinem Erlass ergangene Entscheidung des Gerichtshofes zeigt, beruht auf einer unrichtigen Auslegung des Unionsrechts, die erfolgt ist, ohne dass der Gerichtshof um Vorabentscheidung ersucht wurde, obwohl der Tatbestand des Art. 267 Abs. 3 AEUV erfüllt war; und
4. der Betroffene hat sich, unmittelbar nachdem er Kenntnis von der besagten Entscheidung des Gerichtshofes erlangt hat, an die Verwaltungsbehörde gewandt.

Die letzten beiden Voraussetzungen konkretisierte der EuGH in der Rechtssache „Kempter" dahingehend, dass sich der Betroffene im Rahmen des Widerspruchsverfahrens und des gerichtlichen Rechtsbehelfsverfahrens gegen die angefochtene Entscheidung nicht auf ihre Unionswidrigkeit habe berufen müssen. Der Betroffene war also nicht verpflichtet, die betreffende unionsrechtliche Frage vor den nationalen Behörden aufzuwerfen. Das letztinstanzliche Gericht sei nämlich von Amtswegen verpflichtet, die rechtlichen Gesichtspunkte, die sich aus einer zwingenden Unionsnorm ergeben, aufzugreifen. Ferner sei die Möglichkeit, einen Antrag auf Überprüfung einer bestandskräftigen Verwaltungsentscheidung zu stellen, in zeitlicher Hinsicht nicht beschränkt. Die Mitgliedstaaten könnten jedoch in Einklang mit den unionsrechtlichen Grundsätzen der Effektivität und Äquivalenz angemessene Rechtsbehelfsfristen festlegen.

Aufgabe 3

I. Ein Anspruch des A auf Aufhebung der Untersagungsverfügung könnte sich aus **§ 51 Abs. 1 Nr. 1 VwVfG** ergeben. Danach hat die Behörde auf Antrag des Betroffenen über die Aufhebung eines unanfechtbaren Verwaltungsakts zu entscheiden, wenn sich die dem Verwaltungsakt zugrunde liegende Sach- oder Rechtslage nachträglich zugunsten des Betroffenen geändert hat.

Fraglich ist, ob die Entscheidung des Gerichtshofs in dem Vorlageverfahren, das im Verfahren der L-GmbH durchgeführt wurde und in dem die Untersagung des Betriebs eines Laserdrome als unionsrechtswidrig erklärt wurde, als Änderung der Rechtslage im Sinne des § 51 Abs. 1 Nr. 1 VwVfG zu begreifen ist. Eine Änderung der Rechtslage in diesem Sinne setzt grundsätzlich voraus, dass sich das maßgebliche materielle Recht nach Erlass des Verwaltungsakts geändert hat. Hier hat sich aber nur die Rechtsprechung der Gerichte geändert, die entsprechend der nunmehr konkretisierten Rechtsauffassung des EuGH Untersagungsverfügungen für den Betrieb eines Laserdrome als unzulässig zu erachten haben. Eine Änderung der Rechtsprechung führt nach h.M. aber nicht zu einer Änderung der Rechtslage.

A hat mithin keinen Anspruch auf Aufhebung der Untersagungsverfügung gemäß § 51 Abs. 1 Nr. 1 VwVfG.

II. Ein Anspruch des A auf Aufhebung der Untersagungsverfügung könnte sich aber aus **§§ 51 Abs. 5, 48 Abs. 1 Satz 1 VwVfG** ergeben. Danach kann ein rechtswidriger, nicht begünstigender Verwaltungsakt, auch nachdem er unanfechtbar geworden ist, zurückgenommen werden. Das hier statuierte Ermessen könnte aufgrund des Unionrechts nach Art. 4 Abs. 3 EUV auf Null reduziert sein, so dass die Verwaltungsbehörde zur Rücknahme der Untersagungsverfügung verpflichtet und A daraus ein Anspruch auf Rücknahme erwachsen sein könnte.

1. § 48 Abs. 1 Satz 1 VwVfG ist gemäß § 51 Abs. 5 VwVfG neben § 51 VwVfG anwendbar.

2. Bei der Untersagungsverfügung handelt es sich um einen den A belastenden, unanfechtbaren Verwaltungsakt.

3. Der Verwaltungsakt ist aufgrund der Entscheidung des Gerichtshofs in dem Vorlageverfahren, das im Verfahren der L-GmbH durchgeführt wurde, rechtswidrig. In diesem Vorabentscheidungsverfahren hat der EuGH entschieden, dass die Untersagungsverfügung an die L-GmbH mit dem Unionsrecht unvereinbar ist. Nach dieser Auslegung des Unionsrechts ist auch die Untersagungsverfügung an A unionsrechtswidrig.

4. Fraglich ist, ob daraus für die Verwaltungsbehörde die Verpflichtung erwächst, die bestandskräftige Untersagungsverfügung zurück zu nehmen und das Ermessen der Verwaltungsbehörde aus § 48 Abs. 1 Satz 1 VwVfG damit auf Null reduziert ist. Nach der Aufgabenstellung ist davon auszugehen, dass der Gerichtshof sich in einem Fall wie dem vorliegenden zugunsten einer Aufhebungspflicht bestandskräftiger Verwaltungsentscheidungen entschieden hat. Gemäß dem Grundprinzip der Unionstreue aus Art. 4 Abs. 3 EUV besteht daher eine Ermessensreduktion auf Null.

Es besteht damit eine Pflicht der Verwaltungsbehörde zur Rücknahme der Untersagungsverfügung aus Art. 4 Abs. 3 EUV i.V.m. § 48 Abs. 1 Satz 1 VwVfG.

Weiterführende Hinweise:

Fischer/Fetzer, Europarecht, 12. Auflage 2019, Rn. 238 ff. (zum Vollzug von Unionsrecht durch Verwaltungsträger der Mitgliedstaaten); Rn. 305 ff. (zum Vorabentscheidungsverfahren) und Rn. 555 ff. (zur Dienstleistungsfreiheit im Allgemeinen); EuGH, ECLI:EU:C:2004:614 – Omega, „Laserdrome" (zur Abgrenzung der Warenverkehrs- zur Dienstleistungsfreiheit sowie zur öffentlichen Ordnung); *EuGH,*

ECLI:EU:C:2004:17 – Kühne & Heitz; *EuGH*, ECLI:EU:C:2008:78 – Kempter; *BVerwG*, DÖV 2005, 651; *Britz/Richter*, JuS 2005, 198 (jeweils zur Aufhebung bestandskräftiger unionsrechtswidriger Verwaltungsakte).

Lösung Fall 15
Phil Collins

(Allgemeines Diskriminierungsverbot – Vorabentscheidungsverfahren und Verfassungsbeschwerde – Rechtsangleichung)

Aufgabe 1

Im Fall der gerügten Regelung des deutschen Urheberrechts kommt ein Verstoß gegen das **allgemeine Diskriminierungsverbot des Art. 18 Abs. 1 AEUV** in Betracht.

I. Art. 18 Abs. 1 AEUV gilt **nur unbeschadet besonderer Bestimmungen des Primärrechts**. Als lex generalis kommt Art. 18 Abs. 1 AEUV daher nicht zur Anwendung, wenn eine speziellere Vorschrift des EUV oder des AEUV – insbesondere eines der in den Grundfreiheiten angelegten **besonderen Diskriminierungsverbote** – einschlägig ist. Im vorliegenden Fall sind die Schutzbereiche der Grundfreiheiten aber **nicht** betroffen, sodass auf das allgemeine Diskriminierungsverbot des Art. 18 Abs. 1 AEUV zurückgegriffen werden kann.

II. Der Tatbestand des Art. 18 Abs. 1 AEUV setzt weiterhin voraus, dass der in Frage stehende Sachverhalt in den persönlichen und sachlichen Anwendungsbereich des EU-Rechts fällt.

1. Im Hinblick auf den **persönlichen Anwendungsbereich** ist zu prüfen, wer im Rahmen des Art. 18 AEUV als Berechtigter und wer als Verpflichteter anzusehen ist. Berechtigte aus Art. 18 AEUV sind die Angehörigen der EU-Mitgliedstaaten. Als britischer Staatsangehöriger ist Phil Collins daher aus Art. 18 Abs. 1 AEUV anspruchsberechtigt. Aus Art. 18 Abs. 1 AEUV verpflichtet sind in erster Linie die Mitgliedstaaten der EU. Im vorliegenden Fall geht es um eine Benachteiligung von EU-Ausländern durch das deutsche Urhebergesetz. Es handelt sich damit um eine Maßnahme der Bundesrepublik Deutschland und folglich eines Adressaten der Pflichten aus Art. 18 Abs. 1 AEUV.

2. Der **sachliche Anwendungsbereich** des Art. 18 Abs. 1 AEUV umfasst alle Sachverhalte, die von dem Geltungsbereich des EU-Rechts erfasst werden, – d.h. den gesamten Bereich, in dem die Union tätig wird. Die Frage ist nun, ob auch das **Urheberrecht** hierzu gehört. Der Gerichtshof hat diese – in der Literatur umstrittene – Frage mit der folgenden Begründung bejaht: Zunächst diene das Urheberrecht zwar dem Schutz der **Persönlichkeitsrechte** der Urheber und ausübenden Künstler und damit einem Bereich, der vom AEUV nicht erfasst werde. Darüber hinaus habe das Urheberrecht aber auch den **wirtschaftlichen Zweck**, dem Urheber eine kommerzielle Verwertung seiner

Werke zu ermöglichen; und zwar insbesondere durch Lizenzen, die gegen Zahlung einer Vergütung erteilt werden. Zudem weist der Gerichtshof darauf hin, dass das Urheberrecht auch in den unionsrechtlich geregelten Bereichen des Waren- und Dienstleistungsverkehrs sowie der Wettbewerbsverhältnisse relevant werden könne: Zum Beispiel seien in Tonträgern verkörperte Musikwerke Waren i.S.d. Art. 34 AEUV und Gesellschaften zur Wahrnehmung von Urheberrechten unterfielen dem Art. 54 AEUV. Die Argumentation des Gerichtshofs überzeugt: Wegen seines **wirtschaftlichen Charakters** und seiner Relevanz im Rahmen der Art. 34 ff., Art. 54 ff. AEUV und darüber hinaus auch der Art. 101 ff. AEUV **fällt das Urheberrecht in den Anwendungsbereich des EU-Rechts.**

III.   Weiter ist zu prüfen, ob eine nach Art. 18 Abs. 1 AEUV **verbotene Diskriminierung** vorliegt. Hier gilt es zunächst festzustellen, ob eine **Diskriminierung aus Gründen der Staatsangehörigkeit** vorliegt. Als eine solche Diskriminierung lässt sich jede Schlechterstellung von Staatsangehörigen eines Mitgliedstaates gegenüber Staatsangehörigen eines anderen Mitgliedstaates verstehen. Dabei erfasst Art. 18 Abs. 1 AEUV nicht nur Ungleichbehandlungen, die ausdrücklich auf die Eigenschaft der Staatsangehörigkeit abstellen (offene Diskriminierungen), sondern auch solche Ungleichbehandlungen, bei denen die Anknüpfung an andere Merkmale typischerweise zu einer Benachteiligung von Staatsangehörigen bestimmter Mitgliedstaaten führt (versteckte Diskriminierungen). Hier knüpft die Regelung des deutschen Urhebergesetzes ausdrücklich an die Ausländereigenschaft an und benachteiligt die EU-Ausländer gegenüber Inländern im Hinblick auf ihre urheberrechtliche Rechtsposition. Daher liegt eine **offene Diskriminierung** vor.

IV.   Ob damit ein Verstoß gegen Art. 18 Abs. 1 AEUV vorliegt, hängt davon ab, ob sich die Diskriminierung der EU-Ausländer im deutschen Urheberrecht **rechtfertigen** lässt. Hier stellt sich die Frage, ob es sich bei Art. 18 Abs. 1 AEUV um ein absolutes oder um ein relatives Diskriminierungsverbot handelt. Sieht man in Art. 18 Abs. 1 AEUV ein **absolutes Diskriminierungsverbot**, dann ist eine Rechtfertigung ausgeschlossen. Das Vorliegen einer Diskriminierung aus Gründen der Staatsangehörigkeit bedeutet automatisch einen Verstoß gegen Art. 18 Abs. 1 AEUV. Qualifiziert man Art. 18 Abs. 1 AEUV hingegen als **relatives Diskriminierungsverbot**, dann ist eine Diskriminierung im Rahmen des Art. 18 Abs. 1 AEUV einer Rechtfertigung zugänglich, wenn für die Ungleichbehandlung ein sachlicher Grund besteht.
Nach der Rechtsprechung des Gerichtshofs gilt, dass Art. 18 Abs. 1 AEUV nicht die in den Rechtsordnungen der einzelnen Mitgliedstaaten angelegten Ungleichbehandlungen erfasst, wenn diese auf objektiven, von der Staatsangehörigkeit der Betroffenen unabhängigen Erwägungen beruhen und in einem angemessenen Verhältnis zu dem Zweck stehen, der mit den nationalen Rechtsvorschriften zulässigerweise verfolgt wird.
Aber selbst nach der Theorie vom relativen Diskriminierungsverbot gelangt man hier zu einem Verstoß gegen Art. 18 Abs. 1 AEUV. Als sachlicher Rechtfertigungsgrund für die deutsche Regelung käme allenfalls der Gesichtspunkt in Betracht, dass andere Staaten beeinflusst werden sollen, internationalen Verträgen beizutreten oder zumindest Gegenseitigkeitsabkommen abzuschließen, welche deutschen Anspruchstellern im Aus-

land ebenfalls einen erhöhten Schutz gewähren. Diese Vorgehensweise mag zwar im Völkerrecht prinzipiell zulässig sein, dem Unionsrecht mit seinem Grundsatz der Gleichbehandlung aller Staatsangehörigen der Mitgliedstaaten ist sie aber fremd. Die Staatsangehörigkeit ist damit ein unzulässiges Differenzierungskriterium im Unionsrecht für eine Ungleichbehandlung. Auch ist der Abschluss von Gegenseitigkeitsabkommen nicht der von der EU vorgezeichnete Weg, um eine Harmonisierung der mitgliedstaatlichen Rechtsordnungen zu erreichen. Hierfür sieht der AEUV die Rechtsangleichung (Art. 113, 114 AEUV) vor. Mangels Rechtfertigungsgrund liegt somit auch nach der Theorie vom relativen Diskriminierungsverbot ein **Verstoß** gegen Art. 18 Abs. 1 AEUV vor.

V. Die Frage ist nun, welche **Rechtsfolge** ein Verstoß gegen Art. 18 Abs. 1 AEUV nach sich zieht. Im Rahmen des nationalen Rechts lässt das Bundesverfassungsgericht bei einem Verstoß gegen Art. 3 Abs. 1 GG dem Hoheitsträger die Wahl, auf welche Weise er den Verstoß gegen den Gleichbehandlungsgrundsatz ausräumen will. Der Gerichtshof hingegen geht bei einem Verstoß gegen Art. 18 Abs. 1 AEUV davon aus, dass die Rechtsposition der EU-Ausländer an die Rechtsstellung der Inländer anzugleichen ist. Dies bedeutet für den vorliegenden Fall, dass der urheberrechtliche Schutz der Inländer auch auf die EU-Ausländer erstreckt werden muss. Phil Collins kann sich daher in gleichem Maße wie Inländer auf das deutsche Urhebergesetz berufen und den Vertrieb der CD in Deutschland verbieten lassen.

Aufgabe 2

Die Verfassungsbeschwerde (Art. 93 Abs. 1 Nr. 4a GG) ist **begründet**, wenn Phil Collins in seinem Recht aus Art. 101 Abs. 1 Satz 2 GG verletzt ist. Ein Verstoß gegen Art. 101 Abs. 1 Satz 2 GG kommt allein insofern in Betracht, als der BGH eine **Vorlage** des Rechtsstreits an den Gerichtshof **unterlassen** hat.

I. Eine Verletzung des Art. 101 Abs. 1 Satz 2 GG setzt zunächst voraus, dass der Gerichtshof als **gesetzlicher Richter** i.S.d. Art. 101 GG anzusehen ist. Dies hat das Bundesverfassungsgericht in seinem „Solange II"-Beschluss bejaht: An der Gerichtsqualität des Gerichtshofs könne man nicht zweifeln, da der Gerichtshof auf der Grundlage der im AEUV festgelegten Kompetenzen Rechtsfragen in richterlicher Unabhängigkeit grundsätzlich endgültig entscheide. Zwar sei der Gerichtshof kein Organ der Bundesrepublik Deutschland. Jedoch sei die Gerichtsbarkeit der EU mit der Gerichtsbarkeit der Mitgliedstaaten derart verschränkt (insbesondere über das Vorabentscheidungsverfahren des Art. 267 AEUV), dass man den Gerichtshof als gesetzlichen Richter i.S.d. Art. 101 Abs. 1 Satz 2 GG anzusehen habe.

II. Des Weiteren setzt Art. 101 Abs. 1 Satz 2 GG einen **Entzug** des gesetzlichen Richters voraus. Ein Entzug könnte insofern anzunehmen sein, als der BGH in rechtswidriger Weise eine Vorlage an den Gerichtshof unterlassen hat. Nach Art. 267 UAbs. 3 AEUV sind letztinstanzliche Gerichte – wie der BGH – grundsätzlich zur Vorlage unionsrechtlicher Fragen an den Gerichtshof verpflichtet. Ausnahmsweise verneint der Gerichtshof eine Vorlagepflicht des letztinstanzlichen Gerichts aber dann, wenn die unionsrechtliche Frage bereits in einem gleich gelagerten Fall Gegenstand einer Vorabentscheidung gewesen ist, wenn der Gerichtshof die entsprechende Frage in einer gesicherten Rechtsprechung gelöst hat, oder wenn die richtige Anwendung des EU-Rechts derart offenkundig ist, dass für vernünftige Zweifel keinerlei Raum bleibt. Im vorliegenden Fall ist keiner dieser drei Gesichtspunkte einschlägig. Insbesondere musste der BGH Zweifel an der Beantwortung der unionsrechtlichen Frage haben, da die Anwendung des Unionsrechts auf das nationale Urheberrecht nicht eindeutig zu beantworten war. Der BGH hat daher trotz unionsrechtlicher Verpflichtung eine Vorlage an den Gerichtshof unterlassen und damit dem Beschwerdeführer Phil Collins den Gerichtshof als gesetzlichen Richter vorenthalten.

III. Eine Verletzung des Art. 101 Abs. 1 Satz 2 GG setzt schließlich noch voraus, dass dem BGH **Willkür** vorzuwerfen war. Willkürlich ist die Nichtvorlage einer entscheidungserheblichen Frage an den Gerichtshof nach der Rechtsprechung des Bundesverfassungsgerichts aber nur dann, wenn ein letztinstanzliches Gericht die Vorlage einer zweifelhaften unionsrechtlichen Frage überhaupt nicht in Erwägung gezogen hat, wenn das letztinstanzliche Gericht in seiner Entscheidung bewusst von der Rechtsprechung des Gerichtshofs abgewichen ist, wenn das Gericht trotz Fehlens oder nicht abschließender Aussagen einer Rechtsprechung des Gerichtshofs seine Entscheidung auf eine europarechtliche Ansicht gestützt hat, obwohl potenzielle Gegenauffassungen vorzugswürdiger erscheinen oder wenn bei einer unvollständigen Rechtsprechung des Gerichtshofs die Aussicht besteht, dass diese fortentwickelt werden könnte.
Hier hat der BGH – laut Sachverhalt – eine Vorlage an den Gerichtshof gar nicht in Erwägung gezogen, sondern vielmehr unter Berufung auf das Urhebergesetz den Anspruch von Phil Collins abgewiesen, ohne einen möglichen Verstoß des Urhebergesetzes gegen das Unionsrecht zu problematisieren. Damit hat der BGH gegen Art. 101 Abs. 1 Satz 2 GG verstoßen; die Verfassungsbeschwerde ist begründet.

Aufgabe 3

Zu prüfen ist, ob Griechenland – gestützt auf den AEUV – berechtigt ist, im nationalen Recht den Urheber stärker zu schützen als dies in der Richtlinie vorgesehen ist. Bei dem Erlass von Richtlinien nach Art. 114 AEUV richtet sich das Schutzverstärkungsrecht der Mitgliedstaaten nach **Art. 114 Abs. 4 bis 10 AEUV**. Art. 114 Abs. 4 bis 10 AEUV erlaubt den Mitgliedstaaten, über eine Harmonisierungsmaßnahme hinausgehende Vorschriften zu erlassen. Dabei ist zwischen der Beibehaltung und der Neueinführung mitgliedstaatlicher Bestimmungen zu differenzieren.
Art. 114 Abs. 4 AEUV betrifft die **Beibehaltung** abweichender nationaler Vorschriften. Diese können die Mitgliedstaaten durch wichtige Erfordernisse i.S.d. Art. 36 AEUV oder unter Berufung auf den Schutz der Arbeitsumwelt oder den Umweltschutz rechtfertigen. Insofern besteht eine Mitteilungspflicht der betreffenden nationalen Bestimmungen an die Kommission, die sodann prüft, ob die Bestimmungen ein Mittel zur willkürlichen Diskriminierung und eine verschleierte Beschränkung des Handels zwischen den Mitgliedstaaten darstellen und ob sie das Funktionieren des Binnenmarktes behindern (vgl. Art. 114 Abs. 6 AEUV). Die begehrte Abweichung durch Griechenland betrifft den Bereich des Urheberrechts. Bei dem Schutz des Urhebers handelt es sich um ein wichtiges Erfordernis i.S.d. Art. 36 AEUV: Nach dem Gerichtshof ist der Schutz

des gewerblichen und kommerziellen Eigentums betroffen. Jedoch fehlt es hier an der Voraussetzung, dass es um die Beibehaltung einer abweichenden nationalen Vorschrift geht. Denn Griechenland will das strengere Schutzniveau erstmals im Rahmen der Umsetzung der EU-Richtlinie zum Vermietrecht und Verleihrecht sowie zu bestimmten dem Urheberrecht verwandten Schutzrechten im Bereich des geistigen Eigentums verwirklichen.

Es liegt damit eine **Neueinführung** einer abweichenden einzelstaatlichen Bestimmung vor, auf die **Art. 114 Abs. 5 AEUV** Anwendung findet. Art. 114 Abs. 5 AEUV nimmt jedoch – im Gegensatz zu Art. 114 Abs. 4 AEUV – nicht auf die Erfordernisse des Art. 36 AEUV, sondern allein auf den Schutz der Umwelt und der Arbeitsumwelt Bezug. Damit kann der Erlass neuer und zugleich von der Richtlinie abweichender nationaler Vorschriften nicht mit dem Schutz des Urhebers begründet werden. Griechenland ist damit hier ein – auf den AEUV gestützter – nationaler Alleingang versperrt.

Weiterführende Hinweise:

Fischer/Fetzer, Europarecht, 12. Auflage 2019, Rn. 305 ff. (zum Vorabentscheidungsverfahren) und Rn. 611 ff. (zum Diskriminierungsverbot des Art. 18 Abs. 1 AEUV); *EuGH,* ECLI:EU:C:1993:847 – Phil Collins; *EuGH,* ECLI:EU:C:2002:346 – La Bohème; *BGH,* NJW 1994, 2607 – Rolling Stones (jeweils zum nationalen Urheberschutz und Art. 18 Abs. 1 AEUV); *EuGH,* ECLI:EU:C:2014:189 (zur Vereinbarkeit einer Regelung, nach der in Südtirol Deutsch als Gerichtssprache zugelassen ist, allerdings nur für dort ansässige Bürger, nicht für Touristen, mit Art. 18 AEUV); *EuGH,* ECLI:EU:C:1982:335 – CILFIT; EuGH, ECLI:EU:C:2018:811 – Kommission/Frankreich (jeweils zur Vorlagepflicht beim Vorabentscheidungsverfahren); *EuGH,* ECLI:EU:C:2003:167; *EuGH,* ECLI:EU:T:2005:347 (jeweils zur Schutzverstärkung im Rahmen der Rechtsangleichung); *Roth,* NVwZ 2009, 345 (zur verfassungsgerichtlichen Kontrolle der Vorlagepflicht); *BVerfGE* 82, 159; *BVerfGE 126,* 286 (jeweils zu Art. 101 GG); *Callies,* NJW 2013, 1905 (zum EuGH als gesetzlichen Richter); Kühling/Drechsler, NJW 2017, 2950 (zur Vorlagepflicht an den EUGH); *Nowak,* NVwZ 2002, 688 (zur Nichtvorlage an den Gerichtshof als Verstoß gegen Art. 101 GG); *Rossi,* EuR 2000, 197 (zu Art. 18 AEUV).

Lösung Fall 16

Unternehmenssubventionierung

(Beihilfenrecht – Nichtigkeitsklage)

Aufgabe 1

I. Für die Goethe-GmbH kommt als Klageart gegen die Maßnahme der Europäischen Kommission eine Nichtigkeitsklage gemäß Art. 263 AEUV in Betracht. Zunächst ist die **Zulässigkeit** einer solchen Klage zu prüfen.

1. Nach Art. 263 UAbs. 4 AEUV ist die **Goethe-GmbH** als juristische Person zur Erhebung einer Nichtigkeitsklage **berechtigt**; die Kommission ist gemäß Art. 263 UAbs. 1 AEUV eine zulässige **Antragsgegnerin.**

2. Zu prüfen ist, ob für die Klage der Goethe-GmbH der Gerichtshof oder das Gericht **sachlich zuständig** ist. Dies bestimmt sich nach Art. 256 AEUV i.V.m. der Satzung des

Gerichtshofs der Europäischen Union. Nach Art. 256 Abs. 1 AEUV ist das Gericht für Entscheidungen im ersten Rechtszug über Klagen gemäß Art. 263 AEUV zuständig. Hiervon macht Art. 51 Satzung des Gerichtshofs (ABl. EU 2019, Nr. L 111, S. 1) eine Ausnahme, nach dem abweichend von der in Art. 256 Abs. 1 AEUV vorgesehenen Regelung der Gerichtshof für Klagen der Unionsorgane und die meisten Klagen gegen Rat oder Parlament zuständig ist. Bei der Goethe-GmbH handelt es sich aber um eine juristische Person, sodass das Gericht sachlich zuständig ist.

3.   Da es sich um eine von einer juristischen Person erhobene Nichtigkeitsklage handelt, bemessen sich **Antragsgegenstand** und **Antragsbefugnis** nicht nach Art. 263 UAbs. 1 AEUV, sondern nach Art. 263 UAbs. 4 AEUV. Gemäß Art. 263 UAbs. 4, 1. Alt. AEUV kann eine juristische Person gegen eine an sie gerichtete Handlung klagen. Dies ist hier aber nicht gegeben, da die Handlung der Kommission an die Bundesrepublik Deutschland und nicht an die Goethe-GmbH gerichtet war. Es kommt jedoch ein Antragsgegenstand gemäß Art. 263 UAbs. 4, 2. Alt. AEUV in Betracht, – und zwar in der Variante, dass eine Handlung an eine andere Person gerichtet wurde, diese aber die Klägerin unmittelbar und individuell betrifft.

Dies setzt zunächst voraus, dass eine relevante Handlung der Kommission vorliegt. Bei der Handlung der Kommission handelt es sich um einen **Beschluss** i.S.d. Art. 288 UAbs. 4 AEUV. Die Maßnahme der Kommission vom 1.9.2019 ist ein Beschluss i.S.d. Art. 288 UAbs. 4 AEUV, da sie sich an einen bestimmten Adressaten richtet – die Bundesrepublik Deutschland – und für den Adressaten auch bindend ist. Diese Auslegung der Kommission im Bereich der Beihilfeaufsicht zu treffenden Maßnahmen kann als „Beschluss" bezeichnet werden.

Zu prüfen ist nunmehr, ob die Goethe-GmbH durch den gegenüber der Bundesrepublik ergangenen Beschluss der Kommission **unmittelbar** und **individuell betroffen** ist. Von einem an einen Mitgliedstaat gerichteten Beschluss ist eine Person unmittelbar betroffen, wenn der jeweilige Mitgliedstaat bei der Befolgung des Beschlusses gezwungen ist, eine für die betreffende Person nachteilige Maßnahme zu erlassen. Hier war die Bundesrepublik Deutschland durch die Kommissionsentscheidung verpflichtet, die der Goethe-GmbH gewährte Unterstützung zurückzufordern; die Goethe-GmbH war daher unmittelbar betroffen. Ein individuelles Betroffensein liegt vor, wenn der an einen Mitgliedstaat gerichtete Beschluss die betreffende Person aufgrund besonderer persönlicher Eigenschaften oder Umstände in ihrer Rechtsstellung besonders betrifft und sie daher ausreichend individualisiert. Da die Kommissionsentscheidung die Rückforderung der der Goethe-GmbH gewährten Unterstützung verlangt, ist diese als Betroffene ausreichend individualisiert. Die Voraussetzungen des Art. 263 UAbs. 4 AEUV sind daher erfüllt.

4.   Die Nichtigkeitsklage ist gemäß Art. 263 UAbs. 6 AEUV innerhalb einer **Frist** von zwei Monaten ab Bekanntgabe des Beschlusses zu erheben. Hier hat die Goethe-GmbH bereits am 1.10.2019 Klage erhoben. Die Erhebung der Nichtigkeitsklage war daher auch fristgemäß.

II.   Die Nichtigkeitsklage der Goethe-GmbH ist **begründet**, wenn die Kommissionsentscheidung vom 1.9.2019 wegen einer der in Art. 263 UAbs. 2 AEUV genannten Gründe **rechtswidrig** ist. Insofern ist zu prüfen, ob die Kommission berechtigt war, die

Rückforderung der der Goethe-GmbH vom Land Baden-Württemberg gewährten Unterstützung anzuordnen (vgl. insoweit auch Art. 13 und 16 der Verfahrensordnung in Beihilfesachen VO 2015/1589). Dies setzt voraus, dass die Maßnahmen Baden-Württembergs den Tatbestand einer verbotenen Beihilfegewährung erfüllen und sich die Goethe-GmbH nicht auf Vertrauensschutz berufen kann.

1. Eine dem Unionsrecht widersprechende Beihilfegewährung kann zunächst dadurch begründet sein, dass das mitgliedstaatliche Verhalten nicht mit der Vorschrift des Art. 107 AEUV in Einklang steht (**materielle Rechtswidrigkeit der Beihilfe**).

a) Dies setzt zunächst voraus, dass eine **Beihilfe** i.S.d. Art. 107 Abs. 1 AEUV vorliegt. Der Begriff der Beihilfe enthält drei Merkmale: (1) die Gewährung einer Begünstigung, (2) staatliche oder aus staatlichen Mitteln gewährte Vorteile und (3) eine Selektivität.

(1) Die **Gewährung einer Begünstigung** setzt die Verschaffung eines wirtschaftlichen Vorteils an ein Unternehmen voraus, den dieses unter „normalen Marktbedingungen" nicht erhalten hätte. Hätte ein privater Investor ebenso gehandelt, dann fehlt es an dem Merkmal einer Begünstigung. Maßgeblich ist damit die Marktangemessenheit von Leistung und Gegenleistung. Diese fehlt unzweifelhaft bei Finanzierungshilfen und damit auch im Fall des Zuschusses des Landes in Höhe von 250 000 €. Jedoch ist der Beihilfebegriff in Art. 107 Abs. 1 AEUV – wie die Formulierung „Beihilfen gleich welcher Art" zeigt – hierauf nicht beschränkt. Solange es sich tatsächlich um eine Begünstigung handelt, kommt es auf die Art der Maßnahme nicht an. Damit fällt auch das unentgeltliche Überlassen der Räume durch das baden-württembergische Kultusministerium unter den Beihilfebegriff des Art. 107 AEUV, da die Goethe-GmbH hierdurch einen wirtschaftlichen Vorteil erlangt. Das Gleiche gilt für die Gewährung des zinslosen Darlehens in Höhe von 500 000 €, da der Vorteilsgewährung – anders als bei der Forderung eines marktüblichen Zinssatzes – keine angemessene Gegenleistung gegenübersteht. Denn ein marktwirtschaftlich handelndes privates Unternehmen hätte der Goethe-GmbH kein zinsloses Darlehen gewährt. Daher ist bei allen drei Maßnahmen Baden-Württembergs von einer Begünstigung auszugehen.

(2) Bei der Begünstigung muss es sich weiter um **staatliche oder aus staatlichen Mitteln gewährte** Vorteile handeln. Die fraglichen Maßnahmen müssen also zu einer Belastung des staatlichen Haushaltes führen. Das Kultusministerium des Landes Baden-Württemberg hat der Goethe-GmbH die Räume unentgeltlich überlassen. Die finanzielle Belastung des Staatshaushaltes ist darin zu sehen, dass das Land Baden-Württemberg die Räume nicht anderweitig nutzen bzw. entgeltlich vermieten kann. Auch die Gewährung des Zuschusses und des zinslosen Darlehens erfolgt auf Kosten des Staates, sodass in allen drei Fällen von einem Transfer staatlicher Mittel auszugehen ist.

(3) Das Tatbestandsmerkmal der **Selektivität** fordert, dass eine „Begünstigung bestimmter Unternehmen oder Produktionszweige" vorliegt. Hieran fehlt es bei allgemeinen Maßnahmen, bei denen allen Unternehmen unterschiedslos Vorteile gewährt werden. Im vorliegenden Fall wird aber allein ein bestimmtes Unternehmen, und zwar die Goethe-GmbH, konkret begünstigt, sodass der selektive Charakter der Maßnahme bejaht werden kann.

b)   Art. 107 Abs. 1 AEUV setzt weiter voraus, dass die betreffende Beihilfe den **Wettbewerb verfälscht oder zu verfälschen droht,** – wobei es nach der Rechtsprechung des Gerichtshofs der Europäischen Union nicht erforderlich ist, dass mit der Beihilfegewährung eine Verfälschung des Wettbewerbs beabsichtigt wird. Als Wettbewerbsverfälschung lässt sich jeder Eingriff in das Marktgeschehen verstehen, durch den für die Wettbewerber die Marktbedingungen verändert werden. Die Wettbewerbsverfälschung ist hier darin zu sehen, dass der Goethe-GmbH aufgrund der staatlichen Unterstützungsmaßnahmen gegenüber ihren Konkurrenten – auf dem inländischen wie auch auf dem ausländischen Markt – ein Vorteil verschafft wird. Dadurch wird die Marktposition der Goethe-GmbH gegenüber ihren Konkurrenten verstärkt und somit Einfluss auf den betreffenden Wettbewerb auf dem Büchermarkt genommen.

c)   Nach Art. 107 Abs. 1 AEUV ist weiterhin erforderlich, dass die Beihilfe den **Handel zwischen den Mitgliedstaaten beeinträchtigt.** Dieser zwischenstaatliche Bezug ist im Regelfall dann zu bejahen, wenn das begünstigte Unternehmen mit exportfähigen Waren und Dienstleistungen handelt. Dies ist bei der Goethe-GmbH eindeutig der Fall: In fremde Sprachen übersetzte Bücher sind vor allem für den Export gedacht und betreffen daher den Handel zwischen den Mitgliedstaaten. Eine Beeinträchtigung des zwischenstaatlichen Handels ließe sich dann nur noch verneinen, wenn man von einer Geringfügigkeit der Beihilfe ausgehen könnte, bei der mögliche Auswirkungen auf den zwischenstaatlichen Handel ausgeschlossen sind. In ihrer „Freistellungsverordnung" für sog. „De-minimis"-Beihilfen sieht die Kommission (bezogen auf einen Zeitraum von drei Jahren) Beihilfen von bis zu 100 000 € als wettbewerbsrechtlich unbedenklich an. Hier werden der Goethe-GmbH aber Unterstützungsmaßnahmen gewährt, die deutlich über dieser Grenze liegen. Es ist daher von einer Beeinträchtigung des zwischenstaatlichen Handels auszugehen.

d)   **Ausnahmen von dem Beihilfeverbot** sind zunächst in **Art. 107 Abs. 2 AEUV** niedergelegt. Bei Vorliegen eines Ausnahmetatbestandes nach Art. 107 Abs. 2 lit. a) bis c) AEUV ist eine Beihilfe als vereinbar mit dem Binnenmarkt anzusehen und daher automatisch zulässig. Die Unterstützung der Goethe-GmbH lässt sich aber unter keinen der Tatbestände des Art. 107 Abs. 2 AEUV subsumieren, sodass allein eine Ausnahme gemäß Art. 107 Abs. 3 AEUV in Betracht zu ziehen ist. Bei den Ausnahmetatbeständen des **Art. 107 Abs. 3 AEUV** steht der Kommission (bzw. bei Art. 107 Abs. 3 lit. e) AEUV dem Rat) die Befugnis zu, im Einzelfall eine staatliche Beihilfe als zulässig zu erklären. In der Praxis ist die Kommission – unter Beachtung bestimmter Anforderungen – durchaus gewillt, staatliche Rettungsbeihilfen zu billigen. Dies hat die Kommission in ihren „Leitlinien für die Beurteilung von staatlichen Beihilfen zur Rettung und Umstrukturierung von Unternehmen in Schwierigkeiten" konkretisiert. Wären die Unterstützungsmaßnahmen Baden-Württembergs von den Leitlinien der Kommission gedeckt, könnte man – aus Gleichbehandlungs- oder Vertrauensschutzerwägungen – in Betracht ziehen, dass die Kommission zur Genehmigung verpflichtet ist und daher eine Rückforderung nicht anordnen dürfte. Laut Sachverhalt weichen die Maßnahmen Baden-Württembergs aber von den Leitlinien ab, sodass die Kommission ihren selbst definierten Gestaltungsspielraum nicht überschritten hat. Auch nach Art. 107 Abs. 3 AEUV sind die Maßnahmen Baden-Württembergs daher nicht zulässig.

e) Es kann damit festgestellt werden, dass eine mit dem Binnenmarkt unvereinbare Beihilfe i.S.d. Art. 107 AEUV vorliegt. Aus der materiellen Rechtswidrigkeit der Beihilfe folgt das **Recht** der Kommission, eine **Rückforderung** der Beihilfe **anzuordnen.**

2. Neben dem Verstoß gegen Art. 107 AEUV kann sich eine Rechtswidrigkeit der Beihilfegewährung auch daraus ergeben, dass die Vorschriften über das Verfahren der Beihilfeaufsicht nicht eingehalten wurden (**formelle Rechtswidrigkeit der Beihilfe**). Nach Art. 108 Abs. 3 Satz 1 AEUV ist die Kommission vor jeder Einführung einer neuen Beihilfe zu unterrichten; und nach Art. 108 Abs. 3 Satz 3 AEUV darf vor einem abschließenden Beschluss der Kommission eine Beihilfe nicht gewährt werden. Dieses in Art. 108 Abs. 3 AEUV vorgesehene Verfahren hat das Kultusministerium nicht beachtet, als es der Goethe-GmbH – ohne vorherige Einschaltung der Kommission – die Unterstützungsmaßnahmen gewährt hat. Damit ist die Beihilfe auch formell rechtswidrig.

Fraglich ist, ob bereits die formelle Rechtswidrigkeit der Beihilfe allein ausreichend für die Befugnis der Kommission wäre, eine Rückforderung der Beihilfe anzuordnen. Hierfür spricht das Unionsinteresse an einer möglichst schnellen Beseitigung der Wettbewerbsverzerrung. Auch würde das Verfahren der Beihilfeaufsicht umgangen werden, wenn Verstöße gegen dieses Verfahren im Ergebnis sanktionslos blieben. Andererseits erscheint aus der Sicht des Beihilfeempfängers eine Rückabwicklung unbillig, wenn eine Beihilfe im Einklang mit dem materiellen Beihilferecht gewährt wurde und nach Durchführung des Überwachungsverfahrens dem Beihilfeempfänger belassen werden darf. Dementsprechend ist auch der Gerichtshof in seiner jüngeren Rechtsprechung – im Gegensatz zum BGH – dazu übergegangen, die Rückforderung einer bloß formell unionsrechtswidrigen Beihilfe, die im Grundsatz genehmigungsfähig wäre, nur unter bestimmten Voraussetzungen zu verlangen. Zudem räumt Art. 13 Abs. 2 VO 2015/1589 der Kommission – unter engen Voraussetzungen – auch eine Befugnis zur einstweiligen Rückforderung ein. Die Problematik der allein formell rechtswidrigen Beihilfe muss hier jedoch nicht weiter vertieft werden, da die Beihilfe – wie bereits dargestellt – auch materiell rechtswidrig war; was eine Anordnung der Rückforderung seitens der Kommission rechtfertigt.

3. Abschließend bleibt zu prüfen, ob sich die Goethe-GmbH auf **Vertrauensschutz** berufen kann. Hier stellt sich die Frage, ob das grundsätzlich bestehende Rückforderungsrecht der Beihilfe durch die Kommission nicht deshalb unzulässig war, weil die Goethe-GmbH auf den Fortbestand der staatlicherseits gewährten Unterstützung vertraut hat. In der Rechtsprechung des Gerichtshofs ist anerkannt, dass der Grundsatz des Vertrauensschutzes auch im Unionsrecht als allgemeiner Rechtsgrundsatz verbürgt ist. Das bedeutet, dass die Organe der Union bei ihrem Handeln den Grundsatz des Vertrauensschutzes berücksichtigen müssen. Für das Beihilferecht wird dieser Aspekt durch Art. 16 Abs. 1 Satz 2 VO 2015/1589 aufgegriffen, nach dem die Kommission dann nicht die Rückforderung einer Beihilfe verlangen darf, „wenn dies gegen einen allgemeinen Grundsatz des Unionsrechts verstoßen würde". Hierzu ist auch der Vertrauensschutz zu rechnen.

Die Frage ist freilich, ob sich die Goethe-GmbH im vorliegenden Fall überhaupt auf Vertrauensschutz berufen kann. Insoweit ist zu beachten, dass die **Überwachung** der staatlichen Beihilfe gemäß Art. 108 AEUV der **Kommission** obliegt: Die Kommission entscheidet damit über die Rechtmäßigkeit von staatlichen Beihilfen. Da diese Umstände einem sorgfältigen Gewerbetreibenden auch bekannt sind, kann ein beihilfebegünstigtes Unternehmen grundsätzlich erst dann auf die Rechtmäßigkeit einer Beihilfegewährung vertrauen, wenn die Kommission keine Einwände erhoben hat. Hier wurde vor Gewährung der Beihilfe gerade kein Notifizierungsverfahren gemäß Art. 108 Abs. 3 AEUV durchgeführt. Daher kann sich die Goethe-GmbH auch nicht auf Vertrauensschutz berufen. Es kann somit festgestellt werden, dass die vom baden-württembergischen Kultusministerium der Goethe-GmbH gewährte Unterstützung unzulässig war. Der Beschluss der Kommission zur Rückforderung der Beihilfe war daher rechtmäßig, die Nichtigkeitsklage unbegründet.

Aufgabe 2

I.   Auch für das Land Baden-Württemberg kommt als Klageart gegen die Maßnahme der Kommission eine Nichtigkeitsklage nach Art. 263 AEUV in Betracht. Zunächst ist die **Zulässigkeit** einer solchen Klage zu prüfen.

1.   Wie bereits festgestellt, ist die Kommission gemäß Art. 263 UAbs. 1 AEUV zulässiger **Antragsgegner** im Rahmen einer Nichtigkeitsklage. Die Frage ist, ob und gegebenenfalls nach welcher Vorschrift das Land Baden-Württemberg als **Antragsteller** auftreten kann. Insofern könnte man zunächst an Art. 263 UAbs. 2 AEUV denken, der den **Mitgliedstaaten** eine Antragsberechtigung zuspricht. Nach der Rechtsprechung des Gerichtshofs sind hierunter jedoch nur die Mitgliedstaaten als Gesamtverband anzusehen, nicht aber die mit hoheitlichen Befugnissen ausgestatteten Teile von Mitgliedstaaten. Dies begründet der Gerichtshof mit dem abschließenden Charakter des Art. 263 UAbs. 2 AEUV. Eine Antragsberechtigung des Landes ist jedoch nach Art. 263 UAbs. 4 AEUV gegeben, da selbstständige bzw. unselbstständige Untergliederungen eines Mitgliedstaates als **juristische Personen** i.S.d. Art. 263 UAbs. 4 AEUV anzusehen sind.

2.   Da es sich bei der Klage des Landes Baden-Württemberg um die Klage einer juristischen Person handelt, ist – wie im Fall der Goethe-GmbH – das Gericht und nicht der Gerichtshof für die Klage **zuständig** (vgl. Art. 256 Abs. 1 AEUV).

3.   **Antragsgegenstand** und **Antragsbefugnis** bemessen sich wiederum – da es sich um eine Klage einer juristischen Person handelt – nach Art. 263 UAbs. 4 AEUV. Bei der Entscheidung der Kommission handelt es sich um einen zulässigen Antragsgegenstand nach Art. 263 UAbs. 4, 2. Alt. AEUV. Für die Antragsbefugnis ist Voraussetzung, dass das Land Baden-Württemberg von dem an die Bundesrepublik Deutschland gerichteten Kommissionsbeschluss unmittelbar und individuell betroffen ist. Ein **unmittelbares** Betroffensein ist zu bejahen, da Baden-Württemberg – auf Grund des Kommissionsbeschlusses – ohne Ermessensspielraum verpflichtet wird, die der Goethe-GmbH gewährte Unterstützung zurückzufordern. Das Land Baden-Württemberg ist auch individuell betroffen, da es im nationalen Rahmen für die Rückabwicklung der Beihilfe zuständig ist und durch den Kommissionsbeschluss in seiner Rechtsstellung tangiert wird; das Land ist daher als Betroffener ausreichend individualisiert.

4. Die Klage ist gemäß Art. 263 UAbs. 6 AEUV innerhalb einer **Frist** von 2 Monaten ab Bekanntgabe des Beschlusses zu erheben. Dies ist hier der Fall. Die von dem Land Baden-Württemberg erhobene Nichtigkeitsklage ist daher zulässig.

II. Die Nichtigkeitsklage ist aber – wie bereits dargestellt (Aufgabe 1) – unbegründet.

Aufgabe 3

Es stellt sich die Frage, ob das von der Bundesrepublik Deutschland erlassene Gesetz, welches alle in Deutschland ansässigen Buchhändler verpflichtet, von den deutschen Verlagen hergestellte Literaturklassiker zu – deutlich über den Marktpreisen liegenden – Mindestpreisen abzunehmen, eine dem Unionsrecht unterfallende Beihilfe beinhaltet. Dies bemisst sich anhand von Art. 107 Abs. 1 AEUV.

I. Eine Beihilfe i.S.v. Art. 107 Abs. 1 AEUV setzt zunächst die **Gewährung einer Begünstigung** und damit die Verschaffung eines wirtschaftlichen Vorteils an ein Unternehmen voraus, den dieses unter „normalen Marktbedingungen" nicht erhalten hätte. Durch das Gesetz werden die deutschen Verleger, die die Literaturklassiker vertreiben, begünstigt, da die Gegenleistung marktwirtschaftlichen Kriterien nicht genügt. Denn laut Sachverhalt besteht eine Abnahmepflicht zu einem über dem Marktniveau liegenden Mindestpreis. Dass die Bundesrepublik hiermit ein kulturpolitisches Ziel verfolgt, ist grundsätzlich irrelevant, da für den Beihilfebegriff nicht die Gründe und Ziele staatlicher Interventionsmaßnahmen, sondern allein deren Wirkungen maßgeblich sind. Eine Ausnahme hat der Gerichtshof der Europäischen Union nur in engen Grenzen zugelassen, wenn die Gewährung der Begünstigung als Ausgleich für die Erfüllung besonderer gemeinwirtschaftlicher Verpflichtungen (z.B. Versorgung der Bevölkerung mit Leistungen des Personennahverkehrs) dient und weitere Voraussetzungen erfüllt sind. Im Fall der Verbreitung deutscher Literaturklassiker ist keine besondere gemeinwirtschaftliche Verpflichtung anzunehmen, sodass von der Gewährung einer Begünstigung auszugehen ist.

II. Art. 107 Abs. 1 AEUV ist nur **auf staatliche oder aus staatlichen Mitteln** gewährte Beihilfen anwendbar. Dies ist hier fraglich, da die gesetzlich normierte Abnahmepflicht zu einem Mindestpreis nicht mit einer zusätzlichen Belastung für den Staatshaushalt einhergeht. Es stellt sich hier das Problem, ob Art. 107 Abs. 1 AEUV allein das Eintreten einer finanziellen Begünstigung beim Empfänger sowie die staatliche Veranlassung dieser Begünstigung voraussetzt oder ob es immer auch einer korrespondierenden finanziellen Einbuße im Bereich der öffentlichen Hand bedarf.

Der Gerichtshof geht in ständiger Rechtsprechung davon aus, dass eine Beihilfe i.S.v. Art. 107 Abs. 1 AEUV stets eine finanzielle Belastung der öffentlichen Haushalte voraussetzt. Damit kann im vorliegenden Fall das deutsche Gesetz nicht allein deshalb als Beihilfe qualifiziert werden, weil es als staatlich gelenkter Mittelfluss bei den Herstellern von Literaturklassikern einen wirtschaftlichen Vorteil bewirkt. Da es vielmehr auf die staatliche Herkunft der Mittel ankommt, fehlt es hier folglich an dem Merkmal der Übertragung staatlicher Mittel. Damit beinhaltet das Gesetz keine Beihilfe i.S.v. Art. 107 Abs. 1 AEUV.

Weiterführende Hinweise:

Fischer/Fetzer, Europarecht, 12. Auflage 2019, Rn. 266 ff. (zur Nichtigkeitsklage) und Rn. 708 ff. (zur unionsrechtlichen Kontrolle staatlicher Beihilfen); *EuGH,* ECLI:EU:C:1984:266 – Differdange (zur Antragsberechtigung von Gebietskörperschaften im Rahmen einer Nichtigkeitsklage); *EuGH,* ECLI:EU: C:1996:285 – SFEI; EuGH, ECLI:EU:C:2018:873 - Scuola Elementare Maria Montessori/Kommission (jeweils zur Rückforderung von rechtswidrigen Beihilfen); *EuGH,* ECLI:EU:C:2002:601 (zur Aussetzung der Vollziehung einer Beihilfenrückforderung); *EuGH,* ECLI:EU:C:2002:474 – Ferring; *EuGH,* ECLI:EU:C:2003:415 – Altmark Trans; *EuGH,* ECLI:EU:C:2003:640– Enirisorse (jeweils zur Berücksichtigung gemeinwirtschaftlicher Verpflichtungen beim Beihilfebegriff); *EuGH,* ECLI:EU:C:1993:97 – Sloman Neptun; *EuGH,* ECLI:EU:C:2001:160 – PreussenElektra (jeweils zur Staatlichkeit der Mittel beim Beihilfebegriff); *EuGH,* ECLI:EU:C:2008:79 – CELF/SIDE (zur Rückforderung einer formell rechtswidrigen Beihilfe); *Borchardt,* EuGRZ 1998, 309 (zum Vertrauensschutz im Europäischen Gemeinschaftsrecht); *Koenig/Kühling,* NJW 2000, 1065 (zu Grundfragen des Beihilferechts); Verordnung (EU) 2015/1589 über besondere Vorschriften für die Anwendung von Art. 108 AEUV (ABl. EU 2015 L 248/ 9); Verordnung (EU) Nr. 1407/2013 der Kommission über die Anwendung der Art. 107 und 108 AEUV auf De-minimis-Beihilfen (ABl. EU 2013 L 352/1); Leitlinien der Kommission für die Beurteilung von staatlichen Beihilfen zur Rettung und Umstrukturierung von Unternehmen in Schwierigkeiten vom 31.07.2014 (ABl. EU 2014 C 249/1).

Lösung Fall 17

Rückforderung von Subventionen

(Rückforderung staatlicher Beihilfen – Vollzug von Unionsrecht durch die Mitgliedstaaten – Vertrauensschutz- und Fristenproblematik)

Aufgabe 1

Als Ermächtigungsgrundlage des Rücknahme- und Rückforderungsbescheides des Kultusministeriums vom 1.10.2019 kommen die **§§ 48, 49a (L)VwVfG** in Betracht. Während die Rücknahme des Subventionsbescheides auf § 48 Abs. 1 VwVfG zu stützen ist, ist für die Rückforderung einer erbrachten Geldleistung § 49a Abs. 1 VwVfG als Ermächtigungsgrundlage heranzuziehen.

I.   Zunächst stellt sich die Frage, ob die §§ 48, 49a VwVfG überhaupt die **richtigen Rechtsgrundlagen** sind, wenn es um die Rückforderung einer mit dem **Unionsrecht** unvereinbaren Beihilfe geht. Insoweit ist festzustellen, dass es auf der Ebene des primären Unionsrechts keine ausdrückliche Ermächtigungsgrundlage zur Rückforderung einer von der Kommission als unionsrechtswidrig erklärten staatlichen Beihilfe gibt. Die dem sekundären Unionsrecht zuzuordnende Verfahrensverordnung in Beihilfesachen (VO 2015/1589) regelt zwar in Art. 16 die Rückforderung rechtswidriger Beihilfen, – aber lediglich in der Weise, dass dem betreffenden Mitgliedstaat aufgegeben wird, alle notwendigen Rückforderungsmaßnahmen zu ergreifen. Zudem bestimmt Art. 16 Abs. 3 VO 2015/1589, dass die Rückforderung nach dem Verfahren des betreffenden Mitgliedstaates zu erfolgen hat. Daher ist – auch nach Erlass der VO 2015/1589 – zur Rückforderung von unionsrechtswidrigen Beihilfen auf das jeweilige nationale Recht zurückzugreifen. Zur Unterstützung dieser Sichtweise lässt sich auch die allgemeine

Bestimmung des Art. 4 Abs. 3 EUV anführen, nach dem die Mitgliedstaaten die Verpflichtungen zu erfüllen haben, die sich aus den Verträgen oder aus den Handlungen der Organe der Union ergeben.

In der Bundesrepublik sind die §§ 48, 49a VwVfG bzw. die entsprechenden landesrechtlichen Vorschriften insoweit die einschlägigen Rechtsnormen, da die Rückforderung einer Subvention die Rücknahme des Zuwendungsbescheids voraussetzt und keine speziellere Rücknahmenorm ersichtlich ist. Insbesondere findet sich in der Landeshaushaltsordnung von Baden-Württemberg keine hier einschlägige Sonderregelung.

II. Die Rechtsgrundlage für die Rücknahme des Zuwendungsbescheids kann damit allein **§ 48 VwVfG** sein. Die **formelle Rechtmäßigkeit** des Rücknahmebescheids ist gegeben, da hier das Kultusministerium für die Rücknahme zuständig war (vgl. § 48 Abs. 5 VwVfG), die Goethe-GmbH vor Erlass des Bescheides angehört wurde (vgl. § 28 VwVfG) und der Verwaltungsakt auch begründet wurde (§ 39 VwVfG). Zu prüfen ist nun, ob der Bescheid auch **materiell rechtmäßig** war. Hierfür muss geprüft werden, ob die Tatbestandsvoraussetzungen des § 48 VwVfG erfüllt sind.

1. § 48 VwVfG setzt zunächst einen **rechtswidrigen** Verwaltungsakt voraus. Rechtswidrig ist ein Verwaltungsakt, wenn er in Widerspruch zu höherrangigem Recht steht. Höherrangiges Recht ist auch das Unionsrecht. Die Kommission hat mit ihrem Beschluss vom 1.9.2018 die Beihilfe des Landes Baden-Württemberg für mit Art. 107, 108 AEUV unvereinbar erklärt. Der Beschluss i.V.m. Art. 107, 108 AEUV wirkt unmittelbar im innerstaatlichen Recht und begründet damit die Rechtswidrigkeit des Subventionsbescheids. Die Frage ist aber, ob diese Feststellung **bindend** ist, oder ob die Goethe-GmbH noch eine mögliche Rechtswidrigkeit der Kommissionsentscheidung im Verfahren zur Aufhebung des Subventionsbescheids durch das Kultusministerium einwenden kann.

Insoweit gilt Folgendes: Der Empfänger einer Beihilfe hat die Möglichkeit, gegen einen auf Art. 108 Abs. 3 AEUV gestützten Kommissionsbeschluss, der die Verpflichtung zur Rückforderung einer Beihilfe ausspricht, eine Nichtigkeitsklage innerhalb der von Art. 263 UAbs. 6 AEUV festgelegten Klagefrist zu erheben. Lässt der Empfänger diese Möglichkeit ungenutzt verstreichen, so ist der Beschluss ihm gegenüber **bestandskräftig**. Die Bestandskraft des Kommissionsbeschlusses hat zur Folge, dass der Empfänger der Beihilfe im Rahmen einer Klage gegen die von der nationalen Behörde getroffene Maßnahme zur Umsetzung des Kommissionsbeschlusses nicht mehr die Rechtmäßigkeit des Beschlusses und damit die Rechtswidrigkeit der Beihilfe einwenden kann. Da die Goethe-GmbH gegen den Kommissionsbeschluss vom 1.9.2018 nicht fristgerecht Klage erhoben hat, wurde er ihr gegenüber bestandskräftig. Damit steht auch bindend fest, dass der an die Goethe-GmbH erlassene Zuwendungsbescheid rechtswidrig war.

2. § 48 Abs. 1 Satz 1 VwVfG, der allgemein eine Rücknahme von rechtswidrigen Verwaltungsakten ermöglicht, wird eingeschränkt durch die Regelung des **§ 48 Abs. 1 Satz 2 VwVfG**, der eine Rücknahme von begünstigenden Verwaltungsakten nur unter den besonderen Voraussetzungen des § 48 Abs. 2 bis 4 VwVfG zulässt. Bei der Subvention an die Goethe-GmbH handelt es sich um einen diese begünstigenden Verwaltungsakt, der eine einmalige Geldleistung gewährt, sodass der Zuwendungsbescheid nur unter den Voraussetzungen des § 48 Abs. 2 VwVfG zurückgenommen werden darf. Im Rahmen des Tatbestandes des § 48 Abs. 2 VwVfG ist daher zur prüfen, ob sich die Goethe-GmbH auf **Vertrauensschutz** berufen kann. Dies erscheint bereits deshalb problematisch, da vor Gewährung der Subvention nicht das nach Art. 108 AEUV erforderliche **Notifizierungsverfahren** durchgeführt wurde.

Nach § 48 Abs. 2 VwVfG ist ein einer Rücknahme entgegenstehender Vertrauensschutz anzunehmen, wenn der Begünstigte auf den Bestand des Verwaltungsaktes vertraut hat und sein Vertrauen unter Abwägung mit dem öffentlichen Interesse an einer Rücknahme schutzwürdig ist. Eine positive Konkretisierung des Grundsatzes findet sich in § 48 Abs. 2 Satz 2 VwVfG, nach dem das Vertrauen in der Regel schutzwürdig ist, wenn der Begünstigte die gewährten Leistungen verbraucht oder eine Vermögensdisposition getroffen hat, die er nicht mehr oder nur unter unzumutbaren Nachteilen rückgängig machen kann. Eine negative Konkretisierung des Grundsatzes des § 48 Abs. 2 Satz 1 VwVfG enthält § 48 Abs. 2 Satz 3 VwVfG, nach dem das Vertrauen des Begünstigten bei Vorliegen bestimmter Umstände nicht schutzwürdig ist.

Von den negativen Konkretisierungen des Vertrauensschutzes kommt hier insbesondere die Vorschrift des § 48 Abs. 2 Satz 3 Nr. 3 VwVfG in Betracht, nach der sich der Begünstigte von vornherein nicht auf Vertrauensschutz berufen kann, „wenn er die Rechtswidrigkeit des Verwaltungsaktes kannte oder in Folge grober Fahrlässigkeit nicht kannte". Insbesondere in der Literatur wird die Ansicht vertreten, dass Gewerbetreibende im Regelfall als bösgläubig i.S.v. § 48 Abs. 2 Satz 3 Nr. 3 VwVfG anzusehen seien, wenn sie sich vor einer Beihilfegewährung nicht von der ordnungsgemäßen Durchführung des in Art. 108 AEUV vorgesehenen Notifizierungsverfahrens vergewissert haben. Insoweit wird auf die Rechtsprechung des Gerichtshofs verwiesen, wonach ein beihilfebegünstigtes Unternehmen nur dann auf die Ordnungsmäßigkeit einer Beihilfe vertrauen darf, wenn diese unter Beachtung des in Art. 108 AEUV vorgeschriebenen Verfahrens gewährt wurde; wobei es einem sorgfältigen Gewerbetreibenden regelmäßig möglich sei, sich zu vergewissern, ob das Verfahren gemäß Art. 108 AEUV beachtet wurde.

Nach Ansicht des Bundesverwaltungsgerichts ist dagegen im Regelfall noch keine grobe Fahrlässigkeit des Beihilfeempfängers i.S.v. § 48 Abs. 2 Satz 3 Nr. 3 VwVfG anzunehmen, wenn entgegen Art. 108 AEUV ein Notifizierungsverfahren nicht durchgeführt wurde. Gleichwohl verneint auch das Bundesverwaltungsgericht in Fällen dieser Art einen Vertrauensschutz und begründet dies wie folgt: Auch wenn – wie hier – der Begünstigte die Leistung bereits verbraucht habe, könne das Vertrauen des Begünstigten – in Abweichung von der Regel des § 48 Abs. 2 Satz 2 VwVfG – schutzunwürdig sein. Denn der Gerichtshof schreibe vor, dass eine Anwendung des nationalen Rechts die unionsrechtlich vorgeschriebene Rückforderung „nicht praktisch unmöglich machen dürfe" und das „Interesse der Gemeinschaft (heute: Union) in vollem Umfang berücksichtigt werden müsse". Daher überwiege das durch die Einwirkung des Unionsrechts gesteigerte öffentliche Rücknahmeinteresse gegenüber dem Vertrauensschutzinteresse des Begünstigten regelmäßig schon dann, wenn das in Art. 108 AEUV zwingend vorgeschriebene Überwachungsverfahren nicht eingehalten worden sei. Denn ein sorgfältiges Wirtschaftsunternehmen habe sich vor Gewährung der Subvention davon zu vergewissern, dass das Überwachungsverfahren durchgeführt wurde.

Im vorliegenden Fall wurde das Verfahren nach Art. 108 AEUV vor Gewährung der Subvention nicht durchgeführt. Daher kann sich die Goethe-GmbH im Grundsatz nicht gemäß § 48 Abs. 2 VwVfG auf Vertrauensschutz berufen, es sei denn, es liegen besondere Umstände vor, die ausnahmsweise doch einen schutzwürdigen Vertrauenstatbestand begründen. Solche besonderen Umstände sind im Fall der Goethe-GmbH aber nicht ersichtlich.

3. Weitere Voraussetzung für die Rechtmäßigkeit des Rücknahmebescheides vom 1.10.2019 ist eine fehlerfreie Ausübung des **Ermessens** durch das Kultusministerium. Nach § 48 Abs. 1 Satz 1 VwVfG steht der Behörde bei der Rücknahme eines Verwaltungsaktes Ermessen zu. Aufgrund der bestandskräftigen Entscheidung der Kommission vom 1.9.2018 war das Kultusministerium jedoch verpflichtet, die der Goethe-GmbH gewährte Beihilfe zurückzufordern. Daher hat sich in diesem Fall das Ermessen auf Null reduziert, sodass die einzige ermessensfehlerfreie Entscheidung der Behörde die Rücknahme des Zuwendungsbescheides und die Rückforderung des Zuschusses war.

4. Schließlich ist zu prüfen, ob die Rücknahme des Bescheides noch **fristgemäß** erfolgte. Nach § 48 Abs. 4 Satz 1 VwVfG beträgt die Rücknahmefrist 1 Jahr. Nach der Rechtsprechung des Bundesverwaltungsgerichts beginnt die Jahresfrist, sobald die zuständige Behörde die Rechtswidrigkeit des erlassenen Verwaltungsaktes erkennt und die für die Rücknahmeentscheidung erheblichen Tatsachen vollständig bekannt sind. Dazu gehören die Umstände, deren Kenntnis es der Behörde objektiv ermöglicht, ohne weitere Sachaufklärung über die Rücknahme zu entscheiden.
Ab wann die Jahresfrist nach dieser Auslegung des § 48 Abs. 4 Satz 1 VwVfG im vorliegenden Fall zu laufen beginnt, ist nicht eindeutig. Am überzeugendsten ist es jedoch auf den Zeitpunkt abzustellen, zu dem die formelle und materielle Illegalität der Beihilfe bindend feststeht, da die Behörde erst dann zwingend von einem Rücknahmegrund ausgehen muss. Festgestellt wird die formelle und materielle Illegalität durch einen abschließenden Beschluss der Kommission. Es stellt sich dann aber die Frage, ob auf die Bekanntgabe oder die Bestandskraft des Beschlusses abzustellen ist. Die Beantwortung der Frage ist relevant, da nur bei einem Abstellen auf die Bestandskraft der Entscheidung (nicht vor dem 1.11.2018) die Jahresfrist noch nicht abgelaufen war.
Die Beantwortung der Frage könnte allerdings offenbleiben, wenn die nationale Behörde **auch im Falle einer Verfristung** noch zur **Rücknahme** des Subventionsbescheids berechtigt bzw. verpflichtet wäre. Dies ist nach der Rechtsprechung des Gerichtshofs grundsätzlich möglich, wenn das in Art. 108 AEUV vorgeschriebene Notifizierungsverfahren nicht durchgeführt wurde. Zur Begründung führt der Gerichtshof an, dass sich die Rolle der nationalen Behörde auf eine Umsetzung des Kommissionsbeschlusses beschränke und ihr insoweit auch keinerlei Ermessen zustehe. Damit bestehe für den Subventionsempfänger von Anfang an Klarheit, dass er eine rechtswidrig gewährte Beihilfe zurückzuzahlen habe, so dass er sich nicht auf den Gesichtspunkt der Rechtssicherheit berufen könne, wenn die zuständige Behörde eine Rückforderung nach nationalem Recht verspätet geltend macht.
Im vorliegenden Fall hatte die Bundesrepublik Deutschland der Kommission die Gewährung des Zuschusses nicht angezeigt, und die Goethe-GmbH hatte sich auch nicht von der Durchführung des Notifizierungsverfahrens vergewissert. Damit kann der

Rücknahme des Zuwendungsbescheids auch nicht der Einwand der Verfristung entgegengesetzt werden.

III. Es wurde festgestellt, dass die Rücknahme des Zuwendungsbescheids durch das Kultusministerium rechtmäßig war. Die Rechtsgrundlage für die **Rückforderung** der bereits ausgezahlten 250 000 € ist dann **§ 49a Abs. 1 Satz 1 VwVfG.** Hiernach sind bereits erbrachte Leistungen zu erstatten, soweit ein Verwaltungsakt mit Wirkung für die Vergangenheit zurückgenommen worden ist. Für die Berücksichtigung einer Entreicherung auf Seiten des Subventionsempfängers verweist **§ 49a Abs. 2 VwVfG** auf die Vorschriften des BGB. Nach der Rechtsprechung des Gerichtshofs ist der **Einwand des Wegfalls der Bereicherung** aber bereits dann ausgeschlossen, wenn das Verfahren des Art. 108 AEUV nicht beachtet wurde. Damit scheidet auch im Fall der Goethe-GmbH eine Anwendung des § 49a Abs. 2 VwVfG aus. Daher war die Rückforderung der 250 000 € rechtmäßig.

Aufgabe 2

I. Bei der Herausgabe des Zinsvorteils für die Zeit der Überlassung des Darlehens handelt es um die **Rückabwicklung** einer unionsrechtswidrigen Beihilfe: Nach Rückzahlung des Darlehensbetrages sind die ersparten Zinsen als Vorteil verblieben, den die Goethe-GmbH aus der Gewährung der Beihilfe erhalten hat. Die vom Unionsrecht geforderte vollständige Rückabwicklung der Beihilfe – wie sie mit dem Kommissionsbeschluss vom 1.9.2018 bestandskräftig festgeschrieben wurde – setzt daher auch eine Erstattung des Zinsvorteils voraus.

II. Als Anspruchsgrundlage für die Herausgabe des Zinsvorteils stützt sich das Kultusministerium auf **Bereicherungsrecht** und damit auf ein Rechtsinstitut des deutschen Zivilrechts. Wiederum gilt, dass die Rückabwicklung einer rechtswidrigen Beihilfe – in Ermangelung unionsrechtlicher Bestimmungen – über die im nationalen Recht vorgesehenen Modalitäten zu erfolgen hat. Weiter ist festzustellen, dass im Fall des privatrechtlichen Darlehensvertrages eine Rückabwicklung in den Bahnen des Zivilrechts zu erfolgen hat. Dabei ist das Bereicherungsrecht – und zwar unter dem Gesichtspunkt der Leistungskondiktion (§ 812 Abs. 1 Satz 1, 1. Alt. BGB) – der richtige Anknüpfungspunkt, sofern die Goethe-GmbH das Darlehen **ohne Rechtsgrund** erlangt hat.

Die Sichtweise, dass eine Rückabwicklung über das Zivilrecht zu erfolgen hat, ist freilich nicht zwingend. So wird vertreten, dass das Rückforderungsverhältnis zwischen Behörde und Beihilfeempfänger stets öffentlich-rechtlicher Natur sei; also auch dann, wenn die Beihilfegewährung privatrechtlich erfolgte. Der öffentlich-rechtliche Charakter des Rückforderungsverhältnisses wird damit begründet, dass die Rückforderungsentscheidung der Kommission zwingend öffentlich-rechtlicher Natur sei. Dies präge dann auch das Rechtsverhältnis zwischen nationaler Behörde und Beihilfeempfänger. Auf der Grundlage dieses Ansatzes wäre der öffentlich-rechtliche Erstattungsanspruch als Anspruchsgrundlage für die Herausgabe des Zinsvorteils zu prüfen. Demgegenüber hat das Bundesverwaltungsgericht entschieden, dass die Rückforderung eines rechtswidrig gewährten Darlehens sich grundsätzlich nach den zivilrechtlichen Vorschriften richte, wenn das Darlehen auch auf zivilrechtlicher Grundlage gewährt worden ist. Die Entscheidung der Streitfrage – zivil- oder öffentlich-rechtliche Natur des Rückforderungsverhältnisses – kann im vorliegenden Fall wegen der Identität der Anspruchsvoraussetzungen dahingestellt bleiben. Denn auch bei Annahme eines öffentlich-rechtlichen Erstattungsanspruchs wäre das Fehlen eines Rechtsgrundes für die Vermögensverschiebung zu prüfen.

III. Ein Rechtsgrund würde fehlen, wenn der zwischen dem Ministerium und der Goethe-GmbH abgeschlossene Darlehensvertrag nichtig wäre; wobei sich die **Nichtigkeit aus § 134 BGB** ergeben könnte. Dann müsste der Abschluss des Darlehensvertrages gegen ein gesetzliches Verbot verstoßen, welches sich aus den Beihilfevorschriften des AEUV ergeben könnte. Als gesetzliches Verbot kommt zunächst **Art. 107 Abs. 1 AEUV** in Betracht, dessen materielle Anforderungen hier nicht beachtet wurden. Jedoch muss die Norm als Verbotstatbestand ausscheiden, da Art. 107 Abs. 1 AEUV erst durch einen konkretisierenden Beschluss der Kommission unmittelbare Wirkung gegenüber den Betroffenen im nationalen Recht entfaltet.
Beim Vertragsschluss könnte jedoch ein Verstoß gegen **Art. 108 Abs. 3 Satz 3 AEUV** vorgelegen haben, der ein Verbotsgesetz i.S.v. § 134 BGB sein könnte. Art. 108 Abs. 3 Satz 3 AEUV enthält ein unmittelbar wirkendes Verbot der Durchführung beabsichtigter Beihilfemaßnahmen. Art. 108 Abs. 3 Satz 3 AEUV wurde hier missachtet, da der Goethe-GmbH das Darlehen ohne die vorgeschriebene Notifizierung bei der Kommission gewährt wurde. Nach der Rechtsprechung des Gerichtshofs wirkt sich die Verletzung des Art. 108 Abs. 3 Satz 3 AEUV auf die Wirksamkeit der nationalen Rechtsakte zur Durchführung von Beihilfemaßnahmen aus. Der BGH geht ausgehend von der Rechtsprechung des Gerichtshofs davon aus, dass Art. 108 Abs. 3 Satz 3 AEUV ein Verbotsgesetz i.S.v. § 134 BGB darstellt und ein Verstoß gegen die Norm zur Nichtigkeit des Darlehensvertrages führt: Um Wettbewerbsvorteile des Einzelnen zu verhindern, die er aus einer nicht auf vorgesehenem Weg gewährten Beihilfe ziehen kann, müsse der privatrechtliche Vertrag, durch den die Beihilfe gewährt wird, als nichtig angesehen werden. Damit ist auch der zwischen dem Kultusministerium und der Goethe-GmbH abgeschlossene Darlehensvertrag nichtig; die Goethe-GmbH hat das Darlehen ohne Rechtsgrund erlangt.

IV. Auch im Fall der Darlehensgewährung hat sich die Goethe-GmbH auf **Vertrauensschutz** berufen. Während der Vertrauensschutz bei der Rücknahme eines Zuwendungsbescheides im Rahmen des § 48 Abs. 2 VwVfG Berücksichtigung finden kann, ist im Fall der zivilrechtlichen Rückabwicklung auf § 242 BGB zurückzugreifen: Könnte sich die Goethe-GmbH zu Recht auf Vertrauensschutz berufen, wäre das Ministerium nach den Grundsätzen von Treu und Glauben an der Durchsetzung ihres bereicherungsrechtlichen Rückforderungsanspruchs gehindert. Jedoch ist im vorliegenden Fall ein schutzwürdiges Vertrauen zu verneinen; ebenso wie im vorangegangenen Fall sind bei der Beurteilung, ob das Vertrauen eines Beihilfeempfängers schutzwürdig ist, die unionsrechtlichen Besonderheiten zu berücksichtigen. Dabei ergibt sich, dass sich der Empfänger einer Beihilfe, die unter Verstoß gegen Art. 108 Abs. 3 AEUV gewährt wurde, grundsätzlich nicht auf Vertrauensschutz berufen kann.

V. Da die Goethe-GmbH den Darlehensbetrag in Höhe von 500 000 € bereits zurückgezahlt hat, beschränkt sich der Anspruch des Ministeriums auf die **Herausgabe der Kapitalnutzungen in Form ersparter Zinsen** (vgl. § 818 Abs. 1 BGB). Dies ist konsequent, da die Rückabwicklung der Beihilfe der Wiederherstellung der vorherigen Lage dient. Deshalb müssen alle sich aus der Beihilfe ergebenden finanziellen Vorteile, die wettbewerbswidrige Auswirkungen auf den Binnenmarkt haben, beseitigt werden. Hierfür hat eine Verzinsung des Darlehens anhand des marktüblichen Zinssatzes zu erfolgen (vgl. hierzu auch Art. 16 Abs. 2 VO 2015/1589). Hierauf beläuft sich der Erstattungsanspruch des Ministeriums gegen die Goethe-GmbH.

Weiterführende Hinweise:

Fischer/Fetzer, Europarecht, 12. Auflage 2019, Rn. 708 ff. (zur unionsrechtlichen Kontrolle staatlicher Beihilfen), Rn. 238 ff. (zum Vollzug von Unionsrecht durch die Mitgliedstaaten); *EuGH,* ECLI:EU:C:1989:46; *EuGH,* ECLI:EU:C:1990:320; *EuGH,* ECLI:EU:C:1997:163; *BVerfG,* EuGRZ 2000, 17; *BVerwGE* 92, 81; *BVerwG,* NVwZ 1995, 703; *BVerwG,* EuZW 1998, 730; *VGH Mannheim,* NVwZ 1998, 87; *Fischer,* JuS 1999, 749 (jeweils zur Rückforderung von Beihilfen und § 48 VwVfG); *BGH,* EuZW 2003, 444; *BGH,* EuZW 2004, 252 (jeweils zu Art. 108 Abs. 3 Satz 3 AEUV als Verbotsgesetz i.S.v. § 134 BGB); *OVG Berlin-Brandenburg,* NVwZ 2006, 104 (zur Rechtsnatur des Rückforderungsverhältnisses); Verordnung (EU) 2015/1589 über besondere Vorschriften für die Anwendung von Art. 108 AEUV (ABl. EU 2015 L 248/9); *EuGH,* ECLI:EU:C:2008:79 – CELF/SIDE (Verpflichtung zur Rückforderung einer rechtswidrigen Beihilfe); *BVerwG,* NJW 2006, 536 (Rückforderung eines durch einen Vertrag gewährten Darlehens).

Lösung Fall 18

Arbeitsvermittlung durch staatliche Monopole

(Kartellrecht: Missbrauch einer marktbeherrschenden Stellung – öffentliche Unternehmen – Dienstleistungsfreiheit – Vorabentscheidungsverfahren – vertragsfremde Einrichtungen – Vertragsabrundungskompetenz)

Aufgabe 1

Die unionsrechtlichen Wettbewerbsvorschriften finden sich in den Art. 101 ff. AEUV. Hier kommt allenfalls ein Verstoß gegen das in Art. 102 AEUV niedergelegte Verbot des Missbrauchs einer marktbeherrschenden Stellung in Betracht. Eine Verletzung des Art. 101 AEUV scheidet dagegen aus, da es hier nicht um Vereinbarungen zwischen Unternehmen, Beschlüsse von Unternehmensvereinigungen oder aufeinander abgestimmte Verhaltensweisen geht.

I.   Verstoß gegen Art. 102 AEUV

Zu überlegen ist zunächst, ob Italien durch sein System einer allein öffentlich-rechtlichen Arbeitsvermittlung gegen Art. 102 AEUV verstößt. Dies würde voraussetzen, dass ein Mitgliedstaat der Union überhaupt Adressat der Norm des Art. 102 AEUV sein kann. Im Gegensatz zu den Grundfreiheiten richten sich die Wettbewerbsvorschriften an **Unternehmen** und **nicht** an die **Mitgliedstaaten**. Allein aus Art. 102 AEUV kann daher keine Verpflichtung eines Mitgliedstaates begründet werden. Ein unmittelbarer Verstoß gegen Art. 102 AEUV scheidet damit aus.

II. Verstoß gegen Art. 106 i.V.m. Art. 102 AEUV

Die Verletzung von Wettbewerbsvorschriften durch einen Mitgliedstaat kommt daher nur dann in Betracht, wenn eine bestimmte Vorschrift des Unionsrechts die Pflichten der Art. 101, 102 AEUV auch auf die Mitgliedstaaten erstreckt. Eine solche Vorschrift ist **Art. 106 Abs. 1 AEUV**, der gegenüber dem ebenfalls in Betracht zu ziehenden Art. 4 Abs. 3 EUV die speziellere Vorschrift ist. Nach Art. 106 Abs. 1 AEUV sind die Mitgliedstaaten verpflichtet, in Bezug auf öffentliche Unternehmen und auf Unternehmen, denen sie besondere oder ausschließliche Rechte gewähren, keine dem Unionsrecht und insbesondere den Art. 101 ff. AEUV widersprechenden Maßnahmen zu treffen.

1. Bevor der Tatbestand des Art. 102 AEUV geprüft werden kann, müssen daher zunächst die Tatbestandsvoraussetzungen des **Art. 106 Abs. 1 AEUV** vorliegen.

a) Art. 106 Abs. 1 AEUV setzt zunächst ein **Unternehmen** voraus. Nach der Rechtsprechung des Gerichtshofs ist der Begriff des Unternehmens in Art. 102 AEUV funktional zu verstehen. Es kommt also darauf an, ob die betreffende Einheit unabhängig von ihrer Rechtsform und der Art ihrer Finanzierung Güter oder Dienstleistungen auf einem bestimmten Markt anbietet, die zumindest im Grundsatz auch von einem Privaten mit der Absicht der Gewinnerzielung angeboten werden können. Letzteres hat der Gerichtshof etwa für den Fall verneint, dass eine auf dem Solidaritätsgedanken aufbauende staatliche Unfallversicherungsanstalt eine Aufgabe „rein sozialer Natur" wahrnimmt. Im vorliegenden Fall könnte man die Unternehmenseigenschaft der RAI deshalb in Zweifel ziehen, weil sie eine **wirtschaftspolitische Aufgabe des Staates** ohne konkrete Gewinnerzielungsabsicht wahrnimmt. Dies ändert aber nichts daran, dass die Arbeitsvermittlung ihrem Inhalt nach eine **wirtschaftliche** Tätigkeit darstellt, die prinzipiell auch von Privaten mit der Absicht, Gewinne zu erwirtschaften, verfolgt werden kann. Das Merkmal der wirtschaftlichen Tätigkeit ist daher zu bejahen. Da die Rechtsform der die Arbeit vermittelnden Stelle unerheblich ist, kommt es auch nicht darauf an, dass die Arbeitsvermittlung durch eine öffentlich-rechtliche Anstalt vorgenommen wird. Die RAI ist daher als Unternehmen i.S.d. Art. 106 Abs. 1 AEUV zu qualifizieren.

b) Des Weiteren setzt Art. 106 Abs. 1 AEUV voraus, dass ein Unternehmen **öffentlich** ist oder dass ihm **besondere bzw. ausschließliche Rechte** gewährt werden. Auf das italienische System der Monopolisierung der Arbeitsvermittlung bei einer öffentlich-rechtlichen Anstalt treffen beide Alternativen zu. Das Merkmal „öffentlich" bestimmt sich nach h.M. in Anlehnung an Art. 2 lit. b) Transparenz-Richtlinie (RL 2006/111/EG) danach, ob die öffentliche Hand aufgrund Eigentums, finanzieller Beteiligung, Satzung oder sonstiger Bestimmungen, die die Tätigkeit eines Unternehmens regeln, unmittelbar oder mittelbar einen beherrschenden Einfluss ausübt. Demnach ist die RAI öffentlich, da die öffentliche Hand auf die Tätigkeit der Einrichtung unmittelbar einen beherrschenden Einfluss ausübt. Darüber hinaus werden dieser Institution auch ausschließliche Rechte gewährt, da die Arbeitsvermittlung bei ihr monopolisiert ist. Die Tatbestandsvoraussetzungen des Art. 106 Abs. 1 AEUV liegen damit vor.

2.   Nunmehr ist zu prüfen, ob Italien in Bezug auf die Tätigkeit der RAI eine dem **Art. 102 AEUV widersprechende Maßnahme** getroffen hat, – d.h. ob Italien durch das Gesetz zur Arbeitsvermittlung eine Lage geschaffen hat, durch die die RAI zwangsläufig gegen Art. 102 AEUV verstoßen musste.

a)   Der Tatbestand des Art. 102 AEUV setzt zunächst das Bestehen einer **beherrschenden Stellung** des Unternehmens im Binnenmarkt oder einem wesentlichen Teil desselben voraus. Wenn ein Unternehmen – wie hier die RAI – für einen bestimmten Tätigkeitsbereich mit einem Monopol ausgestattet ist, dann hat das Unternehmen insoweit zwangsläufig eine beherrschende Stellung. Das gesetzliche Monopol der RAI besteht für ganz Italien und damit auch für einen wesentlichen Teil des Binnenmarktes.

b)   Im Rahmen des Art. 102 AEUV ist weiterhin erforderlich, dass das betreffende Unternehmen seine marktbeherrschende Stellung **missbraucht**. Beispielsfälle zur Konkretisierung des Missbrauchstatbestandes sind in Art. 102 Abs. 2 AEUV genannt. Hier könnte Art. 102 Abs. 2 lit. b) AEUV einschlägig sein, nach dem ein Missbrauch vorliegt, wenn die marktbeherrschende Stellung des Unternehmens zu Lasten der Verbraucher ausgenutzt wird. Im vorliegenden Fall ist die RAI – laut Sachverhalt – offenbar nicht in der Lage, die Nachfrage des Marktes nach Führungskräften zu erfüllen. Privaten Arbeitsvermittlern ist es dagegen durch das Gesetz verboten und daher nicht möglich, diese Nachfrage zu befriedigen. Die Bedürfnisse der Wirtschaftsunternehmen, die Führungskräfte suchen, und auch die Bedürfnisse der Führungskräfte, die als „Verbraucher" die Dienstleistungen der Arbeitsvermittlung in Anspruch nehmen wollen, werden daher durch die RAI nicht optimal erfüllt. Deshalb kann man feststellen, dass die marktbeherrschende Stellung der RAI für eine Beschränkung des Angebots genutzt wird, die zu Lasten des Verbrauchers geht. Ein Missbrauch i.S.d. Art. 102 AEUV liegt also vor.

c)   Das missbräuchliche Verhalten der RAI müsste ferner zu einer **Beeinträchtigung des Handels zwischen den Mitgliedstaaten** führen, wobei insofern auch eine rein potenzielle Beeinträchtigung ausreicht. Hier ist der zwischenstaatliche Bezug schon deshalb gegeben, weil sich das Verbot der Arbeitsvermittlung nicht auf das Inland (Italien) beschränkt, sondern auch auf das europäische Ausland erstreckt.

3.   Steht damit fest, dass das Tätigwerden der RAI den Tatbestand des Art. 102 AEUV erfüllt, so ist schließlich zu prüfen, ob nicht die Vorschrift des **Art. 106 Abs. 2 AEUV** ein anderes Ergebnis gebietet. Nach Art. 106 Abs. 2 AEUV gelten die Vorschriften der Verträge für Unternehmen, die mit Dienstleistungen von allgemeinem wirtschaftlichem Interesse betraut sind oder den Charakter eines Finanzmonopols haben, nur dann, soweit die Anwendung dieser Vorschriften nicht die Erfüllung der ihnen übertragenen besonderen Aufgabe rechtlich oder tatsächlich verhindert.

a)   Zu prüfen ist daher zunächst, ob es sich bei der RAI um ein Unternehmen handelt, das mit **Dienstleistungen von allgemeinem wirtschaftlichem Interesse** betraut ist oder das den Charakter eines Finanzmonopols hat. Bei der Vermittlung von Arbeitskräften handelt es sich um eine Dienstleistung. Diese liegt auch im allgemeinen wirtschaftlichen Interesse, da es sich bei der Arbeitsvermittlung um eine den Mitgliedstaaten obliegende Aufgabe der Wirtschafts- und Sozialpolitik handelt; denn es ist nach

Art. 3 EUV weiterhin auch Aufgabe der Mitgliedstaaten, einen hohen Beschäftigungs-grad zu erzielen, die Beschäftigungsstruktur zu verbessern und damit das Wachstum der Wirtschaft zu fördern.

b) Im Rahmen des Art. 106 Abs. 2 AEUV ist weiter zu prüfen, ob die Anwendung des Art. 102 AEUV auf das italienische System der öffentlich-rechtlichen Arbeitsvermittlung – und damit dessen Aufhebung – nicht die Erfüllung der der RAI übertragenen Auf-gaben rechtlich oder tatsächlich verhindert. Hierzu kann man feststellen, dass die RAI keinesfalls – weder rechtlich noch tatsächlich – an der Erfüllung ihrer Aufgabe der Ar-beitsvermittlung gehindert wäre, wenn sie gezwungen würde, im Bereich der Arbeits-vermittlung mit privaten Unternehmen in Wettbewerb zu treten. Die RAI könnte auch nach Aufhebung des Monopols weiterhin tätig werden, zumal sie durch die langjährige Monopolstellung einen Wettbewerbsvorsprung vor den privaten Anbietern haben dürfte. Damit steht Art. 106 Abs. 2 AEUV einer Anwendung von Art. 106 Abs. 1 AEUV i.V.m. Art. 102 AEUV nicht entgegen. Das staatliche Arbeitsvermittlungsmonopol der RAI verstößt daher gegen Unionsrecht.

Aufgabe 2

Zu prüfen ist, ob V sich auf die Dienstleistungsfreiheit des AEUV berufen kann, wenn es einen Manager aus Turin nach Neapel vermittelt. Dies setzt voraus, dass sowohl der persönliche als auch der sachlich-räumliche Anwendungsbereich der Art. 56 ff. AEUV eröffnet ist.

I. Dem **persönlichen Anwendungsbereich** der Dienstleistungsfreiheit unterfallen alle natürlichen Personen, die Angehörige eines Mitgliedstaates und auch in einem Mitgliedstaat ansässig sind. Dabei ist es grundsätzlich auch möglich, dass sich die Staatsangehörigen eines Mitgliedstaates gegenüber ihrem Heimatstaat auf Art. 56 AEUV berufen können. Für juristische Personen erweitert Art. 62 AEUV i.V.m. Art. 56 AEUV den persönlichen Anwendungsbereich auf alle Gesellschaften, die nach dem Recht eines Mitgliedstaates gegründet wurden und die in der Union ihren Sitz haben. Hiervon kann man bei V, das seinen Sitz in Verona hat, ausgehen.

II. Der **sachliche Anwendungsbereich** setzt voraus, dass eine Dienstleistung i.S.d. Art. 56, 57 AEUV vorliegt, d.h. eine selbstständige, zeitlich begrenzte und in der Regel gegen Entgelt erbrachte Leistung unkörperlicher Natur, die ein grenzüberschreitendes Element beinhaltet. Die Arbeitsvermittlung durch V stellt eine gegen Entgelt erbrachte Leistung unkörperlicher Natur dar. Hiergegen spricht auch nicht, dass die RAI die Ar-beitsvermittlung unentgeltlich durchgeführt hat. Denn dieser Umstand ändert nichts daran, dass es sich bei der Vermittlung von Arbeit um eine Tätigkeit handelt, für die im Wirtschaftsverkehr regelmäßig ein Entgelt bezahlt wird. Die Kosten der RAI sind eben nur nicht durch einen Preis für eine konkrete Vermittlung, sondern über Zwangsbei-träge aller potenziell Betroffenen aufgebracht worden.

III. Jedoch fehlt es im vorliegenden Fall an dem für eine Dienstleistung i.S.d. Art. 56, 57 AEUV erforderlichen **grenzüberschreitenden Element (räumlicher Anwendungs-**

bereich). Dafür, dass die Dienstleistungsfreiheit nur bei einem grenzüberschreitenden Sachverhalt zur Anwendung kommt, spricht – neben dem Wortlaut des Art. 56 AEUV – auch Art. 3 Abs. 2 EUV, der die Schaffung eines Binnenmarktes in Europa fordert. V ist ein italienisches Unternehmen, das einen italienischen Staatsangehörigen an ein Unternehmen in Italien vermitteln will. Hierbei handelt es sich aber um einen Sachverhalt, dessen Elemente nicht über die Grenzen eines Mitgliedstaates hinausweisen. Vielmehr liegt ein rein interner, innerstaatlicher Vorgang vor, der keinen Bezugspunkt zum Binnenmarkt aufweist. Da es damit an dem für Art. 56, 57 AEUV erforderlichen zwischenstaatlichen Bezug fehlt, kann sich V auch nicht auf die Dienstleistungsfreiheit des Art. 56 AEUV berufen.

Aufgabe 3

Die Vorlage der Frage über die Vereinbarkeit des italienischen Systems der Arbeitsvermittlung mit dem Unionsrecht stellt die Einleitung eines Vorabentscheidungsverfahrens nach Art. 267 AEUV dar, für das im Grundsatz der Gerichtshof zuständig ist; das Gericht ist nur in besonderen in der Satzung des Gerichtshofs der Europäischen Union festgelegten Sachgebieten (vgl. Art. 256 Abs. 3 UAbs. 1 AEUV) zuständig.

I. Der **Verfahrensgegenstand** eines Vorabentscheidungsverfahrens ist eine Entscheidung über die Auslegung der Verträge oder aber über die Gültigkeit bzw. Auslegung der Handlungen der Organe, Einrichtungen oder sonstigen Stellen der Union (Art. 267 UAbs. 1 lit. a) und b) AEUV). Bei der Beurteilung der Vereinbarkeit des italienischen Systems der Arbeitsvermittlung mit dem AEUV geht es um eine Auslegung der Verträge.

II. Im Hinblick auf die **Formulierung der Vorlagefrage** ist zu beachten, dass der Gerichtshof – im Gegensatz zu einem Vertragsverletzungsverfahren nach Art. 258 AEUV – nicht befugt ist, über die Vereinbarkeit des nationalen Rechts mit dem Unionsrecht zu befinden. Hierzu ist allein das nationale Gericht berufen. Daher hätte das Tribunale Civile e Penale Verona im vorliegenden Fall nicht die Frage nach der Vereinbarkeit des italienischen Gesetzes mit dem Unionsrecht stellen dürfen. Vielmehr hätte das Tribunale seine Frage abstrakt formulieren müssen – und zwar in der Weise, dass die zu überprüfende nationale Vorschrift nicht genannt wird, aber dennoch mittelbar über sie befunden werden kann. Die fehlerhafte Formulierung der Vorlagefrage seitens des Tribunale Civile e Penale Verona führt jedoch nicht zur Unzulässigkeit des Vorabentscheidungsverfahrens. Denn der Gerichtshof nimmt in Fällen dieser Art eine korrigierende Auslegung der Vorlagefrage vor.

III. Weiterhin müsste die Vorlagefrage über die Auslegung der Verträge **entscheidungserheblich** für das Verfahren vor dem Tribunale Civile e Penale Verona sein, Art. 267 UAbs. 2 AEUV. Ob eine Entscheidungserheblichkeit vorliegt, beurteilt grundsätzlich das vorlegende Gericht. Im vorliegenden Fall ist das Tribunale Civile e Penale Verona zu Recht von einer Entscheidungserheblichkeit ausgegangen, da nur im Falle einer Unvereinbarkeit des italienischen Gesetzes mit dem Unionsrecht eine Genehmigung der Satzung möglich ist.

IV. Des Weiteren müsste das Tribunale Civile e Penale Verona **vorlageberechtigt** sein. Nach Art. 267 UAbs. 2 AEUV sind grundsätzlich alle in den Mitgliedstaaten eingerichteten staatlichen Gerichte vorlageberechtigt. Das Tribunale Civile e Penale Verona erfüllt diese Voraussetzung. Der Gerichtshof fordert aber auch, dass das Verfahren, in dem das nationale Gericht das Vorabentscheidungsverfahren einleitet, **Rechtsprechungscharakter** hat. Diese Voraussetzung hat der Gerichtshof im vorliegenden Fall abgelehnt: Gehe es in einem Verfahren der freiwilligen Gerichtsbarkeit um die Genehmigung einer Satzung einer Gesellschaft, so gehe es materiell um eine Aufgabe der Verwaltung. Ein Gericht handele in einem solchen Fall als Verwaltungsbehörde, ohne dass es einen Rechtsstreit zu entscheiden habe. Damit liegt im vorliegenden Fall keine nach Art. 267 UAbs. 2 AEUV erforderliche Rechtsprechungstätigkeit vor. Der Gerichtshof ist somit für die Beantwortung der vom Tribunale Civile e Penale Verona vorgelegten Frage nicht zuständig, da die Vorlage nach Art. 267 AEUV unzulässig ist.

Aufgabe 4

Zu prüfen ist, ob die Errichtung einer Europäischen Agentur für Beschäftigungsstrategien zulässig ist. Da Agenturen im primären Unionsrecht nicht ausdrücklich vorgesehen sind, stellt sich zum einen die Frage, ob und wenn ja in welchem Umfang die Union die Organisationskompetenz besitzt, solche vertragsfremden Einrichtungen zu errichten. Zum anderen ist zu untersuchen, ob sich in den Verträgen eine Ermächtigungsnorm für die geplante Agentur findet.

I. Zentrale Bedeutung für die Zulässigkeit von Europäischen Agenturen haben die sog. „Meroni-Urteile" des Gerichtshofs aus dem Jahre 1958, bei denen es um die **Zulässigkeit einer Übertragung von Befugnissen auf eine vertragsfremde Einrichtung** ging. Dies hat der Gerichtshof im Grundsatz für rechtlich zulässig erachtet, zugleich aber bestimmte Zulässigkeitskriterien für eine Delegation genannt: In formeller Hinsicht muss eine ausdrückliche und genau umgrenzte Übertragung von Befugnissen erfolgen, die zudem nicht weiter reichen dürfen als die Befugnisse, die der übertragenden Behörde selbst zustehen; und die Maßnahmen der vertragsfremden Einrichtung müssen unter den gleichen Bedingungen wie die des übertragenden Organs der Nachprüfung durch den Gerichtshof unterworfen sein. In materieller Hinsicht begegnet eine Übertragung von Entscheidungsbefugnissen auf eine Europäische Agentur dann rechtlichen Bedenken, wenn dies mit der Einräumung eines „freien Ermessens" oder politischer Gestaltungsbefugnisse einhergeht. Dagegen ist es nach der Rechtsprechung des Gerichtshofs unbedenklich, wenn genau umgrenzte Ausführungsbefugnisse delegiert werden oder sich der Aufgabenkreis der Agentur auf unverbindliche Maßnahmen beschränkt.

Vor diesem Hintergrund ist die Schaffung einer Europäischen Agentur für Beschäftigungsstrategien prinzipiell möglich, wenn die Agentur nur mittels Empfehlungen, die gemäß Art. 288 UAbs. 5 AEUV nicht verbindlich sind, tätig werden soll. Damit bewegt sich die Agentur zudem auch in dem von Art. 145 ff. AEUV vorgezeichneten Rahmen, der die Unionsorgane ebenfalls nicht zum Erlass von zwingenden Rechtsakten ermächtigt. Unter Beachtung der weiteren o. g. formellen Anforderungen bestehen damit gegen die Errichtung einer Europäischen Agentur für Beschäftigungsstrategien keine durchgreifenden Bedenken.

II. Es stellt sich dann noch die Frage, auf welche Rechtsgrundlage die Errichtung der Agentur zu stützen ist. Da sich in dem Kompetenztitel „Beschäftigung" (Art. 145 ff. AEUV) eine – nach dem Grundsatz der enumerativen Einzelermächtigung erforderliche – Rechtsgrundlage für den Erlass von Verordnungen nicht findet, ist auf die **Vertragsabrundungskompetenz des Art. 352 AEUV** zurückzugreifen, die in der Rechtspraxis zumeist als Rechtsgrundlage für die Errichtung vertragsfremder Einrichtungen herangezogen wird. Nach Art. 352 AEUV muss ein Tätigwerden der Union im Rahmen der in den Verträgen festgelegten Politikbereiche erforderlich sein, um eines der in den Verträgen vorgesehenen Ziele zu verwirklichen; zudem müssen in den Verträgen die für ein Tätigwerden der Union erforderlichen Befugnisse nicht enthalten sein.

Die Errichtung einer Europäischen Agentur für Beschäftigungsstrategien dient den Zielen der Union, wie sie in Art. 3 Abs. 3 EUV („Vollbeschäftigung"), Art. 147 AEUV („hohes Beschäftigungsniveau) und Art. 145 AEUV („Koordinierung der Beschäftigungspolitik der Mitgliedstaaten") niedergelegt sind. Hierfür ist vielmehr ein Tätigwerden der Union erforderlich. Dem steht jedoch in den Art. 145 ff. AEUV keine ausdrückliche Befugnis zur Schaffung einer solchen Agentur gegenüber. Folglich kann die Union – gestützt auf die Rechtsgrundlage des Art. 352 AEUV und unter Beachtung der dort genannten Anforderungen an das Rechtsetzungsverfahren – eine Europäische Agentur für Beschäftigungsstrategien errichten.

Weiterführende Hinweise:

Fischer/Fetzer, Europarecht, 12. Auflage 2019, Rn. 693 ff. (zum Verbot des Missbrauchs einer marktbeherrschenden Stellung), Rn. 305 ff. (zum Vorabentscheidungsverfahren); *EuGH,* ECLI:EU:C:1991:161 – Höfner; *EuGH,* ECLI:EU:C:1991:464 – Porto di Genova; *EuGH,* ECLI:EU:C:1997:603 – Job Centre (jeweils zur unionsrechtlichen Zulässigkeit von staatlichen Monopolen); *EuGH,* ECLI:EU:C:2002:36 – Cisal, INAIL; *EuGH,* ECLI:EU:C:2004:150 – Gesetzliche Krankenversicherung (zum Unternehmensbegriff im Wettbewerbsrecht); *EuGH,* Slg. 1958-V, 11 und 53 – Meroni (zur Zulässigkeit einer Übertragung von Befugnissen auf vertragsfremde Einrichtungen); *Dörr/Haus,* JuS 2001, 313 (Überblick zum Wettbewerbsrecht des AEUV).

Lösung Fall 19

Spanisches Schaffleisch und nationale Gesundheitsvorsorge

(Subsidiaritätsprinzip – Durchführung von Unionsrecht im Bundesstaat – Vertragsverletzungsverfahren – Warenverkehrsfreiheit)

Aufgabe 1

Der Beschluss der Kommission wurde auf eine Richtlinie des Rates gestützt, die sich mit der Veterinärkontrolle im unionsinternen Handel befasst. Spanien zweifelt gleichwohl an der **Befugnis der Kommission** zum Erlass des Beschlusses, der aus zwei

Gründen problematisch sein könnte. Zum einen kann man argumentieren, jeder Mitgliedstaat solle selbst entscheiden können, wie er die Gesundheit seiner Bevölkerung schützt; dieser Einwand betrifft das Subsidiaritätsprinzip. Zum anderen ist der Beschluss auch deshalb kompetenzrechtlich problematisch, weil er den Export in nicht der EU angehörige Staaten betrifft.

I. Zunächst könnte einem Tätigwerden der Kommission das **Subsidiaritätsprinzip** entgegenstehen, welches die Aufteilung der Kompetenzen zwischen der Union und den Mitgliedstaaten betrifft. Für den Anwendungsbereich des EU-Rechts wird die Geltung des Subsidiaritätsgedankens durch **Art. 5 Abs. 3 EUV** abschließend bestimmt. Hiernach darf die Union in den Bereichen, die nicht in ihre ausschließliche Zuständigkeit fallen, nur tätig werden, „sofern und soweit die Ziele der in Betracht kommenden Maßnahmen von den Mitgliedstaaten weder auf zentraler noch auf regionaler oder lokaler Ebene ausreichend verwirklicht werden können, sondern vielmehr wegen ihres Umfangs oder ihrer Wirkungen auf Unionsebene besser zu verwirklichen sind".
In den Verträgen findet sich keine ausschließliche Zuständigkeit der Union für den Bereich der Gesundheitsvorsorge und des Verbraucherschutzes. Nach Art. 5 Abs. 3 EUV ist daher weiter zu prüfen, ob die Ziele der in Betracht gezogenen Maßnahmen auf Ebene der Mitgliedstaaten nicht ausreichend erreicht werden können; oder ob die Mitgliedstaaten ein von der Union gesetztes Ziel auch selbst verwirklichen können. Soweit es hier um die wirksame Bekämpfung der potenziellen Gefahren geht, die von spanischem Schaffleisch herrühren, erscheint es fraglich, dass einzelstaatliche Maßnahmen – etwa nationale Einfuhrbeschränkungen oder Kennzeichnungspflichten – ebenso erfolgreich wären wie eine unionsweite Regelung. Erforderlich war eine zügige und umfassende Beschränkung des Handels zwischen den Mitgliedstaaten, um auf diese Weise den Verkehr innerhalb der Union mit möglicherweise belasteten Erzeugnissen wirksam zu unterbinden und die potenziellen Gesundheitsgefahren, die dem spanischen Schaffleisch anhaften, zu bekämpfen. Einzelstaatliche Maßnahmen reichen hierfür aber nicht zwingend aus. Dagegen bietet – da der unionsinterne Handel betroffen ist – eine einheitliche unionsweite Regelung einen besseren Schutz, sodass eine Maßnahme auf Unionsebene im Vergleich zu – ggf. auch divergierenden – mitgliedstaatlichen Maßnahmen deutliche Vorteile mit sich bringt. Das Subsidiaritätsprinzip nach Art. 5 Abs. 3 EUV steht einem Tätigwerden der Kommission somit nicht entgegen.

II. Eine Zuständigkeit der Kommission zum Erlass des Beschlusses könnte aber deshalb zu verneinen sein, weil der Beschluss auch den Export in nicht der EU angehörige Staaten betrifft. Der Beschluss stützt sich auf die Richtlinie, die die Kommission ermächtigt, den **unionsinternen Handel** aus Gesundheitsgründen zu beschränken. Fraglich ist aber, ob die Ermächtigung damit auch eine Ausfuhrbeschränkung in Drittstaaten erfasst. Grundsätzlich besteht die Aufgabe der Union darin, den sozialen und wirtschaftlichen Fortschritt **innerhalb** der Union und zwischen ihren Mitgliedern zu sichern und zu fördern. Dieses Ziel, welches in Art. 3 Abs. 3 EUV und Art. 26 AEUV seinen Niederschlag gefunden hat, wird vornehmlich dadurch erreicht, dass Regeln erlassen werden, die sich lediglich auf das Verhältnis der Mitgliedstaaten untereinander beziehen.

Zur Förderung des wirtschaftlichen Fortschritts gehört aber auch der **Handelsverkehr der EU mit Drittstaaten**. Dies kommt insbesondere in den Art. 206 ff. AEUV zum Ausdruck, die die Wirtschaftsbeziehungen der EU zu Drittstaaten zum Gegenstand haben. Der Grundgedanke der Art. 206 ff. AEUV liegt in der Verwirklichung einer gemeinsamen Handelspolitik, die ein einheitliches Auftreten der Union gegenüber Drittstaaten sicherstellen will. Dies setzt freilich voraus, dass diese Aufgabe vorrangig von der Union wahrgenommen wird. Damit bestehen grundsätzlich auch keine rechtlichen Bedenken, dass der gesamte Warenverkehr mit Drittstaaten von der EU und nicht den Mitgliedstaaten reguliert wird und dass die EU den Export von Schaffleisch in Drittstaaten beschränkt.

Die Maßnahme dient zudem auch dem Gesundheitsschutz innerhalb der Union. Denn nur eine Beschränkung der Ausfuhr von spanischem Schaffleisch in Drittstaaten kann wirksam verhindern, dass potenziell verseuchtes Schaffleisch über diese Drittstaaten (insbesondere in verarbeiteter Form) wieder in die Union eingeführt wird. Auch der Schutz der menschlichen Gesundheit der Unionsbürger gebietet es daher, jeglichen Export von seuchenverdächtigem spanischem Schaffleisch zu verbieten. Vor diesem Hintergrund kann der Begriff „unionsinterner Handel" in der zum Erlass des Beschlusses ermächtigenden Richtlinie auch auf den Außenhandel der Union bezogen werden. Folglich hat die Kommission innerhalb der ihr nach der Richtlinie zustehenden Befugnisse gehandelt.

Aufgabe 2

Zu prüfen ist, in welchem Verhältnis das Landesgesetz von Baden-Württemberg zum Unionsrecht steht und ob das Land durch Erlass des Gesetzes europarechtswidrig gehandelt hat.

I.   Das Landesgesetz könnte gegen Unionsrecht und speziell gegen die Kommissionsentscheidung verstoßen, da das Gesetz ein umfassendes Einfuhrverbot für spanisches Schaffleisch vorsieht, während nach dem Beschluss der Kommission bestimmte Fleischteile nicht dem Importverbot unterliegen. Das Landesgesetz steht damit in Widerspruch zum EU-Recht. Grundsätzlich geht Unionsrecht als **höherrangiges** Recht dem nationalen Recht vor. Dies hat zur Folge, dass nationale Regelungen, die europäischen Vorgaben widersprechen, unanwendbar sind. Die Frage ist nun, ob dieser Grundsatz ohne Weiteres auch für landesrechtliche Regelungen gilt.

II.   Zur Beantwortung dieser Frage ist es erforderlich, das Verhältnis zwischen dem Bund und den Ländern auf der einen und dem europäischen Rechtssystem auf der anderen Seite zu klären. Vertragspartner des Primärrechts sind die Mitgliedstaaten, sodass im Fall der Bundesrepublik Deutschland (nach „außen") lediglich der **Bund** Vertragspartner ist. Hieraus folgt jedoch nicht unbedingt, dass nach „innen" allein der Bund zur Einhaltung des Unionsrechts verpflichtet ist. Vielmehr stellt sich die Bundesrepublik für die Europäische Union als ein Gesamtstaat dar. Soll daher über das Primärrecht das gesamte staatliche Handeln europarechtlich gebunden werden, dann muss sich diese Bindung auf den Mitgliedstaat als solchen sowie auf seine Untereinheiten beziehen, also in Deutschland auch auf die Bundesländer. Baden-Württemberg ist damit im gleichen Umfang wie die Bundesrepublik verpflichtet, im Rahmen seiner Zuständigkeiten das geltende Unionsrecht zu beachten. Folglich war Baden-Württemberg auch nicht berechtigt, im Widerspruch zu der Kommissionsentscheidung einen umfassenden Importstopp für spanisches Schaffleisch in Kraft zu setzen.

Dogmatisch wäre aber auch ein anderer Argumentationsgang vertretbar: Der Beschluss der Kommission ist an die Mitgliedstaaten – auch an die Bundesrepublik Deutschland – ergangen. Nach Art. 288 UAbs. 4 AEUV ist ein Beschluss für diejenigen verbindlich, die sie bezeichnet. Daraus könnte man ableiten, dass das Bundesland Baden-Württemberg als eigenständige juristische Person nicht verpflichtet wurde. Es hätte sich dann auch nicht europarechtswidrig verhalten. Diesen scheinbaren Widerspruch müsste man dann mit der Argumentation auflösen, dass die Bundesländer nach dem nationalen **Grundsatz des bundesfreundlichen Verhaltens** verpflichtet sind, den Bund bei seinen Aufgaben zu unterstützen, und daher auch nicht berechtigt sind, dem materiellen EU-Recht entgegenstehende Maßnahmen zu treffen. Auch nach dieser Argumentationslinie ist es den Bundesländern untersagt, eine unionsrechtswidrige Regelung zu erlassen. Im Ergebnis ist festzuhalten, dass sich die Verordnung des Bundeslandes Baden-Württemberg am Europarecht messen lassen muss.

III. Grundsätzlich führt die nicht ordnungsgemäße Umsetzung eines Kommissionsbeschlusses – hier durch das Landesgesetz – zur Europarechtswidrigkeit der nationalen Maßnahme. Etwas Anderes würde nur dann gelten, wenn die Maßnahme der Union – hier also der Beschluss der Kommission – oder die der Maßnahme zugrunde liegende Rechtsgrundlage – hier die Richtlinie des Rates – eine strengere nationale Maßnahme für zulässig erachtet. Dies ist im vorliegenden Fall aber nicht ersichtlich, sodass Baden-Württemberg mit Erlass des Gesetzes europarechtswidrig gehandelt hat.

Aufgabe 3

I. Klage gegen Baden-Württemberg

Als prozessuale Möglichkeit, um gegen Baden-Württemberg vorzugehen, kommt für Spanien allein die Einleitung eines **Vertragsverletzungsverfahrens nach Art. 259 AEUV** in Betracht.

1. Nach Art. 259 UAbs. 1 AEUV kann der Gerichtshof angerufen werden, wenn ein Mitgliedstaat der Auffassung ist, dass ein anderer Mitgliedstaat gegen eine Verpflichtung aus den Verträgen verstoßen hat. Da Art. 256 Abs. 1 AEUV die Entscheidung von Vertragsverletzungsverfahren nicht dem Gericht zuweist, ist für Klagen dieser Art der Gerichtshof zuständig.

2. Gemäß Art. 259 UAbs. 1 AEUV kann Spanien als Mitgliedstaat ein Vertragsverletzungsverfahren beim Gerichtshof anstrengen. Aus Art. 259 UAbs. 1, 2 AEUV folgt jedoch, dass der Mitgliedstaat **lediglich gegenüber einem anderen Mitgliedstaat Klage** erheben kann, aber nicht gegenüber den staatlichen Untereinheiten, wie in Deutschland den Bundesländern. Ein Vertragsverletzungsverfahren gegen das Land Baden-Württemberg ist somit **unzulässig**. Damit scheidet ein Vertragsverletzungsverfahren gegen Baden-Württemberg aus.

II.   Klage gegen die Bundesrepublik

Als prozessuale Möglichkeit, um gegen die Bundesrepublik vorzugehen, kommt für Spanien ebenfalls nur ein **Vertragsverletzungsverfahren gemäß Art. 259 AEUV** in Betracht.

1.   Der Gerichtshof ist hierfür gemäß Art. 259 Abs. 1 AEUV sachlich zuständig und Spanien ist als Mitgliedstaat ein zulässiger Antragsteller. Als Antragsgegner kommt gemäß Art. 259 Abs. 1 AEUV nur ein Mitgliedstaat in Betracht. Deutschland ist damit ein zulässiger Antragsgegner.

2.   Zulässiger **Antragsgegenstand** ist sowohl ein möglicher Verstoß gegen den AEUV (vgl. Art. 259 Abs. 1 AEUV) wie auch eine Verletzung von sekundärem Unionsrecht durch einen Mitgliedstaat. Es ist aber fraglich, ob überhaupt ein Verstoß gegen Unionsrecht seitens der Bundesrepublik in Betracht kommt. Der Bund selbst hat den an ihn gerichteten Beschluss der Kommission ordnungsgemäß umgesetzt. Insofern kann ihm kein rechtlicher Vorwurf gemacht werden. Ein Mitgliedstaat hat jedoch für **jedes staatliche Handeln** in seinem Hoheitsgebiet einzustehen. Dies gilt auch für das Handeln seiner Organe oder einzelner Bundesländer. Dabei ist es unerheblich, ob der Staat einen Einfluss auf die das Unionsrecht verletzende Handlung hat oder nicht. Im Verhältnis der Bundesrepublik zu der Union stellt das Einfuhrverbot von spanischem Schaffleisch in einen Teil des deutschen Territoriums einen Verstoß gegen den Beschluss der Kommission dar. Damit liegt ein zulässiger Antragsgegenstand vor.

3.   Spanien muss **überzeugt** sein, dass Deutschland gegen den Beschluss der Kommission verstoßen hat. Davon kann im vorliegenden Fall ausgegangen werden.

4.   Vor Klageerhebung ist gemäß Art. 259 Abs. 2 bis 4 AEUV ein **Vorverfahren** durchzuführen. Hierzu wendet sich der Mitgliedstaat – in diesem Fall Spanien – an die Kommission, die dem betreffenden Mitgliedstaat – hier Deutschland – Gelegenheit zur Äußerung in der Sache innerhalb einer bestimmten Frist gibt. Danach erlässt die Kommission eine mit Gründen versehene Stellungnahme. Erst nach Abgabe der Stellungnahme bzw. wenn die Kommission innerhalb von drei Monaten untätig geblieben ist, kann Spanien vor dem Gerichtshof Klage erheben. Da nach dem Sachverhalt noch kein Vorverfahren durchgeführt worden ist, ist die Klage zum gegenwärtigen Zeitpunkt **noch nicht zulässig**.

Aufgabe 4

Durch eine Verschärfung der auf das Fleischhygienegesetz gestützten Rechtsverordnung hat die Bundesregierung den Import von spanischem Schaffleisch nach Deutschland vollständig untersagt. Dies könnte einen Verstoß gegen die Grundfreiheit des Art. 34 AEUV darstellen, die den freien Warenverkehr innerhalb der Europäischen Union gewährleistet und insofern gegenüber Maßnahmen der Mitgliedstaaten, die den Warenverkehr beschränken, schützt.

I.   Der **Anwendungsbereich** der Warenverkehrsfreiheit ist eröffnet: In ihrem sachlich-räumlichen Anwendungsbereich erfassen die Art. 34 ff. AEUV den grenzüberschreitenden Handel mit Unionswaren, wobei unter Waren i.S.v. Art. 28 Abs. 2 AEUV Erzeugnisse, die einen Geldwert haben und deshalb Gegenstand von Handelsgeschäften sein können, verstanden werden. Dies ist bei dem Import von spanischem Schaffleisch nach Deutschland zu bejahen.

Es greifen auch **keine spezielleren Vorschriften** des AEUV ein, insbesondere nicht die Sondervorschriften der Art. 38 ff. AEUV für landwirtschaftliche Produkte. Denn aus Art. 38 Abs. 2 AEUV folgt, dass grundsätzlich die allgemeinen Vorschriften über den Binnenmarkt auch auf landwirtschaftliche Erzeugnisse Anwendung finden, soweit nicht in den Art. 38 ff. AEUV etwas Anderes bestimmt ist. Da in den Art. 38 ff. AEUV keine Sonderregelungen für Fleischprodukte oder Einfuhrbeschränkungen für landwirtschaftliche Erzeugnisse zum Schutze der Bevölkerung in der Union enthalten sind, stehen sie der Anwendung der Art. 34 ff. AEUV nicht entgegen. Im Übrigen ist auch keine abschließende Harmonisierung durch sekundäres EU-Recht erfolgt, welches dann als vorrangiger Prüfungsmaßstab für die Maßnahme Deutschlands heranzuziehen wäre. Zwar hat die Kommission durch ihren (früheren) Beschluss eine Regelung des Sachbereichs „Handel mit spanischem Schaffleisch" vorgenommen. Mit Aufhebung des Beschlusses hat sie dieses unionsrechtliche Regelwerk aber wieder beseitigt.

II. Als **Verbotstatbestand** untersagt Art. 34 AEUV im Grundsatz jede von den Mitgliedstaaten eingeführte mengenmäßige Ein- und Ausfuhrbeschränkung und damit sämtliche Maßnahmen, die sich als eine gänzliche Untersagung oder aber mengenmäßige Begrenzung der Einfuhr, Ausfuhr und Durchfuhr darstellen. Hier hat die Bundesregierung einen vollständigen Importstopp für spanisches Schaffleisch angeordnet und damit die Einfuhr nach Deutschland gänzlich untersagt. Dies stellt sich als mengenmäßige Einfuhrbeschränkung (mit einer festgesetzten Einfuhrmenge „Null") und gleichsam als offene Diskriminierung von Waren aus dem EU-Ausland dar. Mit Blick auf Art. 34 AEUV ist die Maßnahme der Bundesrepublik Deutschland daher im Grundsatz unionsrechtswidrig.

III. Aus der Tatsache, dass ein Ausschluss des Handels innerhalb der Union mit Waren vorliegt, folgt freilich noch nicht zwangsläufig ein Verstoß gegen Art. 34 AEUV. So können Maßnahmen gleicher Wirkung zum einen nach Art. 36 AEUV, zum anderen nach den vom Gerichtshof in seiner Entscheidung „Cassis de Dijon" aufgestellten Grundsätzen **gerechtfertigt** sein. Die Anwendbarkeit der **„Cassis-de-Dijon"-Formel** scheidet hier aber von vornherein aus, denn sie taugt nicht zur Rechtfertigung von offen diskriminierenden Einfuhrbeschränkungen; von einer solchen ist aber bei dem Importverbot für spanisches Schaffleisch auszugehen. Möglich erscheint damit allein eine Rechtfertigung nach Art. 36 AEUV.

Art. 36 AEUV kann nur dann zur Anwendung kommen, wenn einer der in der – eng auszulegenden – Bestimmung genannten Gründe einschlägig ist. Dabei genügt es nicht, dass sich ein Mitgliedstaat auf eines der aufgeführten Schutzgüter beruft. Vielmehr muss eine nationale Maßnahme aus einem der in Art. 36 AEUV genannten Gründe gerechtfertigt werden können, was nach der Rechtsprechung des Gerichtshofs eine „Notwendigkeit" der Maßnahme voraussetzt und damit zu einer Prüfung des Verhältnismäßigkeitsgrundsatzes überleitet. Zudem darf die nationale Maßnahme gemäß Art. 36 Satz 2 AEUV auch keine willkürliche, d.h. sachlich nicht begründbare Diskriminierung darstellen und auch keine verschleierte Beschränkung des Handels zwischen den Mitgliedstaaten bewirken.

Als Rechtfertigungsgrund im Rahmen des Art. 36 AEUV kommt hier allein der **Schutz der Gesundheit und des Lebens von Menschen** in Betracht. Hier will die Bundesregierung verhindern, dass sich die Bundesbürger mit der Schafskrankheit infizieren. Dies unterfällt im Grundsatz dem Schutze der Gesundheit und des Lebens von Menschen. Auch erscheint die Maßnahme der Bundesregierung nach dem Grundsatz der Verhältnismäßigkeit dann gerechtfertigt, wenn von spanischem Schaffleisch **tatsächlich** die Gefahr einer Infektion ausgehen sollte: Die Eignung zur Erreichung des Zwecks (Schutz von Leben und Gesundheit der Bevölkerung) wäre erfüllt. Die Erforderlichkeit wäre zu bejahen, weil keine gleich geeigneten Maßnahmen mit geringerer Eingriffsintensität ersichtlich sind. Insbesondere wäre eine weniger belastende Kennzeichnungspflicht für spanisches Schaffleisch – hier könnte der Verbraucher selbst entscheiden, ob er das Risiko einer Infizierung tragen möchte – kein ebenso taugliches Mittel, da die Verbraucher im Vertrauen auf hohe Qualitätsmaßstäbe bei Lebensmitteln davon ausgehen dürfen, dass die im Handel verkauften Produkte gesundheitlich unbedenklich sind. Auch die Angemessenheit wäre angesichts der immensen Gefahren für die menschliche Gesundheit zu bejahen.

Jedoch ist die Bundesregierung nach den Angaben im Sachverhalt nicht in der Lage, einen naturwissenschaftlich fundierten Beweis zu führen, dass von spanischem Schaffleisch noch immer die Gefahr einer Infektion mit der Schafskrankheit ausgeht. Auf der anderen Seite kann aber auch die Kommission nicht mit Gewissheit nachweisen, dass eine Übertragung der Krankheit auf den Menschen ausgeschlossen ist. Hieran anknüpfend ist zu prüfen, wer im Hinblick auf das Vorliegen der Tatbestandsmerkmale eines Rechtfertigungsgrundes i.S.v. Art. 36 AEUV die „Beweislast" trägt. Insofern geht der Gerichtshof davon aus, dass im Grundsatz der Mitgliedstaat die Voraussetzung, dass eine Gefährdung der Gesundheit und des Lebens von Menschen tatsächlich vorliegt, darzulegen und auch nachzuweisen hat. Unter Zugrundelegung dieser Sichtweise kann man im vorliegenden Fall zu dem Ergebnis kommen, dass die Bundesrepublik – da sie den Beweis einer bestehenden Infektionsgefahr nicht führen kann – nicht zum Erlass des Importverbotes berechtigt war.

In seinem BSE-Urteil aus dem Jahre 1998 hat der Gerichtshof jedoch unter Hinweis auf den Vorsorgegrundsatz – dieser kommt zur Anwendung, wenn wissenschaftliche Ungewissheiten bezüglich der Existenz oder des Umfangs von Risiken für die menschliche Gesundheit bestehen – den Mitgliedstaaten einen gewissen Gestaltungsspielraum eingeräumt. Innerhalb dieses Gestaltungsspielraums können die Mitgliedstaaten vorsorgend zum Schutz ihrer Bürger tätig werden. Auch ohne zwingende Beweise für das tatsächliche Vorliegen des Risikos und die Schwere der potenziellen nachteiligen Wirkungen können die Mitgliedstaaten nach dem Vorsorgegrundsatz Schutzmaßnahmen treffen, sofern die vorbeugende Maßnahme nicht mit einer rein hypothetischen Betrachtung des Risikos begründet und lediglich auf bloße Vermutungen gestützt wurde. Die Schutzmaßnahmen müssen freilich vorläufiger Natur sein und bei erwiesener Ungefährlichkeit der Erzeugnisse revidiert werden. Vor diesem Hintergrund kann die Maßnahme der Bundesregierung mit Blick auf den Vorsorgegrundsatz, der nach Art. 191 Abs. 2 Satz 2 AEUV im Bereich der Umweltpolitik auch für die Union als Grundsatz anerkannt ist, gerechtfertigt werden.

Weiterführende Hinweise:

Fischer/Fetzer, Europarecht, 12. Auflage 2019, Rn. 219 f. (zum Subsidiaritätsprinzip), Rn. 251 ff. (zum Vertragsverletzungsverfahren), Rn. 469 ff. (zur Warenverkehrsfreiheit), Rn. 261 ff.; 338 ff. (zur Durchführung des Unionsrechts im Bundesstaat); *EuGH,* ECLI:EU:C:1998:192 – BSE; *EuG,* ECLI:EU:T:2002:209 – Pfizer; *EuGH,* ECLI:EU:C:2003:492 – Kommission/Dänemark (jeweils zur Bedeutung des Vorsorgeprinzips im Unionsrecht); *Dederer,* NVwZ 2001, 258 (zum Regress des Bundes gegen ein Land bei der Verletzung von Unionsrecht); *Bickenbach,* EuR 2013, 523 (zur Durchsetzung des Subsidiaritätsprinzips).

Lösung Fall 20

Dienstleistungsfreiheit und föderale Rundfunkordnung

(Kompetenzen der EU für den Rundfunk – Subsidiaritätsprinzip – Nichtigkeitsklage – Bund-Länder-Streit – Bundesstaatsprinzip und die EU)

Aufgabe 1

I.   Der Rat und das Europäische Parlament waren dann befugt die Fernsehrichtlinie zu erlassen, wenn der Europäischen Union eine **Kompetenz** zum Erlass der Richtlinie zusteht. Dies setzt voraus, dass das Primärrecht eine entsprechende Ermächtigung ausdrücklich vorsieht **(Prinzip der begrenzten Einzelermächtigung, vgl. Art. 5 Abs. 1 EUV)**. Eine ausdrückliche Ermächtigung der EU zum Erlass von Regelungen im Rundfunkbereich besteht nicht. Die Rundfunkübertragung könnte jedoch als Dienstleistung zu qualifizieren sein. In diesem Falle bestünde nach Art. 56 ff. AEUV eine Regelungszuständigkeit der EU.

II.   Die **Dienstleistungsfreiheit** i.S.d. Art. 56 ff. AEUV umfasst das Recht, eine entgeltliche Tätigkeit vorübergehend in einem anderen Mitgliedstaat auszuüben. Dabei liegt hier zunächst weder ein Fall der aktiven Dienstleistungsfreiheit (der Leistungserbringer begibt sich in den Mitgliedstaat des Leistungsempfängers) noch ein Fall der passiven Dienstleistungsfreiheit (der Leistungsempfänger begibt sich in den Mitgliedstaat des Leistungserbringers) vor. Die Dienstleistungsfreiheit ist aber auch einschlägig, wenn allein die Dienstleistung die Grenze zwischen zwei Mitgliedstaaten überschreitet **(Korrespondenzdienstleistung)**.

Die Fernsehübertragung ist eine entgeltliche Leistung, die auch grenzüberschreitend erbracht werden kann. Da eine grenzüberschreitende Fernsehübertragung in der Weise erfolgt, dass lediglich die Leistung (d.h. die ausgestrahlte Sendung), nicht aber der Leistungserbringer oder der Leistungsempfänger die Grenze überschreitet, kommt für den Rundfunk allein die dritte Spielart der Dienstleistungsfreiheit in Betracht. Für diesen Bereich könnte damit – da es um eine Koordinierung der nationalen Rechtsvorschriften geht – eine Regelungskompetenz der EU nach Art. 53 Abs. 1 i.V.m. Art. 62 AEUV bestehen.

III. Die Regelungen der Fernsehrichtlinie betreffen jedoch auch den **kulturellen** Bereich. Dies gilt insbesondere für die Festlegung von Ausstrahlungsanteilen europäischer Fernsehproduktionen. Die einzige Kompetenzvorschrift der EU zu Regelungen im Kulturbereich ist Art. 167 AEUV. Dort findet sich jedoch kein Tatbestand, der zum Erlass von Harmonisierungsrichtlinien ermächtigt. Vielmehr das Gegenteil ist der Fall: Nach Art. 167 Abs. 5, 1. Spiegelstrich AEUV darf der Rat allein „Fördermaßnahmen unter Ausschluss jeglicher Harmonisierung der Rechts- und Verwaltungsvorschriften der Mitgliedstaaten" erlassen. Nach dem Prinzip der begrenzten Einzelermächtigung, das die EU nur dann zum Erlass einer Richtlinie ermächtigt, wenn sich dies auf eine ausdrückliche Kompetenzgrundlage zurückführen lässt, hätte die Fernsehrichtlinie damit ggf. nicht erlassen werden dürfen, wenn die Richtlinie dem Sachbereich der Kultur zuzuordnen wäre.

IV. Auch wenn die Ausstrahlung von Fernsehsendungen durchaus einen Bezug zum kulturellen Bereich aufweist, geht der Gerichtshof wegen des Dienstleistungscharakters grenzüberschreitender Rundfunksendungen von einer prinzipiellen Einschlägigkeit der Dienstleistungsfreiheit aus: Soweit Dienstleistungen i.S.d. Art. 57 AEUV vorliegen, bestehe auch eine Kompetenz der EU. Die Zuständigkeit der Union beschränkt sich freilich auf die wirtschaftlichen Aspekte des Rundfunks, sodass den Mitgliedstaaten die Regelung der rein kulturellen Fragen vorbehalten bleibt. Bei den Bestimmungen der Fernsehrichtlinie sind aber die Bezüge zur Dienstleistungsfreiheit unverkennbar, sodass die Union im Grundsatz regelungsbefugt ist.

V. Die Ausübung der Kompetenz seitens der Union könnte jedoch durch das **Subsidiaritätsprinzip** des Art. 5 Abs. 3 EUV ausgeschlossen sein. Da der Rundfunk nicht in die ausschließliche Zuständigkeit der Union fällt, darf die EU ihre Kompetenz nur ausüben, „sofern und soweit die Ziele der in Betracht kommenden Maßnahmen von den Mitgliedstaaten weder auf zentraler noch auf regionaler oder lokaler Ebene ausreichend verwirklicht werden können, sondern vielmehr wegen ihres Umfangs oder ihrer Wirkungen auf Unionsebene besser zu verwirklichen sind". Es ist demnach zunächst nach dem **Ziel** der Fernsehrichtlinie zu fragen. Laut Sachverhalt sollen die einzelnen Vorschriften harmonisiert werden, um eine einheitliche Förderung europäischer Produktionen, einen einheitlichen Minderjährigen- und Urheberschutz sowie einheitliche Regelungen über die Werbung zu erreichen. Europäische Produktionen können aber nur dann effektiv gefördert werden, wenn diese Aspekte unionsweit geregelt werden.
Auch kann gerade ein wirksamer Minderjährigenschutz – da die Fernsehausstrahlungen länderübergreifend erfolgen – nur erreicht werden, wenn in Europa die gleichen Schutzvorschriften bestehen. Sonst könnten die jeweiligen nationalen Vorschriften dadurch unterlaufen werden, dass im grenznahen Gebiet des Nachbarstaates nach den dortigen – weniger einschneidenden – Regelungen gesendet wird. Das Gleiche gilt für Regelungen zur Werbung. Damit erscheint ein mitgliedstaatliches Tätigwerden nicht ausreichend und eine unionsweite Regelung wirkungsvoller. Das Subsidiaritätsprinzip des Art. 5 Abs. 3 EUV hindert den Rat demnach nicht daran, die Fernsehrichtlinie zu erlassen.

VI. Die konkrete Ermächtigung von Europäischem Parlament und Rat, die Fernsehrichtlinie zu erlassen, folgt aus den angegebenen Art. 53 Abs. 1 i.V.m. Art. 62 AEUV.

Hiernach werden Richtlinien zur Koordinierung der Rechtsvorschriften der Mitgliedstaaten im ordentlichen Gesetzgebungsverfahren (Art. 289 AEUV) verabschiedet, sodass – neben dem Rat – auch das Europäische Parlament als Rechtsetzungsorgan in Erscheinung tritt.

Aufgabe 2

I. Das Bundesland B könnte auf **europäischer Ebene** eine **Nichtigkeitsklage gemäß Art. 263 AEUV** gegen die Fernsehrichtlinie erheben.

1. Nach Art. 263 UAbs. 2, 3 und 4 AEUV sind die EU-Mitgliedstaaten, der Rat, die Kommission, das Europäische Parlament, der Rechnungshof, die Europäische Zentralbank sowie natürliche und juristische Personen zur **Klageerhebung** berechtigt. Die einzelnen Bundesländer der Bundesrepublik Deutschland werden in dieser Aufzählung nicht ausdrücklich genannt. Sie sind auch nicht als „Mitgliedstaat" i.S.d. Art. 263 UAbs. 2 AEUV anzusehen, da nach der Rechtsprechung des Gerichtshofs hierunter nur die Mitgliedstaaten als Gesamtverband zu verstehen sind. Insoweit ist das EU-Recht „länderblind". Die Bundesländer sind aber als Gebietskörperschaften juristische Personen i.S.d. Art. 263 UAbs. 4 AEUV. Damit ist das Land B ein grundsätzlich zulässiger Antragsteller. Der Rat und das Europäische Parlament sind nach Art. 263 UAbs. 1 AEUV auch **mögliche Antragsgegner.**

2. Zu prüfen ist, ob für die Klage des Landes B der Gerichtshof oder das Gericht **sachlich zuständig** ist. Dies bestimmt sich nach Art. 256 AEUV i.V.m. der Satzung des Gerichtshofs. Nach Art. 256 Abs. 1 AEUV ist das Gericht für Entscheidungen im ersten Rechtszug über Klagen gemäß Art. 263 AEUV zuständig. Hiervon macht Art. 51 Satzung des Gerichtshofs eine Ausnahme, nach der abweichend von der in Art. 256 Abs. 1 AEUV vorgesehenen Regelung der Gerichtshof für Klagen der Mitgliedstaaten, der EU-Organe und der Europäischen Zentralbank zuständig ist. Da es sich aber bei dem Land B um eine juristische Person i.S.d. Art. 263 Abs. 4 AEUV und nicht um einen Mitgliedstaat handelt, ist das Gericht sachlich zuständig.

3. Bei einer von einer juristischen Person erhobenen Nichtigkeitsklage bemessen sich **Antragsgegenstand** und **Antragsbefugnis** nach Art. 263 Abs. 4 AEUV. Gemäß Art. 263 Abs. 4, 1. Alt. AEUV kann eine juristische Person gegen alle an sie gerichteten oder sie unmittelbar und individuell betreffenden Handlungen klagen. Dies ist hier aber nicht gegeben, da es sich im vorliegenden Fall um den Rechtsakt der Richtlinie handelt, die zudem an die Bundesrepublik Deutschland und nicht an das Bundesland B gerichtet war. Diese Richtlinie betrifft das Land B des Weiteren nur mittelbar, denn die Umsetzungspflicht trifft zunächst – d.h. im Außenverhältnis – die Bundesrepublik Deutschland als Gesamtstaat und nicht das Bundesland B als Teil der Bundesrepublik Deutschland. Dass intern – d.h. auf der nationalen Kompetenzebene – womöglich die Länder verpflichtet sind, eine Richtlinie umzusetzen, muss hierbei außer Betracht bleiben. Ansonsten wären die Länder zu faktischen Mitgliedstaaten erhoben. Jedenfalls bindet diese Pflicht die Länder nur mittelbar, so dass es an dem Unmittelbarkeitserfordernis des Art. 263 UAbs. 4, 2. Alt. AEUV fehlt. Auch Art. 263 UAbs. 4, 3. Alt. AEUV ist vorliegend nicht einschlägig. Bei der Richtlinie handelt es sich zum einen nicht um

einen „Rechtsakt mit Verordnungscharakter", durch den B unmittelbar betroffen wird. Zum anderen erfordert die Richtlinie eine Umsetzung in nationales Recht, zieht also Durchführungsmaßnahmen nach sich. Derartige Rechtsakte fallen aber nach dem Wortlaut gerade nicht unter Art. 263 UAbs. 4, 3. Alt. AEUV. Zu überlegen ist aber, ob Art. 263 UAbs. 4 AEUV insoweit erweiternd ausgelegt werden kann, dass auch eine Richtlinie mit einer Nichtigkeitsklage angegriffen werden kann, sofern der Kläger unmittelbar und individuell betroffen ist. In Rechtsprechung und Literatur ist diese Frage umstritten. Da aber der klare Wortlaut des Art. 263 UAbs. 4 AEUV den Rechtsakt der Richtlinie nicht nennt, wird man insoweit im Grundsatz eine Anfechtbarkeit abzulehnen haben.

4.   Damit wäre eine Nichtigkeitsklage des Landes B gegen die Fernsehrichtlinie unzulässig. Andere Rechtsschutzmöglichkeiten auf europäischer Ebene kommen nicht in Betracht. Dies gilt vor allem für die durch den Vertrag von Lissabon eingeführte Subsidiaritätsklage nach Art. 5 Abs. 3 UAbs. 2 Satz 2 EUV i.V.m. dem Protokoll zur Anwendung der Grundsätze der Subsidiarität und der Verhältnismäßigkeit. In diesem Verfahren werden ausdrücklich nur die nationalen Parlamente berechtigt – was durch Art. 23 Abs. 1a GG durch die Benennung des Bundestages und des Bundesrates durch den deutschen Verfassungsgeber konkretisiert wurde. Die einzelnen Bundesländer – bzw. deren Parlamente – haben durch diese im Lissabon-Vertrag eingeführten Änderungen keine zusätzliche Klagemöglichkeit erlangt.

II.   Das Bundesland B könnte auf **nationaler Ebene** eine **abstrakte Normenkontrolle** nach Art. 93 Abs. 1 Nr. 2 GG i.V.m. §§ 13 Nr. 6, 76 ff. BVerfGG vor dem BVerfG in Betracht ziehen. Diese Klage wäre jedoch unzulässig, da ein zulässiger Streitgegenstand nach § 76 BVerfGG nur die Vereinbarkeit von Bundesrecht oder Landesrecht mit dem Grundgesetz oder die Vereinbarkeit von Landesrecht mit sonstigem Bundesrecht ist. Die Überprüfung eines europäischen Rechtsakts am Grundgesetz oder an sonstigem Bundesrecht ist hingegen nicht möglich.
Neben einem Normenkontrollantrag vor dem BVerfG scheidet auch ein **Bund-Länder-Streit** (Art. 93 Abs. 1 Nr. 3 GG, §§ 13 Nr. 7, 68 ff. BVerfGG) zur Überprüfung der EU-Fernsehrichtlinie aus, da ein europäischer Rechtsakt als solcher nicht dem Bund als Maßnahme im Sinne der §§ 64, 69 BVerfGG zugerechnet werden kann. Dem Bundesland B bliebe allein die Möglichkeit, sich auf das **Gesetz über die Zusammenarbeit von Bund und Ländern in Angelegenheiten der Europäischen Union** zu berufen, auf das der Bearbeiter nach dem Hinweis im Sachverhalt freilich nicht einzugehen hatte. Nach § 7 des Gesetzes macht die Bundesregierung auf Verlangen des Bundesrates von den im AEUV vorgesehenen Klagemöglichkeiten Gebrauch, soweit die Länder durch ein Handeln oder Unterlassen von Organen der Europäischen Union in Bereichen ihrer Gesetzgebungsbefugnisse betroffen sind und der Bund kein Recht zur Gesetzgebung hat.

Aufgabe 3

I.   In Betracht kommt, dass das Bundesland B mittels eines **Bund-Länder-Streits nach Art. 93 Abs. 1 Nr. 3 GG, §§ 13 Nr. 7, 68 ff. BVerfGG** das Abstimmungsverhalten des Bundes bei Erlass der Fernsehrichtlinie vom BVerfG überprüfen lässt. Zunächst müsste ein solcher Rechtsstreit zulässig sein.

1. Das BVerfG ist gemäß Art. 93 Abs. 1 Nr. 3 GG i.V.m. § 13 Nr. 7 BVerfGG **zuständig**, Streitigkeiten zwischen Bund und Ländern über gegenseitig bestehende Rechte und Pflichten, die sich aus dem Grundgesetz oder anderen Rechtsquellen ergeben, rechtlich zu überprüfen.

2. Nach § 68 und § 71 Abs. 1 BVerfGG treten bei Streitigkeiten zwischen Bund und Ländern die jeweiligen Regierungen als **Antragsteller** und **Antragsgegner** auf.

3. **Zulässiger Streitgegenstand** eines Bund-Länder-Streites sind nach Art. 93 Abs. 1 Nr. 3 GG Meinungsverschiedenheiten zwischen Bund und Ländern über wechselseitig bestehende verfassungsrechtliche Rechte und Pflichten. Im vorliegenden Fall beanstandet das Land B das Abstimmungsverhalten der Bundesregierung bzw. des Bundes bei Verabschiedung der Fernsehrichtlinie im Rat sowie das Verhalten des Bundes, das der Zustimmung im Rat auf nationaler Ebene vorausging. Die Wahrnehmung der Mitwirkungsrechte des Bundes im Rahmen der EU ist prinzipiell eine mit dem Bund-Länder-Streit angreifbare rechtserhebliche Maßnahme. Dies gilt nach Ansicht des BVerfG auch für die vorgelagerte, auf nationaler Ebene erfolgende Beschlussfassung in der Bundesregierung, mit der die Verhandlungslinie im Rat festgelegt und dem Vertreter der Bundesrepublik eine Abstimmungsweisung erteilt wird. In beiden Fälle stehen mögliche verfassungsrechtliche Pflichten des Bundes gegenüber dem Bundesland B aus Art. 23 GG bzw. dem Bundesstaatsprinzip im Raum. Es liegt daher ein zulässiger Streitgegenstand nach Art. 93 Abs. 1 Nr. 3 GG vor.

4. Das Bundesland B müsste **antragsbefugt** sein. Die Voraussetzungen ergeben sich aus § 69 i.V.m. § 64 BVerfGG. Die Landesregierung muss danach geltend machen, dass das Land B durch die Unterlassung des Bundes, einen Ländervertreter zu bestellen bzw. die Interessen des Landes zu berücksichtigen, in seinen ihm durch das Grundgesetz übertragenen Rechten verletzt oder unmittelbar gefährdet ist. Hier erscheint zum einen eine Verletzung des Art. 23 GG zumindest nicht ausgeschlossen: Insbesondere erscheint es möglich, dass das Verfahren des Art. 23 Abs. 6 GG (Entsendung eines vom Bundesrat bestellten Vertreters der Länder in den Rat) von der Bundesregierung nicht beachtet worden ist. Zum anderen kommt auch eine Verletzung des verfassungsmäßigen Gebotes des bundesfreundlichen Verhaltens in Betracht. Dieser Grundsatz enthält ein Gebot zur gegenseitigen Rücksichtnahme bei der Ausübung eigener Kompetenzen. Eine Antragsbefugnis des Landes B ist damit zu bejahen.

5. Die **Antragsfrist** beträgt nach § 68 i.V.m. § 64 Abs. 3 BVerfGG sechs Monate, nachdem die beanstandete Maßnahme oder die Unterlassung der Landesregierung bekannt geworden ist. Innerhalb dieser Frist müsste das Land B das Verfahren vor dem BVerfG einleiten. Hinsichtlich der sich aus dem BVerfGG ergebenden **Formerfordernisse** ist zu beachten, dass der Antrag des Landes B nach § 23 BVerfGG in Schriftform und mit Begründung einzureichen ist. Nach § 68 i.V.m. § 64 Abs. 2 BVerfGG ist zusätzlich die Bestimmung des Grundgesetzes zu bezeichnen, gegen die der Bund verstoßen haben soll, im vorliegenden Fall also Art. 23 GG und der Grundsatz des bundesfreundlichen Verhaltens. Damit wäre ein Bund-Länder-Streit zur Überprüfung des Verhaltens des Bundes vor dem BVerfG **zulässig**.

II. Der Bund-Länder-Streit ist **begründet**, wenn das Verhalten des Bundes tatsächlich die Rechte des Bundeslandes B verletzt hat. In Betracht kommt eine Verletzung des Art. 23 GG im Besonderen sowie des Gebots des bundesfreundlichen Verhaltens im Allgemeinen.

1. Nach Art. 23 Abs. 2 und 4 GG **wirken die Länder in Angelegenheiten der Europäischen Union über den Bundesrat mit**, was eine möglichst frühzeitige Unterrichtung des Bundesrates und dessen Beteiligung an der Willensbildung des Bundes einschließt, wenn eine innerstaatliche Zuständigkeit der Länder besteht. Konkretisiert werden diese Grundsätze durch Art. 23 Abs. 5 und 6 GG sowie das Gesetz über die Zusammenarbeit von Bund und Ländern in Angelegenheiten der Europäischen Union, auf das – laut Bearbeiterhinweis – nicht einzugehen ist. Besondere Mitwirkungsbefugnisse sieht Art. 23 Abs. 6 GG vor, wenn im Schwerpunkt ausschließlich Gesetzgebungsbefugnisse der Länder, insbesondere auf dem Gebiet des Rundfunks, betroffen sind. In diesem Fall soll die Wahrnehmung der Rechte, die der Bundesrepublik Deutschland als Mitgliedstaat der Europäischen Union zustehen, vom Bund auf einen vom Bundesrat benannten Vertreter der Länder übertragen werden.

Hier wurde das Bundesland B – wie auch die übrigen Länder – zu keinem Zeitpunkt in den nationalen Entscheidungsprozess in der Form einbezogen, dass eine Unterrichtung oder Mitwirkung an der Willensbildung erfolgt wäre. Bereits hieraus folgt ein Verstoß gegen **Art. 23 Abs. 2, 4 GG**. Darüber hinaus könnte auch eine Verletzung des **Art. 23 Abs. 6 GG** vorliegen, da kein vom Bundesrat benannter Vertreter der Länder in den Rat entsandt wurde, denn die Fernsehrichtlinie betrifft im Schwerpunkt die ausschließliche Gesetzgebungsbefugnis der Länder im Bereich des Rundfunks. Der Bund hätte somit die Wahrnehmung seiner Verhandlungs- und Abstimmungsrechte im Rat einem Landesvertreter, der vom Bundesrat bestimmt wird, übertragen müssen. Dass es sich bei Art. 23 Abs. 6 Satz 1 GG um eine Soll-Vorschrift handelt, steht dem nicht entgegen. Auch eine Soll-Vorschrift begründet im Grundsatz eine Rechtspflicht, – es sei denn, es handelt sich – was hier nicht anzunehmen ist – um einen atypischen Ausnahmefall. Folglich hat die Bundesregierung durch ihr Verhalten gegen Art. 23 Abs. 2, 4 GG und auch gegen Art. 23 Abs. 6 GG verstoßen.

Es stellt sich aber die Frage, ob dieser Verstoß eine Verletzung von **Länderrechten** beinhaltet oder ob lediglich Rechte des **Bundesrates** betroffen sind. Zwar wirken die Länder gemäß Art. 23 Abs. 2, 4 GG über den Bundesrat an der Willensbildung mit, und nach Art. 23 Abs. 6 GG benennt der Bundesrat den Ländervertreter. Hieraus folgt aber nicht, dass es damit allein um Rechte des Bundesrates geht. Die Festlegung, dass zur Interessenwahrnehmung „nach außen" der Bundesrat auftritt und im Fall des Art. 23 Abs. 6 GG der Ländervertreter durch den Bundesrat bestimmt werden soll, dient der Bündelung und Organisation der Rechte der Bundesländer. Damit werden die Interessen der Länder vom Bundesrat quasi als „Treuhänder" wahrgenommen; was zur Folge hat: Da der Bund die Vorgaben des Art. 23 GG missachtet hat, hat er die Rechte der Bundesländer und damit auch des Landes B verletzt.

2. Das Gebot des **bundesfreundlichen Verhaltens** verpflichtet den Bund und die Länder zur Zusammenarbeit. Es beinhaltet insbesondere eine Pflicht zur gegenseitigen Rücksichtnahme bei der Ausübung der eigenen Befugnisse. Dies spiegelt sich auch in der vorliegenden Konstellation wider. Der Bund hat im Rahmen seiner Befugnisse an den Verhandlungen des Rats teilgenommen. Da die verabschiedete Richtlinie aber auch die Interessen der Länder berührt, hätte er aufgrund des Gebots zu bundesfreundlichem Verhalten die Länder an den Diskussionen und dem innerstaatlichen Entscheidungsprozess beteiligen müssen. Zumindest hätte er eine Stellungnahme zu den rundfunkrechtlichen Fragen, die innerstaatlich in die Länderkompetenz fallen, einholen müssen. Dies gilt selbst dann, wenn die rundfunkrechtlichen Fragen nicht den Schwerpunkt der Fernsehrichtlinie bilden würden. Durch sein Verhalten hat der Bund auch das Gebot des bundesfreundlichen Verhaltens verletzt.

Zu überlegen bleibt, ob dieser Verstoß neben der Verletzung des Art. 23 GG zum Ansatz kommt. Auch wenn Art. 23 GG eine Ausprägung des Gebots zum bundesfreundlichen Verhalten enthält, sollte man hieraus keinen lex-specialis-Charakter des Art. 23 GG ableiten. Wegen der gleichen Schutzrichtung beider Verfassungsinstitute bietet es sich an, diese dergestalt zusammenzuziehen, dass hier von einem Verstoß gegen Art. 23 GG i.V.m. dem Gebot des bundesfreundlichen Verhaltens auszugehen ist. Ein Bund-Länder-Streit vor dem BVerfG wäre somit erfolgreich.

Weiterführende Hinweise:

Fischer/Fetzer, Europarecht, 12. Auflage 2019, Rn. 338 ff. (zum Verhältnis Bundesstaat-Union); *EuGH,* ECLI:EU:C:1974:40 – Sacchi; *EuGH,* ECLI:EU:C:1988:196 – Bond van Adverteerders (jeweils zur Qualifikation von Fernsehsendungen als Dienstleistungen); *BVerfGE* 92, 203 – Fernsehrichtlinie; *Cremer,* EuZW 2001, 453 (zum Individualrechtsschutz gegen Richtlinien); *Dederer,* Jura 1998, 98; *Ress,* JuS 1998, 17 (jeweils zur Beteiligung der deutschen Bundesländer am Rechtsetzungsprozess der Europäischen Union); *BVerfGE* 123, 267, 385 – Lissabon.

Lösung Fall 21
Maut und Mindestlohn bei Transitfahrten

(Vertragsverletzungsverfahren – Warenverkehrsfreiheit – Dienstleistungsfreiheit – Allgemeines Diskriminierungsverbot – Art. 92 AEUV)

Aufgabe 1

Als prozessuale Möglichkeit, um gegen Deutschland vorzugehen, kommt für Österreich allein die Einleitung eines **Vertragsverletzungsverfahrens nach Art. 259 AEUV in** Betracht.

I.   Zulässigkeit des Vertragsverletzungsverfahrens
1.   Nach Art. 259 UAbs. 1 AEUV kann der Gerichtshof angerufen werden, wenn ein Mitgliedstaat der Auffassung ist, dass ein anderer Mitgliedstaat gegen eine Verpflichtung aus den Verträgen verstoßen hat. Da Art. 256 Abs. 1 AEUV die Entscheidung von Vertragsverletzungsverfahren nicht dem Gericht zuweist, ist für Klagen dieser Art der Gerichtshof **sachlich zuständig**.

2.   Gemäß Art. 259 UAbs. 1 AEUV kann Österreich als Mitgliedstaat der Europäischen Union ein Vertragsverletzungsverfahren beim Gerichtshof gegen den Mitgliedstaat Deutschland anstrengen.

3.   Zulässiger **Antragsgegenstand** ist jeder mögliche Verstoß eines Mitgliedstaats gegen Verpflichtungen aus den Verträgen (vgl. Art. 259 UAbs. 1 AEUV). In Betracht kommt hier ein Verstoß gegen Art. 18, 34, 56 oder 92 AEUV sowie eine Verletzung der Eurovignetten-Richtlinie (in Form von sekundärem Unionsrecht) durch die Bundesrepublik Deutschland. Österreich ist von der Vertragsverletzung auch überzeugt.

4.   Vor Klageerhebung ist gemäß Art. 259 UAbs. 2 bis 4 AEUV ein **Vorverfahren** durchzuführen. Hierzu wendet sich der Mitgliedstaat – in diesem Fall Österreich – an die Kommission, die dem betreffenden Mitgliedstaat – hier Deutschland – Gelegenheit zur Äußerung in der Sache innerhalb einer bestimmten Frist gibt. Danach erlässt die Kommission eine mit Gründen versehene Stellungnahme. Erst nach Abgabe der Stellungnahme bzw. wenn die Kommission innerhalb von drei Monaten untätig geblieben ist, kann Österreich vor dem Gerichtshof Klage erheben. Im vorliegenden Fall hat sich Österreich an die Kommission gewendet, die aber innerhalb der Drei-Monats-Frist untätig geblieben ist. Die Klage Österreichs ist daher **zulässig**.

II.   Begründetheit des Vertragsverletzungsverfahrens
Die Klage Österreichs ist begründet, wenn Deutschland gegen Unionsrecht verstoßen hat.

1.   Die Infrastrukturabgabe könnte gegen die **Eurovignetten-Richtlinie** – Richtlinie 1999/62/EG – verstoßen. Diese ist lex specialis gegenüber den im Übrigen geltend gemachten Verstößen gegen den AEUV. Ausweislich des Art. 2 lit. d) i.V.m. Art. 1 UAbs. 1 der Eurovignetten-Richtlinie ist diese nur auf Kfz mit einem zulässigen Gesamtgewicht von mehr als 3,5 t anwendbar. Die Infrastrukturabgabe ist aber nur für Kfz mit einem zulässigen Gesamtgewicht von bis zu 3,5 t zu entrichten (vgl. §§ 1 bis 3 InfrAG). Ein Verstoß gegen die Eurovignetten-Richtlinie kommt daher nicht in Betracht.
Ein Rückgriff auf die Grundfreiheiten, Art. 92 und Art. 18 AEUV ist folglich möglich.

2.   Die Erhebung einer Infrastrukturabgabe müsste gegen die Grundfreiheiten, Art. 92 oder Art. 18 AEUV verstoßen.

a)   Beschränkung des Schutzbereichs
Fraglich ist zum einen, ob deren Schutzbereich je eröffnet ist und beschränkt wird, und zum anderen wie sie im Einzelnen voneinander abzugrenzen sind. Vorliegend handelt es sich um ein Vertragsverletzungsverfahren. Die streitigen Regelungen sind daher nach allen in Betracht kommenden Fallkonstellationen am Unionsrecht zu messen. Je nach Fallgestaltungen können daher unterschiedliche Normen des AEUV anwendbar sein. Die Abgrenzung der einzelnen Normen untereinander wird je im Rahmen des Schutzbereichs der einzelnen Norm erörtert.

aa)   Der Schutzbereich der **Warenverkehrsfreiheit** könnte eröffnet sein. Bei der Einfuhr, Ausfuhr bzw. Durchfuhr von Unionsware i.S.v. Art. 28 Abs. 2 AEUV ist die Infrastrukturabgabe zu entrichten, wenn sie von Kfz mit einem zulässigen Gesamtgewicht von bis zu 3,5 t über Bundesfernstraßen transportiert werden. Im Verhältnis zur Dienstleistungsfreiheit ist die Warenverkehrsfreiheit grundsätzlich vorrangig (vgl. Art. 57 UAbs. 1 AEUV), es sei denn, sie tritt hinter der Dienstleistungsfreiheit als völlig zweitrangig zurück (sog. **Schwerpunkttheorie**). Jedenfalls bei unentgeltlichen Warenbeförderungen mit eigenem Kfz ist die Warenverkehrsfreiheit einschlägig.

Nach Art. 34 AEUV sind mengenmäßige Einfuhrbeschränkungen sowie alle Maßnahmen gleicher Wirkung zwischen den Mitgliedstaaten verboten. Das Verbot von **Maßnahmen mit gleicher Wirkung** wie mengenmäßige Beschränkungen erfasst nach ständiger Rechtsprechung seit Dassonville jede Maßnahme der Mitgliedstaaten, die geeignet ist, den Handel innerhalb der Union unmittelbar oder mittelbar, tatsächlich oder potenziell zu behindern. Auch wenn die Infrastrukturabgabe nicht auf die beförderten Waren als solche erhoben wird, stellen die mit ihr verbundenen erhöhten Kosten für die ausländischen Händler gleichwohl eine Belastung dar, die geeignet ist, den Handel innerhalb der Union zu beeinträchtigen. Fraglich ist allerdings, ob hier entsprechend der „Keck"-Rechtsprechung des Gerichtshofs eine Einschränkung vorzunehmen ist, wonach **Verkaufsmodalitäten**, die für alle betroffenen Wirtschaftsteilnehmer gelten, die ihre Tätigkeit im Inland ausüben und die den Absatz der inländischen Erzeugnisse und der Erzeugnisse aus anderen Mitgliedstaaten rechtlich sowie tatsächlich in der gleichen Weise berühren, **nicht in den Anwendungsbereich des Art. 34 AEUV fallen.** Der Begriff „Verkaufsmodalitäten" erfasst aber nur nationale Vorschriften, die die Art und Weise regeln, in der Waren vermarktet werden können. Regelungen betreffend die Art und Weise, in der Waren befördert werden können, fallen nicht unter diesen Begriff, so dass die Infrastrukturabgabe keine Verkaufsmodalität darstellt.

Zudem fallen **marktzugangsbehindernde** Regelung unter den Begriff der „Maßnahme gleicher Wirkung". Die Infrastrukturabgabe selbst wird formal sowohl auf Fahrzeuge erhoben, die im Inland zugelassen sind als auch auf solche, die im Ausland zugelassen sind. Dennoch wirkt sie sich tatsächlich für die im Ausland zugelassenen Fahrzeuge ungünstiger aus, da die im Inland zugelassenen zugleich eine Steuerentlastung im Rahmen der Kfz-Besteuerung erhalten, die der Höhe nach der Infrastrukturabgabe entspricht. Damit erhöhen sich die Kosten bei der Lieferung von Waren mit im Ausland zugelassenen Fahrzeugen, die eine Einbuße in ihrer Wettbewerbsfähigkeit erleiden. Daraus folgt, dass die streitigen nationalen Maßnahmen geeignet sind, den Zugang von Erzeugnissen aus anderen Mitgliedstaaten zum deutschen Markt zu behindern. Die streitigen nationalen Maßnahmen stellen also eine gegen Art. 34 AEUV verstoßende Beschränkung des freien Warenverkehrs dar.

bb) Die deutsche Regelung könnte zudem gegen **Art. 92 AEUV** verstoßen, der ein **Diskriminierungsverbot im Verkehrsbereich** normiert und gemäß Art. 58 AEUV in diesem Bereich die Dienstleistungsfreiheit verdrängt. Hiervon werden insbesondere entgeltliche Beförderungsleistungen der Frachtführer und diesen untergeordnete verkehrsnahe Dienstleistungen umfasst. Nach Art. 92 AEUV darf ein Mitgliedstaat die Verkehrsunternehmer anderer Mitgliedstaaten nicht ungünstiger behandeln als die aus dem eigenen Mitgliedstaat, wenn nicht der Rat einstimmig eine Maßnahme billigt, die eine Ausnahmeregelung gewährt oder das Europäische Parlament und der Rat gemäß Art. 91 AEUV in diesem Bereich bereits eine Maßnahme erlassen hat. Im Bereich des sog. Leichtverkehrs (Fahrzeuge unter 3,5 t Gesamtgewicht) wurde keine Regelung gemäß Art. 91 AEUV über die Erhebung von Abgaben für die Benutzung von Fernstraßen festgelegt. Nach Art. 1 i.V.m. Art. 2 lit. d) der Eurovignetten-Richtlinie ist diese nur auf Fahrzeuge von mehr als 3,5 t Gesamtgewicht anwendbar.

Wie bereits festgestellt, werden aufgrund der kombinierten Wirkung der Infrastrukturabgabe mit der Steuerentlastung bei der deutschen Kfz-Besteuerung nur die Verkehrsunternehmen, die ein im Ausland zugelassenes Fahrzeug nutzen, tatsächlich von der Infrastrukturabgabe betroffen. Dies werden regelmäßig die ausländischen Verkehrsunternehmen sein, die damit ungünstiger als die inländischen Verkehrsunternehmen behandelt werden. Folglich wurde auch gegen die Verpflichtung aus Art. 92 AEUV verstoßen, die keiner Rechtfertigung offensteht.

cc)   Darüber hinaus könnte die Dienstleistungsfreiheit der Art. 56 ff. AEUV anwendbar sein. Zu beachten ist hier die Subsidiarität zu Dienstleistungen im Verkehrsbereich, für die die Art. 90 ff. AEUV gelten sowie die Subsidiarität zur Warenverkehrsfreiheit, wenn diese in gleichem Maße betroffen ist. Die **Dienstleistungsfreiheit** setzt voraus, dass Unionsbürger eine grenzüberschreitende Dienstleistung erbringen. Unter den Begriff der Dienstleistung fällt jede selbstständige, zeitlich begrenzte und in der Regel gegen Entgelt erbrachte Leistung unkörperlicher Natur, die ein grenzüberschreitendes Element beinhaltet. Geschützt wird insoweit zum einen die **aktive Dienstleistungsfreiheit**, in deren Rahmen sich der Leistende zum Empfänger der Dienstleistungen begibt und zum anderen die **passive Dienstleistungsfreiheit**, nach der sich der Leistungsempfänger zur Inanspruchnahme der Dienstleistungen in einen anderen Mitgliedstaat, in dem sich der Leistende aufhält, begibt. Vorliegend sind sowohl Fälle der aktiven als auch solche der passiven Dienstleistungsfreiheit denkbar.

Beschränkungen des freien Dienstleistungsverkehrs sind neben den offenen oder mittelbar diskriminierenden Maßnahmen solche, die die Ausübung der Dienstleistungsfreiheit verbieten, behindern oder weniger attraktiv machen. Dagegen erfasst Art. 56 AEUV solche Maßnahmen nicht, deren einzige Wirkung es ist, zusätzliche Kosten für die betreffende Leistung zu verursachen, und die die Erbringung von Dienstleistungen zwischen Mitgliedstaaten in gleicher Weise wie ihre Erbringung innerhalb eines Mitgliedstaats berühren. Dies ist vorliegend aber nicht der Fall, da die Infrastrukturabgabe aufgrund der Steuerentlastung bei der Kraftfahrzeugsteuer tatsächlich nur die nicht in Deutschland zugelassenen Kfz trifft. Die Regelungen sind damit geeignet, zum einen die Kosten der Dienstleistenden zu erhöhen, die Dienstleistungen mit im Ausland zugelassenen Kfz in Deutschland erbringen sowie zum anderen die Kosten zu erhöhen, die sich für Leistungsempfänger mit im Ausland zugelassenen Kfz daraus ergeben, dass sie sich nach Deutschland mit ihrem Kfz begeben, um dort eine Dienstleistung in Anspruch zu nehmen.

Da die Regelungen nicht an die Staatsangehörigkeit anknüpfen, liegt keine offene Diskriminierung vor. Es kommt jedoch eine **versteckte Diskriminierung** in Betracht, die voraussetzt, dass von einer staatlichen Regelung typischerweise EU-Ausländer betroffen sind. Die streitigen Bestimmungen benachteiligen im Ausland zugelassene Kfz, die nicht von der Steuerentlastung bei der Kraftfahrzeugbesteuerung erfasst werden. Die Zulassung des Kfz erfolgt typischerweise im Ansässigkeitsstaat. Dementsprechend trifft die Infrastrukturabgabe tatsächlich typischerweise nur die in einem anderen Mitgliedstaat ansässigen Erbringer und Empfänger von Dienstleistungen und ist damit mittelbar diskriminierend.

dd) Weiterhin könnte auch das allgemeine Verbot von Diskriminierungen aus Gründen der Staatsangehörigkeit des **Art. 18 Abs. 1 AEUV** anwendbar sein. Aufgrund seiner Subsidiarität gegenüber den besonderen Diskriminierungsverboten des AEUV, können die streitigen nationalen Maßnahmen nur insoweit im Hinblick auf Art. 18 Abs. 1 AEUV überprüft werden, als sie auf Sachverhalte Anwendung finden, die nicht bereits unter Art. 34, 56 und 92 AEUV fallen. Wie bereits gezeigt, steht fest, dass die wirtschaftliche Last der Infrastrukturabgabe *de facto* nur auf den Haltern und Fahrern von in einem anderen Mitgliedstaat als Deutschland zugelassenen Fahrzeugen ruht und diese damit im Vergleich zu den Haltern von in Deutschland zugelassenen Fahrzeugen **weniger günstig behandelt** werden und zwar obwohl sie sich hinsichtlich der Benutzung der Fernstraßen in einer vergleichbaren Situation befinden. Schließlich ist festzuhalten, dass die festgestellte unterschiedliche Behandlung zwar nicht unmittelbar auf der Staatsangehörigkeit beruht, gleichwohl aber die große Mehrheit der Halter und Fahrer die Nationalität des Mitgliedstaats besitzen, in dem sie auch ihre Fahrzeuge zulassen, so dass dieser Unterschied tatsächlich zum gleichen Ergebnis führt wie eine unterschiedliche Behandlung aufgrund der Staatsangehörigkeit. Mithin liegt auch ein Eingriff in Art. 18 AEUV vor.

b) Rechtfertigung

Die festgestellten Diskriminierungen und Beschränkungen könnten aber mit Ausnahme des Verstoßes gegen Art. 92 AEUV gerechtfertigt sein. Neben einer Rechtfertigung aus den geschriebenen Rechtfertigungsgründen – die hier je nicht einschlägig sind – ist nach ständiger Rechtsprechung auch eine Rechtfertigung aus zwingenden Erfordernissen des Allgemeinwohls möglich. Die nationale Bestimmung muss dazu geeignet sein, die Erreichung des verfolgten Ziels zu gewährleisten, und darf nicht über das hinausgehen, was dazu erforderlich ist.

aa) Umweltschutz ist ein von der Rechtsprechung anerkanntes Gemeinwohlinteresse. Jedoch legt die Bundesrepublik Deutschland nicht dar, inwiefern die Einführung einer Infrastrukturabgabe, die *de facto* nur die im Ausland zugelassenen Fahrzeugen trifft, geeignet sein soll, dieses Ziel zu gewährleisten. Vielmehr werden ausländische Kfz-Halter animiert, die Bundesrepublik Deutschland unter Inkaufnahme längerer Strecken zu umfahren und bewirken damit genau gegenläufige Folgen. Die Bundesrepublik ist damit ihrer Beweislast für das Vorliegen eines Rechtfertigungsgrundes nicht nachgekommen.

bb) Weiterhin trägt die Bundesrepublik Deutschland vor, dass ihr aufgrund der fehlenden Harmonisierung der Kraftfahrzeugbesteuerung die **Steuerhoheit** in diesem Bereich obliege und eine Steuerentlastung bzgl. der in Deutschland zugelassenen Kfz unionsrechtlich irrelevant sei. Es ist zwar richtig, dass die Befugnis zur Regelung der direkten Steuern dem Mitgliedstaat zusteht, so dass die Bundesrepublik die Kraftfahrzeugsteuer minimieren oder auch komplett abschaffen könnte. Dies hat sie vorliegend aber nicht kohärent umgesetzt. Vielmehr wurde die Steuerentlastung bei der Kraftfahrzeugsteuer vom Einbehalt der Infrastrukturabgabe abhängig gemacht. Dies hat zur

Folge, dass die Infrastrukturabgabe de facto nur von im Ausland zugelassenen Kfz zu tragen ist. Die Reduzierung der Kraftfahrzeugsteuer hat damit eine ungleiche Belastung im Rahmen der Erhebung der Infrastrukturabgabe zur Folge. Nach ständiger Rechtsprechung müssen die Mitgliedstaaten aber ihre Befugnisse im Bereich der direkten Steuern unter Wahrung des Unionsrechts und insbesondere der vom AEUV gewährleisteten Grundfreiheiten ausüben.

cc) Ferner ist ein Mitgliedstaat berechtigt, die Modalitäten der Finanzierung seiner öffentlichen Infrastrukturen – unter Beachtung des Unionsrechts – frei zu wählen. Die Bundesrepublik Deutschland kann sich daher entscheiden, hinsichtlich der Verkehrsinfrastruktur von einem System der Steuerfinanzierung zu einem Finanzierungssystem überzugehen, welches auf das „Benutzer-/Verursacherprinzip" gestützt ist. Deutschland gibt vor, einen solchen **Systemwechsel von der Steuer- zur Nutzerfinanzierung** mit der Einführung einer Infrastrukturabgabe vollzogen zu haben. Der Systemwechsel ist nach Ansicht des Gerichtshofs aber nicht kohärent umgesetzt worden, da für die im Inland zugelassenen Fahrzeuge die Infrastrukturabgabe unabhängig von der tatsächlichen Nutzung der Bundesstraßen erhoben wird. Ein solcher Fahrzeughalter schuldet die Abgabe automatisch aufgrund der Zulassung im Inland und damit unabhängig von einer etwaigen Nutzung. Zudem führt die gleichzeitige Steuerentlastung bei der Kraftfahrzeugsteuer in Höhe der entrichteten Infrastrukturabgabe dazu, dass der Übergang zu einem Finanzierungssystem, das auf das „Benutzer- und Verursacherprinzip" gestützt ist, in Wirklichkeit ausschließlich die Halter und Fahrer von im Ausland zugelassenen Fahrzeugen betrifft, während für die Halter von in Deutschland zugelassenen Fahrzeugen weiterhin das Steuerfinanzierungsprinzip gilt. Aufgrund ihrer Kombination sind die streitigen nationalen Maßnahmen nicht geeignet, einen Systemwechsel im Rahmen der Rechtsetzungskompetenz des Mitgliedstaats zu erreichen.

dd) Darüber hinaus lässt sich in der **Eurovignetten-Richtlinie** für die Kompensation der Infrastrukturabgabe durch eine Senkung der Kraftfahrzeugsteuer keine Grundlage finden, auch nicht im Wege einer analogen Anwendung. Denn abgesehen davon, dass sich Art. 7k dieser Richtlinie nur auf einen „angemessenen Ausgleich" bezieht, muss dieser Ausgleich jedenfalls mit dem Unionsrecht in Einklang stehen. Die vorgesehene Steuerentlastung kommt vorliegend nur inländischen Kfz, die der deutschen Besteuerung unterliegen, zugute und ist damit mittelbar diskriminierend und folglich nicht unionsrechtskonform.

Ergebnis
Aus alledem folgt, dass die Bundesrepublik Deutschland dadurch gegen ihre Verpflichtungen aus den Art. 18, 34, 56 und 92 AEUV verstoßen hat, dass sie die Infrastrukturabgabe für Personenkraftwagen eingeführt und gleichzeitig eine Steuerentlastung bei der Kraftfahrzeugsteuer zugunsten der Halter von in Deutschland zugelassenen Fahrzeugen vorgesehen hat. Die zulässige Klage ist damit auch begründet.
Ein Vertragsverletzungsverfahren der Republik Österreich gegen die Bundesrepublik Deutschland hat mithin Aussicht auf Erfolg.

Aufgabe 2

Zu prüfen ist, ob die deutsche Mindestlohnregelung für den reinen Transitverkehr den T in seinen Grundfreiheiten verletzt.

I. In Betracht kommt hier ein Verstoß gegen die Dienstleistungsfreiheit aus Art. 56 ff. AEUV.

1. Die Dienstleistungsfreiheit schützt die grenzüberschreitenden Dienstleistungen natürlicher Personen, die Angehörige eines Mitgliedstaates und in einem Mitgliedstaat der EU auch ansässig sind. **Dienstleistungen** i.S.d. Art. 56, 57 AEUV sind alle selbstständigen, zeitlich begrenzten und in der Regel gegen Entgelt erbrachten Leistungen unkörperlicher Natur. Die von T erbrachten Transportleistungen sind Dienstleistungen. Wenn sich der Dienstleistungsempfänger im EU-Ausland befindet, ist der grenzüberschreitende Sachverhalt gegeben. Da sich T als Dienstleistungserbringer in den Mitgliedstaat des Dienstleistungsempfängers begibt, handelt es sich um einen Fall der aktiven Dienstleistungsfreiheit. Da bei der reinen Beförderungsleistung eines Transportunternehmers die Warenverkehrsfreiheit (wenn überhaupt) nur völlig zweitrangig betroffen ist, ist die streitige Regelung nur an der Dienstleistungsfreiheit zu messen (sog. Schwerpunkttheorie des Gerichtshofs).

2. Es stellt sich weiter die Frage, ob die Mindestlohnregelung in Bezug auf Transitfahrten eine nach Art. 56 AEUV **grundsätzlich verbotene Beschränkung** darstellt. Die Mindestlohnbestimmung gilt unterschiedslos für In- und Ausländer und trifft auch nicht faktisch ausschließlich oder überwiegend EU-Ausländer, so dass sie weder unmittelbar noch mittelbar diskriminierend ist. In der Rechtsprechung des Gerichtshofs und in der Literatur ist aber anerkannt, dass Art. 56 AEUV ein über ein Diskriminierungsverbot hinausgehendes allgemeines Beschränkungsverbot beinhaltet. So gebietet Art. 56 AEUV die Aufhebung aller Beschränkungen, die geeignet sind, die Tätigkeiten des Dienstleistenden, der in einem anderen Mitgliedstaat ansässig ist und dort rechtmäßig ähnliche Dienstleistungen erbringt, zu unterbinden, zu behindern oder weniger attraktiv zu machen. Ein Mindestlohn, der auch für in den jeweiligen Erlassstaat entsandte Arbeitnehmer greift, beeinträchtigt die Dienstleistungsfreiheit der betroffenen Arbeitgeber aus Art. 56 AEUV. Denn er erhöht die Kosten für die betroffene Dienstleistung. Die Mindestlohnvorschrift beschränkt damit die Dienstleistungsfreiheit.

3. Die Dienstleistungsfreiheit wird aber nicht schrankenlos gewährt. Zwar sind die vom AEUV vorgegebenen **Schranken** der Art. 62 i.V.m. Art. 51 AEUV (Ausübung öffentlicher Gewalt) und Art. 62 i.V.m. Art. 52 AEUV (Gründe der öffentlichen Ordnung, Sicherheit und Gesundheit) bereits thematisch nicht einschlägig. Eingriffe können jedoch, wenn sie geeignet, erforderlich und verhältnismäßig sind sowie für In- und Ausländer unterschiedslos gelten, auch durch zwingende Gründe des Allgemeinwohls gerechtfertigt sein.

a) Das Mindestlohngesetz gilt sowohl für deutsche als auch für ausländische Arbeitgeber.

b)   Es muss ein **zwingendes Allgemeininteresse** betroffen sein. Als solches kommen hier die der Mindestlohnregelung zugrunde liegenden Erwägungen des Schutzes der Arbeitnehmer vor nicht mehr existenzsichernden Löhnen und des Schutzes der Sozialversicherungssysteme in Betracht. Diese wurden je vom Gerichtshof als zwingende Erfordernisse anerkannt.

c)   Schließlich müsste die Beschränkung der Dienstleistungsfreiheit zur Erreichung des zwingenden Allgemeininteresses **verhältnismäßig**, d.h. geeignet, erforderlich und angemessen sein. Zum Schutz der deutschen Sozialversicherungssysteme fehlt der Mindestlohnregelung bereits die **Geeignetheit**, da für Sozialleistungen im Zusammenhang mit reinen Transitfahrten die Leistungsträger der Herkunftsstaaten zuständig sind. Zur Sicherung der sozialen Existenz der Arbeitnehmer ist die Regelung prinzipiell geeignet. Weiter müsste die deutsche Maßnahme auch **erforderlich** und **angemessen** sein. Im Rahmen der Angemessenheitsprüfung ist das Unionsinteresse an der Verwirklichung der Dienstleistungsfreiheit mit dem nationalen Allgemeininteresse – Schutz der sozialen Existenz der Arbeitnehmer – abzuwägen. Hierbei wird man zu berücksichtigen haben, dass sich die steuerliche Belastung und die Belastung durch Sozialabgaben im Niederlassungsstaat Österreich und im Aufnahmestaat Deutschland in der ungefähr gleichen Lage bewegen, so dass grundsätzlich das gleiche Schutzniveau besteht. Ferner kann die Anwendung von nationalen Mindestlohnvorschriften des Nachbarstaats zu unverhältnismäßig hohen zusätzlichen Verwaltungskosten führen, etwa für eine stundenweise Berechnung des angemessenen Entgelts für jeden Arbeitnehmer. Darüber hinaus kann die Zahlung eines Mindestlohns, der den üblichen Lohn des Arbeitgebers übersteigt, zur Zahlung unterschiedlich hoher Entgelte an die Beschäftigten führen, die alle derselben Operationsbasis angehören und die gleiche Arbeit leisten. Die zuletzt genannte Auswirkung könnte wiederum Spannungen zwischen den Beschäftigten zur Folge haben. Bei der Beurteilung der Verhältnismäßigkeit ist zudem die Dauer und Vorhersehbarkeit der Dienstleistungserbringung in dem Aufnahmemitgliedstaat zu berücksichtigen. Dabei ist auf die Dienstleistung – also die Tätigkeit der Arbeitgeber – und nicht die der Arbeitnehmer, die von der Arbeitnehmerfreizügigkeit geschützt werden, abzustellen. Die Dienstleistungen des Arbeitgebers umfassen dessen Gesamtangebot. Es darf daher vorliegend nicht die einzelne Transitfahrt isoliert betrachtet werden. Vielmehr sind alle relevanten Fahrten aller Fahrer zu addieren. Alle in Deutschland erbrachten Tätigkeitselemente ergeben in ihrer Summe ein komplettes Bild. T hat seinen Unternehmenssitz in einer grenznahen Region zu Deutschland und lässt regelmäßig Fahrten durch Deutschland durchführen. Die Dienstleitungen werden daher in ihrer Summe einen größeren Umfang annehmen und sind vorhersehbar. Die Anwendung der deutschen Mindestlohnregelung auf das Unternehmen des T wird damit als angemessen und verhältnismäßig zu beurteilen sein (andere Ansicht mit entsprechender Begründung gut vertretbar).

II.   Die Regelung könnte darüber hinaus T in seiner **Warenverkehrsfreiheit** aus Art. 34 AEUV verletzen.
T erbringt als Transportunternehmer hauptsächlich reine Beförderungsleistungen, während Dritte die Warenverkäufer sind. Insoweit ist die Warenverkehrsfreiheit bereits tatbestandlich nicht erfüllt.

Sollten Fälle vorliegen, in denen T auch als Warenlieferant tätig wird und die Warenverkehrsfreiheit einschlägig ist, müsste die Mindestlohnregelung, die keine Einfuhrbeschränkung der Menge oder dem Wert nach darstellt, als eine Maßnahme gleicher Wirkung wie eine mengenmäßige Einfuhrbeschränkung zu bewerten sein. Durch die Verpflichtung zur Zahlung eines Mindestlohns beim Transitverkehr durch Deutschland, der über dem vereinbarten Lohn liegt, entstehen dem T für die Warenlieferung höhere Kosten, so dass die Mindestlohnregelung geeignet ist, den Handel zwischen den Mitgliedstaaten gemäß der Dassonville-Formel unmittelbar oder mittelbar, tatsächlich oder potenziell zu beeinträchtigen. Allerdings betrifft der Mindestlohn eine Verkaufsmodalität i.S.d. Keck-Formel, die bestimmt, dass Verkaufsmodalitäten, die für inländische und ausländische Erzeugnisse rechtlich wie tatsächlich gleichermaßen gelten und wirken, nicht als „Maßnahmen gleicher Wirkung" i.S.d. Art. 34 AEUV zu bewerten sind. Folglich kann ein Verstoß gegen die Warenverkehrsfreiheit nicht festgestellt werden.

Ergebnis

Die deutsche Mindestlohnregelung verletzt keine Grundfreiheiten des T.

Weiterführende Hinweise:

Fischer/Fetzer, Europarecht, 12. Auflage 2019, Rn. 251 ff. (zum Vertragsverletzungsverfahren), Rn. 555 ff. (zur Dienstleistungsfreiheit); *EuGH*, ECLI:EU:C:2010:774 – Josemans, „Coffeeshop" (zur Abgrenzung der Warenverkehrs- und Dienstleistungsfreiheit sowie zum allgemeinen Diskriminierungsverbot); *EuGH*, ECLI:EU:C:2019:504 – Österreich/Deutschland, „Infrastrukturabgabe"; *EuGH*, ECLI:EU:C:2001:162 – Mazzoleni und ISA (zur Dienstleistungsfreiheit bei Mindestlohnbestimmungen); *Kainer*, NZA 2016, 394 ff.; *Mankowski*, RdA 2017, 273 ff. (je zur Unionsrechtskonformität von Mindestlohnregelungen); *Windoffer*, GewArch 2015, 377 ff. (zum Mindestlohn und der Straßenbenutzungsgebühr).

Lösung Fall 22

Außenwirtschaftsrecht und Außenpolitik

(Rechtsetzung in der Union: gemeinsame Handelspolitik – Verhältnis von nationalem Recht und Unionsrecht zum WTO-Recht – Außenbeziehungen der Union – Abkommen mit Drittstaaten)

Aufgabe 1

Die Verordnung ist rechtmäßig zustande gekommen, wenn die Union die Verbandskompetenz für Ausfuhrregelungen besitzt und ein hierfür ggf. vorgesehenes Gesetzgebungsverfahren beachtet wurde.

I. Die **Zuständigkeit** der Union zum Erlass von Rechtsakten bemisst sich nach dem Prinzip der **begrenzten Einzelermächtigung**. Hiernach besitzt die Union keine Kompetenz-Kompetenz, d.h., sie kann nicht den Umfang ihrer eigenen Kompetenzen festlegen, sondern darf nur tätig werden, wenn die Verträge eine spezielle Kompetenznorm zum Tätigwerden enthalten. Verankert ist das Prinzip der begrenzten Einzelermächtigung in

Art. 5 Abs. 1 und Abs. 2 EUV. Als Ermächtigungsgrundlage für die Verordnung kommt hier Art. 207 AEUV in Betracht. Sollte Art. 207 AEUV nicht einschlägig sein, wäre ein Rückgriff auf die subsidiäre Kompetenznorm des Art. 352 AEUV in Betracht zu ziehen. Art. 207 AEUV regelt die gemeinsame Handelspolitik der Union. Diese umfasst die Gesamtheit aller internationalen Handelsbeziehungen der Union und betrifft vor allem auch den Warenaustausch mit Drittstaaten. Ausfuhrregelungen für Waren in Drittstaaten unterfallen daher der gemeinsamen Handelspolitik. Die Union hat damit die Verbandskompetenz für Ausfuhrregelungen mit Drittstaaten. Im Rahmen der Zuständigkeit ist neben der **Verbandskompetenz** der Union auch die **Organkompetenz** zu prüfen, d.h. ob innerhalb der Union das zuständige Organ tätig geworden ist. Für die gemeinsame Handelspolitik liegt diese Kompetenz gemäß Art. 207 Abs. 2 AEUV beim Europäischen Parlament und beim Rat. Rat und Parlament waren daher zum Erlass des Rechtsaktes zuständig.

II.   Bei der Prüfung der Rechtmäßigkeit des Rechtsetzungsverfahrens ist zunächst zu prüfen, ob die Union (bzw. die handelnden Organe) einen nach der Rechtsgrundlage – hier Art. 207 AEUV – zulässigen Rechtsakt erlassen hat. Denn nach dem Prinzip der begrenzten Einzelermächtigung darf die Union nur in der **Form** handeln, die die Ermächtigungsgrundlage zulässt. Art. 207 Abs. 2 AEUV ermächtigt zum Erlass von Verordnungen i.S.d. Art. 288 UAbs. 2 AEUV. Die Union durfte deshalb durch den Rechtsakt der Verordnung handeln.

Die weiteren Anforderungen an das Rechtsetzungsverfahren ergeben sich aus Art. 207 Abs. 2 AEUV. Danach erlassen Rat und Parlament Verordnungen gemäß dem ordentlichen Gesetzgebungsverfahren. Das ordentliche Gesetzgebungsverfahren ist in Art. 289 und Art. 294 AEUV geregelt. Nach Art. 289 Abs. 1 AEUV liegt das Initiativrecht für die Gesetzgebungsakte im ordentlichen Gesetzgebungsverfahren bei der Kommission, die gemäß Art. 294 Abs. 2 AEUV dem Rat und dem Parlament einen Vorschlag unterbreitet. Dies wurde im vorliegenden Fall beachtet. Die Kommission hatte dem Rat und dem Parlament einen Verordnungsentwurf vorgelegt. Nach Art. 294 Abs. 3 AEUV übermittelt das Parlament dem Rat seinen Standpunkt zu dem Verordnungsentwurf. In Art. 16 Abs. 3 EUV ist geregelt, dass die Beschlussfassung im Rat eine **qualifizierte Mehrheit** voraussetzt, sofern in den Verträgen nichts Abweichendes geregelt ist. Seit 1.11.2014 bestimmt sich die Beschlussfassung durch qualifizierte Mehrheit im Rat gemäß Art. 16 Abs. 4 EUV. Hiernach werden die Stimmen der Mitgliedstaaten entsprechend ihrer Größe gewichtet. Eine qualifizierte Mehrheit erfordert mindestens 15 Mitgliedstaaten, die zugleich zumindest 65 % der Bevölkerung repräsentieren und eine Mindeststimmenanzahl von 55 % der Mitglieder des Rates. Hier hat allein Frankreich gegen den Verordnungsentwurf gestimmt, wohingegen alle übrigen Staaten ihre Zustimmung gegeben haben. Deshalb sind beide Voraussetzungen für eine qualifizierte Mehrheit erreicht. Der Rat hat damit also den Standpunkt des Parlaments gebilligt, so dass gemäß Art. 294 Abs. 4 AEUV der betreffende Rechtsakt in der Fassung des Standpunkts des Europäischen Parlaments erlassen ist. Da im Hinblick auf die Formvoraussetzungen des AEUV (vgl. Art. 296 f. AEUV) keine Bedenken bestehen, ist die Verordnung rechtmäßig zustande gekommen.

Aufgabe 2

Die deutsche Regelung des Außenwirtschaftsrechts könnte im Widerspruch zu Art. 207 Abs. 1 AEUV stehen, nach dem die gemeinsame Handelspolitik der Union durch einheitliche Grundsätze gestaltet wird. Insoweit ist zunächst zu untersuchen, ob die deutsche Regelung unter die gemeinsame Handelspolitik fällt, bevor dann geprüft werden kann, ob und ggf. wie ein Mitgliedstaat in diesem Bereich tätig werden darf.

I.   Unter die gemeinsame Handelspolitik fällt die Gesamtheit der Wirtschaftsbeziehungen der Union, insbesondere der Warenverkehr mit Drittstaaten. Die deutsche Regelung bewirkt eine Verhinderung bzw. Beschränkung der Ausfuhr bestimmter Güter. Damit ist an sich die gemeinsame Handelspolitik i.S.d. Art. 207 AEUV betroffen. Problematisch könnte dies aber insofern sein, als die Beschränkung Dual-Use-Güter betrifft, also Waren, die sowohl zu zivilen als auch zu militärischen Zwecken eingesetzt werden können. Damit ist nicht nur der Bereich der Handelspolitik, sondern auch der Bereich der **Außen- und Sicherheitspolitik** betroffen. Insoweit liegt die Kompetenz zum Tätigwerden vornehmlich bei den Mitgliedstaaten, auch wenn durch den Vertrag von Lissabon die Befugnisse der Union im Rahmen der Gemeinsamen Außen- und Sicherheitspolitik vertieft wurden (vgl. Art. 23 ff. EUV).

Es fragt sich daher, welche Konsequenzen sich daraus ergeben, dass **zwei Politikbereiche berührt** werden. Man könnte der Auffassung sein, Art. 207 AEUV sei nur dann einschlägig, wenn eine Maßnahme eine Beeinflussung des Handelsvolumens oder der Handelsströme bezweckt und daneben kein anderes Ziel verfolgt (finale Theorie). Andererseits könnte ausreichend sein, dass eine Maßnahme tatsächlich das Handelsvolumen oder die Handelsströme beeinflusst, – unabhängig davon, welches politische Ziel mit der Maßnahme verfolgt wird (instrumentale Theorie). Der Gerichtshof kombiniert beide Theorien, wobei er – entsprechend dem Grundsatz des effet utile – eine weite Auslegung des Anwendungsbereichs der gemeinsamen Handelspolitik annimmt und Art. 207 AEUV auch dann für einschlägig erachtet, wenn eine Maßnahme nur zum Teil der gemeinsamen Handelspolitik dient. Auf dieser Grundlage bejaht der Gerichtshof dann auch eine Anwendbarkeit des Art. 207 AEUV auf nationale Ausfuhrbeschränkungen von Dual-Use-Gütern: Ein Mitgliedstaat könne den Geltungsbereich des Art. 207 AEUV nicht dadurch einschränken, dass er einer an sich handelspolitischen Maßnahme noch einen außen- oder sicherheitspolitischen Zweck beimisst. Diese Sichtweise des Gerichtshofs ist überzeugend. Daher ist Art. 207 AEUV im vorliegenden Fall einschlägig.

II.   Fällt damit die deutsche Ausfuhrregelung unter die gemeinsame Handelspolitik, so ist nunmehr zu prüfen, welche **Rechtsfolgen** dies bedingt. Nach dem Wortlaut des Art. 207 Abs. 1 AEUV wird die gemeinsame Handelspolitik nach einheitlichen Grundsätzen gestaltet. Insofern könnte man erwägen, dass die Union lediglich die Rahmenbedingungen festlegt, die dann von den Mitgliedstaaten ausgefüllt werden. Der Gerichtshof hat jedoch – zum Schutz des Gesamtinteresses der Union – Art. 207 AEUV dahingehend ausgelegt, dass im Bereich der gemeinsamen Handelspolitik ausschließlich die Union zuständig sei, – es sei denn, die Mitgliedstaaten werden durch eine

Sonderregelung in den Verträgen (EUV und AEUV) oder durch einen Rechtsakt der Union zu einem Tätigwerden ermächtigt.

Als eine solche Ermächtigung zum Tätigwerden kommt hier die vom Rat erlassene Verordnung in Betracht. Falls eine Rechtfertigung der nationalen Maßnahme auf der Grundlage der Verordnung ausscheiden sollte, wären Art. 346 Abs. 1 lit. b) AEUV und Art. 347 AEUV als Rechtfertigungsgründe zu prüfen. Nach Art. 1 der EU-Verordnung dürfen die Mitgliedstaaten Ausfuhren in Drittstaaten grundsätzlich keinen mengenmäßigen Beschränkungen oder Maßnahmen gleicher Wirkung unterwerfen. Zulässig ist dies nur insoweit, als ihnen die Verordnung diese Möglichkeit eröffnet. Die Regelung des deutschen Außenwirtschaftsrechts stellt eine solche mengenmäßige Beschränkung bzw. Maßnahme gleicher Wirkung dar.

Die deutsche Regelung könnte jedoch von der **Ausnahmevorschrift** des Art. 11 der Verordnung, die dem Art. 36 AEUV nachgebildet ist, gedeckt sein. Dies würde voraussetzen, dass die deutsche Regelung unter den Begriff der öffentlichen Sicherheit subsumiert werden kann. Unter dem Begriff der öffentlichen Sicherheit ist – wie bei Art. 36 AEUV – sowohl die innere als auch die äußere Sicherheit zu verstehen. Zur Gewährleistung der äußeren Sicherheit eines Staates gehört – wie der Gerichtshof festgestellt hat – auch die Reglementierung der Ausfuhr von Erzeugnissen, die zu militärischen Zwecken verwendet werden können, an einen Drittstaat. Denn wenn der Ausfuhrstaat die Reglementierung für erforderlich hält, um die Gefahr einer erheblichen Störung seiner auswärtigen Beziehungen oder des friedlichen Zusammenlebens der Völker zu verhindern, ist seine öffentliche Sicherheit betroffen.

Die Bundesrepublik hat die Ausfuhr von auch militärisch nutzbaren Dual-Use-Gütern zur Gewährleistung der äußeren Sicherheit beschränkt. Damit liegt die Regelung der Bundesrepublik noch im Rahmen des Art. 11 der EU-Verordnung und in einem Bereich, der die Mitgliedstaaten trotz der grundsätzlichen ausschließlichen Zuständigkeit der Union für die gemeinsame Handelspolitik zum Erlass eigener Regelungen ermächtigt. Die deutsche Regelung des Außenwirtschaftsrechts steht damit nicht in Widerspruch zu Art. 207 AEUV.

Aufgabe 3

Die Fallfrage lautet, ob der (mit dem Fall befasste) Gerichtshof über die Vereinbarkeit der EU-Verordnung und der deutschen Regelung mit dem GATT entscheiden wird. Dies setzt zum einen eine grundsätzliche Bindung an das GATT und zum anderen voraus, dass eine eventuelle Unvereinbarkeit mit dem GATT vor dem Gerichtshof gerügt werden kann. Diese beiden Fragen gilt es für die EU-Verordnung und die deutsche Regelung gesondert zu überprüfen.

I.   Zu überlegen ist zunächst, ob die **Europäische Union bzw. ihre Organe** beim Erlass einer Verordnung an die Vorschriften des GATT gebunden sind. Die Union ist Vertragspartei des GATT und damit – nach außen – völkerrechtlich an dieses Abkommen gebunden. Nach innen werden völkerrechtliche Verträge der EU vom Gerichtshof als integrierende Bestandteile der EU-Rechtsordnung qualifiziert. Über Art. 216 Abs. 2 AEUV sind Abkommen der EU mit Drittstaaten für die Organe der Union verbindlich und genießen damit Vorrang vor dem sekundären EU-Recht. Damit hat die Union (und haben insbesondere ihre Organe) zu gewährleisten, dass die Vorgaben des GATT im europäischen Rahmen beachtet werden.

Damit steht aber noch nicht fest, dass ein Marktbürger (oder auch ein EU-Mitgliedstaat) vor dem Gerichtshof rügen kann, dass eine Norm des sekundären Unionsrechts gegen das GATT verstößt. Dies würde voraussetzen, dass das GATT in der Unionsrechtsordnung **unmittelbar anwendbar** ist; was jedoch vom Gerichtshof für das GATT 1947 grundsätzlich abgelehnt wurde. Auch für das GATT 1994 und nach dem förmlichen Beitritt der Europäischen Gemeinschaft – deren Rechtsnachfolgerin die Union nach Art. 1 Abs. 3 Satz 3 EUV ist – zur Welthandelsorganisation (WTO) hat der Gerichtshof seine ablehnende Haltung zur unmittelbaren Geltung des WTO-Rechts bestätigt. Dies begründet der Gerichtshof erstens damit, dass das – auf Lösungen im Verhandlungswege zugeschnittene – Streitbeilegungsverfahren der WTO nicht konterkariert werden dürfe; und zweitens mit einer fehlenden Gegenseitigkeit, da andere WTO-Mitglieder eine gerichtliche Kontrolle von internen Rechtsvorschriften am WTO-Recht ablehnen. Nur in bestimmten Ausnahmefällen ist der Gerichtshof gewillt, über WTO-Recht zu judizieren; und zwar dann, wenn die Union eine bestimmte, im Rahmen der WTO übernommene Verpflichtung umsetzt, wenn die Unionshandlung ausdrücklich auf spezielle Bestimmungen der WTO-Übereinkünfte verweist, oder wenn eine völkerrechts- bzw. WTO-konforme Auslegung eines Unionsaktes im Raum steht. Da diese Ausnahmetatbestände vorliegend nicht einschlägig sind, gilt im Ergebnis: Der Gerichtshof wird nicht darüber entscheiden, ob die EU-Verordnung gegen das GATT verstößt.

II. Es ist weiter das Verhältnis zwischen dem GATT und der deutschen Rechtsordnung zu beurteilen. Auch die **Bundesrepublik Deutschland** ist Vertragspartei des GATT und muss damit dessen Vorgaben beachten. Die Bindungswirkung lässt sich zudem mit Art. 216 Abs. 2 AEUV begründen, der die Mitgliedstaaten im Hinblick auf Unionsabkommen zu einem völkerrechtskonformen Verhalten verpflichtet. Der Vorrang des GATT vor dem nationalen Außenwirtschaftsrecht lässt sich dann auch mit Art. 216 Abs. 2 AEUV bzw. damit begründen, dass das GATT als integrierender Bestandteil des EU-Rechts an dem Vorrang des Unionsrechts gegenüber dem nationalen Recht teilnimmt.

Auch für das nationale Recht stellt sich die Frage, ob der Gerichtshof WTO-Recht in einem Verfahren als Prüfungsmaßstab heranzieht. Das heißt: Dürfte bzw. würde der Gerichtshof die Kompatibilität des nationalen Außenwirtschaftsrechts mit dem GATT prüfen? Hiergegen spricht zunächst, dass kein Grund ersichtlich ist, sekundäres Unionsrecht und nationales Recht im Hinblick auf eine Überprüfung am WTO-Recht durch den Gerichtshof verschieden zu behandeln. Gleichwohl scheint der Gerichtshof aber gerade eine Überprüfung von mitgliedstaatlichem Recht am WTO-Recht nicht ausschließen zu wollen. Als Begründung lässt sich anführen, dass die Union für alle WTO-widrigen Maßnahmen der EU-Mitgliedstaaten völkerrechtlich verantwortlich ist, womit einherzugehen hat, dass der Union gegenüber den Mitgliedstaaten auch eine wirksame Kontrolle der Einhaltung des WTO-Rechts zusteht. Legt man diese (freilich noch nicht gefestigte) Tendenz in der Rechtsprechung zugrunde, dass ein Mitgliedstaat vom Gerichtshof für die Nichtbeachtung von WTO-Recht gerügt werden kann, dann gilt für die Aufgabe 3: Der Gerichtshof wird darüber entscheiden, ob die deutsche Regelung des Außenwirtschaftsrechts gegen das GATT verstößt.

Aufgabe 4

I.   Zu prüfen ist, wer – die EU oder die EU-Mitgliedstaaten – die **Kompetenz** zum Abschluss des geplanten Abkommens mit den USA hat. Eine allgemeine Vorschrift über den Abschluss von völkerrechtlichen Verträgen findet sich im Primärrecht in Art. 216 AEUV. Art. 216 AEUV ist jedoch keine generalklauselartige Ermächtigungsnorm zum Abschluss von völkerrechtlichen Verträgen durch die EU. So darf die EU nur dann völkerrechtliche Abkommen abschließen, wenn der Union ausdrücklich oder zumindest stillschweigend eine solche Kompetenz eingeräumt wird.

Eine solche Kompetenz für den Abschluss von Abkommen findet sich im Bereich der gemeinsamen Handelspolitik in Art. 207 AEUV. Die EU darf also für eine Materie, die die gemeinsame Handelspolitik betrifft, völkerrechtliche Verträge mit Drittstaaten oder mit internationalen Organisationen abschließen. Wie bereits dargestellt, kann die Ausfuhrregelung von Dual-Use-Gütern unter den Begriff der gemeinsamen Handelspolitik gefasst werden. Insofern besteht also auch eine **Kompetenz der EU** zum Abschluss von völkerrechtlichen Abkommen.

Problematisch ist aber, dass sich das Abkommen zwischen der EU und den USA auch auf Waffen beziehen soll, die von Art. 346 Abs. 1 lit. b), Abs. 2 AEUV erfasst werden. Im Anwendungsbereich des Art. 346 Abs. 1 lit. b) AEUV ist aber jeder Mitgliedstaat berechtigt, eigene Maßnahmen zu ergreifen, die sich auf den Handel und die Erzeugung der in Art. 346 Abs. 1 lit. b) AEUV genannten Erzeugnisse beziehen. Eine Ausfuhrregelung für diese Erzeugnisse fällt daher in den **Zuständigkeitsbereich der Mitgliedstaaten**.

Die Frage ist nun, wie sich diese **aufgeteilte Kompetenz** auf die Zuständigkeit zum Abschluss eines völkerrechtlichen Vertrages auswirkt. Insofern ist anerkannt, dass das Problem der aufgeteilten Kompetenz zwischen den Mitgliedstaaten und der EU durch den Abschluss eines **gemischten Abkommens** zu lösen ist (vgl. auch Art. 216 AEUV). Dies bedeutet, dass auf der einen Seite des Vertrages neben der EU auch die Mitgliedstaaten als Vertragsparteien beteiligt werden. Im vorliegenden Fall muss daher – wegen der Kompetenz der Union für den Handel mit Dual-Use-Gütern und der Kompetenz der Mitgliedstaaten für den Handel mit Waffen – ein gemischtes Abkommen mit den USA abgeschlossen werden.

II.   Die Rechtsgrundlage für den Antrag Portugals, das Abkommen der EU mit den USA auf seine Vereinbarkeit mit dem AEUV überprüfen zu lassen, ist Art. 218 Abs. 11 AEUV. Nach dieser Vorschrift kann – neben dem Europäischen Parlament, dem Rat und der Kommission – auch ein Mitgliedstaat ein **Gutachten** über die **Vereinbarkeit eines geplanten Abkommens mit den Verträgen (EUV und AEUV)** einholen. Portugal war damit nach Art. 218 Abs. 11 AEUV grundsätzlich antragsberechtigt.

Der Gutachtenantrag Portugals könnte aber insofern **gegenstandslos** geworden sein, als das Abkommen der EU mit den USA bereits in Kraft getreten ist; denn dies hat zur Folge, dass das Abkommen für die EU bindend ist. Es könnte daher an dem Tatbestandsmerkmal des „geplanten Abkommens" fehlen. Insofern vertritt der Gerichtshof die Ansicht, dass ein Abkommen so lange als geplant anzusehen ist, bis der Wille der Union, durch das Abkommen gebunden zu sein, endgültig zum Ausdruck gebracht worden ist. Dieser Zeitpunkt ist ab dem Abschluss eines Abkommens, spätestens aber ab dessen Inkrafttreten, anzunehmen.

Eine andere Beurteilung könnte allenfalls aus dem Umstand folgen, dass das Abkommen zum Zeitpunkt der Einreichung des Antrags noch geplant und nicht abgeschlossen war. Es stellt sich daher die Frage, ob auf den **Zeitpunkt der Einreichung** des Gutachtenantrags oder auf den **Zeitpunkt der Entscheidung** des Gerichtshofs über den Antrag abzustellen ist. Zur Beantwortung dieser Frage ist auf den Zweck des Art. 218 Abs. 11 AEUV abzustellen. Zweck des Art. 218 Abs. 11 AEUV ist, Verwicklungen zu vermeiden, die entstehen können, wenn ein völkerrechtliches Abkommen mit dem Primärrecht unvereinbar ist. Dies kann – insbesondere im Verhältnis zu Drittstaaten – zu einer Belastung der internationalen Beziehungen führen. Die Norm des Art. 218 Abs. 11 AEUV hat daher allein präventiven Charakter und bezweckt nicht den Schutz der Interessen der Mitgliedstaaten oder der Organe der Union. Der Präventivschutz kann aber dann nicht mehr eingreifen, wenn ein Abkommen bereits in Kraft getreten ist. Daher kann der Gerichtshof im vorliegenden Fall nicht mehr über den Antrag Portugals entscheiden. Der Antrag ist gegenstandslos geworden.

Weiterführende Hinweise:

Fischer/Fetzer, Europarecht, 12. Auflage 2019, Rn. 96 ff. (zur Abstimmung im Rat), Rn. 212 ff. (zur Rechtsetzung in der EU), Rn. 765 ff. (zum Verhältnis von Unionsrecht zum WTO-Recht); *EuGH*, ECLI: EU:C:1995:329 – *Leifer; EuGH*, ECLI:EU:C:1995:328 – *Fritz Wagner Industrie-Ausrüstungen GmbH* (jeweils zur Ausfuhr von Dual-Use-Gütern in Drittstaaten und zur gemeinsamen Handelspolitik); *EuGH*, ECLI:EU:C:1999:574 – *Portugal/Rat; EuGH*, ECLI:EU:C:2001:228 – *OGT Fruchthandelsgesellschaft; EuGH*, ECLI:EU:C:2003:517 – *Hormonfleisch; EuGH*; ECLI:EU:C:2005:121 – *van Parys* (jeweils zum Verhältnis von Gemeinschaftsrecht zum WTO-Recht); *EuGH*, ECLI:EU:C:2000:688 – *Dior* (speziell zum Verhältnis des Unionsrechts zum TRIPS); *EuGH*, ECLI:EU:C:1979:224 – Gutachten „Internationales Naturkautschuk-Übereinkommen"; *EuGH*, ECLI:EU:C:2001:664 – Gutachten „Cartagena Protokoll" (jeweils zu gemischten Abkommen); *v. Bogdandy/Makatsch*, EuZW 2000, 261; *Neugärtner/ Puth*, JuS 2000, 640 (jeweils zum Verhältnis von Unionsrecht zum WTO-Recht); Verordnung (EG) Nr. 1061/2009 vom 7.11.2009 (zur Festlegung einer gemeinsamen Ausfuhrregelung), ABl. EU L 291/ 1.

Stichwortverzeichnis

Die Zahlen in Klammern verweisen auf die Seite.

Abgaben: Fall 4 (58 ff.)
– Verbot der Abgabendiskriminierung:
   Fall 4 (65 f.)
– Zölle und zollgleiche Abgaben:
   Fall 4 (65 f.)
Allgemeines Diskriminierungsverbot:
   Fall 7 (85 f., 88 f.), Fall 9 (95 ff.),
   Fall 11 (116 f.), Fall 12 (120 f., 125),
   Fall 15 (137 ff.), Fall 21 (177)
– Anwendungsbereich: Fall 7 (85 f.),
   Fall 15 (137 f.)
– Diskriminierungsverbot (relatives,
   absolutes):   Fall 7 (83, 86), Fall 15 (123)
– Rechtsfolge: Fall 15 (139)
– Verhältnis zu den Grundfreiheiten:
   Fall 12 (120 f., 125), Fall 15 (137)
Amtshaftung: Fall 2 (43 f.), Fall 6 (79 f.)
– Im deutschen Recht: Fall 2 (45 f.)
– Im Unionsrecht: Fall 6 (79 f.)
Arbeitnehmerfreizügigkeit: Fall 6 (74 ff.),
   Fall 7 (82 ff.), Fall 8 (90 ff.)
– Anwendungsbereich (persönlich,
   sachlich, räumlich):   Fall 6 (74 f.),
   Fall 7 (82 f.), Fall 8 (90 f.)
– Arbeitnehmerbegriff: Fall 6 (74 f.),
   Fall 7 (82 f.), Fall 8 (90)
– Bereichsausnahme der Beschäftigung
   in der öffentlichen Verwaltung:
   Fall 7 (83 f.)
– Berufsausbildung: Fall 7 (84 ff.)
– Diskriminierung (offene, versteckte):
   Fall 6 (76), Fall 7 (83 f., 88),
   Fall 8 (91)
– Soziale Vergünstigung: Fall 7 (86 f.)
– Sport: Fall 6 (74 ff.)
– Vertikale Drittwirkung: Fall 6 (81)
Arbeitsrechtliches Diskriminierungsverbot:
   Fall 8 (90 ff.)
Auslegungsmethoden des Unionsrechts:
   Fall 9 (97 f.)
Außenbeziehungen der Union:
   Fall 22 (181 ff.)
– Abkommen mit Drittstaaten:
   Fall 6 (80 f.), Fall 22 (185 ff.)
– Außen- und Sicherheitspolitik:
   Fall 22 (182 f.)
– GATT: Fall 22 (184 f.)
– WTO: Fall 22 (184 f.)

Bananenmarktordnung: Fall 1 (31 ff.)
Beihilfen: Fall 16 (141 ff.), Fall 17 (148 ff.)
– Beihilfe-Begriff: Fall 16 (143)
– Fristenproblematik bei Rücknahme:
   Fall 17 (151 f.)
– Notifizierung: Fall 17 (150)
– Rechtswidrigkeit (formelle, materielle):
   Fall 16 (143 ff.), Fall 17 (149 ff.)
– Rückabwicklung: Fall 17 (152 ff.)
– Rückforderung: Fall 17 (152)
– Überwachung: Fall 16 (145 f.)
Beschluss: Fall 16 (142)
Bildungswesen: Fall 7 (85)
Binnenmarkt: Fall 3 (56)
Bundesstaatsprinzip: Fall 19 (162),
   Fall 20 (170 ff.)
– Grundsatz des bundesfreundlichen
   Verhaltens: Fall 19 (163), Fall 20 (172 f.)

Charta der Grundrechte der Europäischen
   Union: Fall 1 (31 f.), Fall 6 (78 f.)

Dienstleistungsfreiheit: Fall 7 (84 f.),
   Fall 10 (105), Fall 12 (118 ff.),
   Fall 13 (125 ff.), Fall 14 (131 ff.),
   Fall 18 (157 ff.), Fall 20 (167), Fall 21 (176,
   178 ff.)
– Anwendungsbereich (persönlich,
   sachlich, räumlich):   Fall 7 (84 f.),
   Fall 12 (119 f., 123 f.), Fall 13 (125 f.),
   Fall 14 (131 f.)
   Fall 18 (157 f.)
– Beschränkungsverbot: Fall 13 (126 f.),
   Fall 14 (132 f.)
– Dienstleistungsbegriff: Fall 7 (84 f.),
   Fall 10 (105), Fall 12 (119 f., 124), Fall 13
   (125 f.), Fall 14 (132), Fall 21 (176)
– Diskriminierungsverbot: Fall 12 (120 f.,
   124), Fall 13 (126 f.), Fall 14 (132 f.)
– Gewährleistungsumfang:
   Fall 12 (118 ff.), Fall 13 (125 ff.),
   Fall 14 (131 ff.)
– Schranken: Fall 12 (120, 124),
   Fall 13 (127 ff.), Fall 14 (133 f.)
– Verhältnis zur Kapitalverkehrsfreiheit:
   Fall 13 (126)

– Verhältnis zur Warenverkehrsfreiheit:
  Fall 14 (131)

Effet utile: Fall 1 (33 f.), Fall 2 (42 f.),
  Fall 7 (82), Fall 9 (90 f.), Fall 10 (103),
  Fall 14 (134 f., 136), Fall 22 (183)
Effektivitätsgebot: Fall 2 (45), Fall 3 (53)
Europäische Menschenrechtskonvention:
  Fall 1 (31 ff.), Fall 4 (64 f.), Fall 6 (78 f.),
  Fall 14 (133)
Europäischer Grundrechtsschutz:
  Fall 1 (31 ff.), Fall 6 (78 f.), Fall 11 (116 ff.),
  Fall 14 (134 f.)
– Berufsfreiheit: Fall 1 (32 f.)
– Eigentumsfreiheit: Fall 1 (31 f.)
– Gleichheitssatz: Fall 11 (117 f.)
– Menschenwürde: Fall 14 (133 f.)
– Unverletzlichkeit der Wohnung:
  Fall 6 (78 f.)
Europäisches Arbeitsrecht: Fall 8 (89 ff.)
– Gleichbehandlung: Fall 8 (90 f.)
Europäisches Parlament: Fall 13 (129 f.)
Exportverbot: Fall 19 (165)

Gemeinsamer Markt: Fall 6 (78 f.),
  Fall 18 (156), Fall 19 (161 f.)
Gesetzlicher Richter: Fall 15 (139)
Gesundheitsschutz: Fall 3 (51 f.),
  Fall 4 (60)
Gleichbehandlungsrichtlinie: Fall 8 (90 f.)
Grundrechte des GG: Fall 1 (34 ff.),
  Fall 3 (51 f.), Fall 4 (64 f.), Fall 11 (117 f.),
  Fall 15 (139 f.)
– Allgemeiner Gleichheitssatz:
  Fall 11 (117 f.)
– Berufsfreiheit: Fall 1 (34 ff.),
  Fall 3 (51 f.)
– Eigentumsfreiheit: Fall 1 (34 ff.)
– Meinungsfreiheit: Fall 3 (51 f.)

Handelspolitik: Fall 19 (161 f.),
  Fall 22 (181 ff.)

Inländerdiskriminierung: Fall 4 (61),
  Fall 11 (116 ff.)

Kapitalverkehrsfreiheit: Fall 11 (111 ff.)
– Anwendungsbereich (sachlich, räumlich,
  persönlich):   Fall 11 (111 f.)

Kartellrecht: Fall 6 (74 ff.), Fall 18 (154 ff.)
– Kartellverbot: Fall 6 (78 f.)
– Missbrauch einer marktbeherrschenden
  Stellung: Fall 18 (156)
– Unternehmensbegriff: Fall 6 (77),
  Fall 18 (155)
Kultur: Fall 20 (168)

Lohngleichheit: Fall 8 (90)

Nichtigkeitsklage: Fall 1 (31 ff.),
  Fall 16 (141 ff.), Fall 20 (169 f.)
– Antragsbefugnis: Fall 1 (33 f.),
  Fall 16 (142, 146), Fall 20 (169 f.)
– Antragsgegenstand: Fall 1 (33 f.),
  Fall 16 (142, 146), Fall 20 (169 f.)
– Antragsgegner: Fall 1 (33),
  Fall 16 (141, 146), Fall 20 (169)
– Antragsteller: Fall 16 (141, 146),
  Fall 20 (169)
– Zuständigkeit: Fall 1 (33),
  Fall 16 (141 f., 146), Fall 20 (169)
Niederlassungsfreiheit: Fall 9 (95 ff.),
  Fall 10 (102 ff.), Fall 11 (113)
– Anwendungsbereich (persönlich,
  sachlich, räumlich):   Fall 9 (95),
  Fall 10 (102)
– Beschränkungsverbot: Fall 10 (102 f.)
– Diskriminierung (offene, versteckte):
  Fall 9 (96), Fall 10 (103)
– Gemeinwohlvorbehalt: Fall 9 (96),
  Fall 10 (103 f., 105 f.)
– Gewährleistungsumfang: Fall 9 (95 f.),
  Fall 10 (107 f.)
– Ordre-public-Klausel: Fall 9 (96),
  Fall 10 (103 f.)
Niederlassungsrichtlinie:
  Fall 10 (106 ff., 108 ff.)

Öffentliche Ordnung: Fall 14 (133 f.)
Öffentliche Unternehmen: Fall 18 (155)

Rechtsangleichung: Fall 3 (56),
  Fall 5 (70 ff.), Fall 15 (140 f.)
Rechtsetzung in der EU: Fall 3 (53 ff.),
  Fall 5 (70 ff.), Fall 13 (129 f.),
  Fall 22 (181 ff.)
– Abstimmung im Rat: Fall 22 (182)
– Anhörung des Parlaments: Fall 13 (129)
– Mitentscheidungsverfahren: Fall 5 (70 f.)

– Prinzip der begrenzten Einzelermächti-
  gung: Fall 3 (55 f.), Fall 5 (70),
  Fall 20 (167), Fall 22 (158)
– Schwerpunkttheorie: Fall 5 (71)
– Verfahren der Zusammenarbeit:
  Fall 5 (71 f.)
Rechtsschutz vor dem BVerfG: Fall 1
  (34 ff.), Fall 15 (139 f.), Fall 20 (170 ff.)
– Abstrakte Normenkontrolle:
  Fall 20 (170)
– Bund-Länder-Streit: Fall 20 (170 ff.)
– Konkrete Normenkontrolle:
  Fall 1 (38 ff.), Fall 8 (84)
– Verfassungsbeschwerde: Fall 1 (37 f.),
  Fall 15 (139 f.)
Richtlinie: Fall 2 (41 ff.), Fall 3 (51 ff.),
  Fall 5 (70 ff.), Fall 10 (106 ff.), Fall 13
  (129), Fall 21 (174)
– Abweichungsrecht: Fall 5 (72 f.)
– „Francovich"-Entscheidung: Fall 2 (43 f.)
– Gleichbehandlung von Männern und
  Frauen: Fall 8 (89 ff.)
– Horizontale Direktwirkung: Fall 2 (42)
– Nichtigkeit: Fall 13 (129)
– Richtlinienkonforme Auslegung:
  Fall 2 (42 f.), Fall 3 (54)
– Staatshaftung bei der Nichtumsetzung:
  Fall 2 (44)
– Unmittelbare Wirkung: Fall 2 (41 f.),
  Fall 10 (106 ff.)
– Umsetzung: Fall 2 (46 ff.), Fall 3 (52 ff.)
– Venire contra factum proprium:
  Fall 2 (42)
– Verwerfungsmonopol: Fall 13 (129 f.)
– Vorwirkung: Fall 3 (53 f.)
– Zielverbindlichkeit: Fall 2 (46 f.),
  Fall 3 (53)

Schutzpflichten der Mitgliedstaaten:
  Fall 4 (63)
Schwerpunkttheorie: Fall 12 (124),
  Fall 14 (131), Fall 21 (175)
Sozialpolitik: Fall 7 (86 ff.)
Strafrecht: Fall 5 (71 f.)
Subsidiaritätsprinzip: Fall 19 (161),
  Fall 20 (168)

Umweltschutz: Fall 5 (67 ff.)
– Im Rahmen der Warenverkehrsfreiheit:
  Fall 5 (67 ff.)
– Rechtsetzung: Fall 5 (70 ff.)
Unionsbürgerschaft: Fall 7 (85 f.)

Untätigkeitsklage: Fall 12 (122)
– Antragsgegenstand: Fall 12 (122)
– Antragsgegner: Fall 12 (122)
– Antragsteller: Fall 12 (122)
Urheberrecht: Fall 15 (137 f.)

Verbraucherschutz: Fall 2 (47), Fall 4 (60)
Verhältnismäßigkeitsgrundsatz:
  Fall 3 (56 f.), Fall 4 (60 f.), Fall 5 (69 f.),
  Fall 9 (98 f.), Fall 10 (103 f.), Fall 11
  (115 f.), Fall 13 (128 f.), Fall 14 (134),
  Fall 21 (179 f.)
Verhältnis zwischen nationalem Recht und
  Unionsrecht: Fall 1 (34 ff.),
  Fall 9 (99 ff.), Fall 19 (162 ff.)
– Bananenmarktbeschluss: Fall 1 (36)
– Konkretes Normenkontrollverfahren:
  Fall 1 (38 f.), Fall 8 (92)
– Landesrecht und Unionsrecht:
  Fall 19 (162 f.)
– Maastricht-Urteil: Fall 1 (35 f.)
– Nationale Grundrechte und Unionsrecht:
  Fall 1 (34 f.), Fall 3 (52)
– Solange I-Beschluss: Fall 1 (35)
– Solange II-Beschluss: Fall 1 (35),
  Fall 15 (139)
– Verfassungsbeschwerde: Fall 1 (37 f.)
– Vorläufiger Rechtsschutz gegen EU-Recht
  auf nationaler Ebene: Fall 1 (40)
– Vorrang des Unionsrechts:
  Fall 1 (34 f.), Fall 9 (99)
Verordnung: Fall 1 (31 ff.)
Verteidigungspolitik: Fall 8 (92 ff.)
Vertragsfremde Einrichtungen:
  Fall 18 (159 f.)
– Übertragung von Befugnissen:
  Fall 18 (159)
– Lückenfüllungskompetenz: Fall 18 (160)
Vertragsverletzungsverfahren:
  Fall 4 (61 ff.), Fall 12 (122),
  Fall 19 (163 f.), Fall 21 (173 ff.)
Vertrauensschutz: Fall 16 (145 f.),
  Fall 17 (150 f.)
– Europarecht: Fall 16 (145 f.)
– Deutsches Verwaltungsrecht:
  Fall 17 (148 ff.)
– Deutsches Zivilrecht: Fall 17 (152 ff.)
Vollzug des Unionsrechts: Fall 9 (100 f.),
  Fall 14 (135 f.), Fall 17 (148 ff.)
Vorabentscheidungsverfahren:
  Fall 1 (39 f.), Fall 9 (99 f.), Fall 11 (114
  ff.), Fall 12 (122 f.),Fall 13 (129 f.), Fall 14
  (130 ff.), Fall 15 (139 f.), Fall 18 (158 f.)

– Erforderlichkeit: Fall 11 (114 f)
– Formulierung der Vorlagefrage:
Fall 18 (158)
– Verfahrensgegenstand: Fall 14 (130 f.),
Fall 18 (158)
– Vorlageberechtigung: Fall 18 (159)
– Vorlagepflicht: Fall 1 (38 ff.),
Fall 9 (99 f.), Fall 15 (139 f.)
– Verhältnis zu nationalem Rechtsschutz:
Fall 1 (38 ff.)

Warenverkehrsfreiheit: Fall 3 (49 ff.),
Fall 4 (58 ff.), Fall 5 (67 ff.),
Fall 19 (164 ff.), Fall 21 (174 f., 180)
– Adressat: Fall 19 (164 f.)
– Ausfuhrbeschränkungen:
Fall 19 (165)
– Autobahnblockade: Fall 4 (61 ff.)
– „Cassis-de-Dijon"-Formel: Fall 4 (60 f.),
Fall 19 (165)

– „Dassonville"-Formel: Fall 3 (50),
Fall 4 (58 f.), Fall 5 (67)
–– Drei-Stufen-Test: Fall 3 (50 f.),
Fall 4 (59), Fall 5 (68)
– Einfuhrbeschränkungen: Fall 19 (165)
– Gesundheitsschutz: Fall 3 (51),
Fall 19 (166)
– Grundrechte als Rechtfertigungsgrund:
Fall 4 (64 f.)
– „Keck"-Formel: Fall 3 (50), Fall 4 (59),
Fall 5 (67 f.), Fall 13 (127)
– Maßnahme gleicher Wirkung:
Fall 3 (50 f.), Fall 4 (58 f.), Fall 5 (67 f.),
Fall 21 (175)
– Umweltschutz: Fall 5 (67 ff.)
– Verbraucherschutz: Fall 4 (60)
– Verkaufsmodalitäten: Fall 3 (50),
Fall 4 (59), Fall 5 (67 f.), Fall 13 (127)

Zahlungsverkehrsfreiheit: Fall 11 (111 f.)

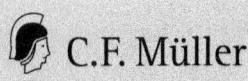

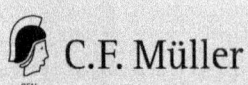 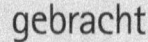